ARENA FLOOR
SEC ROW SEAT
6 6 6
FEB. 28, 1977
ADMIT ONE ON ABOVE DATE ONLY
WHOLE LOTTA
LED ZEPPELIN
THE ILLUSTRATED HISTORY
OF THE
HEAVIEST BAND
OF ALL TIME
28
SUMMIT PARKING FEE $.35 INCLUDED IN PRICE
NO REFUND PRICE NO EXCHANGE
$9.85

872-11
ZEPPELIN. III

872-14
ZEPPELIN. III

Meadville, Pa., New York, N. Y.,
Chicago, Ill., London, England.
8627 The Graf Zeppelin's Rendezvous with the Eternal Desert

I-SAAN
AMUNDSEN AIR SHIP
U.S. NAVY
"Shenandoah" at her mooring mast Tacoma, Wash. Oct. 14th 1924
ZEPPELIN NO.3
870-1

Olympia Stadium, Detroit, MI, 31 de janeiro de 1975. *Robert Alford*

Market Square Arena, Indianápolis, IN, 17 de abril de 1977. *Robert Alford*

Market Square Arena, Indianápolis, IN, 17 de abril de 1977. *Robert Alford*

Richfield Coliseum, Cleveland, OH, 27 de abril de 1977. *Robert Alford*

"Eles fazem parte do vocabulário do rock'n'roll. São as vogais do alfabeto do rock. A maioria das pessoas deixa de perceber essas sutilezas. Deixa de perceber a engenhosidade. O Led Zeppelin é uma banda de rock com raízes variadas – música folk inglesa, rockabilly, country... há todo tipo de coisa na música deles. São mais um exemplo de como o que veio antes de nós pode nos inspirar; se você abrir a mente, descobrirá algo completamente novo e singular naquilo."

—Chris Robinson, Black Crowes

"Fenomenal! É rock'n'roll pesado, melódico, incrível. Sem o menor traço de pieguice."

—Kid Rock

"Quando ouvi Led Zeppelin pela primeira vez, precisei parar no acostamento. Que banda incrível, incrível. Quer dizer, obviamente sem paralelo; é pura mística, um enigma e, provavelmente, uma das bandas mais pesadas de todos os tempos, com compositores sensacionais. Para mim, quatro dos maiores músicos que já pisaram nos palcos do rock'n'roll."

—Richie Sambora, Bon Jovi

"Existe apenas um punhado de artistas que criaram um gênero musical. Você pode dizer isso de Bill Monroe, Bob Wills, provavelmente Count Basie, Charlie Parker, Dizzy Gillespie e um grupo seleto de pessoas – e o Led Zeppelin... Eles chegaram lá primeiro, como a soma das partes."

—Steve Earle

"Eles são a ponte entre o heavy metal e o pomp rock. Não posso chamar as músicas deles de canções; o som que eles produzem é algo único, com aquele groove incessante. A música têm um espaço próprio, e isso é ótimo. Eles criaram algo que não existia antes. Essa sempre é a marca da proeminência de uma banda."

—Ray Davies, The Kinks

"Eles são uma das minhas bandas de rock preferidas. O poder, as composições, a inovação, a forma como pegaram o blues, o eletrificaram e transformaram em algo singular – em trovão. Jimmy Page é um dos maiores guitarristas de todos os tempos, e o mesmo vale para Bonham na bateria, John Paul Jones e Robert Plant. A combinação é simplesmente uma daquelas coisas que acontecem uma vez em um milhão."

—Lenny Kravitz

Green's Playhouse
John & Tony Smith present
Led Zeppelin
ON
Monday 4th December
AT 8 P.M.
Divans £1.00
J J 38
CONVENTION CENTER ARENA
FORT WORTH, TEXAS
MARCH
3
"LED ZEPPELIN"
FLOOR CHAIR
ADM $8.50
MON. EVE.
MARCH
capital centre
enter portal
CONCERT
SAT MAY 28,197
B
11
LOGE $8.50
18A A 1
PALM BEACH INTERNATIONAL RACEWAY
WEST PALM BEACH, FLORIDA
SATURDAY
MARCH
8
1:00 P.M.
1975
C.C.C. presents
FLORIDA ROCK
STARRING
LED ZEPPELIN
GENERAL ADMISSION
$10.00
(INCLUDING TAX)
RAIN OR SHINE
20937
SWAN SONG in association with
CONCERTS WEST - JERRY WEINTRAUB
presents AN EVENING WITH
"LED ZEPPELIN"
SAM HOUSTON COLISEUM
HOUSTON, TEXAS
THURSDAY, FEBRUARY 27, 1975 - 8:00 P.M.
$7.50
011569
LED ZEPPELIN
THE SONG REMAINS THE SAME
SWAN SONG
DO NOT TEAR PERFORATION AS THIS WILL INVALIDATE
KNEBWORTH PARK Nr. STEVENAGE
SATURDAY 4th AUGUST
FREDERICK BANNISTER IN ASSOCIATION WITH PETER GRANT
LED ZEPPELIN
at Knebworth
ADV. BOOKING PRICE £7.50 inc.VAT.
TICKET No. C
06824
LED ZEPPELIN
SAT. FEB. 1st
1975
CIVIC ARENA
Pgh., PA
GUEST
ENTER TOWER
D
GATE
14
LOGE $10.50
41B B 2
LOGE
ROW
CHICAGO STADIUM
1800 WEST MADISON STREET
WED.
NOV.
12
1980
8 P.M.
S & L ENT. ENTR. B. V.
IN ASSOCIATION WITH
Jerry Weintraub/Concerts West
PRESENTS
LED ZEPPELIN
CLUB CIRCLE EAST
APR. 30, 1977
ADMIT ONE ON ABOVE DATE ONLY
PONTIAC SILVERDOME
TRIBUTE
1923 - 2006
O2 Arena 10.12.07
LED ZEPPELIN
UNITED STATES OF AMERICA 1977
Access

TICKET ROW 56 SEAT 26
FLOOR - STANDING
ENTRANCE F
AHMET TRIBUTE CONCERT
MON 10-DEC-07 7PM START
NET PROFITS DONATED TO
A.E.E.F
CHARITY NO. 259420
PRICE 125.00 S/C 12.50 TOTAL 137.50
The O2
www.theo2.co.uk
2nd PROMENADE $9.50
303 J 2
LED ZEPPELIN
TUE. EVE. JUNE 14 1977
8:00 P.M.
CHICAGO STADIUM
1800 WEST MADISON STREET
WED. NOV. 12 1980 8 P.M.
S & L ENT. ENTR. B. V.
IN ASSOCIATION WITH
Jerry Weintraub/Concerts West
PRESENTS
LED ZEPPELIN
FIRST BALC
レッド ツェッペリン特別公演
9/23（木）武道館大ホール
5:30P.M.開場 6:30P.M.開演
A KYODO TOKYO PRESENTATION 1971
ATLANTIC
LED ZEPPELIN
2階 列 番
C席＝￥1,500
Samstag, 5. Juli
LED ZEPPELIN
Sonntag, 6. Juli 1980
SANTANA
OLYMPIAHALLE
LOCARNO Coventry
Smithford Way Tel. 24570
THURSDAY, 9th DECEMBER at 8 p.m.
KINETIC CIRCUS presents
LED ZEPPELIN
Admission Ticket
A 0415
LED ZEPPELIN
TOUR OVER EUROPE 1980
STAFF
DAY ON THE GREEN
OAKLAND COLISEUM STADIUM
BILL GRAHAM PRESENTS
LED ZEPPELIN
SAT JULY 23 1977 11:00AM
$11.50
BASS
NO REFUNDS NO EXCHANGES
Q188363
FOREST - VORST NATIONA(A)L
LED ZEPPELIN
Jeudi 5 juin 1980 à 20 h 30.
Donderdag 5 juni 1980 te 20.30 u.
350 Fr.
SWAN SONG IN ASSOC. with CONCERTS WEST/JERRY WEINTRAUB
PRESENTS AN EVENING WITH
LED ZEPPELIN
PACIFIC COLISEUM
Wednesday, March 19 - 8:00 p.m.
Purchase Tickets From Reliable Sources — Management Retains Right To Refuse Admission
$7.50 ADVANCE
POSITIVELY NO REFUNDS
ROBERT PLANT
Shaken 'n' Stirred
GUEST
AFTER SHOW ONLY

LED·ZEPPELIN
ROBERT
PLANT
robert
plant
LED·
ZEPPELIN
LED ZEP
Swan Song
LED·ZEPPELIN
JIMMY
JOHN
ROBERT
JOHN PAUL
ED
EPPELIN
LED·ZEPPELIN
ATLANTIC
SD 7208
ROBERT PLANT
NOW AND ZEN
ROBERT PLAN
NOW AND ZE
LED·ZEPPELIN
Led Zeppelin
STEREO
Led Zeppelin
II
ATLANTIC
Led Zeppelin
Led Zep

Led Zeppelin
ROBERT
PLANT
LED ZEPPELIN
IN THROUGH
THE OUT DOOR
robert plant
robert plant
tour 83
robert
plant
LED-ZEPPELIN
LED ZEPPELIN
LED-ZEPPELIN
JIMMY PAGE
"SUMMERFEST"
AT THE
STADIUM
PRESENTS
AN EVENING WITH
LED-
ZEPPELIN
SAT. AUGUST 6, 1977
BUFFALO
LED
ZEPPELIN

JON BREAM

COM

ROBERT ALFORD
CHARLIE AURINGER
WILLIAM S. BURROUGHS
GARTH CARTWRIGHT
GEORGE CASE
BARRY CLEVELAND
JIM DEROGATIS
ANDREW EARLES
CHUCK EDDY
DAVID FRICKE
DANNY GOLDBERG
GARY GRAFF
BARNEY HOSKYNS
GREG KOT
EDDIE KRAMER
TERRY MANNING
ROBERT MATHEU
WILLIAM MCKEEN
CHARLES SHAAR MURRAY
CHRIS RIEMENSCHNEIDER
MELISSA RUGGIERI
GENE STOUT
JAAN UHELSZKI

WHOLE LOTTA

A HISTÓRIA ILUSTRADA DA BANDA MAIS PESADA DE TODOS OS TEMPOS

LED ZEPPELIN

CAPA: Olympia Stadium, Detroit, MI, 31 de janeiro de 1975. *Robert Alford*
PÁGINAS 2-3: *Library of Congress*

DEDICATÓRIA

Para todos os amigos, familiares, leitores e completos desconhecidos que foram aos shows comigo...

J.B.

Publicado pela primeira vez em 2008 pelo Voyageur Press, selo da MBI Publishing Company, 400 First Avenue North, Suite 300, Minneapolis, MN 55401 EUA

Edição original
Editores: Michael Dregni e Dennis Pernu
Editora de arte: Katie Sonmor
Designer: John Barnett/4 Eyes Design

Edição brasileira: Carochinha Editorial
Coordenação editorial: Diego Rodrigues
Tradução: Anna Paola Monteiro, Gustavo Mesquita e Luís Fragoso
Preparação de texto: Débora Tamayose Lopes
Revisão: Bruno Salerno Rodrigues e Cássio Yamamura
Diagramação: Carochinha Editorial

CIP-BRASIL. CATALOGAÇÃO-NA-FONTE
SINDICATO NACIONAL DOS EDITORES DE LIVROS, RJ

B84w

Bream, Jon
Whole lotta Led Zeppelin : a história ilustrada da banda mais pesada de todos os tempos / Jon Bream com Robert Alford... [et al.] ; [tradução, Gustavo Mesquita, Luís Fragoso e Anna Paola Monteiro]. – Rio de Janeiro : Agir, 2011.
il., retrs. ;

Tradução de: Whole lotta Led Zeppelin : the illustrated history of the heaviest band of all time
Discografia
Inclui bibliografia e índice
ISBN 978-85-220-1281-7

1. Led Zeppelin (Grupo musical). 2. Led Zeppelin (Grupo musical) – Obras ilustradas. 3. Músicos de rock – Inglaterra – Biografia. I. Título.

11-3412.

CDD: 927.824166
CDU: 929:78.067.26

Texto revisto pelo Novo Acordo Ortográfico

Impresso na China

Turnê americana, 1977. *Adrian Boot/urbanimage.tv*

sumário

SWAN SONG in association with
CONCERTS WEST - JERRY WEINTRAUB
presents AN EVENING WITH
"LED ZEPPELIN"
SAM HOUSTON COLISEUM
HOUSTON, TEXAS
THURSDAY, FEBRUARY 27, 1975 - 8:00 P.M.
ADMIT ONE
GEN. ADM.
NO REFUNDS
$7.50
011569

Prefácio: Na primeira fila • 22

1 • A decolagem, 1968-1969 • 24

2 • Tocando em frente, 1969-1970 • 58

3 • Sem chumbo, 1970 • 82

4 • Sem título, 1971 • 96

5 • Onde está aquela maldita ponte?, 1972-1973 • 114

6 • Passando por Kashmir, 1974-1975 • 140

7 • Um grito das profundezas, 1975 • 178

8 • Deixe-me levá-la ao cinema, 1976 • 198

9 • Saída pela porta dos fundos, 1977-1980 • 212

10 • A eternidade • 238

Agradecimentos • 269

Discografia • 270

Bibliografia • 280

Biografias dos colaboradores • 281

Índice • 284

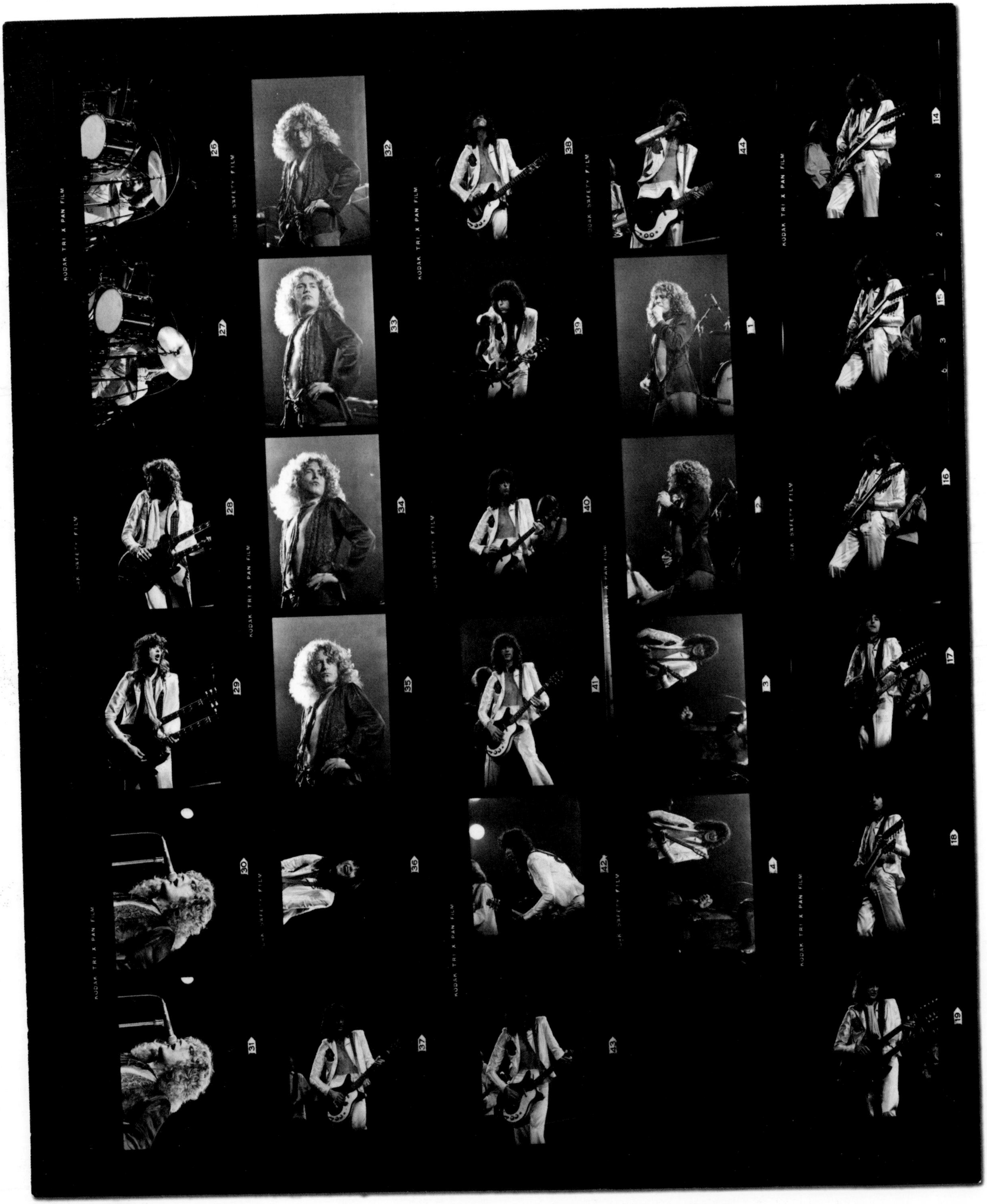
KODAK TRI X PAN FILM

Prefácio
Na primeira fila

Em alguns shows, sentei-me perto de Cameron Diaz, atrás de Sammy Hagar e ao lado de Jerry Garcia. Em meus mais de 30 anos como crítico musical, sentei perto o bastante do palco para ser (intencionalmente) borrifado pela guitarra-pistola--d'água de Prince em "Purple Rain" e tão longe que, mesmo com binóculos, não dava para saber se Jimmy Buffett estava descalço ou usava sandálias. Apenas uma vez estive na primeira fila em um show de estádio: o do Led Zeppelin no Met Center, nos arredores de Minneapolis, Minnesota, em 18 de janeiro de 1975.

Ao final de "Stairway To Heaven", o palco explodiu em uma rajada ofuscante de luz branca, e a palavra LED ZEPPELIN foi soletrada em um painel de luzes de 2 metros de altura no fundo do palco. (Desculpe-me, Gene Simmons, o Zep fez isso primeiro.) Experimentar o poder e o brilho da música mais amada das rádios de rock na primeira fila foi absolutamente arrebatador. Eu nunca tinha sentido o volume, a intensidade e a força do rock'n'roll daquela forma – nem mesmo quando "me apresentei" fantasiado com Alice Cooper por duas noites em 1979 (as luzes eram incrivelmente quentes no palco, e a energia da plateia, poderosa, mas aquilo era um teatro coreografado, não rock'n'roll espontâneo).

Mas, verdade seja dita (os críticos são pagos para ser honestos), aquele show do Zeppelin em 1975, apesar do assento que só consegui uma vez na vida, não entrou para a história. Primeiro da décima turnê americana da banda, o show foi marcado por imperfeições na noite de estreia. A voz de Robert Plant estava perceptivelmente "enferrujada", e não com o desempenho de meados de turnê, e Jimmy Page estava com um dedo da mão esquerda quebrado. Além disso, apesar da promessa de três horas de show, a apresentação teve pouco mais de duas horas. Dá para imaginar um show do Zeppelin sem "Dazed And Confused"?

Quando o Led Zeppelin visitou novamente Minneapolis, este crítico foi alvo da ira do Sr. Plant. Com o passar dos anos, diversos artistas fizeram menção a mim em shows – Prince (pelo menos três vezes, mas isso é outro livro), Billy Joel, Glenn Frey dos Eagles, Lyle Lovett e k. d. lang. Mas o Zeppelin foi o primeiro.

Em 1977, o Led Zeppelin fez algo que nenhum superastro fizera antes – nem desde então: tocar duas noites consecutivas nas Twin Cities [Minneapolis e St. Paul] em dois lugares diferentes. No show de 12 de abril no Met Center, a banda subiu ao palco com atraso de uma hora e 15 minutos. Naqueles tempos, esse tipo de atraso era comum e geralmente acontecia porque os artistas estavam enchendo o nariz de pó. A desculpa do Zep foi que o voo que partiu de Chicago, no avião particular, é claro, teria atrasado em função da chuva. Entre a chegada com atraso e os fogos de artifício soltos com alguma frequência pelos fãs cansados de esperar, o Zeppelin parecia estar desconcentrado. Page não estava inspirado e tocou de forma mecânica. Plant não estava tão frenético quanto de costume. Na condição de jovem e sincero crítico musical, descrevi a primeira apresentação como "mais viril do que sexy" e observei que "faltou sentimento e concentração" na versão desleixada de "Stairway To Heaven".

Depois do show, a equipe da banda guardou os equipamentos e seguiu para o St. Paul Civic Center, em St. Paul, para o show de 13 de abril. Ao que parece, Plant leu minha crítica no *Minneapolis Star*. Ele não mencionou meu nome – eu ouvia atentamente em algum lugar no meio da multidão –, mas soltou alguns impropérios em referência à minha resenha. E querem saber? Ele e o Zeppelin botaram para quebrar naquela noite.

A razão de ser das críticas é proporcionar perspectiva aos leitores, e não motivação para os artistas. Mais de 30 anos depois, após a reunião do Zep para um show em Londres, em dezembro de 2007, que provocou em milhões de fãs a expectativa de uma turnê, é hora de dar alguma perspectiva ao Led Zeppelin. Pedimos a alguns dos mais conhecidos astros e críticos de rock dos Estados Unidos e do Reino Unido – alguns dos quais testemunharam o Zep em primeira mão, outros jovens demais na época para isso – para revisitarem e reexaminarem a mais feroz, alta e pesada banda de rock de todos os tempos. Bem-vindo à sua cadeira na primeira fila para um bocado de Led Zeppelin.

Jon Bream
Minneapolis, MN
Fevereiro de 2008

Met Center, Bloomington, MN, 12 de abril de 1977. *Tom Sweeney*, Minneapolis Star Tribune

Led Zeppelin na estrada. Costa Oeste dos EUA, primavera de 1969.
Charles Bonnay/Time & Life Pictures/Getty Images

A decolagem

1968-1969

1

Led Zeppelin é, foi e sempre será a banda de Jimmy Page. Ao contrário de outras bandas britânicas, como os Stones, os Beatles e o Who, o Zep não contava com um produtor "externo" no estúdio. Page era o produtor – e principal compositor –, o arquiteto, o supervisor de mixagem, o líder. Mas sua banda não começou como Led Zeppelin.

Em maio de 1966, Page se juntou ao amigo Jeff Beck nos Yardbirds. Apesar de "For Your Love" e outros sucessos do grupo, o novato não fazia ideia do rumo que as coisas tomariam. O exaltado ataque duplo de guitarras de Page/Beck teve vida curta, já que, em outubro de 1966, Beck deixou a banda depois de dois shows na turnê americana com a Caravan of Stars, de Dick Clark, e Page assumiu o papel de primeiro guitarrista. Quando entrou no estúdio no ano seguinte para gravar aquele que seria seu único disco com os Yardbirds (*Little Games*), o guitarrista bateu de frente com Mickie Most, produtor especialista em compactos (ou singles), que estava na crista da onda depois de ter produzido sucessos para Lulu, Herman's Hermits e Donovan. Enquanto isso, Peter Grant, o novo e agressivo empresário da banda, mantinha os Yardbirds na estrada – no Japão, na França e, principalmente, nos Estados Unidos. A turnê, no entanto, era puxada demais para o vocalista Keith Relf e o baterista Jim McCarty, que deixaram a banda no verão de 1968. Page, sentindo-se obrigado a honrar o compromisso de uma turnê pela Escandinávia no outono, passou a procurar por substitutos.

Terry Reid, de 18 anos, foi sua primeira escolha. "Era o único vocalista que eu conhecia, mas tinha acabado de ser contratado por Mickie Most, então estava fora de questão", disse Page à revista *CREEM* em 1974. "[Reid] sugeriu Robert Plant – disse que ele morava em Birmingham e que nós deveríamos procurá-lo. Então, fomos vê-lo em um show numa universidade. Conversei com ele, disse que estava tentando montar uma

Yardbirds, Santa Monica Civic Auditorium, Santa Monica, CA, 22 de julho de 1967.

Yardbirds, *Little Games*, lançado em 24 de julho de 1967.

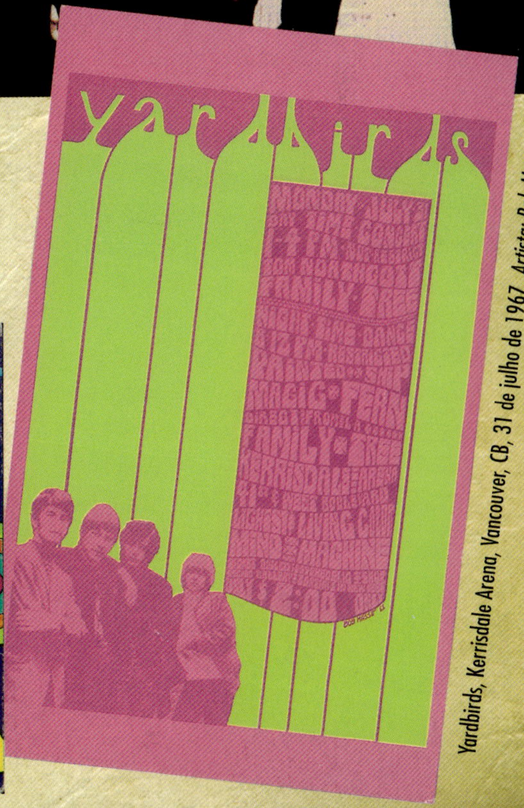

Yardbirds, Kerrisdale Arena, Vancouver, CB, 31 de julho de 1967. *Artista: Bob Masse.*

banda e perguntei se ele tinha interesse de ir a Londres para conversarmos. Ele veio, passou duas noites por aqui, e as coisas começaram a partir daí".

Durante essas duas noites, eles, entre outras coisas, debruçaram-se sobre a coleção de discos de Page – de Howlin' Wolf e Buddy Guy a Elvis Presley e Iron Butterfly. O objeto de afeição mútua foi, por incrível que pareça, a gravação da cantora de folk americana Joan Baez da tradicional "Babe I'm Going To Leave You".

John Bonham, um baterista maníaco que gostava de tocar alto, era um velho amigo de Plant, tendo tocado com o cantor na Band of Joy. Depois de muita pressão, eles conseguiram convencê-lo a deixar a banda de Tim Rose. Page decidiu substituir o baixista e Yardbird Chris Deja pelo multi-instrumentista John Paul Jones, que entrou em contato com Page depois de ler um artigo sobre a nova banda na revista *Disc.* (Jones gravou o violoncelo de "Little Games" um ano antes.) O guitarrista reuniu o quarteto para um test drive em um quarto apertado no porão de uma loja de discos em Londres. Eles quebraram o gelo com "The Train Kept--A-Rollin", e assim nasceram os New Yardbirds, como declarado num release publicado em 5 de agosto de 1968.

"Os quatro integrantes do Led Zeppelin tinham personalidades e interesses muito diferentes; éramos muito diferentes, mas acredito que de alguma forma fomos reunidos pela divina providência para tocarmos juntos", disse Page ao escritor Gary Graff, de Detroit, em 2003. "Mesmo no nosso primeiro ensaio. Tocamos uma música em um quarto apertado. Houve um tipo de silêncio aturdido, expectante. Foi como sabe lá Deus o quê. Nunca tínhamos tocado juntos e, de repente, nós quatro estávamos reunidos, e foi muito estranho, quase assustador. Foi tão bom que foi estranho. E esse aspecto permaneceu conosco do primeiro ao último dia."

"Todos nos juntamos por motivos diferentes", disse Jones ao *San Diego Union Tribune* em 2003. "Eu queria deixar de trabalhar como músico de estúdio. Precisamos persuadir Bonzo a deixar Tim Rose, porque ele tinha dúvidas a nosso respeito. Bonzo não tinha certeza se teríamos condição de pagá-lo £ 40 (cerca de US$ 120) por semana, então precisamos fazer marcação cerrada. Robert via aquilo como uma evolução natural. Jimmy teve a ideia de formar a banda enquanto estava nos Yardbirds. Assim que começamos a tocar juntos, pensamos: 'Isso é bom, então quem se importa quanto

A lenda do blues Howlin' Wolf, uma influência sobre Page e Plant desde o início. *Chess Records*

"Devo admitir que a minha principal influência no blues foi Howlin' Wolf, e o lance dele não era apenas groove, tampouco tocar no compasso. Adorava o vocal dele e a intensidade da música, além dos andamentos. Pensava com frequência que, da mesma forma que os Stones tentaram ser os filhos de Chuck Berry, nós tentamos ser os filhos de Howlin' Wolf."

—Jimmy Page sobre o primeiro ensaio da banda, citado em Led Zeppelin: Light And Shade, *de Cameron Crowe*

Homônimo da banda mais pesada de todos os tempos (direita).

Yardbirds Goodbye

The Yardbirds make their farewell London appearance at the Marquee Club tonight (Friday) and their final performance is set for Liverpool University tomorrow (Saturday) — after which the group disbands. Leader Jimmy Page has now decided to name his new group Led Zeppelin, and this will make its stage debut in late October.

The new group has already cut a single and LP for early December release, and it was announced this week that Led Zeppelin has been signed by Harold Davison.

Recorte de jornal com o anúncio dos últimos shows dos Yardbirds e a estreia do Led Zeppelin, outono de 1968.

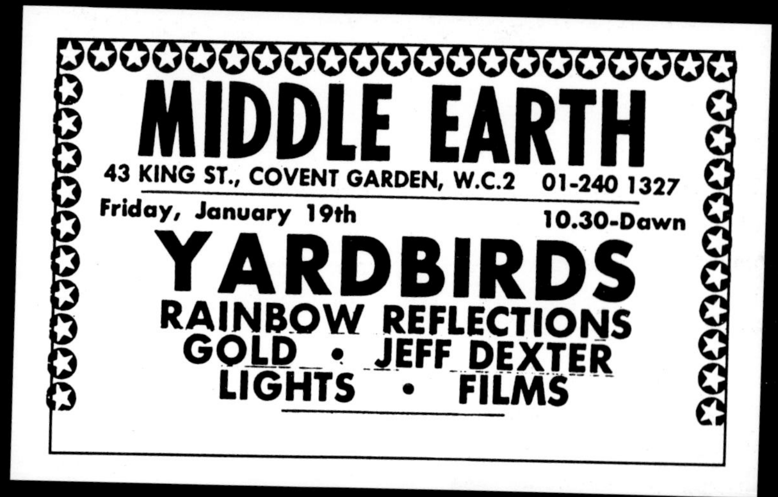

Yardbirds, Middle Earth Club, Londres, 19 de janeiro de 1968.

"O quarto devia ter uns 5 x 9 m, muito pequeno. Tocamos apenas uma canção, 'Train Kept--A-Rollin', e foi imediato. Uma sensação indescritível."

—Jimmy Page sobre o primeiro ensaio da banda, citado em Led Zeppelin: Light And Shade, *de Cameron Crowe*

Band of Joy, Middle Earth Club, Londres, 26 de janeiro de 1968.

Um dos primeiros shows na noite londrina, Roundhouse, 9 de novembro de 1968.

"Eles podem ser mundialmente famosos, mas esse bando de macacos guinchantes não vai usar o nome de uma família privilegiada sem autorização."

—Condessa Eva von Zeppelin

Primeira turnê americana, Whisky a Go Go, Los Angeles, 2, 4 e 5 de janeiro de 1969.

The New Yardbirds, Marquee Club, Londres, 18 de outubro de 1968. O show foi o primeiro no Reino Unido com a formação que se tornaria o Led Zeppelin. *Graham Wiltshire/Hulton Archive/Getty Images*

tempo vai durar?' Não planejamos além disso. Não planejamos dominar o mundo."

As duas semanas de shows dos New Yardbirds na Dinamarca, na Noruega e na Suécia acabaram se transformando em ensaios para a gravação do primeiro álbum, *Led Zeppelin*. "O disco tomou forma muito rápido", disse Page sobre o primeiro LP à revista *CREEM* em 1974. "Nós o gravamos muito pouco tempo depois da formação da banda. Para a escolha do repertório, fomos direto às nossas raízes no blues. Eu ainda tinha uma boa sobra de riffs dos tempos de Yardbirds. Quando Jeff [Beck] saiu da banda, coube a mim reunir material novo. Quer dizer, [Eric] Clapton criou um forte precedente para o som da banda, Beck precisou seguir pelo mesmo caminho e, de certa forma, ficou ainda mais difícil para mim, porque o segundo guitarrista solo de repente se transformou no primeiro. E eu estava sob pressão para criar os meus próprios riffs. No primeiro LP, eu ainda estava fortemente influenciado por esse período. Acho que isso também conta parte da história. O álbum foi finalizado em três semanas."

Bom conhecedor da indústria da música, Page adotou uma abordagem incomum em seu novo projeto: "Eu queria controle artístico total, porque sabia exatamente o que queria fazer com aqueles caras", ele disse à *Guitar World*. "Na verdade, eu financiei e gravei o primeiro disco antes de procurar a Atlantic [Records]. Não foi aquela coisa típica de receber um adiantamento para gravar um álbum – chegamos à Atlantic com as fitas debaixo do braço. Outra vantagem de ter uma visão tão clara do que eu queria para a banda foi manter os custos de gravação em um patamar mínimo. Gravamos todo o primeiro álbum em 30 horas. Eu sei, já que fui eu que paguei a conta."

A Atlantic Records, casa de Aretha Franklin, Ray Charles e The Rascals, foi escolhida a dedo por Page. Ele foi tão preciso em relação ao selo quanto ao som que tocaram no estúdio. "Deixei muito claro para eles que queria assinar com a Atlantic, e não com o selo de rock da gravadora, o Atco, que tinha bandas como Sonny & Cher e Cream", disse Page. "Eu não queria ser colocado no mesmo saco daquelas pessoas; queria ser associado a algo mais clássico."

A monumental primeira apresentação como Led Zeppelin aconteceu em 25 de outubro de 1968, na Surrey University. O novo nome foi sugestão de Keith Moon ou John Entwistle, parceiros na seção rítmica do Who. Em 1966, Page, Beck, Moon, Entwistle e o tecladista Nicky Hopkins discutiram a formação de uma banda. Moon ou Entwistle – ambos reivindicaram o crédito – teriam memoravelmente dito algo sobre a banda despencar "como um *lead zeppelin* [zepelim de chumbo]", uma

(continua na página 35)

ESTA DUPLA: Gladsaxe Teen Club, Dinamarca, setembro de 1968. *Jorgen Angel/Redferns*

"Eu estive na primeira apresentação deles em Nova York, no Fillmore East. Tinha uns 16, 17 anos, e aquele show mudou a minha vida. Eles abririam para o Iron Butterfly, e um amigo meu – acho que era o cantor da minha banda na época – me falou sobre aquela nova banda, que o som deles era incrível. Ouvi o disco e fiquei estupefato. Então, quando os vi tocando ao vivo, foi, tipo, 'caramba...'. Disse a mim mesmo: 'Essa vai ser a próxima grande banda'. E todos sabemos a história depois disso."

—Ace Frehley, KISS

ESTA DUPLA: Gladsaxe Teen Club, Dinamarca, setembro de 1968. *Jorgen Angel/Redferns*

"Bem, analisando o primeiro álbum do Zeppelin, se eu estivesse mais relaxado e menos intimidado, teria sido ainda melhor. Teria cantado as mesmas canções com o mesmo fraseado, mas o meu desempenho não foi assim tão bom. Os discos foram incríveis – todos são bons, não há um disco ruim –, mas, pensando em retrospecto, você fica bastante analítico, e isso tem relação com o seu estado de espírito ou com as condições sob as quais você trabalha. E eu estava muito intimidado naquela época. Nem ao menos tinha certeza se me encaixava na banda – o primeiro disco, em especial, passa essa sensação em relação à minha contribuição. Mas, em termos de coleção de canções e a forma como são executadas, é tudo incrível."

—*Robert Plant, High Times, 1991*

(continuação da página 30)

referência ao dirigível alemão projetado pelo conde Ferdinand von Zeppelin no início do século XX, um precursor dos dirigíveis modernos.

Robert Plant disse a Cameron Crowe, da *Rolling Stone*: "Foi o primeiro lugar em que estive nos Estados Unidos; a primeira vez que vi um policial armado, a primeira vez que vi um carro com 7 metros de comprimento. Havia muitas pessoas divertidas com quem interagir. Todos nos receberam muito bem no país, uma coisa sincera, e começamos num caminho positivo de satisfação. Atirar ovos de um andar ao outro e batalhas de água bem bestas e toda a diversão que um rapaz de 19 anos deve ter. Foram apenas os primeiros passos do aprendizado de como ser louco".

Lançado em 12 de janeiro de 1969, *Led Zeppelin* foi criticado na influente *Rolling Stone*, dando início a uma antipatia que duraria muito, muito tempo. Mas as rádios apoiaram o disco, e os fãs apareciam nos shows, apesar de a banda, de acordo com o cantor, "não ter ganhado dinheiro naquela primeira turnê".

Plant disse a Crowe: "A Atlantic fez um bom trabalho com as cópias promocionais do primeiro álbum, enviando-as às rádios alguns dias antes de chegarmos à cidade. A reação foi muito boa. Nós nem aparecíamos no letreiro da marquise do teatro, lembro que estava escrito VANILLA FUDGE, TAJ MAHAL E ATRAÇÃO DE APOIO. Eu não me importei; já tocava há alguns anos e nunca tinha visto o meu nome lá em cima, então aquilo não significava nada para mim. Mas a receptividade que tivemos foi, mais uma vez, extraordinária, o que era surpreendente, já que em algumas cidades o álbum ainda não havia sequer chegado às lojas. Depois da terceira música, era perceptível a diferença de energia que vinha do público em relação a quando as outras bandas estavam no palco. Eu e Jimmy estávamos doentes e tocamos em apenas uma [o Whiskey] das três casas onde deveríamos ter nos apresentado. E eu vi as GTOs [banda feminina de Pamela Miller] e tudo fervilhando à minha volta. Vi as Plaster-Casters e filas e filas e filas de possibilidades, sacou? E eu disse: 'Cara, isso não tem fim' ".

"Então foi isso; essa foi a primeira turnê. Quando chegamos à Costa Oeste, estava bem quente. Foi surpreendente; aquilo me deixou atordoado. O comportamento, a manha das pessoas, o mundo para dentro do qual eu havia escorregado, depois de ter lutado nas Midlands apenas para conseguir tocar. E subitamente estávamos em lugares como The Cene, de Steve Paul, onde uma minimáfia virava mesas, e as garotas vinham deslizando na sua direção e tudo o mais – ou seja, por que parar?"

Fillmore West, San Francisco, CA, 9-11 de janeiro de 1969. *Artistas: D. Bread, Randy Tuten, Peter Pynchon.*

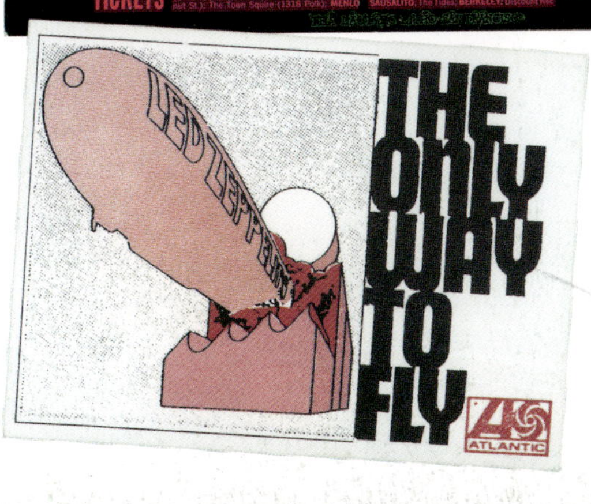

Crachá de palco, turnê americana de 1969.

Jimmy Page: o alquimista
por Garth Cartwright

Poucos músicos se igualam a Jimmy Page quando o assunto é a incorporação das características quixotescas que dão origem a um herói da guitarra pioneiro, um produtor visionário, um astro do rock lendário. Criador e líder do Led Zeppelin, Page também foi o integrante que mais duramente sentiu o fim da banda. Com o passar das décadas desde então, ele lutou para reconquistar ao menos um vislumbre da criatividade que um dia correu em suas veias. Mas, nos pouco mais de dez anos do Led Zeppelin, Page foi um modelo de beleza e de trevas, um guitarrista que se deleitava ao liderar a maior e mais poderosa banda de rock da Terra enquanto supostamente enveredava pelo ocultismo, pela dependência de drogas e por prazeres cada vez mais decadentes e destrutivos.

James Patrick Page nasceu em Heston, West London, em 9 de janeiro de 1944. Os pais de classe média incentivavam o interesse do filho pelas artes. Aos 12 anos, inspirado pela canção "Baby, Let's Play House", de Elvis Presley, Page pegou um violão e tentou reproduzir os sons do incrível solo de rockabilly de Scotty Moore. O garoto fez algumas aulas e depois se concentrou em aprender sozinho, escutando guitarristas de rock'n'roll, blues e folk. Aos 14 anos, apareceu na TV britânica como integrante de uma banda de skiffle, tocando um folk-blues que se transformou em sensação nacional.

Page era um aluno dedicado, com forte interesse em ciências, e chegou a pensar em seguir carreira como assistente de laboratório. Frequentou uma faculdade de belas-artes para pintar – e tocar guitarra. Mas a vida de universitário durou apenas um ano e meio, pois o desejo de fazer música falou mais alto.

Depois de integrar a banda de rock The Crusaders, Page caiu na estrada por dois anos, até adoecer gravemente com febre glandular. Desiludido com a vida dura de músico itinerante, matriculou-se no Sutton Art College. Manteve o interesse por música assistindo a shows em Londres e tocando regularmente com figuras de destaque do nascente movimento de blues britânico, como Cyril Davis e Alexis Korner. No londrino Marquee Club, conheceu outros dois adolescentes com fixação pela guitarra do blues – Jeff Beck e Eric Clapton.

O talento de Page na guitarra foi rapidamente notado, e ele passou a trabalhar como músico de estúdio. O fruto da sua primeira sessão de gravação, "Diamonds", de Jet Harris e Tony Meehan, chegou ao topo das paradas britânicas em 1963. Subitamente, os maiores produtores da Inglaterra – entre os quais Shel Talmy e Mickie Most – passaram a procurá-lo. Nos três anos seguintes, o currículo de compactos de sucesso do guitarrista rivalizava com o de um baixista da Motown: "You Really Got Me", dos Kinks; "As Tears Go By", de Marianne Faithful; "Tobacco Road", dos Nashville Teens; "Here Comes The Night", do Them; "It's Not Unusual", de Tom Jones; "Can't Explain", do The Who (com Page fazendo a base para a guitarra solo de Pete Townsend); "Pied Piper", de Christian St. Peters; "Is It True", de Brenda Lee; e "Sunshine Superman", de Donovan, entre outros. (Nota para os aficionados por curiosidades: a guitarra de Page é ouvida na demo de "Heart Of Stone", dos Rolling Stones, mas não na gravação final.) Page também contribuiu com licks em gravações de Screaming Lord Such, Marianne Faithful, Nico, Jackie DeShannon (com quem teve um breve relacionamento) e Joe Cocker, entre outros. Também foi contratado como produtor da Immediate Records por Andrew Loog Oldham, empresário dos Rolling Stones. Na Immediate, gravou diversos blues com Eric Clapton, dos Yardbirds.

"Meu trabalho como músico de estúdio era inestimável", disse Page à *Guitar World*. "Em determinado ponto, eu tocava em pelo menos três sessões, seis dias por semana! E raramente sabia com antecedência o que ia tocar. Mas aprendi muito, mesmo nas piores sessões de gravação – ah, pode acreditar, toquei em músicas horríveis. Finalmente desisti quando passei a receber convites para gravar música de elevador. Cheguei à conclusão de que não podia mais levar aquela vida; estava ficando ridículo. Mas trabalhar como músico de estúdio foi divertido no começo – a disciplina era incrível. Os caras anunciavam a faixa, e você não podia cometer erros."

Em 1965, Page gravou seu primeiro compacto, "She Just Satisfies". Mas não ficou satisfeito: "Não há nada a ser dito a respeito daquela gravação, a não ser que ela não foi levada a sério na época", disse à revista *CREEM* em 1974. "Toquei todos os instrumentos, exceto a bateria, e cantei, o que é bem... é... singular. É melhor que ela seja esquecida."

Page recusou uma oferta para substituir Clapton nos Yardbirds em 1965 e recomendou o amigo de longa data Jeff Beck. Mas, quando voltaram a lhe oferecer um lugar na banda, dessa vez como baixista, ele aceitou. Depois, assumiu a guitarra quando o guitarrista base da banda, Chris Dreja, passou para o baixo. Page e Beck, portanto, tocaram guitarra lado a lado até a partida de Beck. Em maio de 1966, os dois se juntaram ao baixista John Paul Jones e ao baterista Keith Moon, do The Who, para gravar a instrumental "Beck's Bolero", lado B do primeiro compacto solo de Beck. Page também tocou no último álbum dos Yardbirds, *Little Games*, de 1967, mas o pop rock do disco teve sucesso modesto. Apesar disso, o blues-rock psicodélico conduzido por Page nos shows da banda tinha público fiel.

Quando os membros fundadores dos Yardbirds, Keith Relf e Jim McCarthy, anunciaram que estavam de saída da banda claudicante em 1968, deixaram para Page e o baixista Dreja o nome e o contrato para uma turnê na Escandinávia. Page tentou recrutar Terry Reid – en-

Jimmy Page, foto de divulgação da Atlantic Records, 1972.

Primeiro compacto de Jimmy Page, "She Just Satisfies"/"Keep Moving", 1965.

tão um dos mais respeitados vocalistas da cena roqueira britânica. Reid recusou o convite, mas recomendou o praticamente desconhecido Robert Plant. Plant trouxe com ele o baterista John Bonham. Quando Dreja anunciou que estava abandonando a música para se concentrar na fotografia, Page entrou em contato com o velho companheiro de estúdio John Paul Jones.

A nova banda se apresentou na turnê escandinava como The New Yardbirds. Na busca por um novo nome, Page se lembrou da piada contada por John Entwistle e Keith Moon, do The Who, sobre uma jam session conjunta que mais pareceu um "zepelim de chumbo [*lead zeppelin*]". O empresário Peter Grant mudou a grafia de "lead" para "led" para evitar erros de pronúncia, e o Led Zeppelin entrou no estúdio para gravar o álbum de estreia em uma titânica sessão de 36 horas em janeiro de 1969.

Page produziu todos os discos do Led Zeppelin, canalizando o som do blues negro americano com fuzzboxes, pedais wah-wah e amplificadores com overdrive para criar riffs épicos de guitarra. Consciente de que queria criar "jogos de luz e sombra", também explorou melodias da música folk britânica com o violão. Ladrão de riffs, Page literalmente se apropriou de diversas músicas de artistas de blues e folk, algo que depois custaria caro quando a banda foi processada pelos compositores. O sucesso internacional imediato do Led Zeppelin lhe deu a chance de explorar as possibilidades da guitarra no rock pesado, fazer experimentos com feedback, criar sons estranhos de teremim e tocar guitarra com arco. Ao mesmo tempo, ele também usou o estúdio como espaço criativo: a bateria trovejando como tiros de canhão; camadas de efeitos sonoros com loops e dubs. Page trabalhou com texturas musicais, da mesma forma que um pintor mistura óleos e cores.

A fama e a fortuna também lhe deram a chance de mergulhar nas suas fantasias mais selvagens. Ele era famoso pelo apetite por groupies (uma delas, Lori Maddox, de Los Angeles, teria apenas 14 anos quando eles se conheceram, e por isso precisavam se esconder das autoridades), pelo interesse por magia negra (montou uma loja e uma gráfica especializadas em ocultismo), pelas muitas mansões que possuía (entre as quais uma na Escócia que pertenceu ao bruxo Aleister Crowley) e pelo suposto gosto por drogas pesadas.

Tecnicamente, Page era o menos exímio dos integrantes do Led Zeppelin, mas a sua guitarra continua a ser fonte de inspiração. De seus muitos solos memoráveis, nenhum é mais famoso que o de "Stairway To Heaven", de 1973, que ele tocava no palco com uma guitarra Gibson EDS-1275 de dois braços – sua marca registrada. "Stairway To Heaven" demonstra a habilidade de Page em transitar do dedilhado suave do folk ao rock pesado mais letal. Page já foi eleito o melhor guitarrista em muitas pesquisas musicais de rock, e "Stairway To Heaven" é uma das músicas mais conhecidas do mundo.

Depois do fim do Led Zeppelin, em 1980, Page gravou pouca coisa digna de nota. Contribuiu com a trilha sonora do medonho *Desejo de matar 2* e foi reprovado publicamente pelo colega satanista (e diretor de cinema cult) Kenneth Anger por ter falhado na tarefa de oferecer uma trilha sonora aceitável para o filme *Lucifer Rising*. Em meados da década de 1980, montou com o vocalista Paul Rodgers a banda The Firm, que rendeu dois discos de rock pesado sub-Zeppelin. Um álbum solo de 1988, *Outrider*, atraiu pouca atenção. Ainda na década de 1980, a polícia deu uma batida na mansão de Page em Windsor, e ele foi processado por posse de drogas pesadas. Em 1993, o guitarrista se juntou a David Coverdale, vocalista do imitador do Zep Whitesnake, e gravou o álbum *Coverdale-Page*, que soa como mais uma imitação pobre do auge do Led Zeppelin.

Em 1994, Page e Robert Plant voltaram a trabalhar juntos, como Page-Plant; o baixista John Paul Jones não foi convidado para o projeto. A dupla lançou *No Quarter*, um bem recebido álbum com interpretações acústicas de material do Led Zeppelin. O segundo álbum deles, *Walking into Clarksdale*, de 1998, foi produzido por Steve Albini, mas não foi alvo de interesse de público ou crítica, e a dupla se separou. Em 1999, Page se reuniu com a banda americana Black Crowes para uma turnê com repertório do Led Zeppelin. O projeto resultou em um sólido álbum ao vivo, mas acabou em clima de ressentimento. Page também tocou guitarra acompanhando o vocal do rapper Puffy Daddy em "Kashmir", para a trilha sonora de *Godzilla* – e voltou às origens ao gravar "Rock And Roll" com Jerry Lee Lewis, para o álbum de duetos *Last Man Standing*, do "Matador" (como era conhecido o pianista americano).

Por intermédio de sua esposa, Jimena, que já realizava projetos sociais no Brasil quando os dois se conheceram, Page se envolveu em ações beneficentes voltadas a crianças de rua brasileiras. Por seus esforços, foi nomeado cidadão honorário da cidade do Rio de Janeiro em 2006 e condecorado com a Ordem do Império Britânico pela rainha.

Depois do sucesso do show de reunião do Led Zeppelin em Londres, em dezembro de 2007, Page anunciou que gostaria de ver a banda realizar uma turnê mundial.

"Ele é o Wagner da Telecaster. O Mahler da Les Paul. Ele é brilhante."

— Robert Plant sobre Jimmy Page, em entrevista à MTV

Robert Plant: bluesman de classe média
por Garth Cartwright

Enquanto as caras e bocas e a presença de palco de Mick Jagger criaram um padrão para os vocalistas de rock dos anos 1960, o peito nu, os cabelos dourados e os berros orgásticos de Robert Plant criaram um novo patamar na década de 1970. E essa é uma imagem que permanece icônica nos dias de hoje. Icônica, sim, e aberta a paródias: o próprio Plant critica abertamente os idiotas do heavy metal que continuam a imitar – e mal – o som do qual o Led Zeppelin foi pioneiro. Recusando-se a encarnar uma paródia de si mesmo – ao contrário de Jagger, que parece ter ficado preso à *persona* que criou há quase 50 anos –, Plant, um homem inteligente e vocalista extremamente versátil, deixou para trás a imagem que projetava como cantor da banda mais pesada do mundo, o Led Zeppelin.

Robert Anthony Plant nasceu em 20 de agosto de 1948 em West Bromwich, na região inglesa de West Midlands. O pai dele era engenheiro e tocava em uma banda de metais. Robert era uma criança que gostava de ler e que muito cedo decidiu que queria ser Elvis Presley. Ele cresceu inspirado pela música soul e pelo blues americanos; ele se lembra de os pais tirarem o toca-discos Dansette da tomada depois de ele tocar "I Like It Like That", do cantor de R & B Chris Keener, de Nova Orleans, pela 17ª vez seguida.

Na adolescência, Plant seguiu por algum tempo o desejo dos pais de que se tornasse contador, mas, depois de duas semanas trabalhando como assistente administrativo, ele jogou tudo para o alto e anunciou a decisão de seguir a carreira musical. Os pais ficaram perplexos, mas sentiram que precisavam deixar o filho tirar o blues do sangue. Ele era vocalista da banda Listen, que assinou um contrato com a CBS, e estreou no estúdio gravando um cover de "You Better Run", dos Rascals. Depois do fim do Listen, Plant gravou dois compactos para a CBS, que o promoveu como um cantor de baladas na linha de Tom Jones.

Em 1968, aos 20 anos, ele se casou e arrumou emprego em uma equipe de pavimentação para sustentar a esposa grávida. Plant trabalhava durante o dia e cantava em uma infinidade de bandas à noite. Como vocalista dos Crawling King Snakes, conheceu o baterista John Bonham; ambos voltariam a tocar juntos na Band of Joy. Apesar de nenhuma dessas bandas ter conquistado nada além de alguma fama local, o poderoso vocal tenor de Plant lhe rendeu uma reputação de vocalista de blues-rock digno de nota. Ele cantava ocasionalmente com o sustentáculo do blues britânico Alexis Korner e, em 1968, se juntou ao Hobbstweedle, cujo nome era inspirado em *O Senhor dos Anéis*, de J. R. R. Tolkien – talvez um sinal precoce da fascinação de Plant pela fantasia.

Quando Jimmy Page procurou o vocalista Terry Reid e o convidou para tocar nos New Yardbirds, Reid recusou a oferta, mas sugeriu que Page conferisse Plant. O guitarrista então foi a um show do Hobbstweedle em uma faculdade de pedagogia em Birmingham. Os dois descobriram que tinham gostos musicais semelhantes e se lançaram na tarefa de formar a nova banda, para a qual Plant recomendou Bonham como baterista.

O sucesso instantâneo do Led Zeppelin definitivamente se deve muito a Plant. Sua presença alta, ágil, sua cabeleira loira esvoaçante, seu vocal com gemidos, alusões sexuais e imaginário tolkieniano criaram um impacto vívido e irresistível que distinguiu a banda de tantas outras que também tocavam "blues pesado". Plant comporia, ao lado de Page, a maior parte das canções do Led Zeppelin; os dois se transformaram nos pontos focais da banda, ambos sacudindo mechas de cabelo e fazendo poses que seriam imitadas pelas gerações posteriores. A reputação do Led Zeppelin de guerreiros da estrada com uma queda por hedonismo extremo os precedia, e Plant era a conquista máxima das groupies. O magnetismo sexual do cantor, inclusive, lhe rendeu o apelido "Percy", e reza a lenda que ele declarou "Sou um deus dourado!" de uma varanda do hotel Continental Hyatt House em Los Angeles, em 1975.

Mas Plant foi puxado de volta a Terra quando, mais tarde naquele ano, ele e a esposa, Maureen, feriram-se gravemente em um acidente de carro em Rodes, na Grécia. Isso o forçou a cantar sentado em uma cadeira de rodas durante a gravação do sétimo disco da banda, *Presence*, e a cancelar os shows agendados até o fim do ano. Mas o pior ainda estava por vir.

Em 1977, enquanto a banda estava na estrada nos Estados Unidos, seu filho Karac morreu, forçando o cancelamento da turnê. A essa altura, o som do Led Zeppelin estava mudando, ficando menos orientado ao blues pesado e mais focado nas melodias e no teclado. Quando Bonham morreu em 1980, Plant não teve o menor problema em decretar o fim da banda. Ele embarcou em uma carreira solo em 1982, com o bem recebido *Pictures At Eleven*, e desde então tem feito turnês e lançado discos. Ele criticou abertamente as novas bandas de rock pesado que imitavam o som do Zeppelin e, em 1988, desafiou o sampling do Zeppelin feito por Rick Rubin para a Def Jam Productions, sampleando o Zep ele mesmo no seu álbum *Now And Zen*.

A carreira solo de Plant afundou na década de 1990, levando-o a se reunir com Page em 1994 como Page-Plant. O novo projeto atraiu bastante atenção da mídia, e a dupla rodou o mundo tocando músicas do Led Zeppelin. Mas o fracasso de vendas do álbum *Walking Into Clarksdale*, que lançaram em 1998, fez com que Plant decidisse voltar a trabalhar sozinho. Seus últimos álbuns contam com elementos africanos – Plant já se apresentou no Festival In The Desert, no Mali – e rejeitam uma conformidade com a nostalgia e os clichês do rock.

"Talvez fosse um alívio se eu simplesmente me acomodasse e abraçasse a repetição comercial", ponderou Plant quanto à sua recusa de simplesmente tocar o som do Led Zeppelin vezes a fio. "Eu preciso ser conhecido como um cara que gosta de variedade, para o meu próprio bem, não importa o que achem disso. É algo crucial para mim. Não posso seguir em frente reinventando aquele monstro enorme porque não me sentiria confortável. Não conheço o cara que cantava no Led Zeppelin. Vejo umas fotos muito engraçadas dele, então vejo aquelas crias sinistras do rock trotando em calças de lycra e luvas de couro com os dedos de fora."

Dito isso, Plant concordou em reunir o Led Zeppelin para um show beneficente em memória do fundador da Atlantic Records, Ahmet Ertegun, em 2007. O show, na O2 Arena, em

Robert Plant, foto de divulgação.

Londres, foi um grande sucesso. Entretanto, reuniões prévias do Led Zeppelin em premiações foram confusões constrangedoras – Plant recusou até mesmo se juntar a Page, Jones e Bonham Jr. quando a banda recebeu um Grammy especial pelo conjunto da obra em 2005. Mas o encontro em 2007 sugeriu que existe a possibilidade de uma turnê mundial. Ao mesmo tempo, Plant desfrutava o grande sucesso de sua carreira solo com *Raising Sand*, álbum gravado com a estrela do bluegrass Alison Krauss. O enorme sucesso comercial do disco nos Estados Unidos ajudou a dupla a ganhar o prêmio de Melhor Contribuição Pop por "Gone Gone Gone", no Grammy de 2007. A respeito do projeto, Plant declarou:

"Desde criança, tenho uma completa obsessão por certos estilos musicais americanos. O blues do delta do Mississípi da década de 1930, o blues de Chicago dos anos 1950, a música da Costa Oeste de meados da década de 1960 – mas nunca toquei de verdade o espírito da cultura negra americana. Fui convidado a fazer um show no Rock and Roll Hall of Fame em celebração à vida de Leadbelly. Durante toda a minha vida, desde os tempos das casas noturnas de folk em Worcestershire, todo mundo sempre cantou músicas de Leadbelly. Eu acreditei que seria uma boa ideia tentar um dueto, então entrei em contato com Allison. Não tínhamos nada a perder e tudo a ganhar. Ensaiamos em um teatro da comunidade armênia em Cleveland, Ohio, e foi muito bom. Eu acreditava que estava na estrada havia bastante tempo, mas ela me ensinou a cantar melodias delicadas. Precisei estudar intervalos musicais. Estou absolutamente radiante, porque não há nada pior do que o estereotipado. Allison trouxe textura ao meu mundo. Foi fascinante e muito divertido."

Na casa dos 60 anos, Plant continua a ser um cantor em busca de uma música nova e natural.

"O alcance vocal dele era incrível. Pensei comigo: 'Espere um pouco, tem alguma coisa errada aí. Ele é um desconhecido'. Não conseguia entender. Imaginei que deveria ser um cara estranho ou coisa parecida. Então ele foi até a minha casa, e vi que era um sujeito bacana. Não sei como ainda continuava desconhecido."

– Jimmy Page sobre Robert Plant, citado em Led Zeppelin: Light And Shade, de Cameron Crowe

John Paul Jones: música no sangue
por Garth Cartwright

O músico que conhecemos como John Paul Jones nasceu John Baldwin em 3 de janeiro de 1946 em Sidcup, Kent, nos arredores de Londres. Ele passou os anos de formação entre a zona rural de Kent e as ruas bombardeadas da Londres do pós-Guerra. Inspirado pelo pai músico, John Baldwin, o jovem John decidiu conquistar coisas grandes por meio da música. Essa busca o impulsionou por toda a vida, e mesmo nos dias de hoje Jones mantém um entusiasmo incrível por fazer música. Ironicamente, para um homem tão interessado em trabalhar com muitos músicos diferentes, Jones é o "homem invisível" do Led Zeppelin. Enquanto Page, Plant e Bonham estavam entre os astros do rock mais reconhecíveis do mundo, Jones emanava uma aura tranquila, que lhe permitia evitar os excessos do estrelato e manter uma privacidade que os colegas depois passariam a invejar. "Eu gostava do fato de os fãs não me reconhecerem", ele observou em uma entrevista de 2007, "isso significava que eu podia estacionar uma Kombi na frente de um dos nossos shows e ser apenas mais um hippie".

O jovem John Baldwin começou a aprender piano aos seis anos de idade. O pai dele era pianista e arranjador de bandas de baile. A sra. Ambrose também era musicista e fazia turnês com o marido. Isso levou John tanto a experimentar a vida na estrada desde muito cedo quanto ser matriculado no internato Christ College, em Blackheath, a sudeste de Londres, onde se formou em música. Desde criança, John teve os ouvidos abertos para a música; ele descreve seus primeiros heróis musicais como o bluesman Big Bill Broonzy, o baixista e compositor de jazz Charles Mingus e o pianista clássico e compositor Sergei Rachmaninoff. Aos 14 anos, John tornou-se mestre de coro e organista em uma igreja local e comprou o primeiro baixo. O primeiro pagamento veio de uma apresentação com o pai, e, com o passar do tempo, ele tocou em casamentos, bases militares e um iate clube. Ele se juntou à primeira banda, os Deltas, aos 15 anos. Então passou a tocar jazz-rock com os Jett Blacks, uma banda londrina que tinha nos seus quadros o guitarrista John McLaughlin, que se tornaria um astro do jazz fusion e integraria a banda de Miles Davis no início da década de 1970.

Em 1962, John Baldwin começou a trabalhar como músico de estúdio. Sua competência no baixo, no teclado e como arranjador fez com que não lhe faltasse trabalho quando o pop britânico explodiu. No início de 1963, ele tocou numa banda de rock com Jet Harris e Tony Meehan, que acabavam de gravar o compacto número um *Diamonds*, com Jimmy Page na guitarra. Ele adotou o nome artístico quando Andrew Loog Oldham, empresário e produtor dos Rolling Stones, sugeriu que isso era o mais adequado para uma estrela em ascensão. O novo nome – John Paul Jones – foi emprestado de um revolucionário americano que Baldwin descobriu em um filme de 1959.

Entre as sessões de que Jones participou estão gravações de sucesso de Donovan, como "Sunshine Superman", Dusty Springfield, Lulu, Cliff Richard, Rod Stewart, "Groovy Kind Of Love", de Wayne Fontana and the Mindbenders, e "Delilah", de Tom Jones. Ele também foi o responsável pelo arranjo de cordas de "She's A Rainbow", dos Rolling Stones. Baixista versátil, acompanhou artistas como The Supremes e Tom Jones no palco, e seus arranjos para a Andrew Loog Oldham Orchestra são hoje considerados clássicos da música *easy listening*. Ao mesmo tempo, Jones tentou gravar um compacto solo em 1964, *Baja*, o que não deu em nada. De volta ao trabalho nos estúdios, ele tocou baixo em "Beck's Bolero", de Jeff Beck, e violoncelo no álbum *Little Games*, dos Yardbirds – gravações que também contaram com a participação de Jimmy Page, então líder da banda de pop rock praticamente em frangalhos.

Quando a dupla voltou a se reunir – no álbum *The Hurdy Gurdy Man*, de Donovan –, Jones mencionou a Page que estava cansado do trabalho nos estúdios e tinha interesse em se juntar à banda que o colega pretendia formar. A conversa ficou nisso mesmo naquele momento, mas, quando Page passou a se dedicar de fato a montar uma banda a partir das cinzas dos Yardbirds, ele procurou Jones depois que o baixista Chris Dreja decidiu se aposentar da música para se dedicar à fotografia.

Jones era o único integrante do Led Zeppelin com formação clássica. O que – além da competência para tocar baixo com fluidez e balanço, da maestria no teclado e dos anos de experiência como arranjador – se provaria extremamente benéfico para a banda e deixaria uma marca indelével nas suas canções mais complexas e melódicas. No palco, ele demonstrava a competência no teclado em "No Quarter" – que chegou a ter 30 minutos em um show –, fundindo elementos de *Sketches Of Spain*, de Miles Davis, concertos para piano de Rachmaninoff e o hino "Amazing Grace". A habilidade de Jones como multi-instrumentista acrescentou muitas texturas às gravações do Zeppelin: ele também tocou bandolim, alaúde e clarinete e usou pedais de baixo para alterar o som dos instrumentos.

Tendo passado boa parte da juventude em estúdios, tanto como músico quanto como arranjador, Jones teve importância central no papel de ajudar o Led Zeppelin a desenvolver o som da banda para além das sonoridades de blues e folk empregadas nos primeiros discos. Homem calmo e inteligente, ele foi o integrante menos afetado pelos excessos que acompanhavam a banda na estrada e, em 1973, chegou a falar do desejo de deixar o grupo para passar mais tempo com a família. O empresário do Zeppelin, Peter Grant, convenceu-o a mudar de ideia, mas a relutância cada vez maior da banda em sair em turnê sem dúvida tem algo a ver com o desejo de Jones de não passar muito tempo na estrada.

Foi Jones quem encontrou o corpo de Bonham em 25 de setembro de 1980: parceiros na seção rítmica, eles trabalharam juntos para construir o som poderoso sobre o qual Page e Plant pairavam. O Led Zeppelin se dissolveu depois da morte de Bonham, mas o fim da banda estimulou a liberdade criativa de Jones, na qual ele mergulhou de corpo e alma.

Jones imediatamente voltou à antiga ocupação como músico de estúdio e arranjador e depois se estabeleceu como grande produtor. No decorrer dos últimos 25 anos, ele trabalhou como músico, arranjador ou produtor para artistas como R.E.M., Foo Fighters, Robyn Hitchcock, John Martyn, The Butthole Surfers,

Diamanda Galas, The Mission, The Datsuns, Ben Harper e, mais recentemente, a banda feminina Uncle Earl. Ele gravou dois álbuns solo – ambos muito bem recebidos pelo uso muito particular do espaço e do som – e contribuiu com diversas trilhas sonoras de filmes. Hoje, Jones continua a se envolver com música, desde que ele a considere desafiadora e nova. E sim, ele ainda compõe para corais de igreja.

Refletindo sobre a vida como músico, ele declarou recentemente à *Rolling Stone*: "Gosto de ter liberdade no que faço. Dificilmente toco a mesma linha de baixo duas vezes. Mesmo nas músicas em que ela está mapeada, como 'Good Times Bad Times', faço algumas mudanças. Todos gostamos da liberdade de fazer isso. Para se conseguir esse nível de liberdade, é preciso que os músicos se conheçam muito bem".

Jones é um daqueles raros astros do rock que não se permitem limitações por exigências de imagem ou expectativas do público e que parece ser capaz de trabalhar com as mais diferentes formas musicais, de todo o planeta. Seja sacudindo estádios com o Led Zeppelin, seja dedilhando um bandolim com a Uncle Earl, Jones continua a ser um músico para músicos.

John Paul Jones, 1971. Heilemann Camera Press, Londres.

"Não me importo de ficar em segundo plano. Não gostaria de ficar sob os holofotes, tocando como Jimmy. Para ser qualquer tipo de artista, você precisa ter nascido um exibicionista... Acredito que você deve fazer o que deve fazer e, se estou tocando baixo, prefiro criar uma linha sólida em vez de assumir a dianteira e ser extravagante."

— John Paul Jones, citado em The Led Zeppelin Biography, *de Ritchie Yorke*

John Bonham: o big bang
por Garth Cartwright

Não faltam anedotas sobre bateristas de rock, mas nenhum deles é tão cercado de mitos e psicose quanto o mestre do ritmo do Led Zeppelin, John Bonham. Nascido em 31 de maio de 1948 na pacata Redditch, na região inglesa de Midlands, John Henry Bonham demonstrou suas habilidades percussivas ainda na infância, batucando em frigideiras e panelas na cozinha da casa dos pais. Segundo reza a lenda, ele montou a primeira bateria com embalagens vazias quando tinha apenas cinco anos. Aos dez anos, Bonham ganhou a primeira caixa de presente da mãe; os pais lhe deram a primeira bateria, uma Premier Percussion, quando ele tinha 15 anos. Bonham, como muitos adolescentes da época, era fascinado pelo rock'n'roll e pelo blues, mas também gostava da forma como os lendários bateristas de jazz Gene Krupa e Buddy Rich lideravam suas big bands.

Bonham estudou na Wiltern Public School, que abandonou antes da formatura sob as críticas do diretor, que afirmou que ele não tinha capacitação para trabalhar nem mesmo como lixeiro. Enquanto trabalhava na empresa de construção do pai, ele se juntou à primeira banda, Terry Web and the Spiders, em 1964. A partir de então tocou em uma infinidade de bandas, principalmente nos arredores da cidade industrial de Birmingham, na região inglesa de Midlands. Nessa época, Bonham construiu uma reputação de baterista com som extremamente poderoso – e que tocava alto. Em meados da década de 1960, ele formou a banda A Way Of Life com o baixista Dave Pegg (que depois faria parte da banda de folk rock Fairport Convention), mas a parceria durou apenas alguns meses, já que Bonham se juntou à banda de blues The Crawling King Snakes. O cantor dos King Snakes era o adolescente Robert Plant, e os dois logo ficaram amigos, mesmo depois que Bonham voltou para A Way of Life. Ele então voltou a ser parceiro de Plant na Band of Joy, que tocava rock psicodélico da Costa Oeste americana. A banda fez uma turnê pelo Reino Unido no início de 1968, abrindo para o cantor de folk americano Tim Rose; quando Rose voltou à Inglaterra no fim de 1968, contratou Bonham como baterista. Em algum momento nesses anos, John ganhou o apelido "Bonzo", nome de um buldogue personagem de revistas em quadrinhos.

Quando Jimmy Page começou a montar a banda que se tornaria o Led Zeppelin, ele pensou em diversos bateristas conhecidos em Londres – entre os quais B. J. Wilson do Procol Harum e o mestre do estúdio Aynsley Dunbar –, até dar ouvidos à insistência de Robert Plant de que seu velho amigo Bonham era o baterista de que eles precisavam. Page e o empresário da banda, Peter Grant, foram a um show de Tim Rose em Hampstead, na região norte de Londres; impressionados com o estilo de Bonham, ofereceram-lhe a posição. Mas a princípio Bonzo relutou em se juntar a mais uma banda que parecia ser outra tentativa de reviver os Yardbirds – tendo em vista, principalmente, que o pagamento seria inferior ao oferecido por bandas de mais renome. Isso levou Page e Grant a bombardear o pub preferido de Bonham em Walsal, o Three Men in a Boat, com telegramas. Na época, Chris Farlowe e Joe Cocker também cortejavam o baterista, mas ele se juntou à banda de Page em nome da amizade com Plant e de uma atração pessoal pela música – apesar de ser incerto o que queria dizer exatamente com "a música", já que ele considerava os Yardbirds "redundantes".

O Led Zeppelin era muitas coisas, mas raramente sutil, e Bonham potencializava o som da banda. Sua proeza como baterista vinha da absoluta força bruta. O estilo de Bonham nunca envolveu os ritmos propulsivos de R & B que Charlie Watts proporcionava aos Rolling Stones ou a percussão assistemática que Keith Moon usava para acrescentar dinâmica ao The Who. Na verdade, Bonham tinha pouco em comum até mesmo com a bateria poderosa de Ginger Baker, do Cream, um modelo natural para Bonzo: Baker era fortemente influenciado pelo jazz e se dedicava a sombrear os espaços entre a guitarra de Eric Clapton e o baixo de Jack Bruce. Bonham pode ter admirado e aprendido com bateristas de jazz, mas o que ele levou ao Led Zeppelin foi a capacidade de construir uma batida poderosa como uma marreta, com ritmos tão intensos que literalmente empurravam o som da banda para frente. Nenhum baterista jamais criou um som tão monstruoso, e no campo de força rítmico de Bonham reside a base do som agora chamado de heavy metal. Essa bateria épica, permeada pela guitarra carregada de eletricidade de Page, os uivos primais de Plant e as linhas de baixo ondulantes de Jones criaram um rock imensamente poderoso.

Tanto como músico quanto como indivíduo, Bonham tinha uma personalidade forte, feroz. Enquanto a maioria dos bateristas acaba deixando o primeiro plano para vocalistas e guitarristas, os fãs do Led Zeppelin reconheciam Bonham como uma engrenagem essencial no maquinário da banda. Escute "Whole Lotta Love" e perceba como, em paralelo aos riffs monumentais de Page e ao vocal orgástico de Plant, a bateria titânica de Bonham conduz a música a marretadas. O papel dele na banda era tão celebrado que lhe foi concedido o solo mais longo deles nos palcos, "Moby Dick", um épico rítmico que podia durar até 45 minutos e no qual ele descartava as baquetas e atacava a bateria com as mãos.

Os apetites de Bonham não se concentravam apenas no som mais pesado e no solo mais longo; ele também mergulhava de cabeça nas loucuras e na devassidão disponíveis aos jovens astros do rock no fim dos anos 1960. Muitas das histórias mais cabeludas sobre as desventuras do Led Zeppelin na estrada envolvem Bonham.

Quando não estava viajando, John levava uma vida mais tranquila no interior da Inglaterra. Casado com Pat Phillips – uma inglesa que conheceu depois de tocar em um baile em 1964 – e pai de Jason e Zoe, ele morava em uma mansão no campo e cultivava o hobby de colecionar *hot rods* e motocicletas. Como músico, Bonham desenvolveu seu estilo acrescentando uma infinidade de instrumentos de percussão ao kit básico de bateria (entre os quais um tímpano e um gongo de orquestra), que proporcionaram ainda mais sutilezas ao seu som. A partir de *Houses Of The Holly*, de 1973, os discos do Led Zeppelin passaram a ter som mais limpo, enfatizando a bateria de Bonham. A música dele, inclusive, não apenas influenciaria uma geração de bateristas de rock pesado como seria fortemente sampleado na década de 1980 por produtores de rap e house music em busca de batidas

John Bonham, foto de divulgação, 1977.

rítmicas fortes para detonar a nova dance music que estavam criando.

Bonham quase nunca dava entrevistas, ele tinha uma repugnância paranoica da imprensa. Quando um amigo, o comediante escocês Billy Connelly, tentou entrevistá-lo em um programa de TV, ele apenas deu de ombros ou disse "sim". O Led Zeppelin passou a ficar cada vez mais distante dos palcos no fim da década de 1970, e Bonham, apesar de gostar da vida de proprietário rural, ficou inquieto, e sua vida supostamente passou a ser dominada pelo álcool e pelas drogas pesadas.

Talvez Bonham tenha percebido que as turnês, principalmente nos Estados Unidos, faziam aflorar o que havia de pior nele: quando Page convocou a banda para os ensaios da turnê americana de 1980, Bonham parecia estar apreensivo e sugeriu a Plant que ele deveria cantar e o vocalista tocar bateria. Em 24 de setembro de 1980, Bonham compareceu ao primeiro ensaio. Ele bebeu bastante vodca do café da manhã em diante, consumiu mais de 30 doses no decorrer do dia e ficou bêbado demais para tocar. A banda seguiu para a mansão de Page em Clewer, Windsor, e Bonham continuou a beber até apagar. Esse seria um porre do qual ele nunca mais acordaria. O legista concluiu que Bonham morreu de sufocamento pelo próprio vômito enquanto dormia, "devido ao consumo de álcool". A quantidade desmedida de bebida fez com que ele sofresse um edema pulmonar – inchaço dos vasos sanguíneos – devido ao excesso de fluido. A tragédia foi, segundo o legista, "morte por suicídio acidental".

Reconhecendo que Bonham era o motor que colocava o Led Zeppelin em movimento, os colegas anunciaram a dissolução da superbanda três meses depois da morte do baterista.

O filho de Bonham, Jason – que ganhou a primeira bateria do pai quando tinha apenas cinco anos –, liderou a banda de rock pesado Bonham na década de 1980. O Led Zeppelin convidou Jason para assumir a bateria nos seus raros reencontros – e o desempenho de Jason no aclamado show na O2 Arena em Londres, em dezembro de 2007, sugere que ele tem competência para ocupar o eminente lugar do pai. O baixista John Paul Jones – o homem que conhece a bateria de John Bonham melhor do que qualquer outra pessoa –, inclusive, comentou o desempenho de Jason depois do show: "Ele, sem dúvida, é tão destemido quanto o pai. E fez um excelente trabalho, quando levamos em conta que será avaliado por todos os bateristas do mundo depois desse show... Com esse tipo de pressão, é surpreendente que tenha feito tudo o que fez. 'Kashmir' foi absolutamente incrível, a forma como ele entrou e saiu de refrões e bridges".

Deixemos ao líder dos Foo Fighter, Dave Grohl, a tarefa de resumir os sentimentos da maioria dos fãs e dos músicos sobre o legado de John Bonham: "Eu não conheço ninguém que acredite que existe um baterista melhor do que John Bonham: isso é inquestionável!"

"Nunca tentei conscientemente ser um dos melhores bateristas – nem pretendo ser. Muitos garotos vêm a mim e dizem: 'Há muitos bateristas melhores que você', ou algo do gênero. Mas gosto de tocar no limite de minha habilidade, e é por isso que estou aqui. Minha intenção não é ser mais empolgante que Buddy Rich. Mas não toco o que não gosto. Sou um baterista simples e direto e não tento fingir ser nem um pouco melhor do que sou."

– John Bonham, citado em Hammer Of The Gods, de Stephen Davis

Peter Grant: o quinto Zeppelin por Garth Cartwright

Assim como o empresário dos Beatles, Brian Epstein, era visto como o "quinto beatle", Peter Grant, o empresário do Led Zeppelin, pode ser considerado o "quinto zeppelin". Nascido em 5 abril de 1935, Grant foi, em todos os sentidos, maior do que a vida, um homem que revolucionou o papel do empresário de rock. Via Led Zeppelin, ele inventou o modelo de superbanda.

Enquanto não restam dúvidas quanto às qualidades musicais e pessoais dos quatro integrantes do Led Zeppelin, uma boa dose do sucesso inicial da banda deve ser creditado ao papel inovador de Grant como empresário: ele garantiu que a banda fosse vista como algo singular, dissociado do universo do pop rock, e se concentrou em desenvolver o Zeppelin como um empreendimento. Eles logo foram reconhecidos como a banda com o som mais poderoso e os maiores lucros na história do rock. Nada mal para um antigo lutador profissional e operário da indústria.

Peter Grant nasceu em South Norwood, subúrbio na zona sul londrina. Adolescente alto, Grant sempre pareceu ser mais velho do que era. Ele abandonou a escola aos 13 anos e inicialmente trabalhou em uma fábrica de chapas de metal. Com seu 1,95 m de altura, ele poderia parecer ter o físico ideal para o trabalho pesado, mas logo decidiu que não era aquilo que queria. Assim, Grant passou a trabalhar na agência de notícias Reuters – então sediada na lendária Fleet Street em Londres –, entregando fotografias. O emprego possibilitou uma porta de entrada para a indústria do entretenimento, e ele enveredou por uma infinidade de empregos – ajudante de palco, gerente de entretenimento em um hotel, leão de chácara e porteiro –, até que um amigo sugeriu que ele se daria bem como lutador profissional de luta livre. Grant, que tinha certo pendor teatral, abraçou a ideia e logo ia ao ar na TV britânica como Conde Massimo e Conde Bruno Alassio de Milão. Sua presença marcante rendeu alguns convites para pontas em filmes do fim da década de 1950 e início da de 1960, entre os quais *Os canhões de Navarone*, *Somente Deus por testemunha* e *Cleópatra*. Ele também apareceu em uma infinidade de programas de TV, como o *Benny Hill Show*.

Quando o importante empresário de rock britânico Don Arden contratou Grant como gerente de turnê para um show de revival do rock'n'roll que rodaria o Reino Unido em 1963, ele passou a perceber as possibilidades – e o dinheiro – envolvidas no meio. Arden ficou famoso – ou notório – pela abordagem truculenta como empresário de artistas como Small Faces, ELO e Ozzy Osbourne. Ele era ainda o pai de Sharon Osbourne, também empresária e herdeira do estilo implacável do pai. Algo que Grant também aprendeu com Arden. Já na condição de caçador de talentos de Arden, Grant conheceu os integrantes da banda The Animals, de Newcastle, que alcançaria enorme sucesso internacional com "House Of The Rising Sun", produzida por Mickie Most. Grant passou a trabalhar como gerente de turnê dos Animals e, durante uma turnê americana da banda, percebeu quanto dinheiro uma banda de rock de sucesso era capaz de gerar e – na época – quão pouco ia parar nos bolsos dos músicos.

Depois de romper com Arden em função de práticas contábeis duvidosas com os Animals – os dois passariam a brigar em público quando se encontravam –, Grant montou a RAK Records com Mickie Most. O selo lançou um sucesso atrás do outro década de 1970 adentro.

Most costumava contratar John Paul Jones como arranjador e ocasionalmente Jimmy Page para tocar em sessões de pop. Também foi Most quem sugeriu ao empresário dos Yardbirds, no fim de 1966, que Grant seria uma aquisição importante para a banda em dificuldades. Grant entrou em cena e passou a viajar com os Yardbirds, garantindo que os produtores pagassem a banda e que os lucros não fossem desperdiçados. Apesar de perceber que os dias de glória dos Yardbirds haviam ficado para trás, ele ficou impressionado com a energia e a criatividade de Page. Há quem sugira que foi a percepção de Grant da popularidade do blues-rock pesado pós-Yardbirds de Jeff Beck nos Estados Unidos – e a relutância de Beck em relação a turnês – que o levou a sugerir a Page que montasse os New Yardbirds.

Ao se dar conta do potencial do Led Zeppelin. Grant negociou um contrato para cinco álbuns com a Atlantic Records. A Atlantic era então o selo mais respeitado e influente da indústria fonográfica. Grant conseguiu um adiantamento de US$ 200 mil com a gravadora, um valor recorde na época. Consciente da preferência das florescentes rádios de rock americanas por álbuns em lugar de compactos, Grant insistiu que o Led Zeppelin fosse promovido como uma "banda de álbuns", daí a pouca quantidade de compactos lançados pela banda. E ainda, ciente da aura das apresentações ao vivo em detrimento do tradicional formato de promoção de bandas em programas de TV, Grant também insistiu que a banda tocasse ao vivo para que o seu poder ficasse claro para o público. Essas estratégias sem dúvida funcionaram. Os discos do Led Zeppelin logo chegaram ao topo das paradas dos lados do Atlântico, enquanto o grupo construía a reputação de banda de rock com as apresentações mais vibrantes. Grant, conhecedor de quão pouco as bandas geralmente embolsavam da bilheteria dos shows, passou a assumir o controle do agendamento e da promoção dos shows do Led Zeppelin. Assim, os enormes lucros com a lotação esgotada de estádios ficavam com a banda, e não com promotores e agentes.

Grant tinha enorme presença em todos os sentidos. Careca, com uma barriga colossal, barba fechada e braços maciços, ele dominava qualquer espaço em que entrasse. E, quando defendia o que acreditava ser o interesse da banda, ele não temia parecer ameaçador. Suas táticas truculentas foram alvo de muitas críticas. Mas os quatro integrantes da banda, protegidos em um casulo de luxo e riqueza, o viam como um pai incapaz de cometer erros.

A compreensão de Grant da indústria da música o levou a montar uma editora musical para a banda, a Superhype Music, assim que ela foi formada. Depois do fim do contrato com a Atlantic, eles montaram o selo Swan Song para cuidar das gravações. Grant então contratou o Bad Company para o selo e também passou a ser empresário deles – a banda teve sucesso instantâneo. Grant depois afirmaria que o Coronel

Jerry Wexker da Atlantic Records (em pé à direita) presenteia Peter Grant e a banda com discos de ouro certificados pela RIAA por Led Zeppelin, no dia 31 de julho de 1969, em Eugene, OR. O disco alcançou a honra de vender 500 mil cópias em 22 de julho, seis meses após o lançamento.

Tom Parker entrou em contato com ele em 1977 para negociar o que seria a primeira turnê europeia de Elvis. Nas cenas de bastidores de *The Song Remains The Same*, o espectador tem uma ideia do quão intimidador Grant podia ser.

O empresário entrava em lojas de discos em Londres e espatifava discos piratas do Led Zeppelin, também atirava para fora dos shows qualquer suspeito de portar um gravador sem permissão. Mas a truculência de Grant trabalhou contra a banda quando um desentendimento com a equipe de um show em Oakland, em 1977, acabou em briga e na prisão de Grant e John Bonham (e dois funcionários do Zep), sob a acusação de agressão. Talvez se dando conta do quão fora de controle a fama deles se tornara, Plant e Page mantiveram a banda afastada da estrada boa parte dos anos seguintes.

Depois do Led Zeppelin e do fechamento do Swan Song em 1983, Grant praticamente se aposentou e mudou-se para Eastbound, sul da Inglaterra. Ele ocasionalmente aparecia em público e passou a ser um concorrido orador em seminários do setor. Ele perdeu peso e passou a levar uma vida bem mais moderada. Quando voltava de carro para casa com o filho em 21 de novembro de 1965, Peter Grant sofreu um infarto fulminante e morreu, aos 60 anos de idade.

Peter Grant: "Eu sou Peter Grant, empresário do Led Zeppelin".

Bob Dylan: "Eu não lhe conto os meus problemas, conto?"

os LPs:

Led Zeppelin

por Greg Kot

Os fãs com interesse em história devem ter reconhecido a imagem na capa do primeiro disco do Led Zeppelin. É o fac-símile de uma fotografia do dirigível *Hindenburg* em chamas sobre Nova Jersey em 1937, um desastre que custou a vida de 35 passageiros.

Mas a imagem granulada em preto e branco também lembrava outra coisa: um falo explodindo. A mensagem estava dada: tranquem as suas filhas! Escondam os puristas do blues! Ultraje, linguagem bombástica e explosões aqui dentro!

Os 45 minutos de música foram gravados e mixados em meras 30 horas, o que fica claro no som: esse é facilmente o álbum mais áspero e maníaco do Led Zeppelin, e um dos mais eletrizantes justamente por isso. *Led Zeppelin* é o registro de uma banda testada na estrada que entra no estúdio pela primeira vez. Jimmy Page e John Paul Jones trabalharam em inúmeras sessões de gravação em Londres nos anos 1960, enquanto John Bonham e Robert Plant eram de certa forma rapazes do interior em um mundo de fones de ouvido e leituras de equalização. Juntos, eles forjaram um som que fez o da maioria dos seus contemporâneos parecer limitado.

Page – o visionário residente da banda – assumiu o papel de produtor; o som que ele ouvia na cabeça, e acabou registrando em fita, tinha no centro a bateria de John Bonham. *Led Zeppelin* já seria indispensável, quando nada, pela proclamação da chegada de um dos maiores bateristas da história do rock.

Na abertura da primeira faixa, "Good Times Bad Times", Bonham cria tensão com os tic-tic-tics no chimbal e os batuques ocos e sincopados no cowbell. Então ataca a caixa, mas é o bumbo quem dita o tom da levada. Bonham dança com o pedal, e a música suinga com a força de uma marreta. Godzilla havia chegado.

Page rasga o primeiro riff titânico em uma carreira repleta deles no Zep: duas notas enfáticas, então um turbilhão. Esse solo é impreciso, mas ousado; como um esquiador que segue montanha abaixo muito mais rápido do que as condições de gelo permitiriam, no limiar do desastre.

Apesar de não ser tão ostentoso quanto John Entwistle (The Who), Jones joga belas e bem colocadas transições melódicas na mistura. Ele proporciona espaço para respirar em meio ao caos criado por Page e Bonham. Não seria a última vez que Jones tocaria a coisa certa no momento exato, um mestre da sutileza em uma banda raramente celebrada por isso.

E então temos Plant. Ele pavoneia, estufa o peito, reclama e faz poses que fariam um gangsta rapper corar. As letras não têm a menor importância; trata-se do som, e não da poesia, com Plant proclamando seu direito inato de saborear, sentir e respirar até não suportar mais.

Essa atitude também se aplica ao apetite musical voraz da banda. Como que para refutar aqueles que pudessem desprezá-los por serem uma banda de metal com mão pesada, o Led Zeppelin transformou o seu debute em uma prolixa declaração de missão, um diagrama para todos os futuros discos da banda, ao reformular o blues de Chicago, o folk britânico, ragas orientais e rock progressivo. O disco até mesmo pressagia o punk. Sim, punk.

De que outra forma descrever "Communication Breakdown"? Dois minutos e 27 segundos de fúria comprimida, com Page, Jones e Bonham disparando a toda velocidade com quatro acordes – o elo perdido entre "Nervous Breakdown", de Eddie Cochran, e "TV Party", do Black Flag. Melhor momento: o grito de Plant, "*Suck!*", deixa para mais um solo frenético, corrosivo, de Page.

A faixa é imediatamente precedida por sua antípoda. O dedilhado delicado à Bert Jansch de Page plana sobre uma tabla na instrumental "Black Mountain Side". A justaposição é intencional – a forma de Page de dizer que a sua banda era capaz de fazer qualquer coisa.

Nesse estágio inicial da história do quarteto, as composições ainda não estavam em pé de igualdade com o som ambicioso da banda. Três covers foram incluídos, e uma das composições próprias, "How Many More Times", faz referência a tudo, desde "Beck's Bolero" até "The Hunter", de Albert King. Mas os arranjos da banda mais do que compensam. Em "You Shook Me", de Willie Dixon, uma série de solos (os overdubs de órgão e o piano elétrico de Jones, a gaita de Plant, a guitarra de Page) paira sobre um shuffle lento. A intensidade cresce, até um final climático de chamado e resposta entre a guitarra de Page e o vocal de Plant. Sim, Plant sabe uivar, mas a guitarra espectral de Page é extraordinária. Em vez de empregar os tropos do blues-rock, ele os subverte com distorção e efeitos de estúdio. Se a intenção dele era se distanciar da multidão de guitarristas ingleses com som fundamentado no blues, o sucesso foi absoluto.

A interpretação do quarteto do folk "Babe I'm Gonna Leave You" é ainda mais radical. Com o seu vai e volta entre a contemplação acústica e a combustão elétrica, "Babe" indica o caminho para "Stairway To Heaven", que viria três álbuns depois. Plant toma liberdades com a letra até que a história, como registrada, torna-se quase incompreensível. Basta dizer que Plant precisa sair por aí [*ramble*], exceto quando não precisa. Mas a canção é atordoante, um filme dramático de blues juvenil.

"Dazed And Confused" é outro triunfo de arranjo e produção. O baixo de Jones rasteja e faz a cama para esse blues-vodu, sob lamentos e uivos da guitarra ondulante de Page. Plant se apaixona por uma mulher maligna e grita como um homem sendo arrastado para as profundezas do inferno. O trecho intermediário da gravação é uma conversa com quatro interlocutores que fica cada vez mais sinistra, até que Bonham lidera uma fuga a toda velocidade que ainda me dá calafrios todas as vezes que a escuto.

Se existe uma fraqueza em *Led Zeppelin*, é o fato de a banda ter pouco a dizer (em termos das letras, pelo menos). "Babe, babe, babe" – e tudo o que isso implica – é a soma das preocupações de Plant. Ele se tornaria bem mais incisivo em lançamentos posteriores. Não, a glória de *Led Zeppelin* está no som absoluto, na alquimia de quatro músicos talentosos que fazem muito barulho ao derreter o *Hindenburg*. Este é o triunfo de Page: a forma como ele grava Bonham, a amplitude do repertório, o sequenciamento das faixas. Meio século depois, ele ainda balança como o maior você sabe o quê da Inglaterra.

Zepelim inflável promocional distribuído às lojas de discos pela Atlantic para promover *Led Zeppelin*.

Meu Deus, como eles hipnotizam

O primeiro show do Zeppelin de Ann & Nancy Wilson

por Gene Stout

O primeiro show do Led Zeppelin de Ann e Nancy Wilson, em 11 de maio de 1969, foi uma experiência surpreendente e alucinante.

Ir de carro para Seattle saindo do subúrbio já era assustador o bastante para duas estudantes do ensino médio que raramente se aventuravam para longe de casa. Mas nada as preparou para o estridente show vespertino da banda britânica com o Three Dog Night, no Green Lake Aqua Theatre, um espaço para shows a céu aberto com 5,6 mil lugares, conhecido pelos Aqua Follies (espetáculos que combinavam nado sincronizado, dança e comédia) – e não pelo despertar cultural.

As duas futuras líderes do Heart já eram fãs do Zeppelin, mas não faziam ideia de como seria um show da banda.

"Eles eram sensuais, homens diretos que falavam abertamente de sexo", lembra Ann. "E foi assustador para nós, já que éramos garotas muito inocentes. Não me lembro muito do vocal ou do som. A minha percepção foi: 'Nossa, isso fala sobre transar'."

"Quando escutamos 'The Lemon Song' ficamos com os olhos esbugalhados." Nancy, bem mais nova do que Ann, não acreditava no que estava vendo em "plena luz do dia".

"A revolução cultural ia a todo vapor na época, e nossas mentes estavam bastante abertas musicalmente. Porque tocava de tudo no rádio", diz ela. "Então estávamos prontas para qualquer coisa – mas não para o Led Zeppelin. Eles eram algo completamente diferente. Eles eram perigosos. E sexuais. Não se encaixavam na nossa noção de estudantes secundárias do que a sexualidade deveria ser, do ponto de vista do amor e do casamento."

"Quase acreditamos que estávamos vendo algo proibido para menores de 18 anos, algo que não deveríamos estar vendo. Pensamos, 'meu Deus, será que deveríamos mesmo estar aqui?' Foi bem ilícito."

As memórias que Nancy tem da música são tão vivas quanto. "Page usou um arco de violino e um teremim, e eles tocavam e improvisavam sem parar. Eles estavam suados e maravilhosos. E estavam ali, perante Deus e todo mundo! Ficamos chocadas e perplexas – e nunca mais fomos as mesmas."

Green Lake Aqua Theatre, Seattle, WA, 11 de maio de 1969.

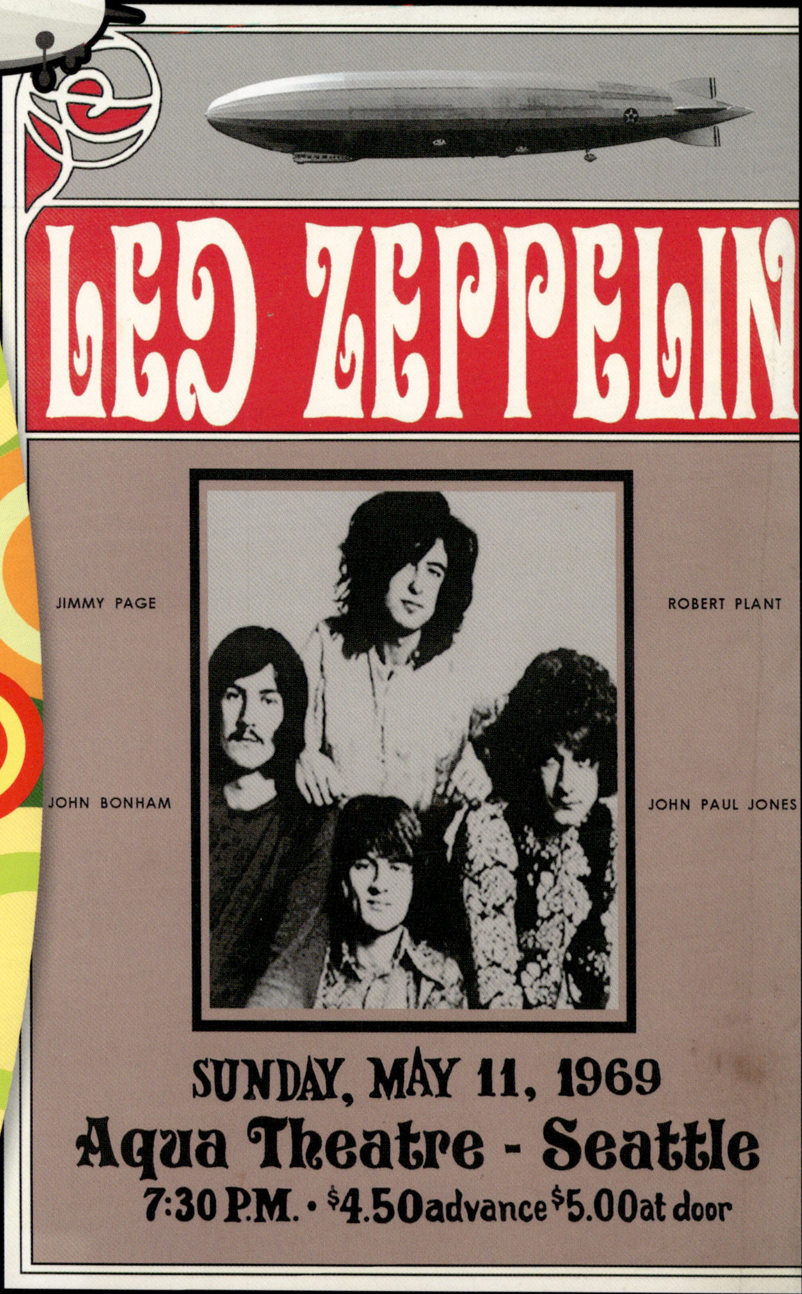

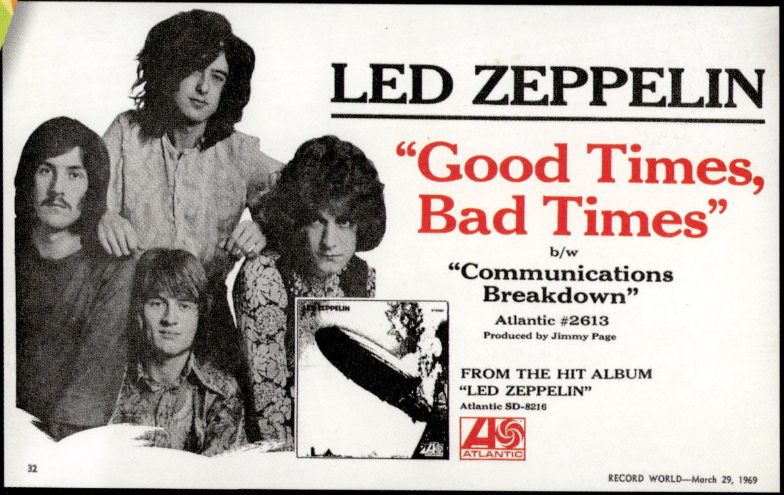

Anúncio impresso da Atlantic Records para o compacto "Good Times, Bad Times"/ "Communications Breakdown" [sic], março de 1969.

Bárbaro nos portões, 1969. Robert Plant aguarda em mais um aeroporto.
Charles Bonnay/Time & Life Pictures/Getty Images

The Rock Pile, Toronto, ON, 2 de fevereiro de 1969.

DATAS DA TURNÊ

7.9.1968	Gladsaxe Teen Club, Gladsaxe, Dinamarca
7.9.1968	Brondby Pop Club, Brondby, Dinamarca
8.9.1968	Reventlowparken, Lolland, Dinamarca
8.9.1968	Fjordvilla, Roskilde, Dinamarca
12.9.1968	Stora Scenen, Estocolmo, Suécia
13.9.1968	Inside Club, Estocolmo, Suécia
14.9.1968	Angby Park, Knivsta, Suécia
15.9.1968	Liseburg Amusement Park, Gotemburgo, Suécia
17.9.1968	Club Bongo, Malmo, Suécia
18.9.1968	Gotemburgo, Suécia
20-21.9.1968	Koncerthaus, Estocolmo, Suécia
22.9.1968	Bergen, Noruega
23.9.1968	Oslo, Noruega
24.9.1968	Oslo, Noruega
4.10.1968	Mayfair Ballroom, Newcastle, Inglaterra
18.10.1968	Marquee Club, Londres, Inglaterra
19.10.1968	Liverpool University, Liverpool, Inglaterra
25.10.1968	Surrey University, Guildford, Inglaterra [estreia como Led Zeppelin]
26.10.1968	Bristol Boxing Club, Bristol, Inglaterra
9.11.1968	Roundhouse, Londres, Inglaterra
16.11.1968	College of Technology, Manchester, Inglaterra
23.11.1968	Sheffield University, Sheffield, Inglaterra
29.11.1968	Crawdaddy Club, Richmond, Inglaterra
10.12.1968	Marquee Club, Londres, Inglaterra
13.12.1968	Bridge Place Country Club, Canterbury, Inglaterra
16.12.1968	Bath Pavilion, Bath, Inglaterra
19.12.1968	Civic Hall, Exeter, Inglaterra
20.12.1968	Wood Green Fishmongers Hall, Londres, Inglaterra
26.12.1968	Denver Auditorium Arena, Denver, CO
27.12.1968	Seattle Center Arena, Seattle, WA
28.12.1968	Pacific Coliseum, Vancouver, CB
29.12.1968	Civic Auditorium, Portland, OR
30.12.1968	Gymnasium, Gonzaga University, Spokane, WA
2,4-5.1.1969	Whisky a Go Go, Los Angeles, CA
9-12.1.1969	Fillmore West, San Francisco, CA
13.1.1969	Fox Theater, San Diego, CA
15.1.1969	Memorial Auditorium, University of Iowa, Iowa City, IA
17-19.1.1969	Grande Ballroom, Detroit, MI
20.1.1969	Wheaton Youth Center, Wheaton, IL
21.1.1969	Hunt Armory, Pittsburgh, PA
23-26.1.1969	Boston Tea Party, Boston, MA
29.1.1969	Electric Factory, Filadélfia, PA
31.1-1º.2.1969	Fillmore East, Nova York, NY
2.2.1969	The Rock Pile, Toronto, ON
7-8.2.1969	Kinetic Playground, Chicago, IL
10.2.1969	Memphis State University, Memphis, TN

2

Tocando em frente
1969-1970

O verão de 1969 foi determinante para o Led Zeppelin, principalmente na Inglaterra. Uma vez que Jimmy Page e companhia recusavam-se firmemente a lançar compactos para as rádios, eles precisavam encontrar outra forma de fazer com que sua música fosse ao ar na BBC, a principal rádio do país.

"Naquele tempo existia uma coisa chamada tempo de agulha, que limitava a mais ou menos quatro horas o tempo de música de discos que a BBC podia tocar por dia", explicou John Paul Jones ao escritor Gary Graff, de Detroit, em 1997, quando *The BBC Sessions* foi oficialmente lançado em CD. "Então, se a sua música não fosse ao ar nos programas que tocavam o Top 40 das paradas, todas gravações de dois minutos e meio – coisa que não fazíamos –, a alternativa era participar de programas em que se tocava ao vivo e era possível estender uma música por cinco, seis, sete minutos. Essa era a forma de fazer com que a música chegasse ao público que não podia ir aos shows."

O Led Zeppelin foi ao ar três vezes na BBC em um espaço de 11 dias e tocou músicas do disco de estreia e algumas inéditas, como "Whole Lotta Love", de *Led Zeppelin II*. E um cover de "Travelling Riverside Blues", de Robert Johnson, letra de que se apropriaria Plant em "The Lemon Song", também do segundo álbum. Nessas aparições no rádio, o quarteto extravagante se comportou. "Era uma atmosfera um pouco estranha, e éramos uma banda arrogante, jovem, rebelde e entusiasmada tomando conta do lugar. Mas, de qualquer forma, o nosso comportamento foi adequado", disse Jones a Graff. "Eu e Page havíamos sido músicos de estúdio, então sabíamos como nos comportar durante uma gravação. Acho que a loucura veio depois, na estrada. Para ser honesto, nós meio que aprendemos aquilo com outras pessoas: 'Isso é o que as bandas de rock'n'roll fazem na estrada'. Eu nunca imaginei nada parecido. Éramos perfeitos cavalheiros e profissionais. Não se sai por aí destruindo estúdios – isso é ridículo."

Antes que você consiga dizer "o que é e nunca deveria ser [*what is and should never be*]", o Zeppelin viajou para os Estados Unidos para mais e mais shows. Em seis meses, entre

A banda posa para uma foto de divulgação na época do lançamento de *Led Zeppelin II*.

Folheto da turnê britânica de 1969.

Pôster da turnê britânica de 1969.

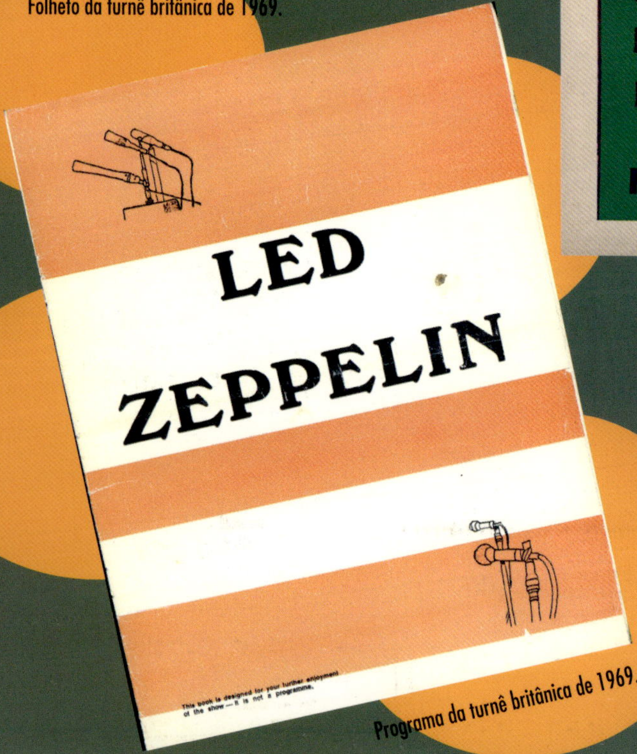

Programa da turnê britânica de 1969.

as apresentações, a banda conseguiu tempo para entrar no estúdio para sessões de gravação em Los Angeles, Nova York e Londres. A maioria das canções foi composta em quartos de hotel e camarins, com Plant se transformando em parceiro de composição de Page.

"Eu nunca tinha composto antes do Zep, então a habilidade de criar letras e melodias se desenvolvia a cada dia", Plant disse ao jornalista britânico Nigel Williamson. "O processo de composição é pessoal e íntimo, mas trabalhar com Jimmy era muito estimulante. Ele era mais experiente em todos os sentidos, mas a parceria era boa, e, por volta da oitava música que compomos juntos, passei a perceber que eu tinha algo com aquele cara que era muito especial. Deixei de apenas arriscar e me sentia mais seguro a cada dia. *Led Zeppelin II* foi muito viril. Aquele era o álbum que definiria se tínhamos ou não o poder de nos manter à tona e a capacidade de estimular. As cores mudaram completamente em relação ao primeiro disco. Nosso som ficou mais criativo e inventivo."

Lançado em 22 de outubro de 1969, *Led Zeppelin II* estreou em 15º lugar nos Estados Unidos e logo desbancaria *Abbey Road*, dos Beatles, no primeiro lugar da parada de álbuns da *Billboard*. O LP foi apoiado nos EUA por um compacto com uma versão editada de "Whole Lotta Love", que chegou à quarta posição em dezembro. (O Zeppelin era irredutível quanto à decisão de não lançar compactos no Reino Unido.) A essa altura, a banda já era grande nos Estados Unidos, chegando a exigir garantia de US$ 100 mil por show. Tão grande que o perspicaz empresário Peter Grant recusou uma oferta para tocarem no hoje lendário Festival de Woodstock, em agosto de 1969, porque não queria que a banda competisse por atenção com atrações como The Who, Jimi Hendrix, Jefferson Airplane e Sly & The Family Stone.

Apesar de o Led Zeppelin ser grande nos Estados Unidos, essa foi uma época de calmaria para os fãs britânicos. Entre dezembro de 1969 e abril de 1970, o quarteto fez 153 shows nos EUA e apenas 28 no Reino Unido. Em 9 de janeiro de 1970, eles decidiram fazer um grande show no Royal Albert Hall e filmá-lo para um documentário. (As filmagens, que incluem Jason, o filho de quatro anos de Bonham, brincando com a bateria, ficou inédito até o lançamento do DVD *Led Zeppelin*, em 2003, que traz imagens de shows de 1970 a 1979.) O empresário Grant manteve a banda na estrada, inclusive com uma volta à Escandinávia. O show em Copenhague,

(continua na página 64)

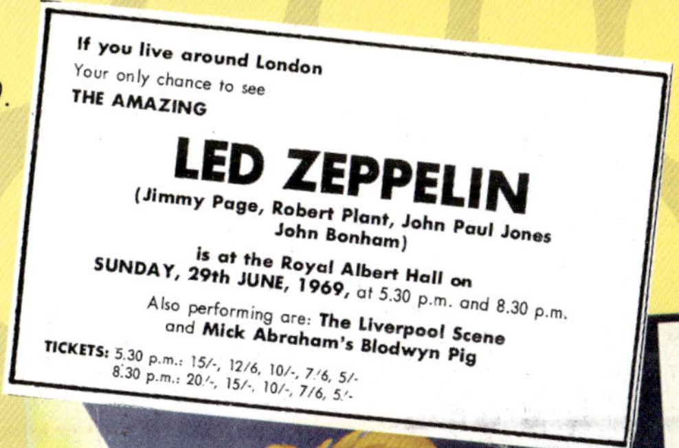
If you live around London
Your only chance to see
THE AMAZING

LED ZEPPELIN
(Jimmy Page, Robert Plant, John Paul Jones John Bonham)

is at the Royal Albert Hall on
SUNDAY, 29th JUNE, 1969, at 5.30 p.m. and 8.30 p.m.
Also performing are: The Liverpool Scene and Mick Abraham's Blodwyn Pig
TICKETS: 5.30 p.m.: 15/-, 12/6, 10/-, 7/6, 5/-
8.30 p.m.: 20/-, 15/-, 10/-, 7/6, 5/-

Royal Albert Hall, Londres, Inglaterra, 29 de junho de 1969.

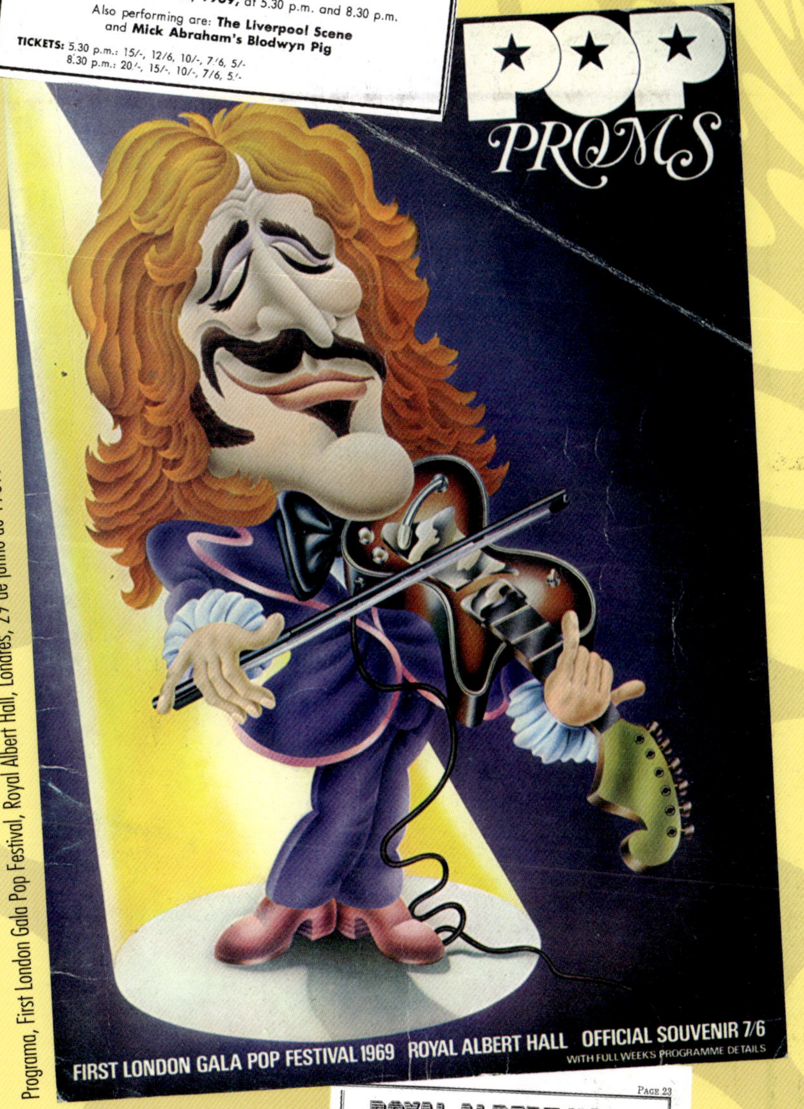

Programa, First London Gala Pop Festival, Royal Albert Hall, Londres, 29 de junho de 1969.

PAGE 23

ROYAL ALBERT HALL
London, S.W.7.
Roy Guest and Vic Lewis present
"POP PROMS"

Sunday, June 29th at 5.30 and 8.30 p.m.
LED ZEPPELIN
THE LIVERPOOL SCENE
MICK ABRAHAM'S BLODWYN PIG
JEFF DEXTER
Tickets: 5.30 p.m. 15/- 12/6 10/- 7/6 5/-
8.30 p.m. 20/- 15/- 10/- 7/6 5/-

Monday, June 30th at 7.30 p.m.
FLEETWOOD MAC
THE PENTANGLE
DUSTER BENNET JEFF DEXTER
Tickets 25/- 20/- 15/- 10/- 5/-

Tuesday, July 1st at 7.30 p.m.
AMEN CORNER
MARMALADE
BOB KERR'S WHOOPEE BAND
THE WEB
RADIO LUXEMBOURG DJ
Tickets: 17/6 12/6 10/- 7/6

Wednesday, July 2nd at 7.30 p.m.
THE INCREDIBLE STRING BAND
THE FAMILY
(FAIRPORT CONVENTION)
JOHN PEEL
Tickets: 25/- 20/- 15/- 10/- 5/-

Thursday, July 3rd at 7.30 p.m.
THE DUBLINERS
THE IAN CAMPBELL GROUP
MARTIN CARTHY and DAVE SWARBRICK
THE YOUNG TRADITION
Compere—DOMINIC BEHAN
Tickets: 17/6 12/6 10/- 7/6

Friday, July 4th at 5.30 and 8.30 p.m.

Royal Albert Hall, Londres, Inglaterra, 29 de junho de 1969.

Bath Festival, Shepton Mallet, Inglaterra, 28 de junho de 1969.

"Lembro-me do dia em 1969 ou 1970, a primeira vez que eles vieram a Montreal. Meu irmão John foi vê-los no Forum, e lembro que na manhã seguinte ele comentou sobre o show. Lembro-me dos detalhes daquela conversa. Do entusiasmo dele e da forma como fiquei contagiado. Eu tinha uns nove ou dez anos e fiquei contagiado pela energia que ele emanava por ter assistido a um show e ter ficado estupefato, a mente completamente destruída por algo tão poderoso. Percebi que algo muito especial havia acontecido na noite anterior."

—Michael Timmins, Cowboy Junkies

"O Zeppelin também consistia nos muitos, muitos seguidores da banda. Para toda uma geração, as ansiedades da adolescência eram facilmente abrandadas por bons fones de ouvido e uma cópia decente de *Led Zeppelin II*. Agora essa geração tem seus filhos, e os discos soam melhores do que nunca."

—Cameron Crowe, Led Zeppelin: Light And Shade

Programa, Bath Festival, Shepton Mallet, Inglaterra, 28 de junho de 1969.

"Eu descobri, em algum momento nos últimos anos, que a minha dieta musical tinha poucos carboidratos e que o riff de rock é um nutriente essencial – principalmente no carro e em turnês de divulgação de livros, quando você precisa de algo rápido e barato para enfrentar um longo dia. Nirvana, *The Bends* [do Radiohead] e The Chemical Brothers abriam o meu apetite, mas apenas o Led Zeppelin era capaz de satisfazê-lo; inclusive, se eu precisasse cantarolar um riff de blues-metal para um desconhecido surpreso, minha escolha seria "Heartbreaker", de *Led Zeppelin II*. Não tenho certeza se o fato de eu cantar "DANG DANG DANG DA-DA-DANG, DA-DA-DA-DA-DA DANG DANG DA-DA-DANG" esclareceria grande coisa para a pessoa, mas acredito que teria feito o melhor trabalho possível tendo em vista as circunstâncias. Mesmo ao escrevê-lo desta forma (apesar da ajuda das caixas altas), me parece que o volume glorioso e absurdo da faixa é transmitido com eficácia e sem ambiguidade. Leia outra vez. Viu? É rock na veia."

—Nick Hornby, 31 canções, *2002*

Miss Pamela, coleção de Robert Matheu

Quão suaves são os seus verdes campos

por Jon Bream

No seu livro de memórias *Confissões de uma groupie*, de 1987, a ultragroupie Pamela Des Barres partilhou com os leitores o registro de 31 de julho de 1969 do seu diário, escrito quando ela era a beldade Pamela Miller: "Jimmy Page chega hoje à cidade. Não sei se quero vê-lo ou não, sabe-se lá que doenças eu pegaria. Ele é um querubim tão doce e adorável, por que será que é tão pervertido?"

Miss Pamela, como era conhecida, também gostava de... bem... música. "Os shows do Led Zeppelin em 1969 foram eventos sem paralelo na história da música", escreveu. "Eles tocavam por mais tempo e mais pesado do que qualquer outra banda, mudando completamente o conceito de show de rock. Contorciam-se como dervixes, tocavam de forma a deixar o ar pesado como metal. Duas horas depois que as luzes eram apagadas, quando a banda seguia para os bastidores, as plateias se transformavam em massas em delírio, ávidas, sedentas de um bis. Vinte longos minutos depois, o todo-poderoso Led Zeppelin voltava para saciar seus seguidores famintos."

Pamela foi promovida de seguidora faminta a namorada de Jimmy Page, viajou com a banda e sentou-se entre Page e Plant quando eles assistiram a um show de Elvis, em Las Vegas. E teve a honra de ser a única mulher a subir ao palco com o Zeppelin, porque, como ela explica, o gerente de turnê, Richard Cole, a apresentava como sra. Page. Ela escreveu sobre chicotes na mala de Page e afirmou que ele teria dito: "Não se preocupe, Miss P., nunca os usarei em você, nunca a machucaria dessa forma".

Ela também se recorda de ter viajado com mescalina com um Page sóbrio, que "garantia que ela se divertisse. Ele gostava de ficar sob controle, não tomava muitas drogas ou exagerava na bebida. Acho que ele acreditava que a sua beleza era importante demais para ser adulterada. Ele se admirava no espelho o tempo todo, cuidando da sua imagem esplendorosa, fazendo cachos perfeitos em seus longos cabelos pretos com uma pequena escova elétrica. Ele usava produtos da Pantene, e, sempre que os cheirava, anos depois, me lembrava de estar com o rosto enterrado nos cabelos dele".

(continuação da página 61)

em 28 de fevereiro, criou um problema que nada teve a ver com os excessos da banda fora do palco. Uma mulher chamada Eva von Zeppelin, que alegava ser parente do famoso Ferdinand von Zeppelin, confrontara os roqueiros em outubro de 1969, afirmando que a banda não poderia usar seu sobrenome sem permissão. Quando a banda voltou à Dinamarca, ela os ameaçou outra vez. Dando-se conta de que muitas vezes uma palavra pode ter dois significados, o Led Zeppelin cedeu e divulgou uma declaração: "Vamos nos chamar de The Nobs [Os Cabeças/Esnobes] quando tocarmos na Dinamarca".

Uma controvérsia ainda maior começava a se formar ao redor das letras do Led Zeppelin. Plant tinha tendência a apropriar-se de versos de letras de blues e folk. O site www.turnmeondeadman.com analisa as letras de Plant e as compara com músicas de blues e folk. O cantor chegou a admitir a sua dívida com o blues ao jornalista americano Cameron Crowe, que escreveu o texto do encarte de *Led Zeppelin: The Complete Studio Recordings*, de 1993: "Desde que comecei a tocar violão, percebi que a coisa toda, a banda, na verdade, vem diretamente do blues. Tudo".

Em 1985, o gigante do blues Willie Dixon, que compôs sucessos para Howlin' Wolf e Muddy Waters, processou o Led Zeppelin, alegando que trechos de "Whole Lotta Love", de *Led Zeppelin II*, foram extraídos de sua "You Need Love".

Na música do Zeppelin, Plant escreveu: "*You need coolin', baby, I'm not foolin'/I'm gonna send ya back to schoolin'/Way down inside, honey, you need it/I'm gonna give you my love/I'm gonna give you my love*".

Compare-a com a letra de Dixon: "*I ain't foolin' you need schoolin'/Baby you know you need coolin'/Baby way down inside woman you need love*".

O bluesman Willie Dixon foi uma grande influência para o Led Zeppelin. Seu sucesso "You Need Love" foi a base para "Whole Lotta Love", e lançamentos posteriores da banda acrescentaram o nome de Dixon nos créditos.

As partes fizeram um acordo, e Dixon passou a receber crédito como coautor da faixa e direitos autorais de *Led Zeppelin II*.

Em entrevista à *Guitar World* em 1993, Page falou sobre o fato de recorrer a outras fontes em busca de inspiração musical:

> "De minha parte, sempre procurei dar novos ares a tudo o que usei, criando algum tipo de variação. Acho até que na maioria dos casos é impossível saber qual é a fonte. Então a maior parte das comparações repousa nas letras. E Robert deveria mudá-las, mas nem sempre fazia isso – o que nos trouxe muitas dores de cabeça. Ninguém conseguia identificar os trechos de guitarra, mas nos pegaram com as letras. Tomamos, entretanto, algumas liberdades [risos]. Mas não faz diferença, tentamos fazer a coisa certa, e isso explodiu na nossa cara. [...] Estávamos em Headley Grance gravando *Physical Graffiti* [em 1975]; Ian Stewart apareceu, e começamos uma jam, que acabou se transformando em "Boogie With Stu". Era obviamente uma variação de "Ooh My Head", de Ritchie Valens, que, por sua vez, é uma variação de "Ooh My Soul", de Little Richard. O que tentamos fazer foi dar crédito à mãe de Ritchie, porque ficamos sabendo que ela não recebia os direitos autorais de nenhum dos sucessos do [falecido] filho, então Robert se apoiou um pouco na letra. Mas o que aconteceu? Tentaram nos processar por toda a música! Tivemos de mandá-los passear. Enfim, se houver algum tipo de plágio, a culpa é de Robert [risos].
>
> Mas, sério, os bluesmen faziam empréstimos uns dos outros frequentemente, e o mesmo vale para o jazz. Aconteceu até mesmo conosco. Como músico, sou produto das minhas influências. O fato de ter escutado tantos estilos diferentes de música tem muito a ver com a forma como eu toco. O que acho que me diferencia de muitos guitarristas daquela época – o fato de eu escutar folk, música clássica e indiana, além do blues e do rock."

Ou, como Paul Simon colocou certa noite no *Tonight Show*, ao falar sobre as três músicas famosas que inspiraram "Bridge Over Troubled Water", de Simon & Garfunkel: "Se você faz um empréstimo de uma fonte musical, eles o acusam de plágio; mas, se você usa três fontes, eles o consideram prolífico".

Anúncio da ASCAP em celebração ao sucesso de "Whole Lotta Love".

Programa em capa dura com as dimensões da capa de um LP da turnê americana de 1969.

Compacto "Whole Lotta Love"/ "Living Loving Maid (She's Just A Woman)", lançado em 7 de novembro de 1969.

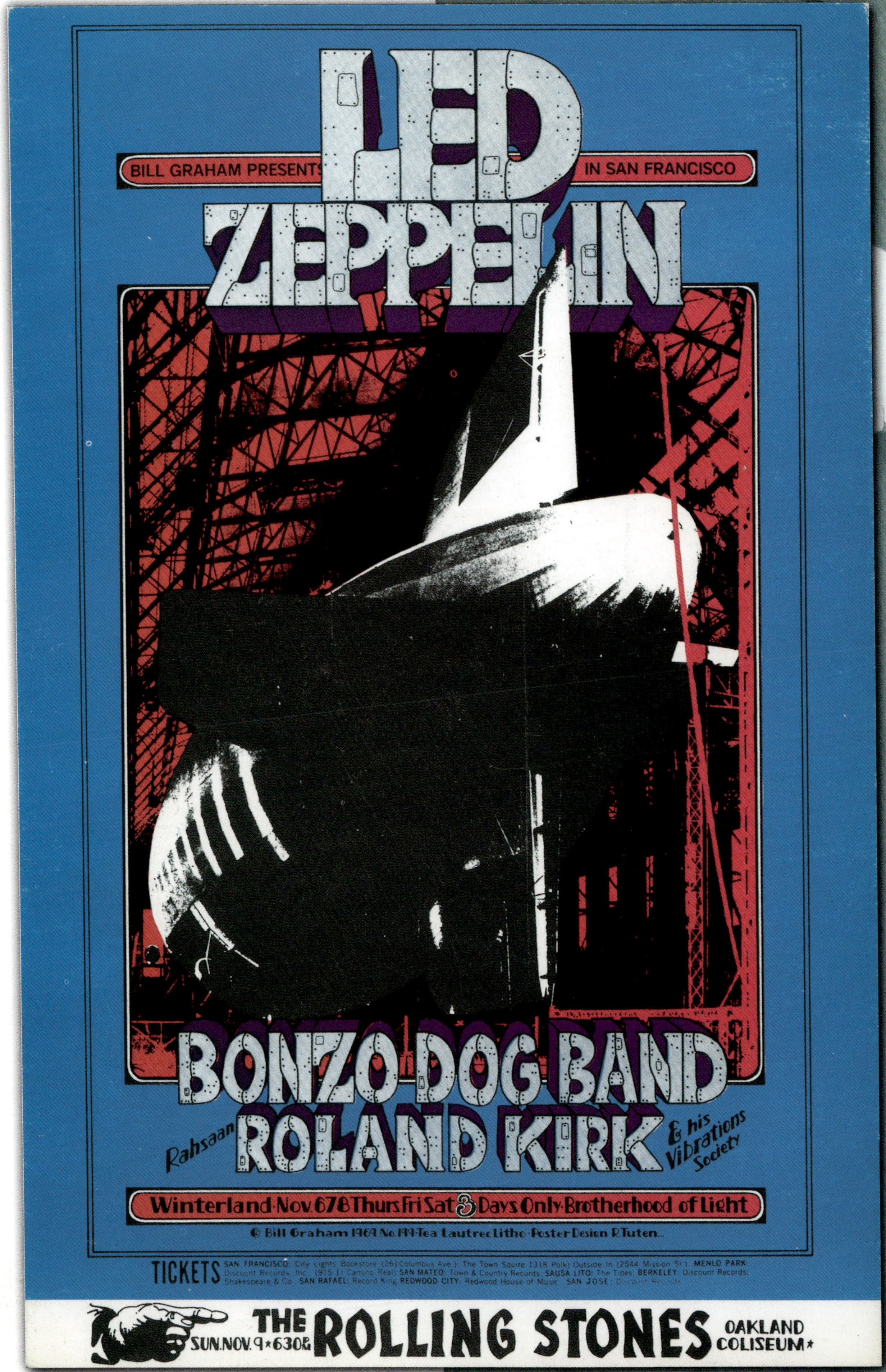

Winterland Ballroom, San Francisco, CA, de 6 a 8 de novembro de 1969.

Newport Jazz Festival, Newport, RI, 6 de julho de 1969.

Texas International Pop Festival, Dallas Motor Speedway, Lewisville, TX, 31 de agosto de 1969.

Singer Music Festival, Flushing Meadow Park, Queens, NY, 30 de agosto de 1969.

Fairgrounds Arena, Santa Barbara, CA, 1º de agosto de 1969. *Artista: Frank Bettencourt.*

"Tocamos com eles uma vez. Éramos apenas uma banda aspirante ao sucesso. O nosso empresário, Terry Knight, tinha contatos com a máfia de Nova York por intermédio de Premier Talent, Frank Barselona e aqueles caras. Eles estavam cuidando dos shows do Led Zeppelin, então disseram: 'Vamos agendar alguns shows do Grand Funk com o Led Zeppelin e tentar empurrá-los para cima'. O contrato era para dez shows, e o primeiro foi no [estádio] Olympia, em Detroit. Subimos e começamos o nosso show. Por volta da metade da apresentação, a plateia estava enlouquecendo. Quando chegamos a 'Inside Looking Out', a casa veio abaixo. Estava rolando uma discussão nos bastidores entre Peter Grant e Terry Knight. Peter queria que saíssemos do palco imediatamente. Ele tem dois metros de altura e pesa uns mil quilos, e o pequeno Terry, que tem 1,65 m, disse: 'Não, eles não vão sair do palco'. Peter teria agarrado Terry pelo colarinho da camisa e dito, encarando-o: 'Tire essa porra de banda do palco agora!' É claro que Terry não ia fazer isso, então eles puxaram a tomada. Cortaram a força. Terry subiu ao palco depois que a energia foi restabelecida e anunciou que o Led Zeppelin não queria que o Grand Funk voltasse a tocar – o que apenas os enfureceu ainda mais. Duas noites depois, tocamos no Cleveland Publi Hall, e aquele foi o último show que fizemos com eles, o fim da nossa turnê com o Led Zeppelin."

—Don Brewer, Grand Funk Railroad

Dusseldorf, Alemanha, 11 de março de 1970. *Michael Ochs Archives/Getty Images*

Coliseum, Indianápolis, IN, 4 de abril de 1970.

Quanta profanidade mundana

por Jon Bream

A lenda do Led Zeppelin teve início já na primeira turnê americana da banda. Eles eram a banda mais ousada, sensual e degenerada da história do rock'n'roll – ao menos até a chegada do Mötley Crüe.

O episódio clássico é uma história de pescador que teria acontecido no Edgewater Inn em Seattle, em maio de 1969. O Edgewater, hoje chamado de Edgewater Hotel – e que conta com uma British Suite, onde os Beatles se hospedaram –, tem vista para a pitoresca baía Elliot. É literalmente possível pescar da janela dos quartos, e reza a lenda que o Led Zeppelin fisgou uma criatura marinha – um tabloide britânico afirmou que foi um polvo, John Paul Jones disse que era um tubarão morto, enquanto uma terceira fonte jura que era um vermelho – e passou a tentar inserir o fruto do mar nas partes íntimas de uma jovem. Ao que parece, o feito duvidoso foi filmado por um integrante do Vanilla Fudge, banda que abria para o Led Zeppelin. Apesar de o filme não estar disponível no YouTube, o incidente infame foi imortalizado por Frank Zappa and the Mothers of Invention, com uma música chamada "The Mud Shark", lançada no álbum ao vivo *Fillmore East: June 1971*.

Houve também o show do Zep em Toronto no qual Robert Plant apresentou o guitarrista da seguinte forma: "Na guitarra, e no maior número de garotas possível, Jimmy Page". É claro que a libertinagem não se limitava a Page. O baterista John Bonham também tinha sua cota de bacanais, como quando pilotou uma moto no *lobby* do hotel Hyatt House em Hollywood ou subiu ao palco durante o show do Jeff Beck Group no Flushing Meadows Festival, em Nova York, e tirou toda a roupa.

Ellen Sander, que cobria o rock para a revista *Life* e viajou com o Zeppelin em 1969 para escrever uma matéria sobre a banda em ascensão, afirma que, durante a última noite dela na estrada, dois integrantes da banda: "Me agarraram, gritando e puxando minhas roupas, completamente fora de si. Eu lutei com eles até que o empresário Peter Grant me salvou, mas eles já tinham conseguido rasgar a parte de trás do meu vestido". Para decepção da banda, ela e os editores cancelaram a matéria, mas Sander finalmente descreveu a brutalidade dos roqueiros no seu livro de 1973, *Trips: Rock Life In The Sixties*.

A reputação de libertinos do Led Zeppelin ficou tão notória que, segundo afirma o jornalista e cineasta Cameron Crowe, quando Grant se apresentou a Bob Dylan como "Peter Grant, empresário do Led Zeppelin" em uma festa em Los Angeles, Dylan respondeu: "Eu não lhe conto os meus problemas, conto?" Segundo Crowe, que testemunhou a conversa: "Foi a primeira vez que vi Grant ficar sem palavras".

Salt Palace, Salt Lake City, UT, 26 de março de 1970. *Artista: Kenvin Lyman.*

Oposta: Civic Center, Baltimore, MD, 5 de abril de 1970.

Arizona Coliseum, Phoenix, AZ, 18 de abril de 1970. *Artista: Kenvin Lyman.*

"Jimmy é um guitarrista sensacional. Ele tem muito bom gosto no que diz respeito tanto ao estilo quanto ao fraseado de rock pesado. Tive o prazer de conhecê--lo ainda na década de 1960. Eu estava trabalhando bastante no estúdio na época, com cerca de cinco artistas diferentes por semana. Jimmy me ligou quando chegou à Califórnia e disse: 'Ei, cara, quero ir até aí e trocar uma ideia com você'. E eu respondi: 'Claro, cara, será um prazer'. Tivemos a chance de conviver no estúdio por cerca de uma semana. Tentei convencê-lo a tocar conosco no estúdio, mas ele disse 'não, não, não'. Ele apenas queria me ouvir tocar. Nós nos divertimos bastante, e ele me disse o quanto admirava os discos nos quais eu toquei nos tempos de Ricky Nelson, o material de Elvis, e até mesmo os sucessos country de Merle Haggard. Sentávamos com violões e apenas tocávamos, sempre que havia um intervalo entre as sessões de gravação."

—*James Burton*

Fotos de publicidade psicodélicas da Premier Talent Associates.

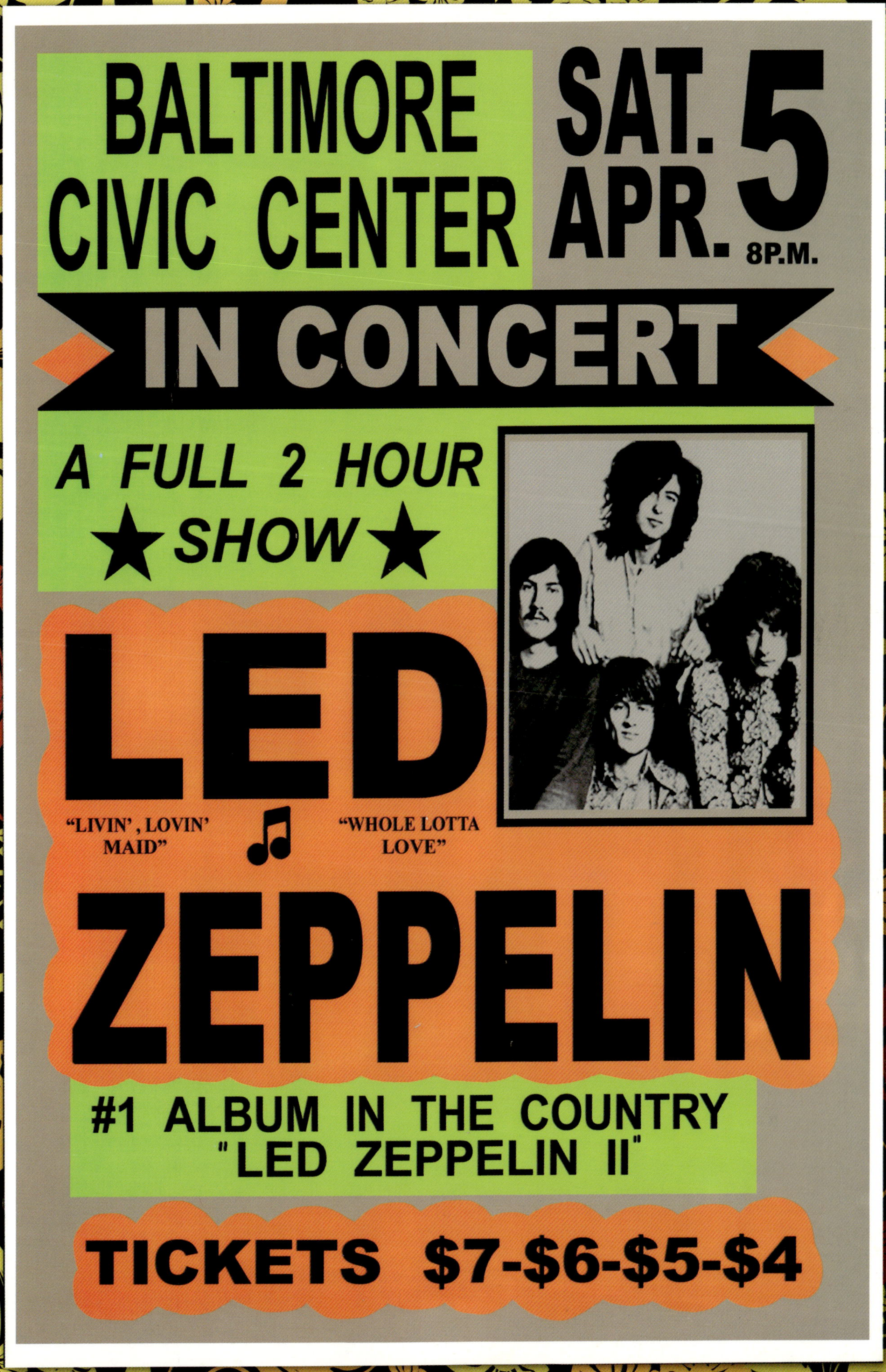
BALTIMORE
CIVIC CENTER
SAT. APR. 5
8P.M.
IN CONCERT
A FULL 2 HOUR
★ SHOW ★
LED
"LIVIN', LOVIN' MAID"
"WHOLE LOTTA LOVE"
ZEPPELIN
#1 ALBUM IN THE COUNTRY
"LED ZEPPELIN II"
TICKETS $7-$6-$5-$4

GOSTO PELA DECADÊNCIA

por Richard Cole,
com Richard Trubo

***Richard Cole foi gerente de turnê do Led Zeppelin por 12 anos – e tão responsável por muitas das travessuras quanto por desventuras dos integrantes da banda. Este é um excerto de seu relato/biografia sobre a banda,* Stairway To Heaven: Led Zeppelin Uncensored.**

Já na segunda turnê americana, sempre tínhamos um bom número de garotas circulando em frente à porta de acesso aos bastidores e nos hotéis. Page e Plant pareciam ser os principais alvos delas, mas muitas não tinham uma preferência em mente. A banda passou a confiar em mim para cuidar dos arranjos para o entretenimento de tarde da noite, e as garotas não dificultavam as coisas.

Ainda nessa fase inicial da história do Zeppelin, eu já era capaz de perceber o desenvolvimento dos padrões recreativos que perdurariam por toda a vida da banda. Havia as garotas, é claro, com quem passamos a nos divertir, muitas vezes com excessos. E também intermináveis garrafas de bebida. Ambas, é claro, eram distrações bem-vindas para o estresse das viagens e as pressões da gravadora, bastante intensas durante aquela segunda turnê americana. Mas logo começamos a exagerar. O álcool e depois as drogas conquistaram espaço na banda e passaram a cobrar o seu preço. E já em 1969, havia sinais da eventual decadência.

Quando o assunto era garotas, Jimmy dizia que, "quanto mais novas, melhor". Mais do que os outros, Jimmy parecia ter atração por garotas com rostos infantis e inocentes e cujos corpos mal haviam ganhado forma. Mas ele não era o único que gostava das mais novas. Talvez fosse um sinal da nossa imaturidade, afinal, tínhamos apenas 20, 21 anos, então uma garota de 14 ou 15 anos não era uma loucura completa – ou, ao menos, não parecia na época. E, para os integrantes casados da banda, a maioria era capaz de fazer vista grossa ao fato de terem esposas esperando por eles na Inglaterra; se havia crises de culpa, eu nunca as presenciei.

"O meu sonho", disse-me Jimmy certa vez, "é encontrar uma menina novinha parecida com Joni Mitchell... magra, angulosa, com cabelos loiros compridos, voz capaz de fazer você dormir cantando."

Eu mantive os olhos abertos, mas nunca encontrei nenhuma que satisfizesse as expectativas dele. Na verdade, acho que ele não ficaria satisfeito com nada a não ser com o objeto de desejo original.

"Richard, vou lhe dizer qual é a minha fantasia", Jimmy me disse. "Gostaria de ter Joni Mitchell sentada ao pé da minha cama, tocando e cantando para mim." Ele não deu mais detalhes da fantasia, mas acho que queria um pouco mais do que isso de Joni.

Eu geralmente circulava pelo saguão dos hotéis onde as garotas se reuniam e convidava algumas a subir até nossos quartos. Apesar de o Led Zeppelin e dezenas de outras bandas de rock serem frequentemente acusados de explorar essas garotas, acho essa acusação injusta. Dificilmente as procurávamos; elas se faziam disponíveis para nós. Nunca as forçamos a fazer algo que não quisessem. Elas estavam à procura de diversão – e nós também. Não havia envolvimento emocional de nenhuma das partes. Como uma loira de Boston me disse: "Eu só quero me divertir. Se algum de você também quiser, estou à disposição". Ela usava o uniforme de líder de torcida da escola.

Algumas garotas já eram conhecidas dos tempos de Yardbirds. Elas eram fãs de Jimmy e não tinham aberto mão do vício por ele. Elas também pareciam ter criado um tipo de hierarquia groupie, estavam determinadas a se manter no primeiro escalão, nem um pouco dispostas a voltar a esquentar o banco de reservas. Algumas ficavam terrivelmente ciumentas quando sentiam que a afeição de Jimmy não era mais a mesma. E as conversas entre elas muitas vezes ficavam amargas ("Jimmy sempre me tratou como uma dama, coisa que dificilmente pode ser dita a seu respeito!"). Ocasionalmente, a hostilidade descambava para brigas, com umas puxando os cabelos das outras.

As garotas e a bebida geralmente andavam juntas. Mas muitas vezes o álcool já era o bastante. Naquele tempo, fazíamos dois shows por noite em algumas cidades, geralmente às 22h e à meia-noite, e durante o intervalo de uma hora entre as apresentações abríamos algumas garrafas de champanhe, muitas em algumas ocasiões. "A bebida ajuda a acalmar os meus nervos", dizia Bonzo. "Eu me sinto melhor depois de um ou dois tragos". Na verdade ele tomava 10 ou 12.

Uma noite, em Kansas City, depois do segundo show em uma casa de espetáculos próxima ao rio Missouri, eu levei a banda até o nosso hotel, o Muelbach, um dos mais antigos e tradicionais da cidade. Fomos ao bar e, depois de alguns drinques – uísque, champanhe e gins-tônicas – John Paul, Robert e Jimmy subiram para os quartos. Eu e Bonzo decidimos que ainda precisávamos beber mais um pouco. Então fizemos companhia ao barman.

No fim das contas, ficamos tão altos que eu duvidava que conseguiríamos encontrar o caminho até os nossos quartos, mas tentamos. E avançamos pelo saguão como uma dupla de bêbados – algo em que estávamos nos transformando. Bonzo não conseguia mais ficar de pé, então desmoronou numa poltrona e se recusou a sair do lugar.

"Pode subir sem mim, Cole", ele disse, com a fala arrastada. "Eu vou ficar bem aqui. Vou ficar bem."

Eu não estava em condições de argumentar. Queria apenas cair na cama e dormir. Quando cheguei ao quarto, tomei dois Mandrax para me ajudar a dormir e deitei na cama, na expectativa de um sono tranquilo até a manhã seguinte. Mas Bonzo tinha outros planos em mente. Por volta das 3h da manhã, acordei com a campainha do telefone.

"Richard!"

"Quem está falando?", balbuciei.

"Richard, você precisa me tirar daqui!"

Reconheci a voz de Bonzo, mas ainda lutava para colocar os pensamentos em ordem.

"Sou eu, Richard. Venha me buscar."

"Onde você está, seu porra louca?"

"Onde você acha? Estou preso. Venha pagar a minha fiança."

Bonham então passou o telefone para um policial, que passou a explicar que ele havia sido preso por estar embriagado em um local público – o saguão do Hotel Muelbach. Ele me deu o endereço da delegacia, que ficava a cerca de três quilômetros de distância.

Eu fiquei furioso, mas mais por ser acordado do que por preocupação com o bem-estar de Bonham. Xingando entre os dentes, me vesti e coloquei US$ 5 mil no bolso. Dez minutos depois, eu estava na delegacia.

"Estou aqui para buscar John Bonham", eu disse ao sargento na recepção. "Sou o empresário dele" – eu acreditei que empresário era mais impactante do que gerente de turnê. "Quanto vai me custar para soltá-lo?"

"Custar!", zombou o sargento. "Esse filho da puta não vai a lugar algum. Ele vai curar a bebedeira. Venha buscá-lo de manhã, quando ele estiver sóbrio."

Eu voltei às 9h da manhã seguinte. Bonham estava com o semblante envergonhado quando o levaram até a sala de espera da delegacia. Ele estava com uma marca sob o olho esquerdo e outra na face direita.

"Acho que os tiras me deram uma dura" – ele sussurrou –, "mas eu não me lembro."

Nenhum de nós aprendeu grande coisa com experiências como essa. Houve muitas outras bebedeiras durante aquela turnê. Quando Peter não estava conosco, eu era o principal responsável por manter o Zeppelin na linha. E geralmente estava tão embriagado – se não mais – quanto o resto da banda.

Em maio [de 1969] – pouco depois do aniversário de 21 anos de Bonham –, o Zeppelin fez dois shows no Rose Palace, em Pasadena. Barry Imhoff, o produtor do evento, conhecia bem o estilo de vida que vínhamos seguindo. Então escolheu um presente de aniversário que não poderia ter sido mais bem recebido por John – uma garrafa de champanhe com mais de um metro de altura!

Entre o primeiro e o segundo shows daquela noite, Bonzo bebeu sozinho quase um terço da garrafa. Quando chegou a hora de voltar a assumir o banco da bateria para o segundo show, ele carregou junto a garrafa gigante. Para um observador sóbrio, aquela talvez fosse uma visão deprimente: como um halterofilista levantando um peso, ele erguia a garrafa acima da cabeça entre as músicas e bebia longos goles. Ele ficou tão bêbado que caiu do banco duas vezes. Quando a apresentação chegou ao fim, a garrafa estava vazia.

Imhoff tinha mais um presente para nós: cinco polvos vivos. "O que vamos fazer com esses polvos?", perguntei.

"Eles são uma ótima companhia na banheira", ele disse. "São muito mais divertidos do que um pato de borracha."

De volta ao hotel, convidamos duas garotas a subir conosco para os quartos, e eu achava que fariam melhor uso dos polvos do que eu. "Vocês estão precisando de um banho", eu disse a elas. "Tirem as roupas e entrem na banheira."

Elas assentiram, e, depois que já estavam na banheira, eu e Jimmy pegamos os polvos e os atiramos dentro dela. "Achamos que vocês precisam de algo para lhes fazer companhia", Jimmy disse em meio a risadas.

As garotas ficaram surpreendentemente calmas, levando-se em conta os bichos que nadavam na banheira. Enquanto as observávamos brincar, os polvos pareciam instintivamente saber onde se reunir e onde colocar os tentáculos. Uma das garotas, uma morena pequena de quem Jimmy não conseguia tirar os olhos, arfou e então suspirou enquanto um dos polvos explorava-lhe o sexo.

"Ah, meu Deus", ela gritou. "Preciso arrumar um desses. É como ter um vibrador com oito braços!"

"Talvez devêssemos passar a vender essas coisas", eu disse a Jimmy. "Eles provavelmente teriam um apelo ainda mais universal do que a música."

Ficamos na Grande Los Angeles por quase uma semana, e nosso serviço de quarto no Chateau Marmont era regado a bebida. "Los Angeles é especial", Bonzo costumava dizer. "É diferente. É decadente."

De volta à Inglaterra, os integrantes do Led Zeppelin levavam vidas saídas de contos de fadas com as famílias ou as namoradas. Mas a estrada – principalmente Los Angeles – estava se transformando em um lugar de excessos. É claro que provavelmente passamos mais tempo nos Estados Unidos esperando em aeroportos, assistindo à televisão ou conversando sobre música. Além das muitas horas em estúdios e ainda mais nos palcos. Mas foi lá que aconteceram alguns dos episódios mais loucos e imprudentes registrados com mais vivacidade na minha memória. Praticamente de uma hora para outra, nós nos vimos em posição de fazer praticamente qualquer coisa que quiséssemos, e em Los Angeles parecia haver uma enxurrada de garotas liberais, sempre cooperativas e submissas. Para um grupo de rapazes da classe trabalhadora de Londres, era como descobrir a Terra Prometida.

Eu estava no bangalô de Bonham no Marmont numa madrugada, e cada um de nós estava com uma garota. Apesar de não sermos casanovas, poderíamos ter acrescentado diversos entalhes nas cabeceiras das camas do hotel. Àquela altura, já havíamos devorado diversas garrafas, e eu e Bonzo estávamos ocupando as duas camas do quarto, com nossas roupas em uma única pilha no chão.

Enquanto eu estava enlaçado na cama com a minha garota – uma beldade de Santa Monica chamada Robin –, Bonzo decidiu ir até a cozinha para recuperar o fôlego e beber água. Lá, ele viu duas latas tamanho família de feijões cozidos. O chef dentro dele aparentemente assumiu o comando da situação.

Bonzo abriu as latas e entrou no quarto, com uma em cada mão. "Jantar!", ele anunciou. "Venham pegar!"

Quando eu e Robin olhamos para cima horrorizados, Bonham estava sobre nós, com as latas sobre nossas cabeças, e então as virou ao mesmo tempo, derramando o conteúdo sobre nossos corpos nus.

"Seu filho da puta", gritei, rolando para o lado oposto da cama numa tentativa inútil de escapar da linha de fogo.

Em questão de segundos, eu e Robin nadávamos em um lamaçal pegajoso e escorregadio de feijões, que nos cobria das sobrancelhas aos tornozelos. Era uma cena saída de *As aventuras de Tom Jones*.

Antes que eu e Robin conseguíssemos sair para tomar ar, Peter Grant entrou no quarto e admirou a cena. Ocasionalmente, Peter demonstrava irritação ou aversão a cenas como essa. Mas não naquela noite.

"Peter" – gritou Bonzo –, "pegue uma colher e mãos à obra!" Peter riu e foi ele também dominado por uma ânsia perversa. "Cole, seu grosseirão, você não tem classe?", rugiu ele. "Deixe-me dar um pouco de sofisticação à sua vida."

Peter agarrou uma garrafa de champanhe em um armário próximo, sacudiu-a e tirou a rolha, então passou a borrifar a bebida sobre mim e Robin.

Bonham ficou com os olhos quase marejados quando finalmente chegou o dia de fazermos o *check-out* do Marmont. Na nossa última noite no hotel, ele bebeu bastante e decidiu que queria brincar de médico. Pegou o terno branco e o carrinho do serviço de quarto de um camareiro do hotel e colocou uma garota chamada Candy sobre ele. Candy era uma bela loura adolescente de Miami que conhecemos durante a primeira turnê. Ela apareceu de repente no Marmont, salivando pelas diabruras do Led Zeppelin. Nós não a desapontamos.

Bonham a despiu sobre o carrinho, gargalhando ao tirar cada peça de roupa. Quando ela estava nua, ele proclamou: "Está na hora da cirurgia, meu amor".

Correu até o banheiro e voltou com um pincel, creme de barbear e uma navalha. "Não vai doer nem um pouco, meu amor", disse a Candy, que ficou deitada, submissa, enquanto ele lhe passava espuma de barbear nos pelos pubianos.

Nos dez minutos seguintes, eu e a banda nos revezamos depilando a vagina dela: Robert com vitalidade e movimentos ágeis, Jimmy com a paixão de um Rodin ou um Michelangelo. Candy dava risadinhas durante todo o procedimento.

Quando terminou, enquanto admirávamos nossos esforços artísticos, Robert interrompeu as festividades com um uivo agudo e agonizante.

"Ah, merda!", gritou ele. "Bonham, como você pôde? Como você pôde?"

Robert pegou o pincel de barbear e o agitou. "Isso é meu. Essa é a porra do meu pincel."

Todos no quarto começaram a rir. John Paul deu um tapinha nas costas de Robert. "Aproveite a próxima vez que for se barbear", ele disse.

Nem todas as garotas que conhecemos durante a segunda turnê eram tão bonitas quanto Candy. E, é claro, estávamos na posição de sermos seletivos. Quanto às garotas feias – aquelas que chegavam a dar dó só de olhar –, bem, como Bonham dizia: "Se você deixar uma daquelas cadelas subir até os quartos, está demitido!"

As Plaster Casters estavam entre as garotas mais insistentes, teimavam em ficar por ali indefinidamente, apesar da nossa súplica para que simplesmente sumissem. Elas estavam determinadas a fazer moldes de gesso dos pênis eretos dos integrantes da banda, para talvez os expor algum dia no Rock and Roll Hall of Fame. Certa vez, no Marmont, Cynthia P. Caster nos explicou como criou os moldes que as deixaram tão famosas: "Primeiro, excitamos o músico de alguma forma", ela disse. "Então minha assistente faz o molde enquanto eu mantenho a ereção. Ela é muito talentosa, vocês deveriam experimentar. Essa é uma verdadeira forma de arte."

Talvez seja. Mas Robert fez graça certo dia.

"Sem chance de eu ficar com o pênis duro cercado por aquelas gordas."

Eu já conhecia as Plaster Casters dos meus tempos de Yardbirds. E elas estavam mais corpulentas e feias que nunca. Eu acho que o Zeppelin teria escolhido o celibato se as Casters fossem a única alternativa. Eu, ao menos, teria.

Uma tarde, estávamos tomando sol na piscina do Marmont. As Casters também estavam por lá e passaram a nos importunar de verdade. Elas queriam fazer os moldes de gesso, mas nem ao menos achamos graça da ideia. Elas queriam jogar conversa fora; nós só queríamos que elas fechassem as matracas. Por fim, Bonzo ficou farto.

"A única forma de essas putas calarem a boca é encher as bocas delas de água!"

Ele se levantou da espreguiçadeira, caminhou até Cynthia e a levou na direção da piscina. Quando chegaram a um passo da borda, Bonham a empurrou com toda a força. Cynthia voou e caiu na água com o estrondo de uma baleia grávida. O tsunami resultante alagou boa parte do deque.

Mas, em vez de afundar como um peso morto, as múltiplas camadas de roupa de Cynthia – entre as quais um vestido de veludo com franjas horrendas – a salvaram. O ar preso sob as roupas a manteve à tona, proporcionando sustentação suficiente para que ela ficasse com a cabeça fora da água, mas não sem esforço e respingos para todos os lados.

"Tirem-me daqui, seus idiotas", gorgolejou, de forma praticamente inaudível, sob o som das nossas risadas.

Pulei na piscina e a arrastei até a escada, de onde ela fez uma saída nada feminina da água.

Apesar das farras, nunca perdemos de vista o verdadeiro motivo de estarmos nos Estados Unidos. "Estamos aqui para fazer música – essa é a razão número um", Bonzo proclamava, geralmente de pileque. O álcool continuava a provocar situações embaraçosas, envolvendo todos os integrantes da banda em um momento ou outro.

Por causa do álcool, geralmente éramos companheiros de viagem saídos de um pesadelo, principalmente quando as comissárias de bordo não regulavam a bebida. Durante aquela turnê [1969], em um voo comercial de Athens, Ohio, para Minneapolis, Robert devorou alguns drinques e estava se sentindo zonzo demais para o ambiente confinado de um avião. Levantou-se e passou a caminhar pelo corredor, indo e voltando, mais parecendo uma mistura de flautista de Hamelin e matador espanhol. Ele estava relaxado, permitindo-se uma libertação temporária das exigências do cronograma da turnê. Olhou numa direção, depois em outra e passou a cantar um refrão incomum: "Banheiro! Banheiro! Banheiro para Robert!"

Ele falava tão alto que todos os 70 passageiros do voo conseguiam ouvi-lo e, chocados, passaram a observar aquele homem estranho pulando como um louco no corredor do avião.

"Onde fica o banheiro? Robert precisa de um banheiro! Banheiro!"

Muitos passageiros estavam visivelmente incomodados,

"Você quer saber se eu fiz aquelas coisas estranhas e maravilhosas? Bem, pode ser se perguntando o que aconteceria em seguida. Eu também me perguntava, mas estava mais interessado em esperar o próximo drinque do que em ajudar Robert a encontrar o banheiro. Felizmente, uma comissária de bordo pegou a mão dele e o levou até o local. Depois que ele bateu na porta e conseguiu entrar, o "show" chegou a um fim abrupto.

Em um momento durante a turnê, quando incidentes como esse passaram a se multiplicar, percebi que talvez fosse a hora de descansar. Sugeri que passássemos alguns dias em Honolulu, onde tínhamos um show agendado. A votação a favor foi unânime.

Havia duas mansões elegantes em Diamond Head, com vistas estonteantes do Pacífico e da praia de Waikiki, que muitas bandas de rock alugavam de tempos em tempos. Peter conseguiu uma delas para nós, uma *villa* espanhola de muitos milhões de dólares que deixaria William Randolph Hearst com inveja. Nos quatro dias que ficamos por lá, torramos ao sol tropical e fomos levados para velejar e a um luau. Lembro-me de relaxar na praia, escutando "Lay, Lady, Lay", de Bob Dylan, que acabava de chegar ao topo das paradas. Talvez inspirados por ele, passamos parte das férias no Havaí com colares de flores e na cama com belas mulheres.

De certa forma, nós nos vimos em uma situação estranha. Quando o cronograma nos mantinha a mil o tempo todo, ansiávamos por uma pausa, mas, durante a estada no Havaí, quando finalmente tivemos tempo para relaxar, logo ficamos mortalmente entediados. "É difícil de entender", disse Bonzo em um daqueles dias, abrindo uma garrafa de cerveja. "Ou vivemos tão rápido que ficamos a ponto de desmoronar, ou temos tão pouca coisa para fazer que parece que vamos enlouquecer."

Apesar disso, ninguém era melhor para encontrar o que fazer do que Bonzo – e não havia alvo melhor para suas piadas do que Plant. Bonham aprontava ocasionalmente com John Paul, como quando alagou o quarto dele no Havaí, enfiando uma mangueira de jardim por uma fresta nas portas de vidro da varanda. Mas John Paul era tão desencanado que, quando acordou e viu que o quarto havia se transformado em uma piscina, ele simplesmente levou a brincadeira na esportiva. Esse tipo de reação despreocupada fazia dele uma cobaia bem menos atraente para as brincadeiras idiotas que tanto nos divertiam. Era muito mais divertido perturbar alguém como Robert, que geralmente reagia quando era escolhido como alvo.

Do Havaí, viajamos a Detroit para um show no Grande Ballroom, uma antiga fábrica de colchões transformada no principal palco de rock da cidade. Nosso avião aterrissou no fim da madrugada, e estava começando a amanhecer quando chegamos ao Congress Hotel. O show aconteceria naquela noite. Passamos a noite no avião, bebendo o tempo todo. Estávamos mortos de cansaço, irritadiços, então apenas queríamos subir para os quartos e dormir.

Mas, quando seguimos com as malas pelo saguão do hotel, algo além da necessidade de sono chamou nossa atenção.

"Tem sangue espalhado na porra do carpete", exclamou John Paul, desviando das poças na ponta dos pés.

"Ah, qual é, Jonesy", eu disse. "Os Estados Unidos são um país violento, mas não seja ridículo."

Então eu olhei para o carpete. E ele não estava sendo nada ridículo.

Menos de meia hora antes de chegarmos, houve uma tentativa de assalto no hotel. O recepcionista confrontou o assaltante com uma pistola, e o saguão tinha se transformado em algo parecido com um tiroteio de *Matar ou morrer*.

"Aquele filho da puta tentou nos assaltar", disse o recepcionista, com a voz ainda embargada e as mãos trêmulas. "Eu atirei naquele canalha, e ele morreu bem aqui, aos meus pés. Eles acabaram de levar o corpo."

Robert olhou para o carpete – ele jurou que viu vapor se desprendendo das poças de sangue.

"Acho que vou vomitar", ele disse. "É sério, acho que vou vomitar."

"Segure a onda, Robert", eu disse. "Essas coisas acontecem."

Então Robert explodiu: "Meu Deus, por que vamos ficar nesse hotel, Richard? Estamos trabalhando como loucos, e você registra a gente num hotel que mais parece um campo de batalha".

"Você acha que tudo o que acontece é culpa minha?", gritei. "Eu não atirei no cara!"

"Algumas vezes eu me pergunto isso", ele resmungou.

As coisas não melhoraram muito durante o show daquela noite. Enquanto tocava, a banda precisou lidar com fusíveis queimados e faltas de energia. A cada vez que precisaram parar de tocar – no meio de "I Can't Quit You Baby" e então pouco depois da introdução de "Black Mountain Side" –, a plateia ficava mais irritada. Em pouco tempo, a irritação estava beirando o tumulto. Talvez apenas o cheiro suave de maconha, que pairava por toda a casa de espetáculos, tenha evitado que explodissem.

"Que noite de merda!", queixou-se Bonzo enquanto voltávamos para o hotel depois do show. "Diga a Detroit que nós não vamos pisar aqui de novo."

Pela primeira me perguntei se todo aquele caos valia a pena.

"Observar um grande televisor em cores explodir na calçada ao cair de grandes alturas era um dos passatempos preferidos do Zeppelin. No ano anterior [1972], em um velho campo de batalha, o Edgewater em Seattle, a banda atirou os televisores do quarto no mar. Enquanto Peter Grant pagava a conta, o gerente do hotel comentou que sempre teve vontade de atirar um televisor pela janela. "Jogue um dos nossos", rugiu Grant, e colocou US$ 500 sobre o balcão. O gerente subiu as escadas e atirou uma grande Motorola pela varanda."

—Stephen Davis, *Hammer Of The Gods*

os LPs:

Led Zeppelin II

por Barry Cleveland

Escutar "Whole Lotta Love" no rádio aos 13 anos de idade foi uma revelação. Eu começara a tocar violão no ano anterior e, depois de extrair cada fração de deleite de seis cordas dos sulcos de *Led Zeppelin* nos nove últimos meses, eu esperava ansioso com o ouvido colado ao rádio por uma nova canção na qual mergulhar, sempre à espera dos riffs pesados, dos solos de guitarra sedutores e, acima de tudo, da liberdade quase insondável dos trechos instrumentais.

Eu morava em uma ilha na Flórida na época e, no dia em que *Led Zeppelin II* finalmente chegou às lojas de discos do continente, fiz a demorada viagem de ônibus de ida e volta, agarrando e examinando o LP com impaciência no caminho para casa. Não consigo me lembrar de quanto tempo passei tentando imitar as frases e os tons de Jimmy Page nos dias e nas semanas que se seguiram – mas sei que, quando vi Page tocar "Whole Lotta Love" no primeiro bis de um show do Led Zeppelin alguns meses depois, eu já havia feito um irrevogável juramento de lealdade à guitarra.

Mas é claro que eu não estava sozinho na minha adoração. Os pedidos antecipados de *Led Zeppelin II* já tinham excedido a marca de 500 mil cópias nos Estados Unidos quando o disco foi lançado, em 22 de outubro de 1969. O álbum chegou rapidamente ao primeiro lugar nas paradas dos dois lados do Atlântico, lugar em que permaneceu por 29 semanas nos EUA e por 138 semanas no Reino Unido. Até hoje, *Led Zeppelin II* vendeu mais de 12 milhões de cópias.

A capa do disco de estreia da banda trazia uma foto do Hindemburg explodindo, e outra foto histórica ilustra a capa de *Led Zeppelin II*. O designer gráfico David Juniper usou uma fotografia da Primeira Guerra Mundial de pilotos do esquadrão Jasta – do qual fazia parte o célebre Barão Vermelho –, que tratou com tonalidade sépia, além de substituir as cabeças dos pilotos pelas dos integrantes da banda, do empresário Peter Grant, do gerente de turnê Richard Cole, da atriz Glynis Johns (num trocadilho com o nome de Glyn Johns, engenheiro de som de *Led Zeppelin*) e do bluesman Blin Willie Johnson. (Nota: em sua descrição, Juniper não faz qualquer referência a Grant ou Cole, inclui Neil Armstrong e diz que a mulher era uma amiga ou musa de Andy Warhol.) O título colorido do disco e as nuvens foram acrescentadas sobre a foto com um aerógrafo, e a composição foi sobreposta a um fundo marrom com um espaço em branco que sugere a silhueta de um zepelim. O interior da capa dobrável traz um zepelim dourado gigante sobre uma

estrutura reluzente semelhante a um templo, inspirado em um documentário sobre arquitetura alemã da década de 1920.

Ao contrário do álbum de estreia, que Page afirma ter sido gravado e mixado em 30 horas, *Led Zeppelin II* precisou de oito meses para ser concluído e foi gravado à prestação em estúdios na Inglaterra, nos Estados Unidos e no Canadá, sempre que Page e companhia conseguiam uma pausa na turnê praticamente ininterrupta. Em alguns casos, isso implicou construir algumas faixas com retalhos, como editar o solo de "Moby Dick" com trechos de abertura e encerramento previamente gravados e enxertar o solo de "Whole Lotta Love" em fitas gravadas em outro estúdio.

O segundo álbum foi um marco no que diz respeito ao som da guitarra de Page. Ele usou uma Fender Telecaster 1958 (presente de Jeff Beck) e um amplificador Supro 1690T Coronado modificado no primeiro disco. Quando a banda começou a gravar *Led Zeppelin II*, Page já havia comprado a Gibson Les Paul Standard 1958 que transformou em sua marca registrada e um amplificador Marshall SLP-1969 Super Lead, uma combinação que usou para modelar os tons que definiriam seu som na década seguinte e passariam a ser emulados por uma geração de guitarristas. Cores tonais adicionais foram acrescentadas com o uso de uma fuzzbox Sola Sound Tone Bender modificada por Roger Mayer e um pedal wah-wah Vox Cry Baby.

Mas uma coisa que não mudou muito em relação ao primeiro álbum foi a fórmula básica da música da banda. Apesar de as faixas serem de certa forma mais cruas e pesadas que as do primeiro disco, ainda têm como origem as mesmas fontes: o rock e o blues antigos, com os quais Page e Plant tinham muita intimidade até por tocá-los com frequência nos palcos. O Led Zeppelin foi bastante acusado – tanto pela crítica quanto em ações judiciais – de plagiar outros artistas, e alguns dos exemplos mais chocantes podem ser encontrados em *Led Zeppelin II*: "Whole Lotta Love" não apenas se apropria de estrofes inteiras de "You Need Love", de Willie Dixon, e de fragmentos de diversas outras fontes, como reproduz o arranjo do vocal de "You Need Loving", dos Small Faces – que, ironicamente, faz empréstimos evidentes da mesma música de Dixon. Da mesma forma, "Bring It On Home" é uma cópia flagrante da canção de Dixon com o mesmo título na versão gravada por Sonny Boy Williamson; e "The Lemon Song" é uma versão retrabalhada de "Killing Floor", de Howlin' Wolf, com o empréstimo do verso "*squeeze my lemon*" de "Travelling Riverside Blues", de Robert Johnson. Trechos de letras apropriados de outras fontes permeiam o disco, mas os exemplos citados são as infrações mais significativas.

Isso não significa dizer que a música seja inteiramente derivativa. Por exemplo, apesar de já ter sido sugerido que Page forjou o riff (e a letra) de "Whole Lotta Love" a partir da versão de "You Need Love", de Muddy Waters, é possível que ele a estivesse escutando muito atentamente e tenham ocorrido lampejos. Pequenas tríades são tocadas basicamente no mesmo tom aqui e ali, mas nenhuma delas se aproxima do riff épico que forma o eixo da canção do Zeppelin. E o mesmo vale para a maioria dos outros riffs de Page. Enquanto em alguns casos eles são variações evidentes de gravações anteriores – o riff de "Moby Dick", por exemplo, é enraizado em "Watch Your Step", de Bobby Parker –, Page os imbui de energia própria, indiscutivelmente sua (isso para não mencionar que o retrabalho de velhos riffs em "novas" canções é um aspecto essencial da evolução do blues). Além disso, faixas como "What Is And What Should Never Be" e "Thank You" são, essencialmente, criações originais.

Ao escutar *Led Zeppelin II* hoje, eu ainda fico impressionado com o poder e a criatividade registrados nos seus sulcos – ou, no caso de um CD, nos *pits*. Dos riffs ferozes e imortais de "Whole Lotta Love" e "Heartbreaker" aos tons incríveis com camadas de violão e steel guitar de "Ramble On" e às harmonias elétricas em três faixas de "The Lemon Song", o assim chamado Brown Bomber (Bombardeiro Marrom) oferece uma cornucópia de deleite guitarrístico, além de ser um disco brilhante e uma sensacional seleção de canções de rock.

Anúncio de *Led Zeppelin II*.

Eddie Kramer e Led Zeppelin II por Barry Cleveland

O nome Eddie Kramer está indissociavelmente ligado a muitos discos de rock clássico das décadas de 1960 e 1970. O engenheiro e produtor sul-africano começou a trabalhar com bandas na adolescência e conseguiu o primeiro emprego em um grande estúdio em 1964. A partir de então, esteve envolvido com gravações de um espectro de artistas que vai dos Beatles a Blue Cheer, foi engenheiro em gravações históricas de artistas como Rolling Stones, Traffic, John Mayall, Small Faces e outros notáveis, além de registrar Curtis Mayfield, Humble Pie, Peter Frampton, KISS e todo o Festival de Woodstock ao vivo. A realização que coroou a carreira de Kramer, no entanto, foi o seu extraordinário trabalho com Jimi Hendrix – algo que não passou despercebido por um certo James Patrick Page.

O relacionamento profissional de Page e Kramer abrangeu três álbuns de estúdio do Led Zeppelin e dois ao vivo, começando em *Led Zeppelin II*. Kramer também trabalhou em *Houses Of The Holy* e *Physical Grafitti*, além de *The Song Remains The Same* e *How The West Was Won*.

Ao contrário do primeiro disco da banda, que Page afirma ter sido gravado e mixado em cerca de 30 horas, *Led Zeppelin II* foi gravado à prestação no decorrer de oito meses, em estúdios localizados em Londres (Olympic e Morgan), Los Angeles (A&M, Quantum, Sunset, Mirror Sound e Morgan), Memphis (Ardent), Nova York (A&R, Juggy Sound, Groove e Mayfair) e Vancouver (uma "choça"), sempre que Page e os outros integrantes da banda conseguiam uma folga da turnê incessante.

Essa abordagem de gravação implicava que as faixas de ritmo podiam ser gravadas em um estúdio, overdubs de guitarra em outro e vocais em um terceiro. E mais, em alguns casos, apenas trechos de uma música eram finalizados no mesmo estúdio, exigindo que as faixas fossem montadas depois. Alguns exemplos são o enxerto do solo de "Whole Lotta Love" sobre

fitas gravadas anteriormente e a montagem de "Moby Dick" a partir de diversas partes – uma de muitas faixas que revelam transições não exatamente suaves quando ouvidas com atenção. Kramer recebe crédito em três faixas – "Heartbreaker", "Ramble On" e "Bring It On Home" – apesar de quase com certeza ter gravado partes de outras músicas.

Depois que as faixas foram gravadas, entretanto, Page e Kramer levaram as fitas máster até o A&R Studio em Nova York, onde mixaram o álbum em meros dois dias. Eles usaram um gravador Scully 280 de oito pistas de 21 mm e uma mesa customizada de 12 canais ou menos com apenas dois *pan pots*. Mas eles levaram esses *pan pots* ao limite, tanto em termos da movimentação dramática de instrumentos e vocais de um lado para o outro do panorama estéreo – como na seção intermediária de "Whole Lotta Love" e no final de "What Is And What Should Never Be" – quanto da criação de efeitos estéreos mais sutis com o emprego de reverbs e delays.

Quando o assunto são os efeitos usados em *Led Zeppelin II*, é importante ressaltar que, enquanto o estúdio era equipado com equalizadores Pultec, limitadores Teletronix e outros aparelhos agora lendários, não havia "processadores de efeitos" no sentido moderno do termo. Os efeitos de reverb foram gerados com três enormes placas EMT 140 posicionadas nos vãos das escadas, e os efeitos de delay criados com um gravador de rolo de três cabeças (o delay é resultante do tempo que a fita leva para movimentar-se fisicamente da cabeça de gravação para a cabeça de reprodução). Page também pode ter usado um delay de fita Echoplex durante as gravações, mas o equipamento não foi usado como processador "externo" durante a mixagem do álbum.

Kramer afirmou que Page estava no comando o tempo todo e tinha ideias muito precisas sobre todos os aspectos da produção – mas o guitarrista também teve seus motivos para contratar Kramer, quando nada pela reputação de inovador do engenheiro. O exemplo mais frequentemente abordado dessa simbiose criativa é a história sobre a criação dos vocais espectrais que surgem precisamente nos quatro minutos de "Whole Lotta Love". Apesar de os detalhes variarem nos diferentes relatos, a ideia central é que um vocal guia gravado em uma das oito pistas estava vazando para a mixagem em virtude de um fader com defeito ou outro problema; Kramer e Page decidiram acrescentar reverb ao vazamento, transformando a falha técnica em efeito especial. (O fato de serem claramente audíveis repetições no vocal espectral – "*Way down inside... way down inside... you need... you need*" etc. – sugere que ele foi processado com um delay longo, o que nunca foi explicado por Page ou Kramer.)

Outro exemplo de tratamento criativo inclui o som ondulante do vocal nos refrões de "What Is And What Should Never Be", criado com a aplicação de um efeito *phaser* no vocal de Plant com dois gravadores de rolo sincronizados. A mesma faixa é reproduzida simultaneamente em dois gravadores, e então uma máquina é regulada para que a velocidade de reprodução seja um pouco menor que a da segunda, produzindo efeitos ondulantes quando o som é modulado.

Entre as técnicas de produção menos óbvias usadas no álbum estão posicionar uma guitarra ou outro instrumento em um lado do panorama estéreo e uma versão com reverb do mesmo som do outro lado (como no riff de abertura de "Whole Lotta Love") e a criação de camadas de três guitarras, com uma em cada lado do panorama estéreo e uma terceira no centro (como no solo antes da última estrofe de "Heartbreaker"). Page também gostava de usar "reverb invertido", produzido quando a fita é tocada de trás para frente, e o reverb é gravado em uma faixa vazia durante a reprodução; então, quando a fita é reproduzida no sentido certo, ouve-se o "reverb invertido" *antes* do som sobre o qual foi aplicado. Page já disse que o usou no trecho de slide do refrão de "Whole Lotta Love", mas é provável que também o tenha usado no trecho intermediário da gravação e em outros momentos do disco.

Em discos posteriores do Led Zeppelin, Kramer e Page usariam gravadores com 16 e 24 pistas e todo tipo de novos equipamentos de efeitos assim que se tornavam disponíveis. Mas é tanto interessante quanto instrutivo perceber o que pode ser realizado com o mínimo de recursos quando estes estão à disposição de uma dupla de gênios criativos.

rabalho no estúdio durante uma das sessões de gravação que deram origem a *Led Zeppelin II*, primavera de 1969.
harles Bonnay/Time & Life Pictures/Getty Images

DATAS DA TURNÊ

13.6.1969 Town Hall, Birmingham, Inglaterra
15.6.1969 Free Trade Hall, Manchester, Inglaterra
20.6.1969 City Hall, Newcastle, Inglaterra
21.6.1969 Colston Hall, Bristol, Inglaterra
26.6.1969 Guilde Hall, Portsmouth, Inglaterra
27.6.1969 Playhouse Theatre, Londres, Inglaterra
28.6.1969 Bath Festival, Shepton Mallet, Inglaterra
29.6.1969 First London Gala Pop Festival, Royal Albert Hall, Londres, Inglaterra
5.7.1969 Atlanta Pop Festival, Atlanta International Raceway, Atlanta, GA
6.7.1969 Newport Jazz Festival, Newport, RI
11.7.1969 Laurel Jazz Festival, Laurel Race Track, Laurel, MD
12.7.1969 Summer Pop Festival. Spectrum Stadium, Filadélfia, PA
18-19.7.1969 Kinetic Playground, Chicago, IL
20.7.1969 Musicarnival, Cleveland, OH
21.7.1969 Schaefer Music Festival, Wolman Rink, Central Park, Nova York, NY
25.7.1969 Mid-West Rock Festival, State Fairgrounds, West Allis, WI
26.7.1969 PNE Agrodome, Vancouver, CB
27.7.1969 Seattle Pop Festival, Gold Creek Park, Woodinville, WA
29.7.1969 Kinsmen Field House, Edmonton, AB
30.7.1969 Terrace Ballroom, Salt Lake City, UT
1º.8.1969 Fairgrounds Arena, Santa Barbara, CA
2.8.1969 Civic Auditorium, Albuquerque, NM
3.8.1969 Houston Music Hall, Houston, TX
4.8.1969 State Fair Coliseum, Dallas, TX
6.8.1969 Memorial Auditorium, Sacramento, CA
7.8.1969 Community Theatre, Berkeley, CA
8.8.1969 Swing Auditorium, San Bernardino, CA
9.8.1969 Anaheim Convention Center, Anaheim, CA
10.8.1969 Sports Arena, San Diego, CA
15.8.1969 Hemis Fair Arena, San Antonio, TX
16.8.1969 Convention Hall, Asbury Park, NJ
17.8.1969 Oakdale Musical Theater, Wallingford, CT
18.8.1969 The Rock Pile, Toronto, ON
20.8.1969 Aerodrome, Schenectady, NY
21.8.1969 Carousel Theatre, Framingham, MA
22-23.8.1969 Pirates' World, Dania, FL
24.8.1969 Veterans' Memorial Coliseum, Jacksonville, FL
27.8.1969 Casino Ballroom, Hampton Beach, NH
29-30.8.1969 Singer Music Festival, Flushing Meadow Park, Queens, NY
31.8.1969 Texas Int'l Pop Festival, Dallas Motor Speedway, Lewisville, TX
3.10.1969 Circus Theatre, Scheveningen, Holanda
4.10.1969 De Doelen, Roterdã, Holanda
5.10.1969 Concertgebouw, Amsterdã, Holanda
10.10.1969 Olympia, Paris, França
12.10.1969 The Lyceum, Londres, Inglaterra
17.10.1969 Carnegie Hall, Nova York, NY
18.10.1969 Olympia Stadium, Detroit, MI
19.10.1969 Kinetic Playground, Chicago, IL
20.10.1969 Paramount Theater, Seattle, WA
21.10.1969 Electric Factory, Filadélfia, PA
24.10.1969 Public Auditorium, Cleveland, OH
25.10.1969 Boston Garden, Boston, MA

DATAS DA TURNÊ

3.10.1969	Kleinhans Music Hall, Buffalo, NY
3.10.1969	Rhode Island Auditorium, Providence, RI
3.10.1969	Springfield Municipal Auditorium, Springfield, MA
1º.11.1969	Onondaga War Memorial, Syracuse, NY
2.11.1969	O'Keefe Centre, Toronto, ON
4.11.1969	Kitchener Memorial Auditorium, Kitchener, ON
5.11.1969	Memorial Hall, Kansas City, KS
6-8.11.1969	Winterland Ballroom, San Francisco, CA
6.12.1969	Chatenay Malabry, Paris, França
7.1.1970	Town Hall, Birmingham, Inglaterra
8.1.1970	Colston Hall, Bristol, Inglaterra
9.1.1970	Royal Albert Hall, Londres, Inglaterra
13.1.1970	Guildhall, Portsmouth, Inglaterra
15.1.1970	City Hall, Newcastle, Inglaterra
16.1.1970	City Hall, Sheffield, Inglaterra
24.1.1970	Leeds University, Leeds, Inglaterra
17.2.1970	Usher Hall, Edimburgo, Escócia
23.2.1970	Kulttuuritalo, Helsinque, Finlândia
25.2.1970	Konserthuset, Gotemburgo, Suécia
26.2.1970	Konserthuset, Estocolmo, Suécia
27.2.1970	Concertgebouw, Amsterdã, Holanda
28.2.1970	KB Hallen, Copenhague, Dinamarca
7.3.1970	Casino de Montreux, Montreux, Suíça
8.3.1970	Circus Krone Bau, Munique, Alemanha
9.3.1970	Konserthaus, Viena, Áustria
10-11.3.1970	Musikhalle, Hamburgo, Alemanha
12.3.1970	Rheinhalle, Dusseldorf, Alemanha
21.3.1970	Pacific Coliseum, Vancouver, CB
22.3.1970	Seattle Center Arena, Seattle, WA
23.3.1970	Memorial Coliseum, Portland, OR
25.3.1970	Denver Coliseum, Denver, CO
26.3.1970	Salt Palace, Salt Lake City, UT
27.3.1970	The Forum, Inglewood, CA
28.3.1970	Memorial Auditorium, Dallas, TX
29.3.1970	Hofheinz Pavilion, University of Houston, Houston, TX
30.3.1970	Civic Arena, Pittsburgh, PA
31.3.1970	The Spectrum, Filadélfia, PA
1º.4.1970	Boston Gardens, Boston, MA
2.4.1970	Civic Center, Charleston, CS
3.4.1970	Macon Coliseum, Macon, GA
4.4.1970	Coliseum, Indianápolis, IN
5.4.1970	Civic Center, Baltimore, MU
7.4.1970	Charlotte Coliseum, Charlotte, CN
8.4.1970	Dorten Arena, Raleigh, CN
9.4.1970	Curtis Hixon Hall, Tampa, FL
10.4.1970	Miami Beach Convention Center, Miami, FL
11.4.1970	Kiel Auditorium, St. Louis, MO
12.4.1970	Met Center, Bloomington, MN
13.4.1970	Montreal Forum, Montreal, PQ
14.4.1970	Ottawa Civic Centre, Ottawa, OH
16.4.1970	Roberts Stadium, Evansville, IN
17.4.1970	Mid-South Coliseum, Memphis, TN
18.4.1970	Veterans' Memorial Coliseum, Phoenix, AZ

Sem chumbo

1970

O Led Zeppelin voava, se me permitem a metáfora, como um trem desgovernado. Em 1970, a banda faturou colossais US$ 5 milhões nos Estados Unidos, e *Led Zeppelin II* vendeu mais de 2 milhões de cópias no país, um volume absurdo, mesmo para a banda mais pesada do rock. O único artista da Atlantic a também superar essa marca foi a banda Iron Butterfly, com o interminável *In-A-Gadda-Da-Vida*.

O Zep, é claro, já estava trabalhando no material do terceiro álbum. "É todo acústico, pessoal", Robert Plant revelou à *Melody Maker*. "Vocês entendem, não entendem: o Led Zeppelin pega leve com os fãs ou alguma baboseira parecida." Então prometeu que ele e Jimmy Page fariam um retiro em uma cabana nas montanhas – talvez em Marin County, nos arredores de San Francisco – para compor. Mas, em lugar disso, acabaram se instalando em Bron-Yr-Aur, no País de Gales, uma cabana sem eletricidade ou água encanada que a família de Plant alugava nos verões da sua infância.

Dois roadies os acompanharam. O feriado a trabalho também contou com a presença da esposa de Plant, Maureen, e da filha do casal, Carmen, além da sra. Page, Charlotte Martin. (Para as mentes curiosas que insistem em saber, reza a lenda que a filha deles, Scarlet, foi concebida durante o retiro em Bron-Yr-Aur.) Apesar do pequeno cortejo, os dois músicos conseguiam escapulir para o meio das árvores, que ecoavam com risadas e música.

"Era o momento de desacelerar, fazer um inventário da situação e não nos perdermos naquilo tudo", Plant disse à *Rolling Stone* em 1975. "Daí a viagem para as montanhas e o início dos etéreos Page e Plant [...] Era um lugar incrível. 'O Seio Dourado' é o que o nome quer dizer. A casa fica em um pequeno vale, e o sol sempre passa por ele."

Page afirmou ao jornalista americano Cameron Crowe, sobre a interação da dupla em abril: "Foi quando eu conheci Robert para valer. Viver juntos em Bron-Yr-Aur foi muito diferente de ocuparmos quartos vizinhos nos hotéis. As músicas nos levaram a lugares que mudaram a banda e estabeleceram um padrão de viajar em busca de inspiração [...] que é a melhor coisa que um músico pode fazer".

Bath Festival, Shepton Mallet, Inglaterra, 28 de junho de 1970.

KB Hallen, Copenhague, Dinamarca, 28 de fevereiro de 1970. *Jorgen Angel/Redferns*

Ao jornalista britânico Nigel Williamson, Plant declarou: "Compusemos canções, caminhamos, conversamos, pensamos, fomos até a abadia onde esconderam o Graal. Não importa quão inocente e cômico isso possa parecer agora, ao olhar para aquele momento, aquilo nos deu energia porque estávamos muito perto de alguma coisa. Nós acreditávamos. Foi absolutamente maravilhoso, e meu coração ficou leve e feliz. Naquele tempo, com aquela idade, 1970 era o céu mais azul e vasto que eu vira na vida".

Em junho, Page e Plant mostraram as músicas ao resto da banda. Eles ensaiaram e então começaram a gravar com o estúdio móvel dos Rolling Stones. O som do Zeppelin começava a mudar: ecos de música country, música folk inglesa e folk rock americano (tipo Crosby, Stills & Nash) e até mesmo de música indiana. Banjo, pedal steel, saltério e bandolim foram acrescentados à mistura. Para resumir, era menos blues pesado e mais acústico e folk. Em outras palavras, Page e Plant tentaram preservar o espírito de Bron-Yr-Aur.

Não que o Led Zeppelin estivesse cansado do blues. "Tocar blues é a coisa mais desafiadora que você pode fazer", disse Page à *Guitar World*. "É muito difícil tocar alguma coisa original. 'Since I've Been Loving You' é um bom exemplo. Foi a única música do terceiro álbum que tocamos ao vivo antes das nossas sessões, mas a mais difícil de gravar. Fizemos várias tentativas. A versão final é uma ao vivo com John Paul Jones tocando órgão e pedais de baixo ao mesmo tempo. Como tínhamos alugado o estúdio móvel dos Rolling Stones, podíamos relaxar e trabalhar sem pressa, desenvolver as músicas durante os ensaios. Não precisávamos nos preocupar com as horas de estúdio."

Todos os quatro integrantes contribuíram com ideias. "Out On The Tiles" foi inspirada em uma velha canção de bar que Bonzo Bonham costumava cantar. Page disse à *Guitar World*: "John Bonham costumava cantarolar bastante. Ele enchia a cara e passava a cantar o tipo de coisa que você escuta no começo de 'The Ocean' [de *Houses Of The Holy*, de 1973]. Batia os pés e estalava os dedos. Acho que ele tinha algumas letras sobre beber canecas de cerveja amarga, coisas do tipo: agora estou me sentindo bem porque caí na noitada [*out on the tiles*]".

Page trouxe as influências indianas. Em uma rara pausa quando ainda estava nos Yardbirds, ele viajou à Índia e comprou um sitar – antes de George Harrison, como ele salienta com orgulho. Em *III*, Page finalmente introduziu as sonoridades que adorava à música que tocava.

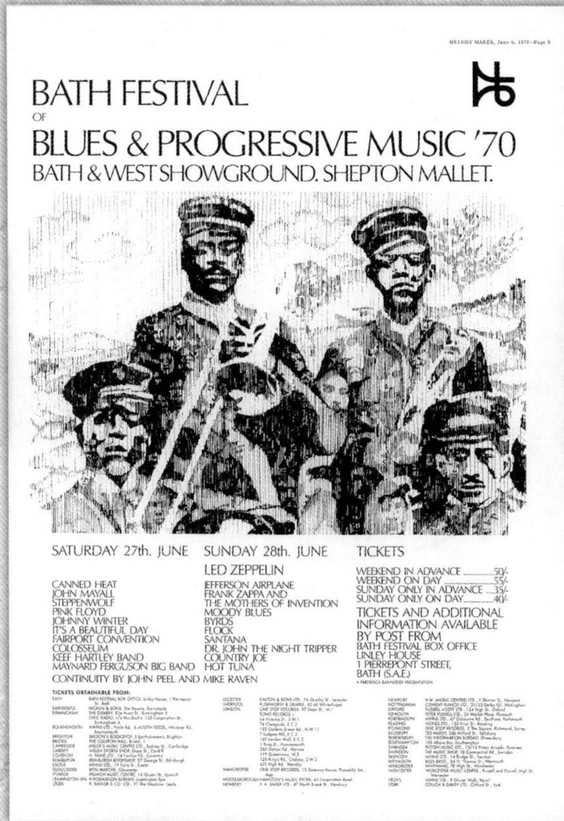

Anúncio e capa do programa do Bath Festival de 1970.

"Eu gosto de tocar pesado, mas com muita luz e sombra."
–Jimmy Page, citado em Led Zeppelin: Light And Shade, *de Cameron Crowe*

Bath Festival, Shepton Mallett, Inglaterra, 28 de junho de 1970.

Folheto, Oakland Coliseum, Oakland, CA, 2 de setembro de 1970.

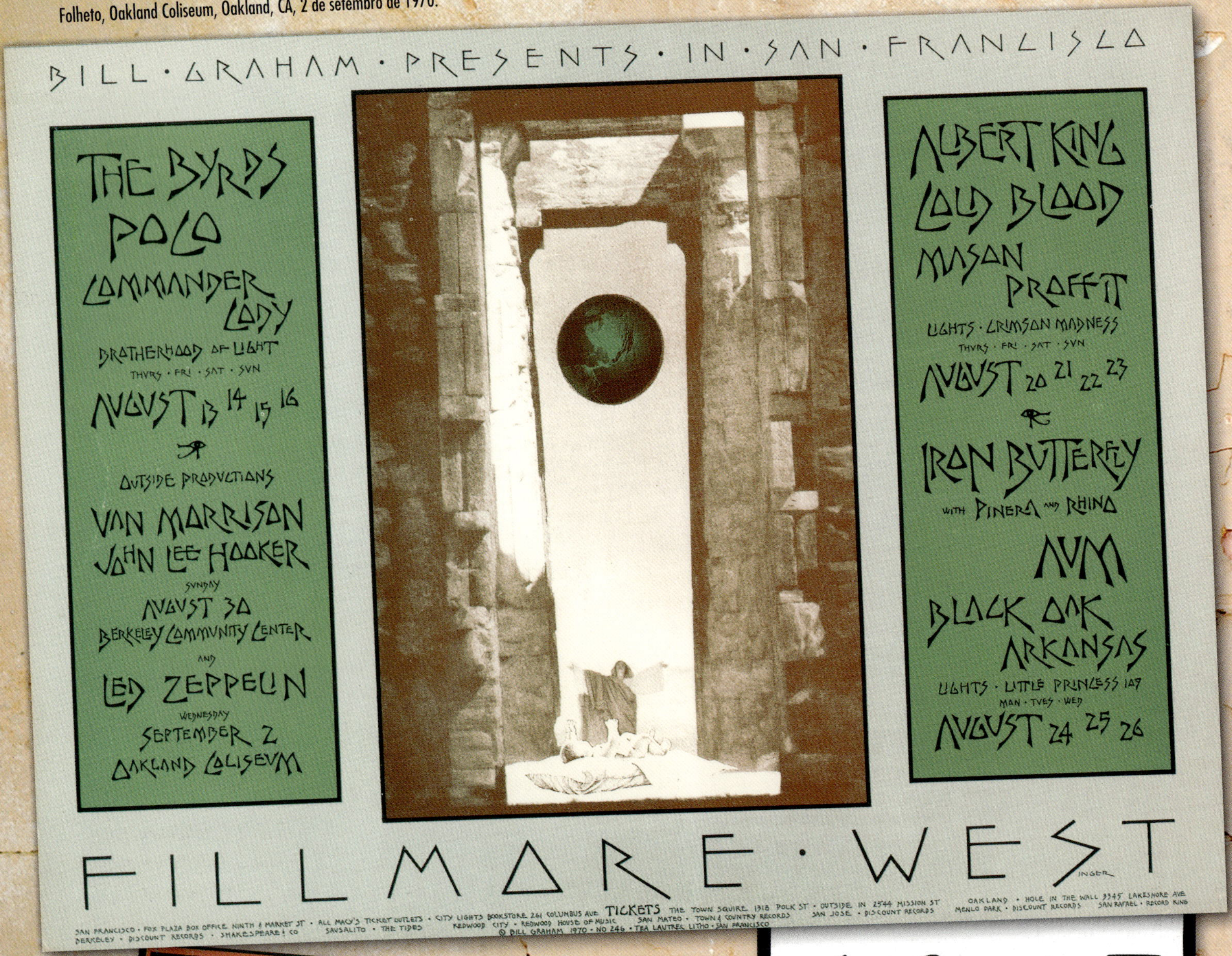

Seattle Center Coliseum, Seattle, WA, 1º de setembro de 1970.

Anúncio impresso da Atlantic Records para a promoção de *Led Zeppelin III*, lançado em 5 de outubro de 1970 nos EUA.

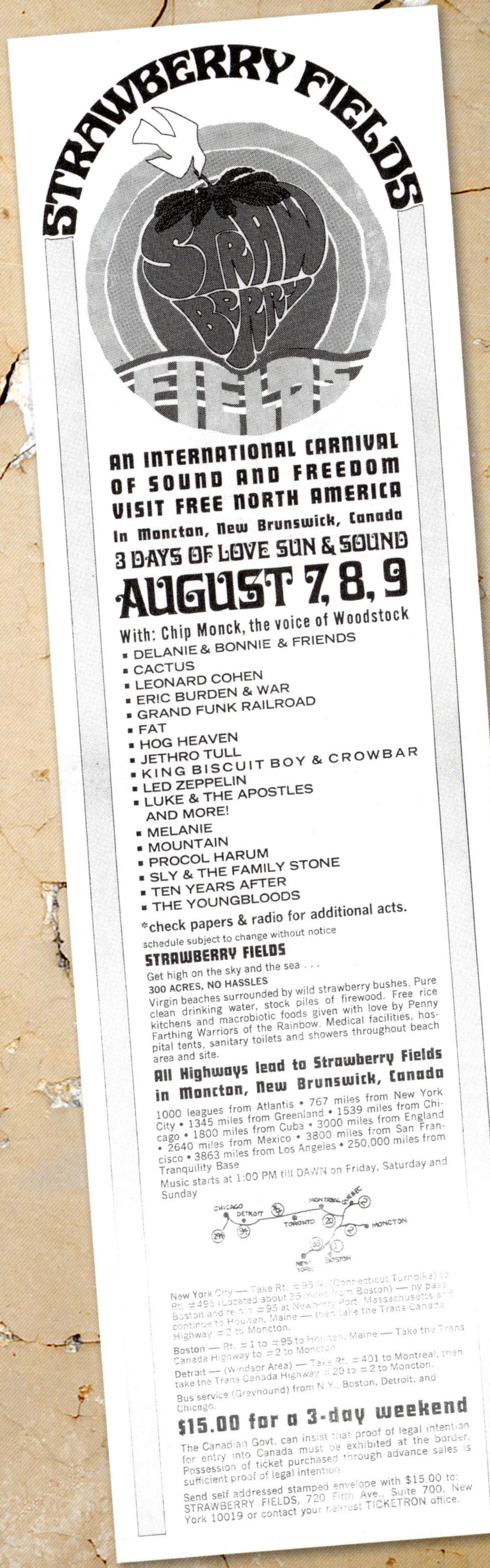

Sempre em busca de encher o bolso de grana, Peter Grant manteve o Led Zeppelin na estrada entre as sessões de gravação. Conseguiu ainda uma apresentação na Islândia, em um festival de cultura britânica, que seria filmado para o documentário da banda iniciado no Royal Albert Hall em janeiro. Então, para aplacar a culpa da banda por não tocar o suficiente na Inglaterra, Grant garantiu para o quarteto um lugar de destaque no importante Bath Festival, que aconteceu em 28 de junho de 1970 e teve como atrações Donovan, Santana, Frank Zappa e The Byrds, entre outros. "O festival será em casa, e é muito importante nos sairmos bem no nosso país", disse Bonham à *Record Mirror* antes de Bath. "No começo da banda, acho que perdemos a fé na Inglaterra. Depois de tantos ensaios, foi decepcionante nos darmos conta de que não conseguíamos marcar shows. Foram os Fillmores nos Estados Unidos que nos transformaram no que somos, e a moçada foi incrível desde então."

Por acreditar que a escolha do momento oportuno era determinante, Grant queria que o Zeppelin subisse ao palco de Bath ao anoitecer, deixando para o Jefferson Airplane, ostensivamente a principal atração do festival, a tarefa de fechar a noite. A subida do Zep estava agendada entre as apresentações do Flock e do Hot Tuna. A plateia de 150 mil pessoas foi ao delírio com o Flock, uma banda de jazz-rock de Chicago, e o seu feroz violinista Jerry Goldman (que depois se juntaria ao Mahavishnu Orchestra) e exigiu dois bis. Ao final do segundo, Grant ordenou aos roadies do Zeppelin que retirassem do palco os equipamentos do Flock, e a perplexa banda americana protestou. Subitamente, o palco se transformou em um "completo pandemônio", conforme o gerente de turnê do Zep, Richard Cole, escreveu em seu livro, *Stairway To Heaven: Led Zeppelin Uncensored*. Grant provou mais uma vez que pegava pesado em defesa dos interesses da sua banda. O quarteto arrasou em Bath, da abertura do show, com uma nova canção chamada "Immigrant Song", ao – contem – quarto bis.

Em agosto, os planos para uma turnê americana foram suspensos temporariamente quando o pai de Jones, o pianista Joe Baldwin, ficou acamado com uma doença terminal, e o filho fez questão de ficar ao lado dele. Mesmo assim, Page viajou aos Estados Unidos para mixar *Led Zeppelin III* no famoso Ardent Studios, em Memphis, com o engenheiro Terry Manning, de quem ficara amigo nos tempos de Yardbirds. Manning decidiu se divertir inscrevendo pequenos ditos nos sulcos de *lead-out* das másteres, inspirados na obra de Aleister Crowley (o "primeiro hippie" do mundo, de acordo com Manning), cujos livros Page havia dado de presente ao engenheiro. "Eu escrevi 'Faz o que tu queres' em um lado de uma das másteres e 'Há de ser tudo da lei' do outro", Manning disse em uma entrevista de 2008. "Lembro-me de ter escrito 'Que assim seja' em um dos lados de outro, mas esqueci o

Anúncio do Strawberry Fields Festival, Moncton, NB, de 7 a 9 de agosto de 1970, no qual o Led Zeppelin foi incluído por engano. Esse foi um dos muitos shows de agosto cancelados.

resto. Nós brincamos que, com os ditos diferentes escritos em acetatos diferentes, os verdadeiros fãs precisariam comprar dois ou mais discos para completar o conjunto. Aquilo era absurdamente engraçado para nós, já que não conseguíamos imaginar que algo parecido fosse de fato acontecer."

A turnê recomeçou no final de agosto (com um breve retorno à Inglaterra para o enterro do sr. Baldwin), e a banda passou a tocar material inédito de *Led Zeppelin III*. Alguns fãs americanos agiam como uma amante que inesperadamente leva uma bofetada no rosto. "Começamos a tocar o material acústico no palco e está indo bem, principalmente aqui [em Los Angeles]. Mas em alguns lugares foi, de certa forma, um choque", disse Page à revista *Rock* em 1970. "Associo essa atitude ao período em que já havíamos lançado o primeiro álbum, mas o segundo ainda não havia chegado às lojas; a reação foi um pouco fria, na verdade. Uma coisa parecida acontece com o material acústico, até o momento, por não haver uma associação imediata. As plateias o estão ouvindo pela primeira vez, e as reações são mistas. Elas sempre soam bem, mas você tem a sensação de que as pessoas preferem escutar o material mais pesado."

Em setembro, a inglesa *Melody Maker* publicou sua pesquisa anual dos leitores, e o Led Zeppelin foi eleito a melhor banda, assumindo o trono que os Beatles ocupavam desde 1963. Em 5 de outubro, foi lançado *Led Zeppelin III*. Não apenas o som era controverso – o mesmo podia ser dito da capa. Talvez inspirada em uma fixação por San Francisco, tratava-se de uma montagem pseudopsicodélica com borboletas, aviões e uma infinidade de objetos aleatórios, com um recorte que expunha um disco colorido giratório com uma colagem ainda mais colorida de fotos da banda, enfeites *pop art* e imagens do famoso zepelim. Page classificou-a como uma decepção.

"Assumo a responsabilidade por aquela capa", disse ele à *Guitar World* em 1993. "Eu conhecia o artista e descrevi o que nós queríamos com uma roda que parecia fazer as coisas mudarem. Mas ele levou aquilo a um nível pessoal e desapareceu com a capa. Nós insistíamos, 'podemos ver a capa? Como está ficando?' Acabamos concluindo o álbum sem ver a capa. Cheguei a um ponto em que disse: 'Olha, eu preciso disso'. Não fiquei feliz com o resultado final – achei que parecia coisa de menina adolescente. Mas estávamos com a corda no pescoço, não havia tempo para mudanças radicais."

Mas Page, o arquiteto meticuloso, pediu uma mudança, conta Manning. "Quando a capa chegou da gráfica para a montagem dos álbuns, Jimmy as analisou para aprovação e descobriu que haviam deixado de fora o meu crédito, que ele decidira que deveria entrar", lembra o engenheiro. "Então ordenou que fossem todas destruídas – um novo lote com meu crédito seria impresso. Que sujeito! E eram capas caras, de álbum duplo, com aquele disco cheio de fotografias e tudo o mais."

Do outro lado da mesa: Terry Manning

por Jon Bream

Nem sempre acredite nas letras miúdas dos discos. Os textos na contracapa nem sempre são fiéis – como em *Led Zeppelin III*. A banda estava tão atrasada com as gravações que Jimmy Page e companhia precisaram providenciar algumas sessões emergenciais nos Estados Unidos durante a turnê. Nos dias de folga, Page, o empresário Peter Grant e quem mais fosse necessário tomavam um avião para Memphis.

Page ficou amigo do engenheiro Terry Manning em 1966, quando o guitarrista embarcou com os Yardbirds na Caravan of Stars de Dick Clark, e Manning tocava em uma banda de Memphis. Eles mantiveram contato no decorrer dos anos; na verdade, Page convidou Manning a se mudar para Londres e ajudá-lo a montar um estúdio de gravação para o Led Zeppelin, mas Manning recusou a oferta porque tinha bastante trabalho em Memphis com Isaac Hayes, The Staple Singers e outros artistas da Stax Records.

"Eu os buscava no aeroporto, e seguíamos direto para o velho estúdio Ardent no número 1.457 da National Street", lembra Manning sobre o seu trabalho com a banda em *Led Zeppelin III*. "Gravávamos overdubs, alguns trechos de músicas, editávamos e mixávamos tudo. Por mais nostálgico, clássico e mitológico que o trabalho em estúdio naqueles supostos anos dourados possa parecer hoje, com todo aquele equipamento antigo, simplesmente não pensávamos dessa forma então. Usávamos o que tínhamos e fazíamos o melhor possível."

De forma nada surpreendente, Page e seus parceiros eram muito específicos quanto a algumas técnicas de gravação. O baterista John Bonham exigia "o mínimo de microfones possível" na bateria. "Bonham dizia que ele controlaria os volumes e a dinâmica, e não o engenheiro. E era o que fazia", diz Manning, que viria a trabalhar com artistas como ZZ Top, George Thorogood, Lenny Kravitz e Shakira, entre outros.

Em uma sessão, Page quis usar um pequeno truque que Andy Johns, seu engenheiro em Londres, costumava usar. "Jimmy disse que Andy tinha uma técnica secreta para criar efeitos de duplicação, ou delays, que ele não lembrava como fazer mas queria usar", lembra Manning. "Então eu liguei para Andy para saber como funcionava. Ele não queria divulgar o segredo, mas Jimmy insistiu. Então Andy finalmente me disse que tocava a fita em sentido reverso e fazia o "pré-delay" de um som com um delay de fita, então tocava a fita no sentido certo e "desfazia" o delay com um delay de fita com variações de velocidade para criar a sincronia certa. Funcionava que era uma maravilha."

Nas sessões de mixagem, Manning vivenciou um momento mágico. "Lembro que aquela foi a primeira vez que tive a sensação de que era algo especial – e eu nunca penso muito nesse tipo de coisa durante os processos de gravação ou mixagem, já que há sempre muito o que fazer. Fui ao banheiro no fim do corredor e 'Since I've Been Loving You' estava tocando na sala de masterização, que estava com a porta aberta. O som era incrível, e eu percebi o quanto o vocal de Robert Plant era singular naquela música."

Manning concluiu a masterização sem Page. Ele colocou as másteres em caixas e foi até Nashville, onde o Led Zeppelin faria um show. "Entreguei as caixas a Peter Grant, que as enviou para diversas empresas de prensagem", lembra Manning. "A Atlantic [Records] nunca as viu ou teve nada a ver com elas – por insistência de Peter."

A voz é forte

Ann e Nancy Wilson sobre Robert Plant

por Gene Stout

A profunda admiração de Ann e Nancy Wilson pelo Led Zeppelin teve grande influência em suas carreiras. O primeiro sucesso do Heart, "Crazy On You", com um vocal poderoso de Ann, reflete essa influência.

"O Led Zeppelin tornou-se uma banda muito grande, importante para a cultura pop, na época em que montamos o Heart", diz Ann. "Então passamos de banda de bar que fazia covers dos sucessos do rádio a banda que era capaz de tocar Led Zeppelin. E eu passei de garota que cantava 'Superstar', de Karen Carpenter, a vocalista que cantava 'Whole Lotta Love' ou 'Communication Breakdown'."

Ann e Nancy conheceram Robert Plant em meados dos anos 1980.

"Estávamos tocando em Leeds, na Inglaterra, e ele foi ao show", prossegue Ann. "Naquela época, nosso repertório incluía 'Rock And Roll' [...] eu não enxergava muito bem e não via direito o loiro boa-pinta de pé, no lado esquerdo do palco, nos sacando. E ninguém me disse quem ele era, porque não queriam que eu surtasse. Todo mundo sabia que eu era uma grande fã."

"Depois do show, ele foi até os bastidores, e dissemos 'oi' e tudo o mais. Ele emana uma energia especial. Eu e Nancy costumávamos brincar que o ar se move ao redor quando ele caminha."

Ann lembra-se de Plant como um cavalheiro.

"Convenhamos, o Zeppelin é um clube do bolinha, e deve ter sido difícil para eles aceitar duas mulheres tocando os lances deles com tanta confiança."

O vocal de Plant ainda a impressiona.

"Eu não sei como eles foram capazes de registrar os tons mais altos dele em *Houses Of The Holy*, se aceleraram a fita ou se Plant realmente cantava num tom tão alto. A sonoridade é tão bonita que não faz diferença", diz Ann. "E então é claro que todo cara de toda banda de cabeludos tentava imitá-lo, mas ninguém jamais conseguiu soar daquela forma."

"No Quarter" e "The Rain Song" estão entre as músicas do Zeppelin preferidas por Ann.

"As pessoas sempre pensam em Plant como um cantor de blues que canta gritando e não lhe dão o crédito pelas baladas. E ele as canta com tanta intensidade quanto."

Apesar de Nancy ser mais guitarrista do que vocalista, ela aprendeu muito com Plant – e também com a irmã – sobre como se expressar com a voz.

"Acho que parte do que acontecia com o vocal de Plant é algo sobre o que Ann me aconselhou. Ela disse: 'Pare de pensar no tom, pare de pensar nos aspectos técnicos [e] simplesmente conte uma história. Fale [...] use as suas palavras para contar a sua história. Não cante, conte. E eu acho que isso era algo que Plant sabia desde o início. Ele tem uma voz que mais parece um raio no céu. É um cantor nato, assim como Ann. Vem completamente do âmago. Você se sente próxima de Plant quando ele canta, porque ele fala com você, ele não apenas canta para você."

The Forum, Inglewood, CA, 4 de setembro de 1970.

Compacto "Immigrant Song"/"Hey Hey, What Can I Do", sendo a última a única música a não fazer parte de um LP a ser lançada entre 1968 e 1970, mesmo ano em que foi incluída no box set *Led Zeppelin*.

The Forum, Inglewood, CA, 4 de setembro de 1970. *Michael Ochs Archives/Getty Images*

"Jimmy era incrível, porque era o astro de rock clássico, com seu castelo cercado por um fosso, suas roupas de veludo, seus carros fabulosos que ele não podia dirigir e suas 80 mil guitarras raras."

– Michael Des Barres, citado em Hammer Of The Gods, de Stephen Davis

os LPs:

Led Zeppelin III
por William McKeen

Era tortura. Voltamos para a escola em cima da hora, depois de ter corrido até a loja de discos no intervalo do almoço. E agora eu precisava passar a tarde estudando álgebra e história, só olhando para ele, incapaz de tocá-lo. Mas precisava ser um dos primeiros a botar as mãos naquele disco, no dia do lançamento.

Segurei-o à minha frente, nas pontas dos dedos, sobre a carteira, enquanto o professor tagarelava sobre teoria numérica. Às minhas costas, escutei um sussurro: "Saca só. Ele comprou o disco novo". Tirei a luva de celofane e passei a brincar com a capa, que tinha um disco giratório. Pelas aberturas da capa (ilustrada com uma infinidade de aviões, flores, borboletas e dentes), eu via lampejos de um mundo colorido e aleatório. Cada vez que girava o disco, via imagens diferentes.

E talvez seja essa a metáfora óbvia para a música encerrada naquela capa esplêndida. Cada vez que toquei *Led Zeppelin III* – a primeira naquela mesma tarde, e muitas outras nas quatro décadas desde então –, escutei algo diferente: medo, exaltação, majestade, deleite. Mesmo hoje, a cada vez que o escuto, volto para aquele tempo: um inocente garoto de 15 anos com tanta ânsia por aquela música que implorou uma carona a Birdman, o amigo e camarada com uma carteira de motorista. Ambos tínhamos a doença do Led Zeppelin.

Afinal de contas, o Zep era a nossa banda. Amávamos os Beatles, os Stones e Dylan, mas aquilo era música para nossos irmãos mais velhos. Quando descobri *Led Zeppelin* e passei a tocá-lo sem parar, foi minha irmã mais velha quem esmurrou a porta do meu quarto, me pedindo para abaixar o volume. Aqueles solos de guitarra faziam seus cabelos doerem, disse ela.

Eu estava radiante – havia descoberto algo que era meu.

O primeiro álbum foi um choque, o próximo passo na evolução do rock'n'roll. *Led Zeppelin II* foi uma multiplicação daquele rock esmagador, com todos os ruídos, efeitos e lampejos de sonhos do além de Jimmy Page. A palavra que usávamos naquele tempo era *pesado*. O Zep traçou uma linha na areia com um maçarico. Seus dois primeiros discos eram as nossas Escrituras.

Dizer que milhões de adolescentes americanos aguardavam o lançamento do terceiro disco é como dizer que a chuva é molhada. Queríamos rock'n'roll, claro, mas tivemos algo mais.

Depois da escola naquele dia, eu e Birdman fomos para casa escutar o álbum, prometendo nos encontrar mais tarde para falarmos a respeito. Tranquei-me no meu quarto e passei muitas horas perturbadoras na companhia de *Led Zeppelin III*.

O disco começa com o grito mortal de Robert Plant em "Immigrant Song", vindo das profundezas, um passo à frente dos esmagadores acordes trovejantes dos dois primeiros discos. A música vem rolando pela encosta, o equivalente musical de uma horda viking em fúria. "Então isso é o que se ouve imediatamente antes de morrer", pensei. Eu passaria a apreciar a riqueza mitológica das letras do Led Zeppelin, mas elas me assustavam aos 15 e inocentes anos. "We are your overlords" [Nós somos seus senhores], berrou Plant. "On we sweep with threshing oar!" [Somos os seus senhores/Avançamos a remo!].

"O que você acha?", perguntou Birdman quando me ligou.

"Meio assustador. Eles vêm da terra do gelo e da neve? Parece que querem nos conquistar ou matar. Talvez os dois."

"Hã?" É claro que Birdman não deu atenção às letras e tentava tirar a guitarra de Page em "Since I've Been Loving You".

Eu descobrira a trilha sonora dos meus pesadelos. Além de "Immigrant Song", havia o perturbador arranjo de cordas de John Paul Jones em "Friends", a música grandiosa e mutante que ainda persegue os meus sonhos. A gloriosa e intensa "Since I've Been Loving You" era o ponto alto do disco. Apesar de haver o tradicional rock do Zeppelin ("Out On The Tiles"), a minha sensação mais forte era de que aquele não era o Led Zeppelin que eu e meus amigos conhecíamos e amávamos.

Precisei de alguns anos para me dar conta de que o álbum foi uma manobra brilhante na carreira da banda e para admirar a coragem necessária para sacudir violentamente uma fórmula de sucesso. *Led Zeppelin II ½* teria deixado todos nós, adolescentes, nos contorcendo de felicidade com riffs viris. Eles poderiam ter refeito aqueles dois primeiros discos indefinidamente e, ainda assim, seguido em frente.

Em lugar disso, eles nos levaram a um lugar novo. Depois fiquei sabendo que os dois primeiros discos foram produzidos de forma apressada, basicamente com composições e gravações na estrada. Mas, depois que a banda conseguiu algum sucesso e finalmente teve uma pausa, decidiu produzir o novo disco sob circunstâncias diferentes. Eles se instalaram em uma cabana chamada Bron-Yr-Aur, no País de Gales, onde a maioria das músicas foi composta em lugares mais confortáveis do que os assentos apertados de avião ou os quartos de hotel anônimos que deram à luz os dois primeiros discos. Quando chegou o momento de gravar o terceiro disco, a banda deixou de lado os eficientes estúdios de Londres, Nova York e Los Angeles e alugou uma casa de 200 anos no interior. A sala de estar de Headley Grange tinha a acústica que Jimmy Page queria, então eles providenciaram um estúdio móvel.

A música reflete essa origem. A guitarra de Page ainda troveja, mas a serenidade de Bron-Yr-Aur se insinua nos instrumentos acústicos que Page passara a dominar. A adorável "That's The Way" não soaria deslocada no álbum de um daqueles cantores frescos do sul da Califórnia que eu e Birdman desprezávamos. A balada country "Tangerine" nos oferecia o Zeppelin com o gemido de uma steel guitar. "Bron-Y-Aur Stomp" (o erro de grafia supostamente imortalizado no processo de registro) era uma faixa acústica que explicitava a suavidade da banda sob o sangue e a tormenta. Mas eles ainda eram capazes de produzir drama elétrico como nenhuma outra banda. A calmaria enganadora que abre "Gallows Pole" (seria um alaúde na segunda estrofe?) é intensificada pela batida de limpador de para-brisas frenético de John Bonham no final, e só então nos damos conta de que o narrador é um cadáver em decomposição.

Não que isso tivesse importância para nós, da geração Zeppelin, mas a crítica não foi simpática com o disco. Ela nunca gostou muito deles, mas os fãs transformavam o Zeppelin em uma banda imune à crítica.

Hoje, sou professor de história do rock'n'roll em uma universidade. Quando pergunto à moçada de 18 anos o que eles escutam, tenho como resposta Zeppelin, The Doors, Grateful Dead e Dylan. Essa música não soa como datada. Mesmo na altura dos meus mais de 50 anos, *Led Zeppelin III* ainda soa brilhante e, em alguns momentos, assustador e magnífico. Lembro-me dele com carinho, como algo que me ensinou a assumir riscos, tentar coisas novas e sempre mudar.

Cada vez que giro o disco, vejo imagens diferentes.

Tanto eu quanto Birdman nos transformamos em sujeitos quietos, com aparência de professor, e recentemente nos vimos pela primeira vez em 30 anos. Ele estava em uma conferência acadêmica no interior do estado e alugou um carro para fazer a longa viagem, depois de concluir que já era hora de me reencontrar e conhecer minha família.

"O que você escutou na estrada?", perguntei depois que abri a porta.

"Zeppelin, cara", ele disse. "É claro."

Dois adolescentes americanos, radiantes por finalmente ter algo que lhes pertencia.

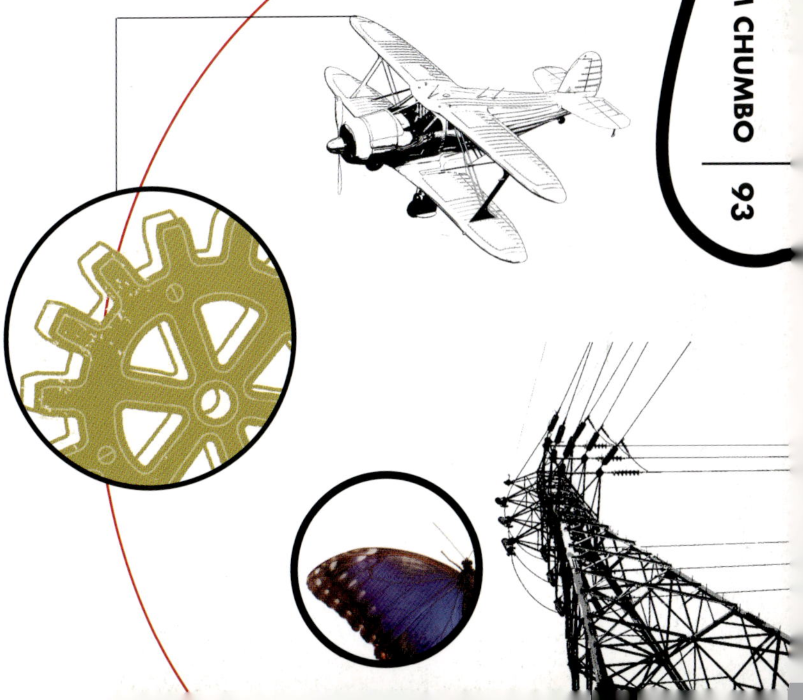

DATAS DA TURNÊ

“O Led Zeppelin é a minha banda preferida. Algumas letras são meio ripongas, mas, musicalmente, acho que eles são inalcançáveis. Sem dúvida. O The Who talvez seja mais explosivo, mas acho que a música do Led Zeppelin é atemporal, o som de Jimmy Page e [...] toda a mística da banda. Hoje, ninguém tem mística. Eles eram apenas uns caras misteriosos [...] descolados como o diabo.”

—Chad Smith, Red Hot Chili Peppers

DATAS DA TURNÊ

"Acho que o som era baseado no blues, mas também em tradições anglo-célticas, muito próximas daqueles caras. Isso era importante. Plant escutava a Incredible String Band e Joni Mitchell e sabia quem eram Richard Thompson, Sandy Denny e esse pessoal. Eles eram fortemente enraizados num lance que é muito, muito primal e sempre funciona, além de apertar botões que as pessoas que escutam música têm."

—Steve Earle

22.6.1970 Laugardalsholl Hall, Reykjavik, Islândia
28.6.1970 Bath Festival, Shepton Mallet, Inglaterra
16.7.1970 Sporthalle, Colônia, Alemanha
17.7.1970 Grugahalle, Essen, Alemanha
18.7.1970 Festhalle, Frankfurt, Alemanha
19.7.1970 Deutschlandhalle, Berlim, Alemanha
15.8.1970 Yale Bowl, New Haven, CT
17.8.1970 Hampton Roads Coliseum, Hampton, VA
19.8.1970 Municipal Auditorium Arena, Kansas City, MO
20.8.1970 Oklahoma City Fairgrounds Coliseum, Oklahoma City, OK
21.8.1970 Assembly Center, Tulsa, Oklahoma, OK
22.8.1970 Tarrant County Convention Center, Fort Worth, TX
23.8.1970 Hemis Fair Arena, San Antonio, TX
25.8.1970 Municipal Auditorium, Nashville, TN
26.8.1970 Public Auditorium, Cleveland, OH
28.8.1970 Olympia Stadium, Detroit, MI
29.8.1970 Man Pop Festival, Winnipeg Arena, Winnipeg, MB
31.8.1970 Milwaukee Arena, Milwaukee, WI
1º.9.1970 Seattle Center Coliseum, Seattle, WA
2.9.1970 Oakland Coliseum, Oakland, CA
3.9.1970 Sports Arena, San Diego, CA
4.9.1970 The Forum, Inglewood, CA
6.9.1970 International Center Arena, Honolulu, HI
9.9.1970 Boston Garden, Boston, MA
11.9.1970 Olympia Stadium, Detroit, MI
12.9.1970 Municipal Auditorium, Cleveland, OH
19.9.1970 Madison Square Garden, Nova York, NY

Sem título

1971

Apesar de *Led Zeppelin III* ter chegado ao topo das paradas americanas, o disco vendeu menos que os dois anteriores. Mais uma vez, a banda lançou um compacto nos EUA, "Immigrant Song", com uma faixa não incluída no álbum como lado B, a balada com bandolim "Hey Hey What Can I Do". "Immigrant Song" chegou apenas a uma intermediária 16ª posição nas paradas da *Billboard*, e o álbum recebeu críticas pouco entusiasmadas, mas não que muitas bandas britânicas de rock pesado caíssem nas graças da *Rolling Stone* ou de outras publicações americanas da época.

O idiossincrático Lester Bangs, confuso com sua apreciação fora da norma da crítica pelo Led Zeppelin, escreveu na *Rolling Stone*: "Nutro uma relação de amor e ódio pelo Led Zeppelin. Em parte por interesse genuíno e esperanças na maior parte indefensáveis, em parte pela convicção de que ninguém tão grosseiro pode ser de todo ruim [...] Quando escutei o disco pela primeira vez, a minha principal impressão foi a anonímia consistente da maioria das faixas [...] Por fim, menciono uma canção chamada 'That's The Way', porque foi a primeira música deles a me emocionar. Caramba, é linda. Sobre uma levada de violão simples e apropriadamente comum, Plant canta a história tocante de dois jovens que não podem mais ser amigos porque os pais de um deles desaprovam os cabelos longos do amigo e o fato de ele vir do lado errado da cidade. Ao menos uma vez, o vocal é contido – as entonações de Plant são tão dolorosamente gentis quanto as de algumas das melhores canções dos Rascals".

A falta de apoio na imprensa, tanto americana quanto britânica, cobraria seu preço no disco seguinte do Zeppelin. Mais uma vez, Robert Plant e Jimmy Page se instalaram em Bron-Yr-Aur, no País de Gales, em busca de companheirismo e composições bucólicas. Então se reuniram com John Paul Jones e John Bonham em Headley Grange, supostamente um antigo asilo assombrado, para ensaiar. Nessas sessões, as coisas se concatenaram em grupo. "Acredito que todos nós somos capazes de deixar uma marca registrada em um álbum,

Old Refectory, Southampton University, Inglaterra, 11 de março de 1971.

Marquee Club, Londres, Inglaterra, 23 de março de 1971.

Modelo EDS-1275 da Gibson Custom Shop, assinado por Jimmy Page. *Gibson Guitars*

ressaltar apenas uma pessoa, mas nenhum de nós é tão obtuso", Jones disse à revista *Disc & Music Echo* em 1970. "Isso não seríamos nós; a banda sempre tocou o que surge, e o que surge fica. Se soa bem para todos, então tocamos."

Numa manobra típica da imprensa britânica, a *Melody Maker* e a *New Musical Express* publicaram naquele outono rumores sobre a separação do Led Zeppelin. A banda não apenas negou como organizou uma turnê de volta às raízes em casas noturnas da Inglaterra e da Irlanda em março, que incluía o celebrado e minúsculo Marquee Club, em cujo palco o Zep subira pela última vez em dezembro de 1968. Em 5 de março, em Belfast, a banda tocou "Stairway To Heaven" ao vivo pela primeira vez, com direito à guitarra de dois braços de Page, mas sem as flautas doces que entrariam na faixa do quarto álbum. Em 1º de abril, "Stairway" foi apresentada no Paris Theatre, em Londres, show transmitido pela BBC no programa *In Concert*, de John Peel. Durante a turnê, o Zep tocou outras canções inéditas, como "Going To California" e "Black Dog", também do quarto e ainda não lançado álbum.

Em outros países, o grupo continuou a fazer shows grandes – como a apresentação de 5 de julho de 1970 no Velodromo Vigorelli, em Milão – apenas dois dias depois da morte de Jim Morrison, líder dos Doors, em Paris. Dois mil policiais estavam a postos do lado de fora do Vigorelli, já que havia a expectativa da presença de radicais de esquerda na plateia de 15 mil pessoas. Uma confusão tomou conta do público quando o gás lacrimogêneo invadiu o auditório, assim que a banda subiu ao palco. Plant pedia calma enquanto a banda iniciava o repertório. Mas a confusão só aumentou, e o empresário Peter Grant ordenou que a banda saísse do palco durante o solo de John Bonham em "Moby Dick". Plant ainda se incomoda com o que aconteceu naquela noite. "Escapamos pela porta de acesso ao palco, e a polícia atirou gás lacrimogêneo na gente", contou ele ao jornalista britânico Nigel Williamson. "Conseguimos chegar ao camarim, e eu bloqueei a porta com um armário e disse a todos para cobrirem as cabeças com toalhas molhadas. Então eles quebraram uma janela e atiraram bombas de gás da rua." O Led Zeppelin nunca mais tocaria na Itália.

A banda tirou raras férias de seis semanas naquele verão, o que deu a Page a oportunidade para trabalhar na mixagem e no projeto da capa do novo álbum. Houve um problema nas sessões de mixagem no Sunset Sound, em Los Angeles, então o trabalho precisou ser refeito no Olympic Studio, em Londres. Ainda incomodado com o projeto da capa de *Led Zeppelin III*, Page decidiu que queria um álbum sem título, à moda do assim chamado "Álbum Branco" dos Beatles, de 1968. Ele também ficara incomodado com a reação da crítica ao terceiro álbum. "Depois de tudo o que havíamos conquistado, a imprensa ainda nos via como uma jogada comercial", Page diria à *Guitar World*. "E foi por isso que o quarto álbum não teve título. Foi um protesto sem sentido, na verdade, mas nós queríamos provar que as pessoas não compravam nossos discos apenas pelo nome impresso na capa."

Page conceitualizou a capa para que complementasse a letra mítica composta por Plant para "Stairway To Heaven", peça central do LP. "Eu e Robert criamos juntos o conceito da capa

(*continua na página 100*)

"Um cara muito esperto" sobre Jimmy Page

por Peter Frampton

Acredito que as pessoas pensam em Jimmy Page como "o grande guitarrista" ou em todos aqueles solos característicos que ele gravou [...] em "Stairway To Heaven" e por aí afora. Mas eu o vejo mais como um arranjador, um orquestrador. Aquilo foi muito marcante para mim, a forma como ele orquestrava os trechos de guitarra. Tenho certeza de que todos participavam dos arranjos, mas a forma como ele empilhava os sons das guitarras foi a coisa mais interessante que ele fez.

Participei de sessões com John Paul Jones como diretor musical antes do Led Zeppelin, inclusive na época em que eles estavam se reunindo. Então, estamos falando de John Paul Jones, um dos maiores diretores musicais de rock de Londres. E de Jimmy, um dos maiores músicos de estúdio desde meados da década de 1960, quando tocou em gravações dos Kinks e tudo o mais. Então, temos um cara que amadureceu musicalmente no blues, mas que também era muito, muito influente em relação ao que era tocado em muitos discos de música pop. Um músico muito experiente. A técnica dele no violão é fenomenal, e ele usa diferentes afinações abertas e uma em especial, a "afinação Jimmy Page", usada em muitas gravações mais antigas. Não resta dúvida de que ele já era tecnicamente refinado desde o começo.

Mas o que faz a diferença é o conjunto, e não apenas o fato de ele ser um grande guitarrista de blues, um grande violonista, um músico que domina a técnica do slide como poucos ou o que quer que seja. O arranjador nele também desempenhava um papel importante na forma como ele tocava, já que, para mim, ele sempre pensava no resultado final, no som, e me parecia que estava sempre olhando à frente e sabia o que queria, construía isso o tempo todo nas gravações. Ele colocava um violão com som folk abaixo, então o sobrepunha com um trecho de slide ou um solo de blues, e em seguida com um trecho orquestrado. Ele sabia montar as músicas. Mas acontece que ele tinha uma infinidade de partes incríveis, e todas eram perfeitas para determinada música ou parte de música em que aparecem. Um cara muito inteligente.

E elas tampouco eram harmonias normais. Ele optava por harmonias incomuns, como os Everly Brothers – soa normal, mas é muito diferente. Os Everly posicionavam a melodia em cima e faziam as harmonias abaixo, e então os Beatles roubaram isso dos Everly, mas, em vez de uma harmonização, a melodia oscila, sobe e desce, criando harmonias muito singulares. E Jimmy fazia isso na guitarra. O que criava sonoridades únicas, bem distantes do lugar-comum.

Por algum tempo, parecia que todas as vezes que eu fazia um álbum solo [o Led Zeppelin] estava gravando no outro estúdio no Olympic. Então eu ia ver Jimmy, virtualmente no escuro, tipo soterrado por uma parede de amplificadores, mas, no fim das contas, ele sempre acabava usando um amplificadorzinho a maior parte do tempo. E orquestrava todas aquelas músicas maravilhosas deles, clássicas, com diversos trechos de guitarra que gravava laboriosamente. Mas, quando você as ouve, parece uma orquestra. E eu aprendi muito com isso. Há uma faixa no meu álbum *Something's Happening*, chamada "Magic Moon", e [...] Jimmy poderia ter composto aquele riff. Eu me esforcei bastante na época para fazer um tributo decente à moda do Led Zeppelin. Então ele definitivamente foi uma inspiração e uma influência, e tão singular que é impossível exagerar nas suas realizações.

—Depoimento a Gary Graff

(continuação da página 98)

de *IV*", disse o guitarrista à *Guitar World*. "Robert havia comprado a pintura da capa numa loja de antiguidades em Reading. Então tivemos a ideia de usar essa pintura – o homem com os gravetos – para representar o antigo, pendurada na parede de um prédio demolido, com o novo surgindo atrás. A ilustração interna foi ideia minha. É o Eremita do tarô, um símbolo de autossuficiência e sabedoria, desenhado por Barrington Colby. As fontes usadas na letra de "Stairway To Heaven" também foram contribuição minha. Eu as descobri em uma antiga revista de artes chamada *Studio*, surgida no fim do século XIX. Achei-as tão interessantes que contratei um artista para criar um alfabeto completo com elas."

Page também pediu aos companheiros que escolhessem um símbolo, ou runa, para representar a si mesmos. Como sugestão de fonte, ele os mostrou *O livro dos símbolos*, de Rudolph Koch. Jones escolheu um círculo sobreposto com três arcos que se cruzam, o qual, de acordo com Koch, afasta o mal. Bonham escolheu uma runa com três círculos entrelaçados, que simbolizava sua família (e que, coincidentemente, é parecido com o logo da cerveja Ballantine). Plant e Page decidiram criar novos símbolos. A pena dentro de um círculo do cantor é inspirada no simbolismo dos índios americanos, enquanto a runa de Page, letras estilizadas em que pode ser lido algo como "ZoSo", é apenas um rabisco, ele insiste. Mas há quem especule que seja uma referência ao culto de Zos, do mago Austin Osman Spare.

Bastante adiado, o álbum não foi lançado quando o Zep fez o primeiro show no Japão, em setembro. Em clima atípico, a banda tocou trechos dos standards "Smoke Gets In Your Eyes" e "The Lady Is A Tramp", além de "Honky Tonky Women", dos Rolling Stones, e "59th Street Bridge Song", de Simon & Garfunkel. Mas o Zeppelin não velejava em mares tranquilos. Plant e Bonham desentenderam-se no palco em Osaka, e o cantor acabou com o lábio inchado. O baterista deixou o palco, voltou relutante e se recusou a tocar "Moby Dick". Bonham protagonizou outro incidente infame do legado do Zeppelin no Tokyo Hilton, quando ele e o gerente de turnê, Richard Cole, empunhando espadas de samurai, derrubaram a porta do quarto de Jones e retalharam o interior. A redecoração fez com que o Led Zeppelin fosse banido para sempre da rede Hilton. Mas a viagem ao Japão teve uma bonificação: Page e Plant fizeram uma escala na Índia na volta para a Inglaterra para conferir a noite de Bombaim.

Pôster dos primeiros shows da banda no Japão. Budokan, Tóquio, 23-24 de setembro de 1971.

Programa da turnê japonesa, Budokan, Tóquio, Japão, 23 e 24 de setembro de 1971.

Ingresso, Budokan, Tóquio, Japão, 23 e 24 de setembro de 1971.

"Quando a escutei ['Stairway To Heaven'] pela primeira vez, achei que falava de uma pessoa materialista que acreditava poder comprar tudo com dinheiro, que não se importava com a sua alma ou com espiritualidade. Com o passar dos anos, ouvi dizer que muito dela fala da rainha da Inglaterra. É engraçado como pode haver muitas interpretações diferentes. É uma canção muito abstrata. Sempre pensei que se tratasse de alguém tentando salvar a própria alma. Sempre pensei nela como uma canção espiritual; por isso usei o coral."

– Dolly Parton, que gravou 'Stairway To Heaven' para o seu disco Halos & Horns*, de 2002*

"[O Led Zeppelin] não foi uma grande influência. Eu curtia escutar histórias, e aquelas letras etéreas não faziam a minha cabeça. Mas eu tinha um pôster do 747 [*sic*] no meu quarto, e *Led Zeppelin IV* e alguns dos outros álbuns acabavam indo parar no toca-discos. Eles eram inevitáveis, sabe?"

—*Jon Bon Jovi*

Pôster, Wembley Empire Pool, Londres, 20 e 21 de novembro de 1971.

"Eles são a razão de sermos o que somos – os discos deles nos influenciaram mais do que qualquer outra coisa. Era como um novo planeta entrando no Sistema Solar. Eles avançaram por novos territórios e afetaram a todos na Terra. Acho que é possível que uma pessoa que more numa casa de sapê no Vietnã conheça 'Stairway To Heaven'. Ela está em toda parte."

—*David Bryan, Bon Jovi*

Crachá de acesso aos bastidores, Wembley Empire Pool, Londres, 20 e 21 de novembro de 1971.

A sétima turnê americana do quarteto incluiu muitas novas canções, o que levou o sempre vigilante empresário Peter Grant a ficar atento a gravações piratas nos shows. Em Vancouver, Cole viu um homem com um gravador e enviou alguns roadies para destruir o equipamento. No entanto, o sujeito era um funcionário público que tentava monitorar os níveis de decibéis em resposta às queixas de moradores das redondezas. A polícia apareceu, mas Grant conseguiu suavizar as penas eriçadas.

Na opinião de Bonham, aquela foi uma das turnês mais bem-sucedidas da banda na América do Norte. "A turnê foi indiscutivelmente boa", disse ele à *Melody Maker* naquele ano. "Tocamos muito bem, e coisas maravilhosas aconteceram. Acho que foi a minha turnê preferida entre todas as que fizemos nos Estados Unidos. Tivemos muito tempo livre em casa e ficamos muito mais próximos."

Finalmente, em 8 de novembro de 1971, quase seis meses depois de concluídas as gravações, o Led Zeppelin lançou seu quarto álbum. O LP começa com dois rocks poderosos, "Black Dog" e "Rock And Roll", para então dar lugar a "The Battle Of Evermore" e à épica "Stairway To Heaven", com seus oito minutos, que se tornaria a assinatura da banda e a música mais tocada – ou exageradamente tocada, a depender do seu ponto de vista – de todos os tempos nas rádios de rock. Page começara a compô-la em casa e a tocou para Jones uma noite em Headley Grange, quando Plant e Bonham já tinham ido embora. "Trabalhei duro nela", contou ele a Cameron Crowe. "Eu e Jonesy a tocamos juntos e, mais tarde, fizemos um ensaio com bateria e tudo o mais. Robert estava sentado por perto, em frente à lareira, e acho que compôs 80% da letra naquele momento. Ele ficou escrevendo e, de repente, lá estava ela."

"É, eu fiquei ali sentado perto de Pagey enquanto ele a tocava", Plant disse a Crowe. "Foi muito rápido. Precisei me concentrar um pouco para moldar a ideia, mas foi uma letra muito fluida, anormalmente fácil. Foi quase como se ela tivesse de aflorar naquele momento. Havia algo a empurrando, dizendo 'vocês são bons, mas, se quiserem fazer algo atemporal, aqui vai uma canção de casamento'."

Anos depois, Page refletiu, em entrevista à *Guitar World*: "Para mim, 'Stairway' cristalizou a essência da banda. Ela tinha tudo e trazia a banda no seu auge [...] Foi um marco para nós. Todo músico sonha em fazer algo que dure, algo que fique à tona por muito tempo, e acho que conseguimos isso com 'Stairway'. [Pete] Townsend provavelmente sentiu isso com 'Tommy'. Não sei se tenho capacidade para criar mais daquilo. Preciso trabalhar duro por muito tempo antes de ao menos me aproximar dos estágios iniciais do brilhantismo consistente, total. Não acredito que haja muitas pessoas com essa capacidade. Talvez uma. Joni Mitchell. Essa é a música que escuto em casa o tempo todo, Joni Mitchell."

Parte do quarto álbum foi uma volta ao rock'n'roll básico, como "Black Dog", inspirada em um velho labrador preto que circulava por Headley Grange quando o Zep estava ensaiando. Plant disse à *Rolling Stone*: "Nem tudo o que faço deve ser examinado às minúcias. Músicas como 'Black Dog' são o tipo de coisa que se canta no chuveiro, mas nem por isso deixam de dar o recado. As pessoas escutam. Caso contrário, talvez fosse melhor cantar o cardápio do Continental Hyatt House".

Jones criou o riff de "Black Dog", como ele explicou em um *chat* no portal AOL em 1997: "Ele me ocorreu quando eu voltava de trem de um ensaio na casa de Jimmy Page. Estava ouvindo uma música do disco *Electric Mud*, de Muddy Waters, que tinha um riff de blues longo, errante, e pensei que gostaria de tentar algo num formato parecido".

Com os quatro símbolos rúnicos decorando o palco, o Led Zeppelin celebrou o lançamento do quarto álbum com 14 shows no Reino Unido. Dois shows em Londres, que receberam o título "Electric Magic", foram reforçados com artistas de circo e porcos fantasiados. O álbum chegou ao topo das paradas britânicas, mas estacionou na segunda posição nos Estados Unidos, bloqueado em diferentes momentos por *Santana III*, *There's A Riot Going On*, do Sly & The Family Stone, e o megassucesso *Tapestry*, da cantora e compositora Carole King, que ocupou a primeira posição por 15 semanas. Mas nada que preocupasse – o quarto álbum do Led Zeppelin é o quarto disco mais vendido de todos os tempos nos Estados Unidos.

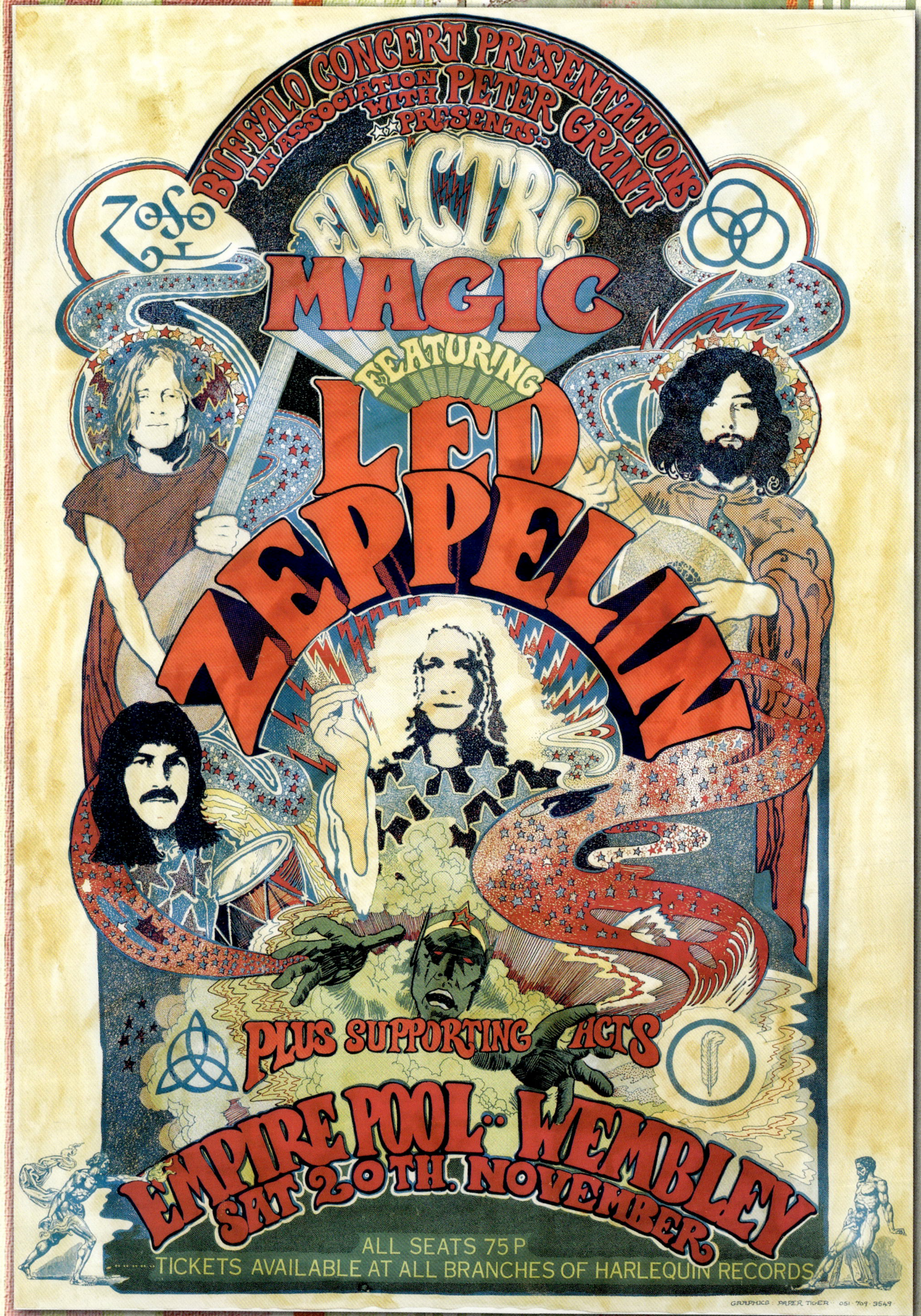

Pôster do famoso show Electric Magic. Wembley Stadium, Londres, 20 de novembro de 1971. *Artista: Steve Hardstaff*

"Eu queria tentar um blues elétrico com um baixo ondulante. Mas não podia ser simples demais. Eu queria que ele rolasse sobre si mesmo. Mostrei a ideia aos caras, e caímos de cabeça nela. Lutamos com a virada, até que Bonham sacou que a ideia era continuarmos em 4/4 como se *não houvesse* virada. Esse era o segredo. Enfim, escolhemos o nome dela em referência a um cachorro preto que entrava e saía do estúdio o tempo todo. O cachorro não tinha nome, então simplesmente demos à música o nome 'Black Dog'."

— John Paul Jones sobre "Black Dog", citado em Led Zeppelin: Light And Shade, *de Cameron Crowe*

A UM CASTELO O LEVAREI

POR JON BREAM

Aleister Crowley em clima divino

O interesse de Jimmy Page por astrologia e ocultismo foi bem documentado. (Cara, as runas do quarto álbum foram inspiradas no ocultismo.) Page ficou fascinado pelo controverso ocultista inglês Aleister Crowley (1875–1947), que era conhecido como "o homem mais perverso do mundo" por praticar magia negra, fazer experiências com drogas e organizar orgias sexuais. Page colecionava manuscritos e pinturas de Crowley e chegou a comprar um roupão preto que o mago usava em rituais de magia negra. Em 1971, ele mergulhou ainda mais fundo no mundo de Crowley ao comprar a antiga casa do místico às margens do lago Ness, na Escócia. Reza a lenda que a casa foi palco de assassinatos, e um dos caseiros de Page teria se suicidado no lugar.

"A magia é muito importante se as pessoas forem capazes de consumá-la", Page disse à revista *Disc & Music Echo* em 1972. "Eu acredito que Crowley é completamente relevante nos dias de hoje. Nós buscamos a verdade, e a busca continua. Crowley não tinha uma opinião muito favorável em relação às mulheres – não acho que ele estivesse errado. Tocar música é um ato muito sexual, uma liberação emocional, e a excitação sexual entra em cena com todos os outros impulsos [...] Ao menos como músicos, não provocamos danos morais ou ambientais. Na verdade, os músicos são capazes de fazer algumas das perguntas delicadas a que os políticos não querem responder."

Page também estudou outros autores que escreveram sobre magia negra e tópicos relacionados. "Você não pode ignorar o mal se, como eu, estuda o sobrenatural. Tenho muitos livros sobre o tema e já participei de muitas reuniões", teria dito o guitarrista citado em *The Rough Guide To Led Zeppelin*, de Nigel Williamson.

O cantor de rock Michael Des Barres, cuja banda Detective gravou dois LPs pelo selo Swan Song do Zep, costumava visitar o amigo Page. "Ele vestia o roupão de Crowley, jogava tarô com um baralho de Crowley – costumava ter sempre à mão todos os itens de Crowley que colecionava", disse Des Barres a Richie Yorke em *Led Zeppelin: From Early Days To Page & Plant.* (Des Barres foi casado com a ex-groupie Pamela Des Barres por 14 anos.) "Eu pensava: 'Isso é incrível!' Aquela coisa toda era muito tortuosa e imoral. Era isso o que Jimmy representava para mim. Eu não sei o que eu representava para Jimmy; sempre achei que ele gostava de mim porque eu costumava dizer 'Rimbaud' no momento certo."

Wembley Empire Pool, Londres, 20 de novembro de 1971. *Fin Costello/Redferns*

"É, eu fiquei ali sentado perto de Pagey enquanto ele a tocava. Foi muito rápido. Precisei me concentrar um pouco para moldar a ideia, mas foi uma letra muito fluida, anormalmente fácil. Foi quase como se... bem... ela simplesmente precisasse aflorar naquele momento. Havia algo a empurrando, dizendo 'vocês são bons, mas, se quiserem fazer algo atemporal, aqui vai uma canção de casamento'."

—Robert Plant, sobre "Stairway To Heaven", em Led Zeppelin: Light And Shade, *de Cameron Crowe*

Wembley Empire Pool, Londres, 20 de novembro de 1971. *Fin Costello/Redferns*

os LPs:

Sem título

por Barney Hoskyns

O quarto disco do Led Zeppelin permanece como a demonstração mais perfeita do poder absoluto e da amplitude estilística da banda. (Nota: ao contrário do "Álbum Branco" dos Beatles, ou de *Untitled*, dos Byrds, ele é um dos poucos álbuns verdadeiramente "sem título" da história do rock, lançado dessa forma porque, nas palavras de Jimmy Page, "nomes, títulos e coisas do tipo não querem dizer nada".) Refiro-me a ele como *IV* por uma questão de conveniência; outros já o chamaram de *ZoSo*, *Runas* ou *Quatro símbolos*. Casamento do peso carnal de *II* com a ornamentação acústica de *III*, o álbum equilibra a pegada blues-rock de "Black Dog" com a utopia solar de "Going To California"; a batida aquosa de "When The Levee Breaks" com o tilintar dos bandolins de "The Battle Of Evermore"; a explosão retrô de R & B de "Rock And Roll" com a introdução bucólica de "Stairway To Heaven".

É verdade, o Led Zeppelin foi ainda mais longe com o duplo *Physical Grafitti*, de 1975. Mas, enquanto "Kashmir", "In My Time Of Dying" e "Ten Years Gone" são pináculos indiscutíveis do Zep, *Graffiti* tem muitos elos fracos, muitos esboços improvisados para ser capaz de rivalizar com *IV*.

Formado por apenas oito faixas, *IV* é um diagrama da viagem pela qual todo disco deveria levar o ouvinte, do blues-metal esmagador ao sonho californiano plangente, via Fairport Convention e rock progressivo medieval. Quarto LP mais vendido de todos os tempos, ostenta "Stairway To Heaven", a música mais tocada da história das rádios FM americanas.

A faixa de abertura, "Black Dog", é uma das músicas mais assustadoramente poderosas do catálogo do Zeppelin. Apesar da estranha segunda estrofe – na qual a guitarra insistente de Page rompe ousadamente o padrão 4/4 da bateria de Bonham –, a faixa agarra o ouvinte desde o início e não o solta enquanto avança por uma série de turbulentos riffs interligados, que se desenrolam em sequência contínua. As únicas pontuações de fato são os versos *a capella* inspirados em "Oh Well", do Fleetwood Mac – gemidos arrepiantes de Robert Plant que sugerem um homem possuído por uma luxúria demoníaca.

"Rock And Roll" é uma decolagem para o Zeppelin. Apesar de todo o amor proclamado pelo rockabilly e o R & B, a banda nunca havia de fato se ajoelhado aos pés do altar da cultura americana da década de 1950 da forma como faz aqui. Dando o pontapé inicial com uma citação – um ataque à moda da introdução com uma saraivada de caixa e chimbal de Earl Palmer no sucesso de 1957 "Keep-A-Knocking", de Little Richard –, eles avançam aos socos com um riff de boogie a todo vapor, invocando não apenas Chuck Berry, mas também grupos vocais de R & B como The Drifters e The Montones. Com o "sexto Rolling Stone" Ian Stewart martelando o piano como Johnnie Johnson, a música está mais do que à altura de qualquer coisa gravada por Berry ou Little Richard.

Retomando o caminho aberto por "Ramble On" em *Led Zeppelin II*, "The Battle Of Evermore" faz referências a *O retorno do rei*, de Tolkien, com suas alusões ao Senhor das Trevas e aos Ringwraiths [os nazgûl]. Flutuando sobre o dedilhado de John Paul Jones no bandolim e marcada por tons lustrosos à Sandy Deny, do Fairport Convention, como contrapontos à narrativa de Plant, é uma das maiores realizações acústicas da banda.

"Stairway To Heaven" ganha intensidade ao passar da beleza acústica pastoral para o vigor elétrico. O clima medieval da introdução de Page é sublinhado pelas flautas doces tocadas lado a lado por Jones, transportando-nos para a paisagem brumosa de alguma cena saída de *A rainha das fadas*, de Edmund Spenser. Quando Page entra com a guitarra de 12 cordas, o clima muda instantaneamente, como que nos conduzindo do passado nebuloso ao presente amplificado. A faixa passa, então, a ascender a caminho do seu clímax frenético, marcado por um solo ardente de Page sobre acordes emprestados de "All Along The Watchtower", de Dylan. Para alguns, "Stairway" é uma palhaçada colossal, um pseudoépico impossível de levar a sério. Para aqueles capazes de colocar a descrença cínica em suspensão por oito minutos, a canção permanece sendo o maior épico da história do rock.

Sustentada pelos acordes do piano elétrico de Jones, a galopante "Misty Mountain Hop" é outra faixa inspirada em Tolkien, que traça paralelos alegóricos entre os hippies e os anões de *O hobbit*. O hippie Plant canta sobre uma batida policial por posse de drogas e o anseio por fugir para um lugar "aonde os espíritos vão agora/Acima das montanhas, onde os espíritos voam... [*where the spirits go now/Over the hills where the spirits fly*]".

A faixa seguinte, "Four Sticks", é um raga em transe com ecos indianos, no qual Bonham toca numa métrica estranha com as quatro baquetas que lhe dão o nome, e Jones toca um solo de sintetizador (gravado como overdub) no segundo trecho instrumental. A faixa funciona bem como excentricidade exótica, com um clima oriental etéreo que a situa entre "Friends", de *III*, e "Kashmir", de *Physical Graffiti*, enquanto antecipa o som do Jane's Addiction de Perry Farrell em bons 20 anos.

Por outro lado, a premissa de "Going To California" é simples: uma canção de amor dedicada à face mais bucólica do Estado Dourado, sobretudo aos cânions de Los Angeles. E, mais especificamente, um tributo a Joni Mitchell, a brilhante cantora canadense que transformou a região de Laurel Canyon em lar no início de 1968. Jones mais uma vez empunha o bandolim e levita com magia em volta do dedilhado ressoante de Page no violão. O songbook do Zeppelin não conta com nada mais suave que "Going To California", que passou a ser parte integrante do minirrepertório acústico incluído nos shows da banda no início da década de 1970 como um tipo de sobremesa musical.

Composta pelos cantores de blues Memphis Minnie e Kansas Joe McCoy antes de se mudarem do Tennessee para Chicago em meio ao colapso econômico de 1929, "When The Levee Breaks" fala das enchentes devastadoras que assolaram o Sul dos Estados Unidos na década de 1920. A faixa de encerramento de *IV* acompanha "Black Dog" como contrapeso vital para os momentos mais etéreos do álbum. Sombriamente primeva, ela é uma segunda dose de blues pesado que transporta a banda de volta às raízes de 12 compassos dos New Yardbirds, que pega os lamentos do Delta de Minnie e os transforma em uma faixa titânica. Os slides cortantes de Page fundem-se com os uivos da gaita de Plant, empurrados à frente pela bateria mais poderosa jamais gravada. Os golpes primordiais da batida da música, com seus ecos retumbantes, são quase industriais na sua densidade. Não é de estranhar que a banda adie a entrada do vocal de Plant por quase um minuto e meio.

O álbum não foi um fenômeno instantâneo. Apesar de ter vendido maravilhosamente bem e superado em muito as vendas de *III*, de 1970, foi apenas com a turnê de 1973 que *IV* passou a adquirir a condição de *thriller*. Em parte, devido à popularidade crescente de "Stairway To Heaven", uma canção que transformou os fãs do Zeppelin em um culto global de muitos doidos de classe média fazendo-se de discípulos da escuridão.

Até hoje, *IV* vendeu 23 milhões de cópias apenas nos Estados Unidos. O disco permanece como um monumento na paisagem musical, a pedra fundamental contra a qual todos os outros álbuns de rock devem ser avaliados.

DATAS DA TURNÊ

"Bonzo e Robert tinham ido embora à noite, e eu trabalhei duro nela. Então eu e Jonesy a tocamos juntos e depois fizemos um ensaio com a bateria e tudo o mais. Robert estava sentado por perto, em frente à lareira, e acho que ele compôs 80% da letra naquele momento. Ele ficou ali escrevendo e então, subitamente, lá estava ela..."

—Jimmy Page sobre "Stairway To Heaven", citado em Led Zeppelin: Light And Shade, *de Cameron Crowe*

"A primeira música que toquei inteira deve ter sido 'Stairway To Heaven'. Lembro-me de lutar com o dedilhado e amaldiçoar Jimmy Page."

—Johnny Depp

Partitura de "Stairway To Heaven", 1972.

5.3.1971 Ulster Hall, Belfast, Irlanda
6.3.1971 National Boxing Stadium, Dublin, Irlanda
9.3.1971 Leeds University, Leeds, Inglaterra
10.3.1971 UKC Students Union, University of Kent, Canterbury, Inglaterra
11.3.1971 Old Refectory, Southampton University, Southampton, Inglaterra
13.3.1971 Bath Pavilion, Bath, Inglaterra
14.3.1971 Trentham Gardens, Stoke-On-Trent, Inglaterra
18.3.1971 Mayfair Ballroom, Newcastle, Inglaterra
19.3.1971 Union Buildings, Manchester University, Manchester, Inglaterra
20.3.1971 The Belfry, Sutton Coldfield, Inglaterra
21.3.1971 Nottingham Boat Club, Nottingham, Inglaterra

23.3.1971 Marquee Club, Londres, Inglaterra
1º.4.1971 Paris Cinema Theatre, Londres, Inglaterra
3.5.1971 KB Hallen, Copenhague, Dinamarca
4.5.1971 Fyns Forum, Odensen, Dinamarca
10.5.1971 Liverpool University, Liverpool, Inglaterra
5.7.1971 Velodromo Vigorelli, Milão, Itália
7-8.8.1971 Casino de Montreux, Montreux, Suíça
19.8.1971 Pacific Coliseum, Vancouver, CB
20.8.1971 Seattle Coliseum, Seattle, WA
21-22.8.1971 The Forum, Inglewood, CA
23.8.1971 Tarrant County Convention Center, Fort Worth, TX
24.8.1971 Memorial Auditorium, Dallas, TX
25.8.1971 Sam Houston Coliseum, Houston, TX
27.8.1971 Municipal Auditorium, San Antonio, TX
28.8.1971 Arena, St. Louis, MO
29.8.1971 Municipal Auditorium, Nova Orleans, LA
31.8.1971 Sports Stadium, Orlando, FL
1º.9.1971 Hollywood Sportatorium, Hollywood, FL
3.9.1971 Madison Square Garden, Nova York, NY
4.9.1971 Maple Leaf Gardens, Toronto, ON
5.9.1971 Chicago International Amphitheater, Chicago, IL
7.9.1971 Boston Garden, Boston, MA
9.9.1971 Hampton Roads Coliseum, Hampton, VA
10.9.1971 Onondaga War Memorial, Syracuse, NY
11.9.1971 War Memorial Auditorium, Rochester, NY
13-14.9.1971 Community Theatre, Berkeley, LA
16-17.9.1971 Civic Auditorium, Honolulu, HI
23-24.9.1971 Budokan, Tóquio, Japão
27.9.1971 Shiei Taikukan Hall, Hiroshima, Japão
28-29.9.1971 Festival Hall, Osaka, Japão
11.11.1971 City Hall, Newcastle, Inglaterra
12.11.1971 Mecca Ballroom, Newcastle, Inglaterra
13.11.1971 Caird Hall, Dundee, Escócia
16.11.1971 St. Matthew's Baths Hall, Ipswich, Inglaterra
17.11.1971 Kinetic Circus, Birmingham, Inglaterra
18.11.1971 Union of Students, Sheffield University, Sheffield, Inglaterra
20-21.11.1971 Wembley Empire Pool, Londres, Inglaterra
23.11.1971 Public Hall, Preston, Inglaterra
24.11.1971 Free Trade Hall, Manchester, Inglaterra
25.11.1971 Leicester University, Leicester, Inglaterra
29.11.1971 Liverpool Stadium, Liverpool, Inglaterra
30.11.1971 Kings Hall, Belle Vue, Manchester, Inglaterra
2.12.1971 Starkers, Royal Ballrooms, Bournemouth, Inglaterra
7.12.1971 Locarno Ballroom, Coventry, Inglaterra
9.12.1971 Polytechinc, Lanchester, Inglaterra
15.12.1971 City Hall, Salisbury, Inglaterra

Onde está aquela maldita ponte?

1972–1973

Depois do lançamento do quarto álbum, o Led Zeppelin teve dificuldades na estrada, mas também nas tentativas de superar a falta de reconhecimento pela crítica e até mesmo a aceitação pelos fãs do material que ajudaria a formar o próximo LP.

Eles não seguiram imediatamente para os Estados Unidos para promover o quarto álbum. Em lugar disso, o empresário Peter Grant planejou a primeira turnê da banda na Austrália e na Nova Zelândia para fevereiro de 1972, com uma escala para um show de aquecimento em Cingapura. Infelizmente, o show de estreia foi cancelado quando o governo do país fincou o pé e se recusou a fornecer vistos a homens com cabelos compridos. A banda sequer desceu do avião quando fez uma escala para reabastecimento em Cingapura.

Mas as coisas também ficaram um pouco cabeludas na Oceania. Depois do primeiro show na Austrália, em Perth, o hotel foi invadido na manhã seguinte por uma unidade de narcóticos (os policiais saíram de mãos vazias). Depois de shows mais bem-sucedidos na Austrália e na Nova Zelândia, John Paul Jones e John Bonham, cuja esposa daria à luz em abril, voltaram a Londres, e Jimmy Page e Robert Plant voltaram a Bombaim. Assim como o Rolling Stone Brian Jones antes dele, o guitarrista estava obcecado por promover um casamento das músicas ocidental e oriental, então voltou a alguns lugares da visita anterior. Em uma discoteca, Page e Plant fizeram uma jam de "Rock And Roll" e "Black Dog" com músicos indianos. Durante o dia, pediam a amigos indianos para os ciceronearem pela cidade, a fim de escutar e gravar músicos de rua. Mas o ponto alto foi a visita da dupla a um estúdio local para gravar "Four Sticks" e "Friends" com uma orquestra indiana regida pelo orquestrador de filmes de Bollywood Vijay Ragav Rao. Apesar de as gravações experimentais nunca terem sido lançadas, a colaboração teve um efeito profundo em Page e Plant.

O Zeppelin fez uma pausa quando a filha de Bonham, Zoe, e o filho de Plant, Karac, nasceram. Em seguida, o quarteto passou a trabalhar no quinto álbum no Olympic Studio em Londres e depois em Stargroves, a casa de campo de Mick Jagger.

100 WISHBONE TICKETS, LPs

NEW MUSICAL EXPRESS

Free this week: History of the Album Charts

November 11, 1972 U.S./Canada 50c 7p.

ZEPPELIN DATES

Longest ever tour

LED ZEPPELIN begin a major British concert tour at the end of this month — confirming last week's exclusive NME forecast. It will be the band's longest tour ever and include concerts on two successive nights at each of six different venues.

A total of 24 dates is set and the tour opens at NEWCASTLE CITY HALL on November 30. The schedule includes two days at the MANCHESTER HARDROCK, as reported last week.

Zeppelin have chosen ALEXANDRA PALACE as their LONDON venue, for two days during the weekend immediately before Christmas. After a ten-day holiday break the itinerary continues until the end of January.

Ticket prices at all venues, with one exception, are being pegged at £1 and they go on sale tomorrow (Friday).

Full details of Zeppelin's dates and the theatres, together with ticket information, is on page 4.

PAGE INDEX

CHARTS 2
NEWS 3-4
ELTON JOHN 5
RALPH McTELL, AMAZING BLONDEL 6
UNDER THE INFLUENCE: CARL PALMER 8
KING CRIMSON 8-9
HAWKWIND 10
WISHBONE CONTEST 12
LIBERACE, BREWER'S DROOP 13
THIS IS AMERICA 14
ALBUMS, IMPORTS 16
ALBUMS 18
SINGLES 19
FRONT ROW REVIEWS 20/22
RETURN OF THE SCREAMERS 24
WHAT'S ON PULLOUT 25-28
ALBUMS CHART OF THE CHARTS 29-32
WHAT'S ON PULLOUT 33-36
BIRTHA, CASSETTES 38
MARC BOLAN 40
JACKSON FIVE 42
ALICE COOPER 44
OSMONDS 46
BLUES, SOUL, FOLK 48
STUDIOS 50
PLAYING IN THE BAND 51
CROSSWORD, SHOP 52
ROLL, BLACK AND BRITISH 54
GASBAG 55
BOOKS 56
CARTOON, TEASERS 59

60 PAGES

SLADE TOUR OPENS

FRIPP How magic helped Crimso

BOLAN on his rivals

OSMONDS JACKSONS

O *New Musical Express* confirma a turnê britânica da banda de 1972-1973, com uma série de 24 shows.

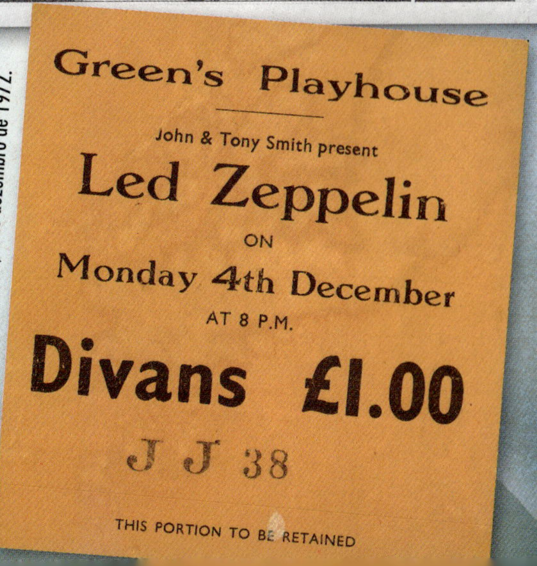

Green's Playhouse

John & Tony Smith present

Led Zeppelin

ON

Monday 4th December

AT 8 P.M.

Divans £1.00

J J 38

THIS PORTION TO BE RETAINED

Green's Playhouse, Glasgow, Escócia, 4 de dezembro de 1972.

Seattle Coliseum, Seattle, WA, 18 de junho de 1972. *Robert Knight/Redferns*

Budokan, Tóquio, Japão, 2 e 3 de outubro de 1972.

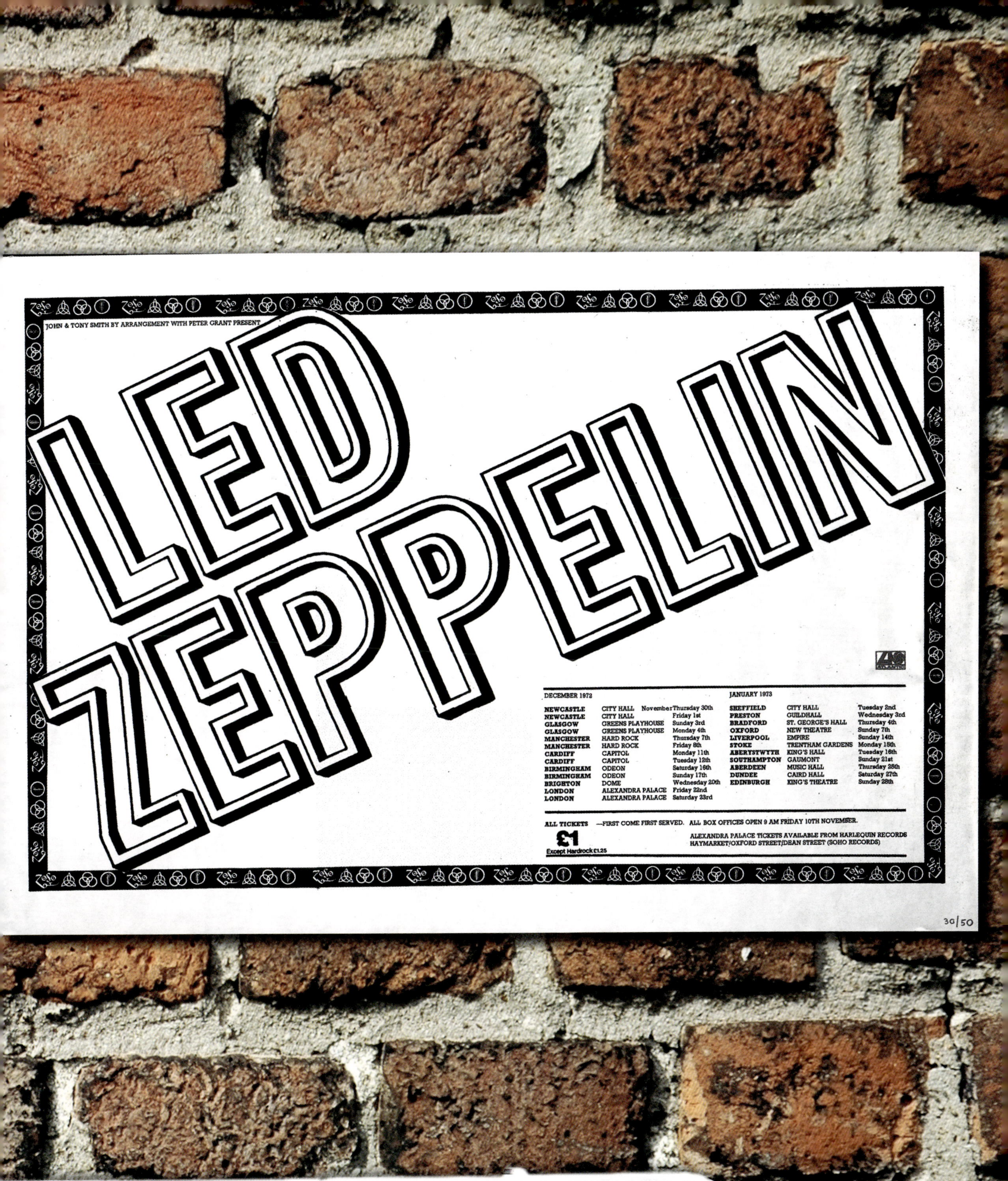

Pôster da turnê britânica, inverno de 1972-1973.

Naturalmente, os Estados Unidos foram o próximo destino, a oitava turnê da banda no país. As coisas foram diferentes dessa vez. Grant fretou um jato particular com todos os luxos possíveis para o quarteto e negociou pagamentos sem precedentes pelos shows – a banda ficaria com 90% da receita de bilheteria e o promotor, com 10%, ao contrário dos usuais 50/50.

O repertório dos shows trouxe novidades, como as inéditas "The Crunge" e "Over The Hills And Far Away", que seriam lançadas no quinto álbum. Em Baltimore, a banda tocou duas músicas de Elvis Presley. Em um show no Los Angeles Forum, que teve um bis com sete músicas, o Zep tocou covers de "Hello Mary Lou", "Louie Louie", "Boogie Chillun", de John Lee Hooker, "Bring It On Home", de Willie Dixon, e "Weekend", de Eddie Cochran, entre outras. Parte do show no Forum, inclusive uma versão de 23 minutos de "Whole Lotta Love", foi lançada em *How The West Was Won*, lançado em 2003 e em cujas notas Page anuncia trazer "o Led Zeppelin no auge".

Apesar dos triunfos nos palcos, o grupo ainda se ressentia da falta de apoio por parte da imprensa no Reino Unido e nos Estados Unidos, principalmente se comparada à atenção dispensada à autoproclamada maior banda do mundo, os Rolling Stones, que, em sua primeira turnê americana desde 1969, eram bajulados por Andy Warhol, Jack Nicholson, Norman Mailer e outras celebridades de primeira grandeza. O Zeppelin contratou seu primeiro assessor de imprensa, B. P. Fallon, que trabalhara com os Beatles na Apple Records e com Joe Cocker e Traffic na Island Records. Fallon convidou jornalistas britânicos para os shows nos Estados Unidos, mas a banda ainda agia como se os cães do inferno estivessem uivando.

Bonham irritou-se com o *New Musical Express*: "Olha, acabamos de fazer uma turnê nos Estados Unidos e nos saímos tão bem, senão melhores, que os Rolling Stones, mas a imprensa britânica não comentou nada. Tudo o que lemos foi os Stones isso, os Stones aquilo, o que nos emputeceu, nos fez sentir que, diabos, estamos fazendo das tripas coração, mas, com a atenção que temos recebido, poderíamos estar tocando na porcaria do Ceilão. A moçada aqui da Inglaterra nem sabia que estávamos em turnê nos Estados Unidos".

Plant queixou-se com a *Melody Maker*: "Os nossos egos foram feridos, de verdade. Por algum motivo, os críticos ingleses nunca disseram a verdade a nosso respeito. Por algum motivo, eles nos perseguem. A situação fica coberta de nuvens, ninguém sabe o que de fato está acontecendo".

(continua na página 122)

Page esteve na encruzilhada?

Por Jon Bream

O interesse de Jimmy Page por magia negra e o sobrenatural e a ascensão do Zeppelin aos limites da estratosfera do rock'n'roll com a velocidade de um foguete levaram algumas pessoas a se perguntarem: "Page fez um pacto com o velho Lúcifer?"

Aqui vai o que Robert Plant disse ao *New Musical Express* sobre o assunto em 1985: "Havia momentos em que Jimmy fazia suas brincadeiras, mas nenhuma delas com maior seriedade, e, por escolha própria, nunca procurou lançar luz sobre a história. Talvez ele tenha consciência do fato de que isso já é comentado há mais tempo do que deveria [...] Pagey gostava da ideia de ser considerado um homem misterioso. Ele deveria ter sido uma versão de San Francisco, de Simon Templar, escondendo-se nas sombras e observando das esquinas. Ele tinha algum prazer por as pessoas terem a impressão errada a seu respeito. Ele é um cara muito sereno, em algumas ocasiões tímido a ponto de ser desconfortável. Mas ele deixou que isso continuasse; e a escolha é dele se isso deve continuar. Não cabe a mim começar a dizer que o cara joga críquete".

Com o passar dos anos, surgiram rumores de que, se "Stairway To Heaven", do quarto álbum do Led Zeppelin, fosse tocada ao contrário, era possível ouvir mensagens satânicas. Papo furado, disse Plant certa vez à revista *Q*, com uma risada: "Você não escuta nada se tocar aquela música ao contrário. Eu sei disso porque tentei. Não há nada lá [...]. Nós não fizemos um pacto com o diabo. Acho que o único acordo que fizemos foi com algumas escolas para moças no vale de San Fernando".

Em outras palavras, Jimmy Page não deve ser confundido com o bluesman americano Robert Johnson, que de fato fez um pacto com o diabo. É sério, está em todas as enciclopédias musicais.

O controverso pôster retirado do show no Old Refectory, na Southampton University, em Southampton, Inglaterra.

Anúncio americano de *Houses Of The Holy*, lançado em 18 de março de 1973 nos EUA.

"O Led Zeppelin sempre foi alvo de ameaças de morte, devido à associação deles com o ocultismo e devido ao grande sucesso. A turnê de 1973 foi a primeira vez que a banda recebeu ameaças significativas, que foram levadas a sério. Depois, esse tipo de ameaça virou rotina."

—Danny Goldberg, citado em Hammer Of The Gods, *de Stephen Davis*

"*Houses Of The Holy* foi uma época de grande inspiração. Acho que o material vai direto ao ponto, é muito focado e forte. 'The Crunge' foi incrível; 'Rain Song' é muito boa. Havia muita imaginação naquele disco. Gosto muito mais dele que do quarto álbum. É bem mais variado, tem uma irreverência que voltou a aparecer em *In Through The Out Door* e em músicas como 'Hot Dog' e 'Candy Store Rock', de *Presence* – que eram eu tentando ser Elvis ou coisa parecida."

—*Robert Plant, sobre o seu disco preferido do Led Zeppelin,* High Times, *1991*

ESTA DUPLA: KB Hallen, Copenhague, Dinamarca, 2 de março de 1973. *Jorgen Angel/Redferns*

"A minha impressão sobre esse período [1973] é que foi entediante. Eles estavam *cansados*. Uma das histórias que não se contam é como muitas vezes *não havia* festas loucas, como eles se sentiam solitários e exaustos, como ficavam preocupados com a forma como apareceriam em uma foto, se as esposas ficariam irritadas."

—*Danny Goldberg, citado em* Hammer Of The Gods, *de Stephen Davis*

(continuação da página 118)

Até mesmo John Paul Jones ralhou com a *Melody Maker*: "Eles dizem que o Jethro Tull é brilhante no palco; que diabo, eles tocam a mesma coisa toda noite, contam as mesmas piadas, tudo igual. Cada um dos nossos shows é tratado de forma diferente, não temos essa coisa de repertório religiosamente ensaiado".

Depois da volta para a Inglaterra, Page continuou a trabalhar com os overdubs e o projeto gráfico da capa do quinto álbum. Ele também se dedicou a um projeto paralelo: compor uma trilha sonora (em um sintetizador recém-comprado) para o filme *Lucifer Rising*, do diretor Kenneth Anger, um projeto que se arrastaria infrutiferamente por três anos e levaria a uma troca de ofensas na imprensa entre os dois, que tinham ficado amigos depois de disputar um manuscrito raro de Aleister Crowley em um leilão.

Em outubro de 1972, o Led Zeppelin viajou pela segunda vez para o Japão, com Jones levando um sintetizador na bagagem pela primeira vez (para "Stairway To Heaven"). Em seguida viria uma turnê de 24 shows no Reino Unido, durante a qual o jornalista Nick Kent do *NME* acompanhou a banda por algum tempo. Apesar de ter escrito críticas elogiosas na época, Kent depois se queixaria do comportamento grosseiro do gerente de turnê Richard Cole e do baterista John Bonham. Em *The Rough Guide To Led Zeppelin*, de Nigel Williamson, Kent relembraria: "Uma vez vi os dois espancarem um sujeito até a inconsciência e então atirarem dinheiro no seu rosto. Fico enojado quando ouço Plant falar sobre como Bonham era um cara incrível, porque o sujeito era um animal esquizofrênico".

Em março, o Zeppelin excursionou pela Europa, causando forte impressão em Benoit Gautier, da filial parisiense da Atlantic Records, que trabalhou na segurança da turnê. Ele disse a Stephen Davis em *Hammer Of The Gods* que Page "era a mente por trás de tudo e sempre tinha a situação sob controle", apesar da queda por cocaína. Plant "nunca ofendeu ninguém, era muito educado, estava sempre sorrindo", prosseguiu Gautier. Para ele, o "lúcido, inteligente e culto" Jones era o integrante com mais bom-senso. "Ele nunca se envolvia em situações constrangedoras. Sempre aparecia no último minuto para tudo. Você nunca nem ao menos sabia onde ele estava ficando. Ele dirigia para os lugares e era independente do resto da banda. O fato de não conseguirem manipulá-lo os incomodava." Quanto ao complexo Bonham, "ele chorava quando falava da família. Então os roadies passavam a provocá-lo a fazer alguma coisa, e ele enlouquecia. Jogava bebida ou comida nas pessoas se Jimmy dissesse para ele o fazer. Ele não tinha defesas naturais contra a manipulação, nada que o protegesse".

(continua na página 126)

Contando todas as mentiras: Plant e Page em *Hammer Of The Gods*

por Jon Bream

Se você tiver interesse por histórias sobre o lado depravado do Led Zeppelin, leia a pitoresca biografia *Hammer Of The Gods* (1985), de Stephen Davis, fortemente fundamentada nas memórias do gerente de turnê da banda, Richard Cole, ou a biografia da banda publicada pelo próprio Cole em 1992, o franco *Stairway To Heaven: Led Zeppelin Uncensored*.

Jimmy Page despreza o livro de Cole (do qual declarou ter lido apenas duas páginas). Page fez objeções sobre o relato de Cole sobre o primeiro e produtivo encontro entre ele e Plant, no qual discutiram a versão de "Babe I'm Gonna Leave You" gravada por Joan Baez. O livro diz que Plant pegou um violão e propôs um arranjo. Na verdade, diz Page, foi justamente o contrário. "Aquilo me deixou doente", ele disse à *Guitar World* em 1993. "Estou tão furioso que não consigo me forçar a ler aquela coisa. O pouco que li é tão ridiculamente falso que tenho certeza de que, se conseguir ler tudo, serei capaz de processar Cole e os editores dele. Mas seria tão doloroso ler aquilo que acho que não vale a pena."

Robert Plant também não tem *Hammer Of The Gods* em alta conta, apesar de afirmar não ter lido o livro. Em 1985, ele disse ao *New Musical Express*: "O clima do que me foi relatado é grosseiramente fraudulento porque, para mim, em 97% de um período de 12 anos o ambiente foi de puro sorriso. Éramos unidos e nos divertíamos juntos – sem afetarmos nenhuma outra pessoa em particular ou nos tornarmos cretinos sádicos [...] Com o passar dos anos, apenas nos recostamos, observamos e sorrimos. Se você passa a tentar negar esse tipo de coisa e contar a verdade sobre as histórias, passa a fazer parte delas, se transforma em presa dessas pessoas. Agora olho para isso com desprezo. Acho engraçado que as pessoas esperem a poeira assentar e o livro parar de vender para mentir tão furiosamente, pintar uma imagem mais cinza do que azul".

"[Davis] confiou bastante nos relatos de um sujeito que trabalhava com o Led Zeppelin, Richard Cole [...] Ele era o nosso gerente de turnê e tinha um problema que poderia ser facilmente resolvido se tivéssemos lhe dado coisa mais inteligente a fazer do que cuidar das hospedagens, e acho que isso o deixou muito amargurado. Ele passou a ser cada vez menos confiável e, infelizmente, se transformou em um peso para a banda."

"Essas histórias tratam de garotas que supostamente frequentariam o meu quarto, quando, na verdade, frequentavam o quarto dele. Esse tipo de atmosfera estava mesmo sendo criada, e estávamos fartos dela. Então acabamos demitindo-o [...] E então ele passou a ser pago para falar mentiras. Durante boa parte do tempo ele não estava completamente... bem. Então a visão dele das coisas foi permanentemente distorcida, de uma forma ou de outra."

The Forum, Inglewood, CA, 3 de junho de 1978. *Michael Ochs Archives/Getty Images*

"O camarim do San Diego Sports Arena mais parecia um hospício. A banda vestia o figurino de palco em meio a uma confusão de roadies, admiradores e executivos de gravadoras e rádios locais que tentavam apresentar-lhes os filhos. Robert pediu chá e mel, ignorando uma montanha de frango frito, as frutas e uma pilha de presentes de fãs em um canto. Quando chegou o momento de subir ao palco, o Led Zeppelin se enfurnou em um banheiro para cheirar um pouco em paz. Então pisaram no palco, tocaram "Rock And Roll", e o San Diego Sports Arena entrou em erupção. Os fãs imediatamente ficaram de pé nos assentos e se comprimiram contra o palco como um cardume de peixes preso numa rede. Quando o show esquentou, uma dúzia de garotas já estava sentada sobre os ombros dos namorados. Muitas outras arrancavam as blusas e sacudiam os seios para a banda, provocando nos bastidores um estouro de roadies, que queriam admirar melhor a vista. Gradualmente, as intenções apolíneas da banda se transformaram em furor dionisíaco. Pessoas desmaiavam e eram pisoteadas ou carregadas por sobre a plateia até uma equipe de seguranças em frente ao palco. O calor humano inspirou a banda. Jimmy Page atacou com a raramente tocada 'The Crunge' e manipulou o teremim com gestos xamânicos. Robert pedia calma constantemente, e o show se transformou em uma obra-prima. Enquanto a banda deixava o palco definitivamente depois de uma hora de bis, um enorme painel de neon branco no fundo do palco foi aceso com uma mensagem inquestionável:

LED ZEPPELIN."

—*Stephen Davis sobre a turnê de 1973, no livro* Hammer Of The Gods

"Eu fui vê-los em 1973, 1974, por aí. Eles eram uma banda de que meus amigos gostavam mais do que eu; eu não comprava discos do Led Zeppelin, já que muitos dos meus amigos curtiam a banda e os tinham. Mas achei a sessão rítmica e a guitarra de Page fenomenais."

—Bruce Foxton, The Jam

A Atlantic Records e a produtora Concerts West parabenizam a banda pelo seu então recorde de público, alcançado em um show em Tampa no dia 5 de maio de 1973.

"Foram os discos do Led Zeppelin que pela primeira vez me levaram a ficar de pé na cama tocando uma raquete de tênis. A rifologia de Jimmy Page se entranhou no meu DNA; e o meu barômetro mental, que define se um riff é bom ou não, sem dúvida foi criado por músicas como 'Black Dog', 'Out On The Tiles' e 'The Ocean'. Dificilmente existe uma banda melhor do que o Led Zeppelin."

—Tom Morello, ou Nightwatchman, guitarrista do Rage Against the Machine e do Audioslave

Turnê americana, 1973.

Tampa Stadium, Tampa, FL, 5 de maio de 1973.

Jacksonville Coliseum, Jacksonville, FL, 7 de maio de 1973.

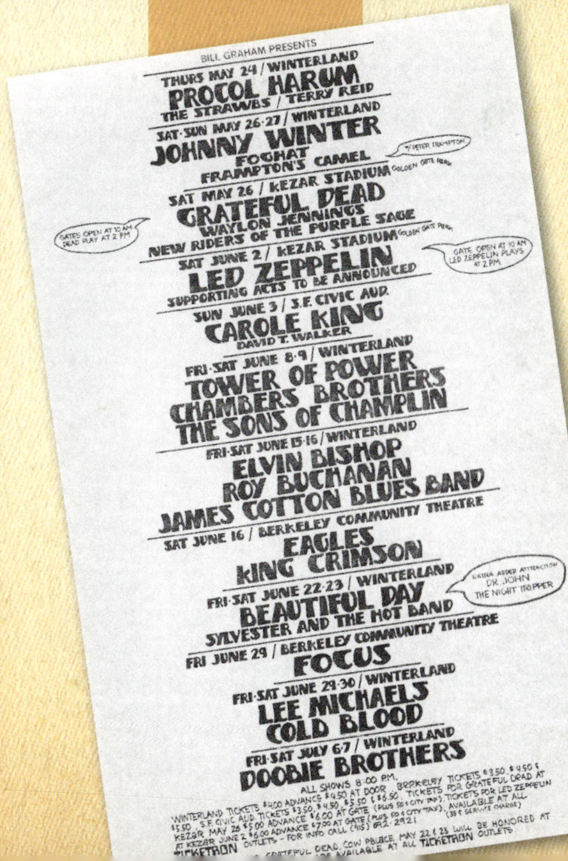

Folheto, Kezar Stadium, San Francisco, CA, 2 de junho de 1973.

(continuação da página 122)

Em 18 de março de 1973, *Houses Of The Holy* foi lançado incríveis 17 meses depois do quarto álbum. O disco trazia faixas animadas, como "D'yer Mak'er", com seus ecos de ska, e o suingado R & B "The Crunge", além de outras mais atmosféricas, como "The Song Remains The Same". Page falou sobre o processo de criação dessa música com a *Guitar World*: "A ideia inicial era que fosse uma instrumental – uma abertura para 'The Rain Song'. Mas acho que Robert tinha outra coisa em mente. Você sabe, 'isso está ótimo, é melhor pensar em uma letra – e logo!' [risos]. Eu tinha reunido todo o material do início, e, no meio, Robert sugeriu que reduzíssemos o andamento pela metade. Depois de definirmos o momento em que a música desaceleraria, ela surgiu em um dia".

Em "The Crunge", que parecia ser uma brincadeira ou uma paródia de R & B, ele usou uma Stratocaster. "Eu queria aquela pegada de James Brown", explicou Page. "É preciso escutar com bastante atenção, mas dá para me ouvir usar a barra de distorção no fim de cada frase. Bonzo começou a tocar o groove de 'The Crunge', então Jonesy começou a tocar aquela linha de baixo descendente, e eu simplesmente entrei no ritmo. Dá para perceber o quanto estamos nos divertindo em *Houses* e *Physical Graffiti*. E também a dedicação e o comprometimento."

E a mudança, que era necessária para o Led Zeppelin. "A nossa música pode mudar tanto daqui para frente que o público deve mesmo acabar diminuindo", disse Plant à revista *CREEM*. "Porque eu sei que ela não vai ficar antiquada, podemos seguir por caminhos que vão além do que as pessoas estão preparadas para esperar de nós. Por exemplo, nosso terceiro álbum não foi aceito de imediato, mas foi uma indicação da continuidade do estímulo interno da banda. Precisava ser, era o próximo passo, e as pessoas precisaram de algum tempo para digerir isso. Elas estavam mais interessadas em 'Whole Lotta Love'. Se não tivéssemos feito isso, provavelmente teríamos ficado juntos por apenas mais um disco. Quando você acredita que chegou a um beco sem saída, é preciso descer do cavalo."

Na nona turnê americana do Zeppelin, os shows não continuariam a ser os mesmos. A banda aumentou a aposta e o arsenal: lasers, explosões, gelo seco, espelhados e o relações públicas americano Danny Goldberg, que escrevera para a revista *Rolling Stone*. No curso de 87 dias (com um intervalo em junho), o Zep arrasou nos palcos, arrecadando o valor recorde de US$ 4 milhões, superando a marca estabelecida pelos Stones em 1972. As plateias eram enormes nos estádios –50 mil pessoas em Atlanta e San Francisco e 56 mil em Tampa, outro recorde do Zep, que superou, como rapidamente apontou Goldberg, o dos Beatles no Shea Stadium em 1965.

Los Angeles, 1973.

Supostamente depois de enfrentar uma turbulência assustadora a bordo de um jatinho, o Zeppelin fretou um Boeing 720 conhecido como *Starship*, que tinha LED ZEPPELIN pintado na fuselagem e um órgão na cabine, com o qual Jones costumava entreter a tripulação. (O avião possibilitou à banda basear a turnê em cidades grandes como Chicago, Los Angeles e Nova York e voltar depois de todos os shows.)

Os três shows no Madison Square Garden foram filmados para um documentário que acabou se transformando em *The Song Remains The Same*. O cineasta Joe Massot pediu aos músicos que usassem os mesmos figurinos nas três noites para facilitar a montagem do filme, mas o geralmente certinho Jones se recusou a cooperar.

A turnê foi um triunfo inquestionável, mas o Zeppelin voltou para a Inglaterra com alguns buracos no balão. O trabalhador e festeiro Page estava subnutrido, insone e completamente exausto. Jones comunicou a Grant a sua intenção de deixar a banda para passar mais tempo com a família, e Plant tinha problemas na voz que exigiam uma cirurgia. Em 1988, o cantor revelou a Williamson que não pôde falar por três semanas. O Zeppelin, a banda de rock que mais passava tempo na estrada, ficou 18 meses afastado dos palcos.

Tão bom que fará a sua cabeça explodir. Anúncio de *Houses Of The Holy*.

ESTA DUPLA: Turnê americana de 1973. *Michael Ochs Archives/Getty Images*

ASSESSOR DE IMPRENSA DOS "BÁRBAROS BRANDOS"

Danny Goldberg esteve no olho do furacão como assessor de imprensa do Led Zeppelin na turnê americana de 1973 e, entre 1974 e 1976, como vice-presidente do selo da banda, o Swan Song. Ele concordou em dar essa entrevista para Whole Lotta Led Zeppelin *em 2008.*

EDITOR: Quando você começou a trabalhar com o Led Zeppelin?

DANNY GOLDBERG: Fui contratado em 1973 por uma empresa de relações públicas chamada Solters & Roskin, Inc., uma agência de RP velha guarda especializada no showbiz: Lee Solters e Sheldon Roskin tinham trabalhado com Barbra Streisand, e Frank Sinatra era um dos clientes da agência. Eles me contrataram porque eu tinha 20 e poucos anos e usava cabelos compridos. Eu havia trabalhado como jornalista de rock, escrevera algumas matérias para a *Rolling Stone* e a *CREEM*, conhecia muitos jornalistas que cobriam rock; eu entendia o rock'n'roll. Então, fui contratado pela Solters & Roskin especificamente para trabalhar como relações públicas de bandas de rock, porque esse era o segmento em crescimento no mercado de RP. Quando o Led Zeppelin contratou a agência, meu chefe, Lee Solters, imediatamente me entregou a conta, porque sabia que não era a praia dele.

EDITOR: E qual foi o seu primeiro trabalho como assessor de imprensa de uma banda? Qual foi a primeira banda que você representou?

DANNY GOLDBERG: O Led Zeppelin não foi o meu primeiro cliente, mas estava na agência havia poucos meses quando eles nos contrataram.

Fui o relações públicas da turnê americana de 1973 do Led Zeppelin. *Houses Of The Holy* acabava de ser lançado, e eles fizeram shows nos Estados Unidos de maio a junho e então em julho de 1973. E em 1974, me contrataram para trabalhar para eles como vice-presidente do selo da banda, o Swan Song, onde fiquei até meados de 1976.

Eu sempre circulara no meio do rock'n'roll, mas não havia nada como o Led Zeppelin. Eles eram a maior banda do mundo. E tinham uma reputação.

EDITOR: Qual foi a sua primeira impressão a respeito da banda e de Peter Grant?

DANNY GOLDBERG: Eles não eram nada parecidos com o que as pessoas esperavam. Eu e Lee Solters viajamos até Paris porque a banda estava no meio de uma turnê europeia e tocaria no Palais du Sport, na capital francesa. Havíamos nos encontrado com Peter antes de conhecermos a banda. Assistimos ao show e no dia seguinte nos reunimos com eles e Peter. Naquela situação, eles foram muito, muito atenciosos e educados – não os selvagens do rock'n'roll que se esperava pela reputação que tinham. Eles sabiam que estavam em uma reunião com relações públicas americanos e queriam causar boa impressão.

Eles tinham decidido que queriam melhor receptividade na imprensa, uma relação diferente com a mídia. Àquela altura, a banda já existia havia alguns anos. *Houses Of The Holy* era o quinto álbum de uma banda grande. Haviam conquistado muita coisa sem a simpatia da imprensa e queriam conquistar ainda mais, aumentando a visibilidade na grande imprensa e na imprensa musical. Quer dizer, eles ainda não tinham caído nas graças nem mesmo da imprensa *musical*.

EDITOR: E qual você acredita que era o motivo? A banda parecia quase temer a interação com a imprensa, na minha opinião.

DANNY GOLDBERG: Não acredito que houvesse *temor*. Para entender isso, precisamos voltar ao início da banda. O Led Zeppelin lançou seu primeiro disco em janeiro de 1969. Naquela época, eles faziam parte da segunda onda de bandas de rock pesado. O Cream surgira alguns anos antes; os Stones existiam desde 1963. Jimmy Page foi um dos três grandes guitarristas revelados pelos Yardbirds, e Eric Clapton e Jeff Beck já tinham mais visibilidade. Como parte da segunda onda, eles não eram vistos como algo novo ou original pela imprensa musical.

Mas outra coisa acontecia na época do lançamento do primeiro disco do Led Zeppelin – o desenvolvimento das rádios de rock. Por cerca de três ou quatro anos, entre o meio e o fim da década de 1960, os críticos de rock tinham sido cruciais na apresentação de boa parte dos artistas para o público. Com o crescimento das rádios de rock, o papel dos críticos perdeu boa parte da sua importância. O primeiro álbum do Zeppelin foi um dos primeiros a estourar nos Estados Unidos em função da força das ondas do rádio, e não da imprensa musical. Rádios como a WBCN de Boston, a KMET de Los Angeles e a KSAN de San Francisco realmente transformaram o Zeppelin em uma banda grande, e bem rápido. E a imprensa de rock não fez parte disso. Muitos jornalistas que cobriam rock tinham 20 e poucos anos, e o público do Led Zeppelin era formado basicamente por adolescentes. Então, esses jornalistas estavam uma geração à frente, e é inegável que as pessoas mais velhas sempre fazem pouco caso do que os mais jovens escutam.

Então, por esses motivos – as mudanças no mercado e um ligeiro hiato geracional –, os críticos de rock eram brutais com o Led Zeppelin. Escreveram resenhas terríveis sobre os dois primeiros álbuns. E, depois disso, a banda disse: "Fodam-se! Se não querem ser receptivos ou respeitar o nosso som, não vamos falar com eles". O Zeppelin desenvolveu assim uma atitude hostil para com os críticos de rock, por não serem bem recebidos.

O mesmo aconteceu na Inglaterra. A imprensa também não gostava deles por lá. Não sei se isso aconteceu em função do rádio ou do aspecto geracional. Mas, o que quer que tenha sido, eles não tinham caído nas boas graças dos críticos. Portanto, os odiavam.

EDITOR: E qual foi sua estratégia para reverter a situação?

DANNY GOLDBERG: Houve três elementos. O primeiro foi implorar por apoio. O segundo, fazer com que o Led Zeppelin conhecesse os jornalistas. Eu disse aos críticos de rock: "Escutem, vocês podem até não gostar deles, mas o público os *ama* – e vocês não podem ignorar a existência desse culto, ignorar o público". Eu acreditava que a banda era articulada e inteligente e que, se conhecessem as pessoas, eles as conquistariam. Além disso, havia jornalistas mais jovens entrando em cena – gente como Cameron Crowe.

E tivemos sorte.

Os dois primeiros shows da turnê americana de 1973 foram ambos feitos em estádios. O primeiro foi no Atlanta Stadium.

EDITOR: Que você promoveu como o maior acontecimento em Atlanta desde *E o vento levou...*

DANNY GOLDBERG: Exatamente. O segundo foi no Tampa Stadium, que teve lotação esgotada. Uma plateia de 56.800 pessoas foi ver o Zeppelin, um pouco mais que as 55 mil que compareceram ao show dos Beatles no Shea Stadium em 1965. O Tampa Stadium tinha mais assentos do que o Shea, portanto tinha maior capacidade de público. Então espalhei a notícia de que a banda tinha quebrado o recorde dos Beatles – o Led Zeppelin era agora maior do que os Beatles haviam sido no seu auge. (É claro que em Woodstock houve diversas apresentações que atraíram mais de 56 mil pessoas, mas, para um show de uma única banda, aquele foi o maior da época. E não havia nenhuma agência governamental ou esquadrão da verdade por lá para nos corrigir.) O show no Tampa

Stadium era o maior de um artista na história dos Estados Unidos. Isso se transformou em um artifício por meio do qual defender o argumento de que o Led Zeppelin era a banda mais popular dos Estados Unidos de então. Se você gosta de rock'n'roll, trate de conhecê-los. E, se escreve sobre rock'n'roll, deve ao menos cobri-los.

Robert Hilburn, o editor musical do *L. A. Times*, concordava com a noção da miopia geracional de alguns críticos de rock mais velhos. Ele teve a ideia de contratar um estudante do ensino médio para escrever sobre o Led Zeppelin, e o nome desse estudante era Cameron Crowe. Cameron escreveu a matéria para o *L. A. Times*, e isso abriu muitas portas.

Então, a *Rolling Stone* entrou em contato conosco para escrever uma reportagem de capa sobre a banda. Eles já tinham publicado uma resenha terrível sobre *Houses Of The Holy*, classificando o álbum como "dirigível murcho". Mas, depois de toda a publicidade sobre a grandeza da banda, ficaram interessados em dar uma capa. Falei com o grupo, e eles responderam: "Nem a pau. Fodam-se, eles nos odeiam". Tranquilo, respondi. Diremos a todos que esnobamos uma reportagem de capa na *Rolling Stone*. A jogada de RP era a seguinte: vocês são tão grandes que não precisam da *Rolling Stone*.

Mas, em 1975, a revista voltou a entrar em contato conosco. Dessa vez eles disseram: "Olha, faremos uma entrevista, assim não haverá qualquer comentário sarcástico do jornalista. Serão apenas perguntas e respostas. E vocês podem escolher o jornalista". Ao que Jimmy respondeu: "Tudo bem, vamos fazer. E o jornalista será Cameron Crowe". A matéria foi o divisor de águas para a conquista do respeito dos críticos.

EDITOR: Você via a si mesmo como alguém que manipulava a imprensa? Você trabalhou para abafar todas aquelas histórias que circulavam – sobre groupies, a banda atirar televisores pelas janelas dos hotéis, o infame episódio do tubarão, esse tipo de coisa?

DANNY GOLDBER: Eu meio que deixava rolar.

EDITOR: Para que as histórias virassem lendas?

DANNY GOLDBERG: Bem, aquelas histórias – *essas* histórias em particular – já existiam.

Quando conheci a banda, eu disse a eles: "Vocês têm uma reputação de bárbaros". Ao que Peter Grant respondeu: "Sim, mas somos apenas bárbaros brandos".

Robert disse: "Olha, éramos jovens naquela época, mas não somos mais assim. Apenas queremos fazer música". E minha convivência com eles foi sempre boa. Digo, John Bonham enchia a cara de vez em quando e meio que... bem, tudo aquilo que foi contado em *Hammer Of The Gods* e afins. É claro que havia muitas garotas por perto e loucura, mas nada que atrapalhasse pessoas construindo uma boa história. Já os casos mais antigos eram, de certa forma, lendários no sentido de que eram extravagantes, mas tinham ficado no passado.

EDITOR: Você não tentou abafar o que acontecera no passado.

DANNY GOLDBERG: Não, não. O foco era na música, e só.

EDITOR: Certo.

DANNY GOLDBERG: Ninguém negava nada. "Éramos jovens", eles diziam aos jornalistas. "Agora estamos mais maduros. Estamos com 20 e *muitos* anos!"

EDITOR: Ah! E qual era a coisa mais difícil ao trabalhar com eles?

DANNY GOLDBERG: Bem, era comum que houvesse bastante estresse, e a equipe de apoio era conduzida com rédea curta. O ar era geralmente de tensão, de ameaça velada. Eu nunca vi qualquer tipo de violência, mas Peter Grant e o gerente de turnê, Richard Cole, eram durões. A absurda magnitude do que tentavam fazer criava bastante pressão. E a banda também tinha um alto nível de expectativas. Então, podia ser exaustivo, e havia dias em que eu simplesmente não conseguia satisfazê-los. Era empolgante, mas certamente tenso.

EDITOR: Qual era a parte mais divertida?

DANNY GOLDBERG: Controlar o acesso aos bastidores, distribuir credenciais aos fotógrafos – tudo isso era empolgante. E conhecer o Led Zeppelin como pessoas foi incrível. Eles eram pessoas brilhantes, e conviver com eles foi um privilégio. Desde aquela época eu sabia que eles eram músicos importantes.

John Paul Jones era o mais tímido. Ele era o mais calado da banda, mas um dos arranjadores e baixistas mais brilhantes da história da música.

John Bonham foi, creio eu, consensualmente o maior baterista da história do rock'n'roll. Na pior das hipóteses, está na lista dos cinco mais de todo mundo.

Acabei me aproximando mais de Robert Plant do que dos outros: ele era articulado, entusiasmado.

Peter Grant era um sujeito incrível com quem trabalhar. Ele era um gênio quando o assunto era o rock'n'roll como negócio. Ele mudou o paradigma, de muitas formas, em favor do artista. Entendia o quanto eles eram valiosos. Grant conseguiu para o Led Zeppelin percentuais de bilheteria sem precedentes, e isso mudou permanentemente a dinâmica do negócio. Ele se comportava de uma forma que deixava claro para todos que o Led Zeppelin criava oportunidades de negócio incríveis e era melhor que fossem tratados com respeito. Eu, sem dúvida, internalizei isso, e em todo o curso da minha carreira sempre tentei enxergar os artistas da forma como ele enxergava os artistas dele. Peter foi um grande professor para mim.

E, é claro, a música era incrível. Os shows eram quase sempre fabulosos. Eles procuravam improvisar um pouco em cada uma das apresentações. Nunca fui um grande fã de solos de bateria, mas os de Bonham eram diferentes a cada noite, e eram verdadeiramente mágicos.

EDITOR: Então você tinha noção de que estavam fazendo história?

DANNY GOLDBERG: Bem, *eles* estavam fazendo história – eu só tentava conseguir um espaço na fotografia. Mas sabia que o Led Zeppelin era uma banda muito importante. Não havia nada como eles. Eles realmente faziam as coisas à sua própria maneira, sem se render ao formato das rádios de rock. Não copiavam a si mesmos. Jimmy e Robert estavam ambos determinados a manter a criatividade em alta e mudar o próprio estilo, usar novos instrumentos, encontrar novas palavras – eram verdadeiros artistas, não apenas uma banda comercial. Tinham uma determinação tremenda – e séria – em relação ao que faziam. Eram quase angustiados por isso. Foi um verdadeiro privilégio conviver com pessoas tão brilhantes.

EDITOR: Na sua opinião, qual é o espaço que o Led Zeppelin ocupa na história do rock'n'roll? Eles foram "a banda mais pesada de todos os tempos", de acordo com a *Rolling Stone*? São os verdadeiros criadores do estilo de vida rock'n'roll? O que você acha?

DANNY GOLDBERG: No fim das contas, eu não acredito que exista qualquer pessoa, de qualquer país onde se escute rock'n'roll, independentemente de seu gosto pessoal, que deixaria de incluir o Led Zeppelin entre as bandas de rock mais importantes de todos os tempos.

"ÉRAMOS APENAS BÁRBAROS BRANDOS."

—Peter Grant

O STARSHIP

por Richard Cole, com Richard Trubo

Em seu livro de memórias Stairway To Heaven: Led Zeppelin Uncensored, *o gerente de turnê Richard Cole descreveu a glamurosa turnê americana de 1973 em todos os seus excessos estratosféricos.*

Quando a banda seguiu para a Inglaterra a caminho das férias planejadas, eu passei o restante de junho tentando encontrar um avião que atendesse aos seus gostos extravagantes, aplacando suas ansiedades e, ao mesmo tempo, dando mais conforto às viagens.

Entrei em contato com Lou Weinstock, da Toby Roberts Tours, que costumava arranjar aviões para Elvis. Lou me entregou um folheto sobre um avião chamado *Starship*. Era um 720B – um Boeing com 40 lugares especialmente personalizado para astros do rock, apesar de ainda não ter sido arrendado a longo prazo por nenhuma banda. Francamente, eu duvidava que qualquer uma teria cacife para isso.

O *Starship* pertencia ao cantor Bobby Sherman e um dos criadores dos Monkees. E era elegante. Tinha um bar enorme. Televisores. Uma lareira artificial na cabine e uma cama com cobertores de pele no quarto. Um órgão Thomas no bar. Uma cozinha para preparar as refeições. "É como um Air Force One com lençóis de cetim", eu disse a Peter.

"Veja se consegue negociar o preço", ele disse. "Parece-me uma ótima forma para se viajar. E é provável que Danny Goldberg nos consiga alguma publicidade."

Depois de muitos longos telefonemas, fechei o negócio. O preço: US$ 30 mil pelas três semanas restantes da turnê americana. Sim, era caro. Mas, depois que a banda se acostumou com a conveniência, o conforto e o luxo do avião, isso deixou de ter grande importância. Como Robert disse no nosso primeiro voo, "é como um palácio flutuante".

Quando pegamos o avião no aeroporto O'Hare, em Chicago, no início de julho, ele estava ao lado do jato de Hugh Hefner. Graças a Goldberg, a pista estava coalhada de jornalistas quando embarcamos no *Starship* pela primeira vez. Um jornalista me perguntou: "Como comparar o avião de vocês ao do sr. Hefner?"

Peter pensou por um instante e, apesar de pouco conhecer o interior do nosso avião, respondeu: "O *Starship* faz o avião de Hefner parecer um brinquedo vagabundo".

O comentário estampou as manchetes da imprensa musical, apesar de Bonham ter-me dito depois: "Eu gostaria de ter algumas das garotas de Hefner no *Starship*!"

"Não se preocupe", eu disse a ele. "Teremos muitas garotas. Eu vou cuidar disso."

E a banda não apenas se apaixonou pelo *Starship*, eles adoravam o privilégio de ter um avião tão elegante, algo que outras bandas de rock invejariam. Talvez os Stones recebessem mais atenção da mídia, mas ninguém tinha um avião como aquele.

Para tirar o máximo proveito possível do *Starship*, criei uma estratégia para minimizar o cansaço – físico e mental –, algo quase inevitável nas turnês. Nessa e nas futuras turnês americanas, nos baseamos em um número menor de cidades – Nova York, Chicago, Nova Orleans, Dallas, Miami e Los Angeles –, em hotéis que considerávamos confortáveis.

A partir dessas bases, usávamos o *Starship* para seguir até os shows em Milwaukee, Cleveland, Filadélfia, Boston e outras cidades próximas. Não havia mais a necessidade de nos hospedarmos em um novo e desconhecido hotel a cada noite.

Durante os voos para os shows, o ambiente era relativamente tranquilo a bordo. Mas o pandemônio reinava nos voos de volta. Não importava a hora, não importava o quanto estivéssemos cansados, ninguém dormia, não quando havia refeições quentes, cerveja à vontade e comissárias de bordo e garotas com quem flertar.

Ironicamente, depois que o Zeppelin se aferrou à condição de maior banda do mundo, havia menos groupies se oferecendo para nós do que nos velhos tempos. Uma loira de 17 anos que conhecemos no Riot House, em Los Angeles, durante aquela turnê de 1973, me disse: "As minhas amigas não querem nem ao menos tentar chegar perto de vocês. A segurança da banda está ficando tão rigorosa que elas acreditam que é perda de tempo".

Muitas groupies dos velhos tempos desapareceram. Algumas simplesmente amadureceram. Outras tinham se casado. Muitas morreram de overdose. Ainda conhecíamos garotas, geralmente nas casas noturnas de Los Angeles, como o Rainbow Bar e o Grill, mas algumas chegavam a recusar convites para viagens no *Starship*. Com aquelas que aceitavam, sempre havia a privacidade do quarto.

Entre outros brinquedos, o *Starship* tinha um telefone, e, sempre que estávamos a caminho de Los Angeles, eu ligava para o Rainbow e dizia que estávamos chegando. Eu geralmente falava com Tony ou Michael, que administravam o Rainbow, e dizia algo como: "Vamos pousar às 9h30, e a corrida de limusine do aeroporto até aí dura uns 25 minutos. Por favor, reserve algumas mesas e coloque algumas garrafas de Dom Perignon no gelo para nós". O Rainbow nunca dizia não. Eles nos mimavam tanto que era quase irritante, mas, naquele ponto da carreira da banda, nós esperávamos – e quase sempre recebíamos – tratamento especial.

Linda e Charlotte, nossas duas garçonetes e "babás" preferidas do Rainbow, geralmente isolavam uma área para o Led Zeppelin, à qual ninguém tinha acesso sem um sinal de positivo para elas. Geralmente, garotas adolescentes com maquiagem pesada, blusas apertadas, minissaias e saltos altos eram as melhores candidatas a um ingresso no nosso refúgio.

Havia outros luxos no *Starship*. As geladeiras estavam sempre bem abastecidas – com champanhe, cerveja, vinho, uísque, Jack Daniels e gim. O compartimento de carga do avião estava sempre carregado com caixas de Dom Perignon (safras 1964 e 1966) e cerveja Singha. Bebíamos praticamente qualquer coisa, mas em determinados momentos tínhamos predileção especial por algum tipo de bebida – ou droga –, que se transformava na "substância preferida" da turnê.

Quando não estava em um canto jogando gamão, John Paul Jones sentava-se ao órgão Thomas, e, com a bebida jorrando à vontade, cantávamos canções de bar. Convidávamos a equipe

Relaxando em frente à lareira em um voo no *Starship*. *Michael Brennan/Scope Features.com*

de bordo – duas garotas e um sujeito – a se juntarem a nós, e, apesar de levarem as responsabilidades a sério, eles passaram a sentir-se parte da família Zeppelin. Nós não transávamos com as comissárias, Susie e Bianca, porque elas não nos davam essa liberdade. Mas flertávamos com elas sempre que possível.

Susie era uma loira atraente de 18 anos; Bianca tinha 22 anos, pele morena e ótimo humor. Anos depois, Susie me disse: "Em 1973, depois que vocês desembarcaram, e nós começávamos a arrumar o avião, não era raro encontrarmos canudos de notas de US$ 100 com cocaína. Tudo bem que não era um voo fretado para a rainha da Inglaterra, mas no começo eu ficava chocada".

Certa tarde, em um voo para Cincinnati, onde faríamos um show no Riverfront Stadium, o *Starship* estava no ar havia apenas 15 minutos quando ouvi gritos e batidas na porta do banheiro.

"Tirem-me daqui! Tirem-me daqui!"

Era Bonzo. A porta do banheiro estava trancada. Desferi alguns chutes de Bruce Lee, então ela tremeu e caiu. Ali, à minha frente, Bonzo estava sentado no vaso com as calças arriadas, literalmente incapaz de se mover.

"É como um Air Force One com lençóis de cetim."
***—Richard Cole, sobre o* Starship**

"Ajude-me, droga!"

Por mais que tentasse, Bonzo não conseguia se levantar. Ao que parece, um mecânico não havia selado direito o exaustor do vaso, e a pressão do ar estava literalmente o sugando para baixo, mantendo-o preso no vaso.

Agarrei Bonham pelos braços e o puxei. Ele estava livre. "Ah, meu Deus!", arfou ele, abalado – mas não estava ferido. Vestiu as calças e não pareceu ter ficado nem um pouco envergonhado com o acontecido. Ele provavelmente sentia-se feliz por estar vivo. Enquanto voltava para a cabine, disse: "Nunca mais vou conseguir confiar em um vaso".

O *Starship* transformou-se em um símbolo de quão alto o Led Zeppelin voava. Sim, o avião era extravagante, pretensioso e esnobe. Mas a banda sentia que conquistara o direito de tê-lo.

os LPs:
Houses Of The Holy
por Jim DeRogatis

Em janeiro de 1972, poucos eram os horizontes a conquistar pelo Led Zeppelin. Como a horda viking de "The Immigrant Song", o quarteto britânico havia invadido a indústria da música, esquivando-se das flechas dos críticos hostis e garantindo uma posição dominante como a banda com os shows mais rentáveis da época, além de criadores daquele que se tornaria um dos discos mais vendidos da história: o álbum sem título, que vendeu mais de 23 milhões de cópias apenas nos Estados Unidos desde o lançamento, em novembro de 1971.

Ao escalarem esses picos enevoados com ar rarefeito, os dois músicos de estúdio de sucesso e os dois incrivelmente talentosos novatos do Black Country inglês levaram o blues para a Era Espacial nos seus dois primeiros álbuns, estabelecendo um padrão para boa parte do rock pesado e do heavy metal por vir. Eles deixaram clara a polivalência da banda ao explorar territórios mais refinados e melódicos em *Led Zeppelin III*. E, na quarta jornada aos estúdios de gravação, juntaram esses elementos díspares, produzindo os pilares que permaneceriam como as suas duas declarações artísticas definitivas: "When The Levee Breaks" e "Stairway To Heaven".

Sem terem mais nada a provar, Jimmy Page, John Paul Jones, Robert Plant e John Bonham sentiam-se livres para fazer o que quisessem – e o que eles queriam fazer era se divertir. "Não tínhamos ideias definidas. Simplesmente gravamos as ideias que cada um de nós propunha em diferentes momentos", Page disse a Ritchie Yorke, talvez o biógrafo mais confiável da banda. "Foi apenas questão de nos reunirmos e deixarmos fluir." Questionado, três décadas depois, se houve pressão para repetir o sucesso do quarto álbum, Page disse à revista *Guitar World*: "É claro, mas não deixamos que isso interferisse. Nosso principal objetivo era deixar rolar".

Sem dúvida, há momentos de incrível peso e ideias musicais entre as mais poderosas já criadas pela Zeppelin no álbum que se tornaria *Houses Of The Holy*. O título faz referência aos shows da banda, quando os seguidores reuniam-se com o que Plant qualificou como ar de espiritualidade (ou talvez fosse apenas fumaça de maconha). Com o impacto reforçado pela capa extraordinária criada pelo estúdio Hipgnosis, supostamente inspirada em *O fim da infância*, de Arthur C. Clarke, era difícil escutar o álbum e não pensar em rituais pagãos, sacrifícios de virgens, feitiçaria e outros acontecimentos nada sagrados – as fotografias de um menino de cinco anos e uma menina de sete anos foram registradas em ensaios que se estenderam por uma

semana pelo fotógrafo Aubrey Powell, que provavelmente seria preso sob a acusação de pornografia infantil nestes tempos politicamente corretos. ("Algo do tipo dificilmente seria possível nos dias de hoje", disse o ex-modelo infantil Stephan Gates ao *Daily Mail* em 2007, aos 42 anos de idade. "Não tenho a menor ideia do que queira dizer, mas há nas fotos algo pungente e perturbador, principalmente porque estou lá.")

E sim, o álbum conta com dois épicos, ambos com sete minutos ou mais de duração, que não são exatamente alegres. "The Rain Song" não tem paralelo na discografia do Zep: uma canção de amor provocativamente exuberante e langorosa, ao que parece composta em resposta a um comentário de George Harrison, que teria dito a Bonham que o problema do Zeppelin era que eles não eram capazes de compor baladas. A força da faixa sustenta-se no vocal de Plant, que ele considera um dos seus melhores, e na orquestração gloriosa de Jones. Há ainda "No Quarter", a mais sinistra das incursões da banda pelo universo de espadas e magia de J. R. R. Tolkien. Alguns fãs viram nela referências a Aragorn e seu grupo transpondo as Sendas dos Mortos a caminho de Mordor, quando enfrentam os Wargs, ou "*dogs of doom*" [cães da perdição], enviados por Sauron, o Senhor das Trevas. Seja essa interpretação correta ou não, a letra certamente faz pensar quando o ouvinte mergulha na ambiência soturna, protogótica, do Mellotron de Jones.

Mas, de modo geral, *Houses Of The Holy* é caracterizado por uma energia solar e despreocupada, quase implacavelmente otimista. Ali se tem um grupo de músicos, cada qual no auge dos seus poderes, os quais alcançaram uma rara e sinérgica conexão e se dedicam a homenagear mais alguns artistas que os inspiraram – os gêneros musicais doo-wop (o final de "The Ocean"), R & B (o ousado riff à moda de James Brown de "The Crunge"), folk rock (por meio do fenomenal violão de 12 cordas de "Over The Hills And Far Away"), reggae ("D'yer Mak'er") e outros ritmos do mundo (se não exatamente do ponto de vista musical, ao menos na letra de "The Song Remains The Same", que explora a noção de Plant de que é a força universal com o potencial de unir a humanidade).

Um a um, os virtuoses se revezam sob a luz dos holofotes: Page, com a orquestra de guitarras que criou com um pastiche intricado de overdubs em "The Song Remains The Same", e Plant suingando de um gancho melódico a outro na festiva "Dancing Days", uma performance vocal tão exuberante que somos capazes de perdoar versos ripongos como "I got my flower, I got my power/I got a woman who knows" [Tenho a minha flor, Tenho o meu poder/Tenho uma mulher que sabe] e "I saw a lion, he was standing alone/With a tadpole in a jar" [Vi um leão, ele estava sozinho/Com um girino num vidro]. E, acima de tudo, Jones e Bonham, inegavelmente a seção rítmica mais influente da história do rock, que suingam com potência e fluidez nas transições de 4/4 e 7/8 de "The Ocean", que soam como a banda dançante mais pesada e propulsiva do mundo em "Dancing Days" e "The Crunge" e criam algo singular e maravilhoso ao martelarem uma batida de reggae em "D'yer Mak'er" (que, com sotaque britânico, é pronunciado como "*jah-may-kah*" e faz referência a uma piada antiga por lá: "A minha esposa foi passar férias no Caribe". "Jamaica?" [que, mais uma vez com sotaque britânico, pode soar como "*did you make her?*", você transou com ela?]. "Não, ela foi porque quis!").

Não existe um baterista de rock que não tenha, em um momento ou outro, tentado reproduzir a dramática abertura de Bonham na caixa em "D'yer Mak'er", e tão estimado é o seu lugar no panteão do rock que muitos citam entusiasmados os rangidos audíveis do pedal do bumbo em "The Ocean" (que, adequadamente, é uma canção sobre o mar de seguidores fanáticos do Led Zeppelin).

Mas a produção do quinto disco da banda não foi apenas sorrisos e diversão. As sessões de gravação arrastaram-se por nove longos meses, entre janeiro e agosto de 1972, o que sugere que houve ao menos um pouco de hesitação, consideração e consternação. Em contrapartida, o engenheiro de gravação Eddie Kramer comentou a Stephen Davis em *Hammer Of The Gods* que "o clima geral era excelente. Tenho, por exemplo, uma lembrança muito forte da visão, do meu ponto de vista na cabine do estúdio móvel com as portas do caminhão abertas, dos quatro dançando em fila no gramado [de Stargroves] durante o primeiro playback de 'Dancing Days'. Robert, Bonzo, Jonesy e Jimmy dançando em fila indiana na grama, celebrando a coisa incrível que eles acabavam de gravar".

Verdade ou não, esse é o tipo de reação prazerosa que *Houses Of The Holy* continua a despertar no ouvinte mais de 35 anos depois da criação daqueles que seriam os sons mais casuais, inspirados e edificantes do Led Zeppelin.

DATAS DA TURNÊ

16.2.1972	Subiaco Oval, Perth, Austrália
19.2.1972	Memorial Drive, Adelaide, Austrália
20.2.1972	Kooyong Stadium, Melbourne, Austrália
25.2.1972	Western Springs Stadium, Auckland, Nova Zelândia
27.2.1972	Showground, Sydney, Austrália
29.2.1972	Festival Hall, Brisbane, Austrália
27.5.1972	Oude Rai, Amsterdã, Holanda
28.5.1972	Vorst Nationaal, Bruxelas, Bélgica
6.6.1972	Cobo Hall, Detroit, MI
7.6.1972	Montreal Forum, Montreal, PQ
9.6.1972	Charlotte Coliseum, Charlotte, CN
10.6.1972	Buffalo Memorial Auditorium, Buffalo, NY
11.6.1972	Civic Center, Baltimore, MD
13.6.1972	The Spectrum, Filadélfia, PA
14-15.6.1972	Nassau Coliseum, Uniondale, NY
17.6.1972	Memorial Coliseum, Portland, OR
18-19.6.1972	Seattle Coliseum, Seattle, WA
21.6.1972	Denver Coliseum, Denver, CO
22.6.1972	Swing Auditorium, San Bernardino, CA
23.6.1972	Sports Arena, San Diego, CA
25.6.1972	The Forum, Inglewood, CA
27.6.1972	Long Beach Arena, Long Beach, CA
28.6.1972	Tucson Community Center, Tucson, AZ
2-3.10.1972	Budokan, Tóquio, Japão
4.10.1972	Festival Hall, Osaka, Japão
5.10.1972	Kokaido, Nagoia, Japão
9.10.1972	Festival Hall, Osaka, Japão
10.10.1972	Kaikan Hall, Quioto, Japão
28-29.10.1972	Pavillon, Montreux, Suíça
30.11-1º.12.1972	City Hall, Newcastle, Inglaterra
3-4.12.1972	Green's Playhouse, Glasgow, Escócia
7-8.12.1972	Hard Rock, Manchester, Inglaterra
11-12.12.1972	Capitol Theatre, Cardiff, País de Gales
16-17.12.1972	Birmingham Odeon, Birmingham, Inglaterra
20.12.1972	Brighton Dome, Brighton, Inglaterra
22-23.12.1972	Alexandra Palace, Londres, Inglaterra
2.1.1973	City Hall, Sheffield, Inglaterra
7.1.1973	New Theatre, Oxford, Inglaterra
14.1.1973	Liverpool Empire, Liverpool, Inglaterra
15.1.1973	Trentham Gardens, Stoke-On-Trent, Inglaterra
16.1.1973	King's Hall, Aberystwyth, País de Gales
18.1.1973	St. George's Hall, Bradford, Inglaterra
21.1.1973	Gaumont Theatre, Southampton, Inglaterra
22.1.1973	Old Refectory, Southampton University, Southampton,Inglaterra
25.1.1973	Aberdeen Music Hall, Aberdeen, Escócia
27.1.1973	Caird Hall, Dundee, Escócia
28.1.1973	King's Theatre, Edimburgo, Escócia

DATAS DA TURNÊ

30.1.1973	Guildhall, Preston, Inglaterra
2.3.1973	KB Hallen, Copenhague, Dinamarca
4.3.1973	Scandanavium Arena, Gotemburgo, Suécia
6-7.3.1973	Kungliga Tennishallen, Estocolmo, Suécia
14.3.1973	Messenhalle, Nuremburg, Alemanha
16.3.1973	Stadthalle, Viena, Áustria
17.3.1973	Munchner Olympiahalle, Munique, Alemanha
19.3.1973	Deutschlandhalle, Berlim, Alemanha
21.3.1973	Musikhalle, Hamburgo, Alemanha
22.3.1973	Gruga-Halle, Essen, Alemanha
24.3.1973	Orthenauhalle, Offenburg, Alemanha
26.3.1973	Palais de Sport, Lyon, França
27.3.1973	Parc des Expositions, Nancy, França
1º-2.4.1973	Palais des Sports, Paris, França
4.5.1973	Atlanta Stadium, Atlanta, GA
5.5.1973	Tampa Stadium, Tampa, FL
7.5.1973	Jacksonville Coliseum, Jacksonville, FL
10.5.1973	Memorial Coliseum, University of Alabama, Tuscaloosa, AL
11.5.1973	Kiel Auditorium, St. Louis, MO
13.5.1973	Municipal Auditorium, Mobile, AL
14.5.1973	Municipal Auditorium, Nova Orleans, LA
16.5.1973	Sam Houston Coliseum, Houston, TX
18.5.1973	Memorial Auditorium, Dallas, TX
19.5.1973	Tarrant County Convention Center, Fort Worth, TX
22.5.1973	HemisFair Arena, San Antonio, TX
23.5.1973	University of New Mexico, Albuquerque, NM
25.5.1973	Denver Coliseum, Denver, CO
26.5.1973	Salt Palace, Salt Lake City, UT
28.5.1973	Sports Arena, San Diego, CA
31.5.1973	The Forum, Inglewood, CA
2.6.1973	Kezar Stadium, San Francisco, CA
3.6.1973	The Forum, Inglewood, CA
6-7.7.1973	Chicago Stadium, Chicago, IL
8.7.1973	Market Square Arena, Indianápolis, IN
9.7.1973	Civic Center, St. Paul, MN
10.7.1973	Milwaukee Arena, Milwaukee, WI
12-13.7.1973	Cobo Hall, Detroit, MI
15.7.1973	Buffalo Memorial Auditorium, Buffalo, NY
17.7.1973	Seattle Center Coliseum, Seattle, WA
18.7.1973	Pacific Coliseum, Vancouver, CB
19.7.1973	The Spectrum, Filadélfia, PA
20.7.1973	Boston Garden, Boston, MA
21.7.1973	Civic Center, Providence, RI
23.7.1973	Civic Center, Baltimore, MD
24.7.1973	Three Rivers Stadium, Pittsburgh, PA
27-29.7.1973	Madison Square Garden, Nova York, NY

Passando por Kashmir
1974-1975

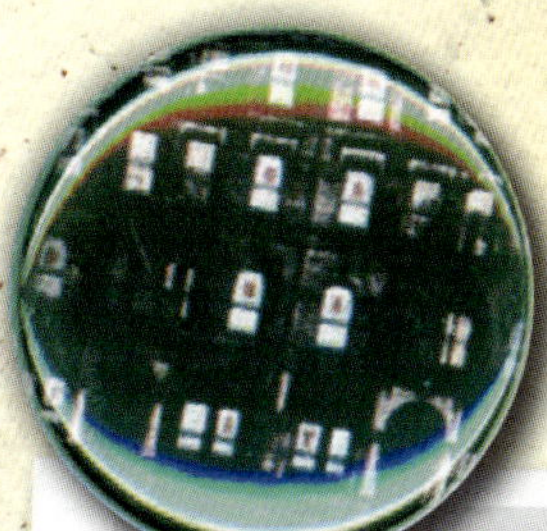

A falta de shows não significava inatividade. O Led Zeppelin estava terminando um filme com seus shows, lançando seu próprio selo do zero e gravando um disco duplo.

Primeiro o filme. Os quatro músicos e Peter Grant, o quinto membro (pelo menos na cabeça dele), conceberam e gravaram cenas de fantasia e entregaram o projeto ao diretor Joe Massot, um amigo de Page que havia escrito o faroeste hippie *Zachariah* e dirigido *Wonderwall*, filme sobre um professor *voyeur*. No entanto, nem o poderoso filme, nem o esperado álbum ao vivo seriam lançados por pelo menos três anos.

Em janeiro de 1974, o sempre visível Grant e Ahmet Ertegun, fundador da Atlantic Records, anunciaram que o Led Zeppelin lançaria seu próprio selo. Em maio, a banda escolheu o nome: Swan Song Records.

Surpreendentemente, o Zeppelin contratou principalmente artistas conhecidos em vez de novos talentos. No primeiro ano, o Swan Song lançou novos LPs do Pretty Things, banda de 1964 da primeira onda de roqueiros britânicos, e do Bad Company, um supergrupo formado por ex-membros do Mott the Hoople, do King Crimson e do Free (inclusive o vocalista Paul Rodgers). Mais tarde, o Swan Song também contratou Maggie Bell, amiga de Grant e, consequentemente, cliente, que tinha uma voz poderosa, e o representante do pub rock Dave Edmunds. A gravação do sexto álbum do Led Zeppelin começou no final de 1973, em Headley Grange, e continuou de fevereiro a maio de 1974. No começo, Page tinha um forte senso de direção, como explicou à revista *Circus*, em 1973: "Foi difícil mergulhar no último álbum, porque ele é muito complexo. Usamos padrões de ritmos intricados e escondemos muitas ideias nas letras. O próximo também terá músicas complexas e uma faixa com violão baseada em um solo que eu fazia com os Yardbirds durante uma música chamada 'White Summer'. Mas, em boa parte do álbum, vamos resgatar algo de que as pessoas acham que temos nos afastado: o rock'n'roll simples".

Com o lançamento do Swan Song Records, o novo selo da banda reciclou as velhas imagens publicitárias da Atlantic Records.

Passe para o camarim, turnê americana, 1975.

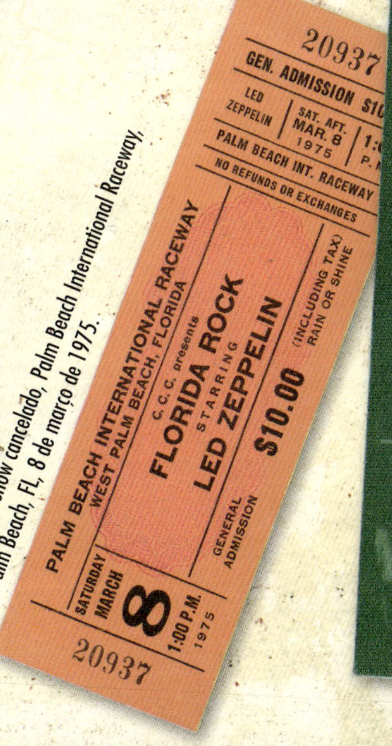

Ingressos de um show cancelado, Palm Beach International Raceway, West Palm Beach, FL, 8 de março de 1975.

Olympia Stadium, Detroit, MI, 31 de janeiro de 1975. *Charles Auringer/BackstageGallery.com*

Olympia Stadium, Detroit, MI, 31 de janeiro de 1975. *Robert Alford*

O álbum – um disco duplo com 15 faixas – ainda demoraria a sair. "Nesses seis meses não decidimos ainda qual será a capa", brincou Robert Plant no fim de março de 1974, de acordo com o livro *Led Zeppelin: The Story Of A Band And Their Music 1968–1980*, de Keith Shadwick. Havia alguma verdade na brincadeira dele. Realmente a capa complicada demorou a ser criada e parecia mais dos Rolling Stones que do Led Zeppelin. A capa não retratava montanhas místicas, mas sim a realidade sórdida: uma foto de um prédio de quatro andares com fachada de tijolos no Greenwich Village, em Nova York. Na capa, as janelas dos apartamentos mostravam letras que formavam o nome do disco; na contracapa, as cortinas estavam desenhadas. Na verdade, as letras e as cortinas estavam no encarte do disco; ao desdobrá-lo, as janelas mostravam uma miscelânea de imagens históricas, como no *Sgt. Pepper's*: Elizabeth Taylor como Cleópatra, a coroação da rainha Elizabeth II, King Kong, o assassino Lee Harvey Oswald, o Mágico de Oz, um astronauta americano caminhando na Lua, um balão caindo, Jean Harlow, uma pintura de Leonardo da Vinci e, em meio a tudo isso, os músicos da banda. Ufa!

Em 31 de outubro de 1974, o Swan Song deu uma festa extravagante no sudeste de Londres para o lançamento do seu primeiro título, *Pretty Things' Silk Torpedo*, com bebida à vontade, guerras de comida e *strippers* vestidas de freiras. Naquela noite, Plant se deu conta de que a banda não fazia shows havia mais de um ano. "Percebi que eu realmente sentia falta de nós quatro unidos", disse ele ao *New Musical Express*. "Eu percebi que, apesar de tudo, apesar das gravadoras, apesar dos filmes, nós éramos o Led Zeppelin... desse momento em diante, passamos a ensaiar com força total."

Um dos ensaios da turnê foi usado para fornecer imagens adicionais ao projeto do filme. O cineasta Peter Clift substituiu o demitido Joe Massot. Clift contou a Chris Welch, em *Peter Grant: The Man Who Led Zeppelin*: "Eu estava com todos juntos no palco em seus trajes [os que tinham usado em Nova York], e de repente eles perceberam que estavam de volta ao palco juntos pela primeira vez desde o Madison Square Garden. Começaram a tocar 'Black Dog' só para mim, e todos nós ficamos chocados. Eles eram tão sensuais, afinados e cheios de você sabe o quê. Tinha havido uma grande discussão poucos minutos antes, e de repente eles começaram a tocar. Foi um momento extraordinariamente elétrico entre o grupo". Na verdade, não foi tão simples como o diretor fez parecer; a banda sabia quais ensaios seriam filmados e, portanto, quais roupas vestiriam. Page tinha mudado drasticamente o cabelo, então teve de usar uma peruca nas filmagens.

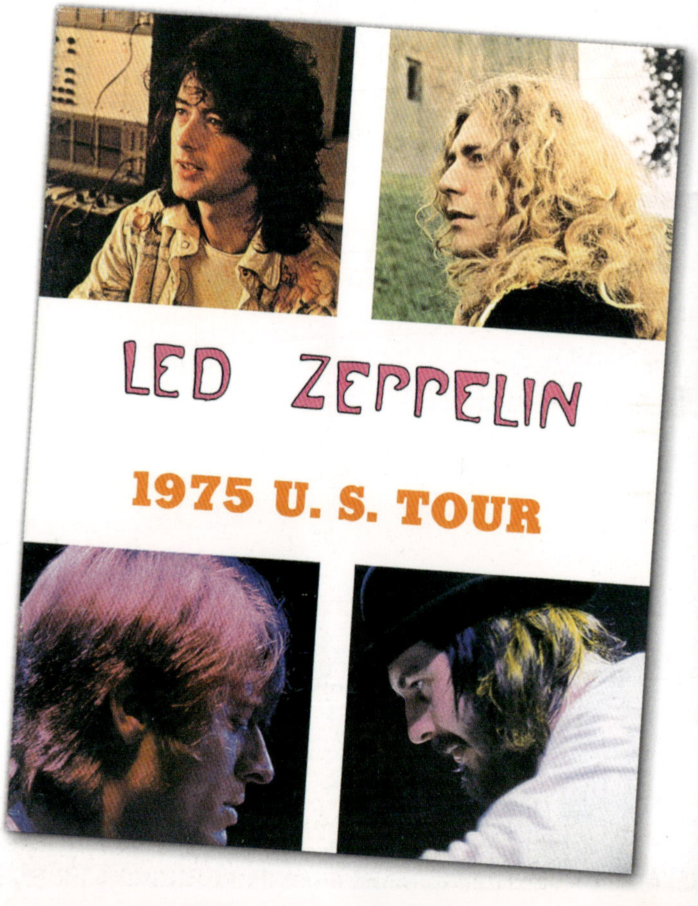

Programação, turnê americana, 1975.

Ingresso, Sam Houston Coliseum, Houston, TX, 27 de fevereiro de 1975.

Olympia Stadium, Detroit, MI, 31 de janeiro 1975. *Michael Brennan/Scope Features.com*

Olympia Stadium, Detroit, MI, 31 de janeiro de 1975. *Robert Alford*

Foi então que, depois de shows de aquecimento na Holanda e na Bélgica para uma turnê de inverno nos EUA, Page inadvertidamente prendeu o dedo do meio da mão esquerda em uma porta ao sair de um trem na Estação Victoria, em Londres, a caminho de um ensaio. "É o que faz toda a alavancagem e boa parte do trabalho, e isso veio mesmo como um golpe, porque eu simplesmente não conseguia tocar com o dedo ferido", disse ao *New Musical Express*. Ele teve de inventar uma nova técnica de trastejar, mas isso significava que não conseguia tocar "Dazed And Confused". Durante a turnê, a música foi substituída por "How Many More Times", que não era tocada ao vivo havia pelo menos quatro anos.

A culpa era toda de Page, que estava desconsertado por causa de seu dedo. "Eu tenho certeza de que a turnê será boa, é só que... desgraça... fico triste porque não consigo fazer tudo o que sei", disse a Cameron Crowe, em entrevista que foi a primeira – e única – capa do Led Zeppelin na *Rolling Stone* até 2007. "Sempre quero dar o melhor de mim, e é muito frustrante ter algo me impedindo de fazer isso no momento em que vou tocar. Podemos não ser brilhantes em algumas noites, mas sempre seremos bons."

Physical Graffiti foi lançado em 24 de fevereiro de 1975, no meio da turnê americana. Entrou nas paradas americanas na terceira posição e subiu para a primeira, na qual ficou por seis semanas. Page falou de sua nova obra-prima em entrevista à revista *Guitar World*.

GW: Se *Houses Of The Holy* foi uma de suas produções mais cuidadosas, *Physical Graffiti* é uma das mais soltas. Você estava consciente ao se afastar de um som tão polido?

JP: Sim, mas não completamente. "In My Time Of Dying" é um bom exemplo de algo mais imediato. Ela ainda estava sendo terminada quando gravamos, o final foi improvisado, e ainda não conseguimos terminá-la. Mas acho que soa como um grupo trabalhando. Podíamos tê-la aperfeiçoado mais, mas gostei da sua intensidade. Por outro lado, "Kashmir", "In The Light" e "Ten Years Gone" são todas muito ambiciosas.

GW: A gravação, porém, não parece tão incisiva como alguns dos seus trabalhos anteriores.

JP: Não? Talvez. Eu o vejo como um registro de uma banda em um ambiente de trabalho. Podem dizer que foi preguiçoso, mas acho que esse disco é honesto. *Physical* é um álbum mais pessoal, e penso que permite ao público entrar no nosso mundo. Você sabe, "Aqui está a porta, e eu estou dentro".

Foto publicitária do Swan Song Records, turnê americana de 1975.

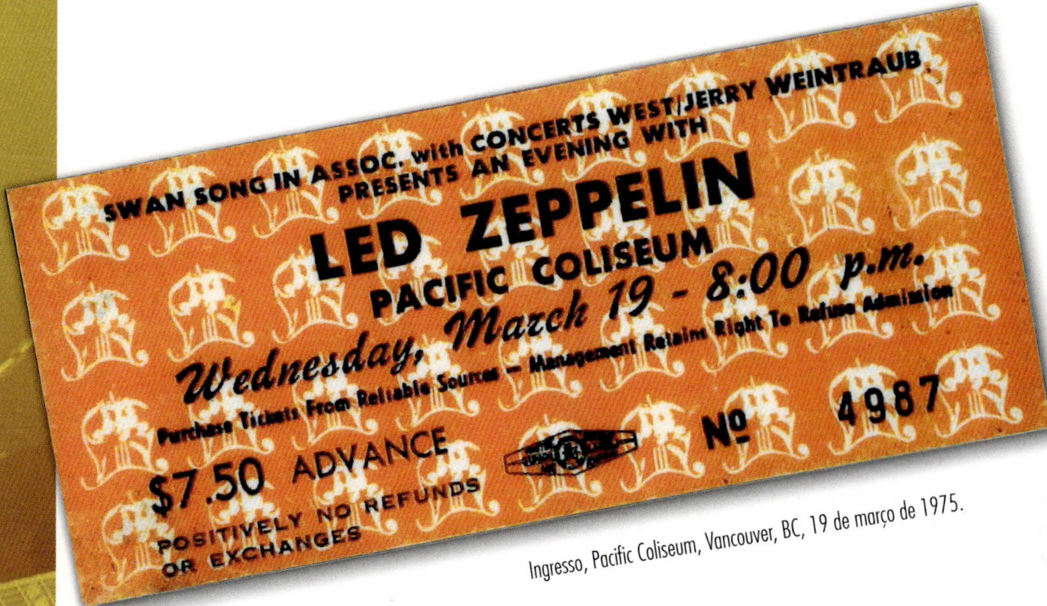

Ingresso, Pacific Coliseum, Vancouver, BC, 19 de março de 1975.

Nassau Coliseum, Uniondale, NY, 4 de fevereiro de 1975. *Paul Michael Quigley*

Bebe Buell. *Robert Matheu*

GW: Você e Plant estavam viajando para lugares como o Marrocos e o deserto do Saara nessa época, e é possível ouvir a influência disso em músicas como "Kashmir". De quem foi a ideia de explorar o Marrocos?

JP: Concedi uma entrevista a William Burroughs, para a revista *Crawdaddy!*, no começo dos anos 1970, e discutimos por horas sobre o poder hipnótico do rock e sobre como isso tem a ver com a música dos países árabes. Foi uma observação que Burroughs fez depois de ouvir "Black Mountain Side", do nosso primeiro disco. Ele então me incentivou a ir ao Marrocos e investigar a música *in loco*, coisa que Robert e eu de fato fizemos.

Enquanto a comovente e acrobática "Trampled Under Foot" toca muito mais nas rádios americanas, a épica de 8min30s "Kashmir", com sua forma clássica, sua dramaticidade, os vocais operísticos e o ritmo lento, foi a obra-prima do álbum duplo. É, sem sombra de dúvida, uma música sofisticada do Led. "Está tudo lá, todos os elementos que definem a banda", disse John Paul Jones a Cameron Crowe para o texto do encarte de *The Complete Studio Recordings.*

Em entrevista concedida em 1990 à revista *Q*, Plant contou que era sua música favorita do Zep. "É tão certa, não tem nada estourado, nenhum vocal histérico. Perfeita."

Crowe escreveu a história no encarte do box. Os refrões saíram de fitas de ensaio gravadas no estúdio da casa de Page. "A estrutura era estranha, esquisita o suficiente para continuar explorando", disse o guitarrista. Como Jones estava atrasado para a gravação, Page trabalhou o refrão com Bonham, Plant adicionou a parte do meio, e mais tarde Jones gravou seu baixo e a parte das cordas. O nome original era "*Driving To Kashmir*", inspirado em uma longa viagem ao sul do Marrocos. Como lembra Plant:

"Toda a inspiração veio do fato de que a estrada não ia – ela ia, ia, ia. Era uma rota única que cortava perfeitamente o deserto, e a 3 km tanto a leste quanto a oeste havia montes de pedra arenosa. Parecia que estávamos dirigindo num canal, uma estrada dilapidada sem fim aparente. '*Oh, let the sun beat down upon my face, stars to fill my dreams*' é uma das minhas partes favoritas... é tão positiva liricamente. 'Kashmir' melhorava o humor. Muito disso se devia a Bonzo, ao que ele tocou. Page e eu não teríamos conseguido sem a parcimônia dele. Era um músico comedido. O que ele não fez foi o que fez a diferença".

Olympia Stadium, Detroit, MI, 31 de janeiro de 1975. *Charles Auringer/BackstageGallery.com*

O CIRCO DAS RAINHAS DE L.A.

por Jon Bream

Claro, Pamela Des Barres foi só uma das groupies do Led. Outra foi Bebe Buell, namorada de longa data de Todd Rundgren, mais conhecida como a mãe da atriz Liv Tyler (cujo pai é o vocalista do Aerosmith, Steven Tyler). Em seu livro *Rebel Heart: An American Rock'n'Roll Journey*, de 2001, ela relata um encontro com Page em 1974. De acordo com Buell, ela apareceu no quarto de Page no Hyatt House com o guaxinim de estimação de Rundgren. Page ofereceu cocaína a Buell e sugeriu que deixasse o guaxinim no banheiro com uma cesta de frutas que estava na suíte. Mais tarde apareceu Grant, o empresário superzeloso da banda, que fora acordado pelo barulho. "Nós corremos para o banheiro e vimos uma bagunça terrível", escreveu Buell. "Tinha fezes espalhadas em todas as paredes e parecia que uma luta de vida ou morte havia sido travada lá – daí a suspeita de Peter de que estávamos fazendo alguma orgia tórrida." O guaxinim, pelo menos segundo Buell, tinha comido as frutas e espalhado sua "obra" por todo o banheiro, então Grant instalou Page e Buell em outra suíte. Na manhã seguinte, os amantes foram acordados por uma Lori Maddox histérica (namorada de Page em L.A.), que teve de ser arrastada para fora do hotel por Richard Cole, o empresário da turnê. Apenas mais uma noite normal no Hyatt House.

Em seu livro, Buell também fala da violência ao redor do Led, especialmente das táticas de luta de Grant, um homem do tamanho de um urso, supostamente ex-lutador. "Peter Grant trouxe a imagem de gângster para a cena do rock'n'roll e prosperou", escreveu ela. "Richard [Cole] e Peter não eram de se engraçar com ninguém. Eles jogavam pesado e, se alguém os sacaneasse ou tentasse qualquer coisa contra a banda, fazendo algo para atrapalhar ou prejudicar qualquer integrante, eles fariam picadinho da pessoa. Era como estar saindo com a máfia. Todo mundo se movia em blocos e atendia a todos os caprichos dos rapazes. Eles viviam o clichê do rock'n'roll ao extremo."

Buell também tinha vida própria. Em seu livro, ela imagina Page como o seu Lancelot, levando-a em um cavalo para seu castelo. "Ele fazia o meu tipo: muito elegante, muito inglês, muito Renaissance. Passava aquela sensação de ser de outro mundo, outro tempo... Era muito como Henrique VIII, só que bem mais bonito e mais magro, obviamente. Ele tinha aquele jeito medieval, não machista, mas viril. A imagem que passava era de quem mataria – não com um revólver, mas com uma espada – qualquer dragão por você." E, para os curiosos, "ele nunca tentou nada além de sexo normal comigo, embora tivesse uma mania estranha: quando me beijava, ele adorava cuspir dentro da minha boca".

No final, Buell, que também flertou com Mick Jagger, Rod Stewart, David Bowie e Elvis Costello, só para citar alguns nomes, conclui: "Os Stones criaram um protótipo para o estilo de vida do rock'n'roll; bandas como Led Zeppelin foram apenas seguidores desajeitados". Ai!

PROM. SEC 22

ESTA DUPLA: Olympia Stadium, Detroit, MI, 31 de janeiro de 1975. *Charles Auringer/BackstageGallery.com*

"Não é só uma coisa musical que acontece, é uma relação que tira você da Terra e o eleva um pouco acima dela... Você está na berlinda, se torna o rei Artur."

—Robert Plant, citado no livro Hammer Of The Gods, *de Stephen Davis*

Olympia Stadium, Detroit, MI, 31 de janeiro de 1975. *Charles Auringer/BackstageGallery.com*

ESTA DUPLA: Olympia Stadium, Detroit, MI, 31 de janeiro de 1975. *Charles Auringer/BackstageGallery.com*

"Minha vocação é mais para a composição do que para qualquer outra coisa. Construir harmonias com a guitarra, orquestrando--a como um exército: um exército de guitarras. Estou falando de orquestração mesmo, do mesmo jeito que se orquestraria uma peça de música clássica."

—*Jimmy Page, citado no livro* Hammer Of The Gods, *de Stephen Davis*

Olympia Stadium, Detroit, MI, 31 de janeiro de 1975. *Charles Auringer/BackstageGallery.com*

Olympia Stadium, Detroit, MI, 31 de janeiro de 1975. *Michael Brennan/Scope Features.com*

Olympia Stadium, Detroit, MI, 31 de janeiro de 1975. *Charles Auringer/BackstageGallery.com*

IMAGENS DA PRIMEIRA FILA

Madison Square Garden, Nova York, fevereiro de 1975. Led Zeppelin estava de volta para fazer três shows nas noites de 3, 7 e 12 de fevereiro. O "Commander Chi" e sua irmã estiveram nos shows, na primeira fila, com uma câmera em mãos. As imagens são cortesia de "Commander Chi".

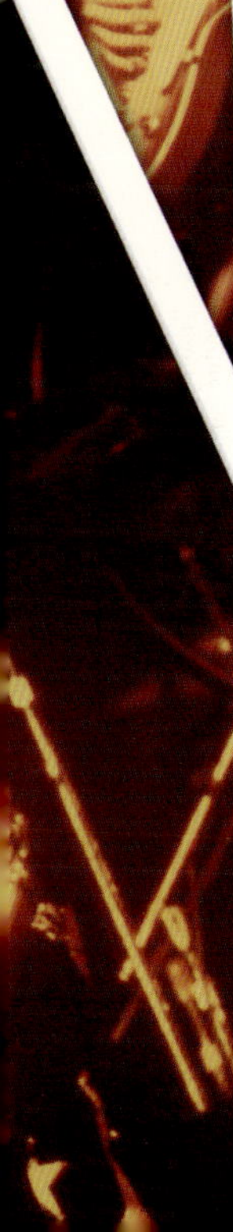

Os martelos do Deus: o equipamento de Jimmy Page

por George Case

Como qualquer outro astro do rock dos anos 1960 e 1970, Jimmy Page foi um músico que muitas vezes selecionava os equipamentos mais com base em sua conveniência do que em sua experiência. Entre 1968 e 1973, a banda estava tocando e gravando intensamente, com mais rapidez do que o guitarrista conseguia escolher seus instrumentos e seus acessórios preferidos, os quais resistiriam ao transporte e às apresentações. Houve momentos na carreira do Led em que fabricantes faziam brindes para Page, os quais ele usava poucas vezes, sem, às vezes, sequer endossar o produto; ou ele pegava qualquer coisa jogada pelo camarim ou no estúdio, ou emprestava de alguém, ou pedia vagamente para um roadie ou assistente fazer o trabalho braçal de selecionar e adaptar os instrumentos. Apesar disso, Page certamente sabia qual equipamento queria e, com os anos de experiência profissional (especialmente como músico de estúdio, de 1962 a 1966), foi um dos primeiros roqueiros a adquirir um arsenal de guitarras, amplificadores e pedais, além de compreender que peças diferentes serviam para sons diferentes, formando assim uma paleta sonora.

Guitarras

Page gravou *Led Zeppelin* usando uma Fender Telecaster 1958 (algumas fontes dizem ser de 1959). A Tele foi dada a ele por seu amigo Jeff Beck, em 1965, depois de Page tê-lo indicado para ficar no lugar de Eric Clapton no Yardbirds. Beck tinha a Fender desde a sua primeira empreitada musical, os Tridents. Originalmente branca, a guitarra passou por uma customização de Page quando ele virou um Yardbird ("todos pintavam suas guitarras nessa época") e por uma reforma interna. Durante os últimos anos do Led, o braço foi colocado em um corpo de outra Telecaster "Botswana Brown", que, por sua vez, ganhou um mecanismo B-bender que saía do pino de prender a correia. Uma terceira Tele creme de 1966, que também tinha um B-bender, participou da última turnê do Led na Europa, em 1980.

Page também trouxe para o Led uma Gibson Les Paul Custom, um modelo de ébano com três captadores e equipado com uma ponte Bigsby. Embora raramente utilizada no palco, o guitarrista usou-a no show de 1970 no Royal Albert Hall. No fim daquele mesmo ano, ela foi roubada durante uma turnê na América do Norte e nunca mais foi encontrada.

Em 1969, Page comprou de Joe Walsh, da então James Gang, uma Gibson Les Paul Standard sunburst de 1959. Do *Led Zeppelin II* em diante, essa foi a guitarra que definiu o som do Led Zeppelin, e de boa parte do hard rock dos anos 1970 em diante. Armado com sua velha Les Paul, Page extraía um famoso timbre robusto dos dois captadores humbucker. A guitarra já havia sido modificada por Walsh, mas Page foi além. Trocou as tarraxas por outras Grover seladas e mudou os potenciômetros pull-push que poderiam ser acionados para conseguir um efeito de "inversão de fase". Page posteriormente adquiriu uma segunda Les Paul 1958, que era quase idêntica à sua de 1959.

Aficionados discutem as origens de ambos os instrumentos e seu uso por Page. A Les Paul dada por Joe Walsh teve seu número de série raspado quando seu braço foi afinado, por isso não há como saber se ela era de fato de 1959 ou de 1958. De qualquer maneira, acredita-se que foi a "número um" de Page durante seu tempo de Zep. Outros dizem que a segunda Les Paul era a predileta, e a suposta guitarra de 1959 era a secundária. Se esse foi o caso, a Les Paul de Walsh deve ter sido a "número um" de Page por algum tempo, pelo menos até a de 1958 ter sido retomada. Foi a de 1959, se ela era realmente de 1959, que foi copiada para produzir o modelo de Gibson Les Paul assinado por Jimmy Page em 2004. Confusão pouca é bobagem.

Page também usou uma Les Paul Standard 1973 de acabamento customizado vermelho.

Em 1971, Page pediu a Gibson uma EDS 1275, com dois braços, de 6 e 12 cordas, para tocar todos os timbres de "Stairway To Heaven" no palco. Ele

Les Paul modelo Jimmy Page da Gibson Custom Shop, baseado em sua Les Paul de 1959. *Gibson Guitars*

Ambas: Jan Persson/Redferns/ Getty Images

"Em resumo, os três utensílios musicais mais importantes de Jimmy Page, líder do Led Zeppelin, eram: suas mãos (1944, com algumas modificações), ouvidos (idem) e alma (origem desconhecida)."

também a usaria ao vivo para tocar "The Song Remains The Same" e "The Rain Song". Um dos instrumentos mais emblemáticos da história do rock, a guitarra de dois braços de Page é praticamente uma celebridade e ajudou a estabelecer a reputação de Page como mago da música: ele era tão bom que parecia tocar duas guitarras ao mesmo tempo.

Para as afinações abertas de "Kashmir", "In My Time Of Dying" e na parte instrumental de "White Summer/ Black Mountain Side", Page usou uma Danelectro 3021 de 1960, guitarra barata de corpo sólido cujas cordas altas e timbres claros dos captadores single coil foram bem adaptados para slides e afinações não convencionais.

Nos shows do Earls Court em 1975, Page estreou uma Fender Stratocaster azul Lake Placid de 1964. O timbre lancinante e a ponte da Strat estiveram mais presentes nos discos *Presence* e *In Through The Out Door*, mas também foi ouvido nas performances de 1979 em Knebworth. Page também foi visto com uma Gibston SG, uma Stratocaster sunburst, de 1957, e uma Gibson RD Artist. Uma Fender XII de 1965 com 12 cordas soou pelo estúdio nas gravações de "Thank You" e "Stairway To Heaven".

Próprias para fazer bends de blues, as guitarras de Page tinham encordamento Ernie Ball Super-Slinky. Ele usava palhetas Herco Flex 75 heavy-duty.

Violões

Dedicado tanto ao folk quanto ao blues elétrico, Page usou vários violões durante a carreira do Led Zepellin. Ele começou com um Harmony Sovereign H-1260 (que pode ser ouvido durante o *Led Zeppelin III* e no quarto disco), uma vez que ele pegou emprestado um lindo violão Gibson J-200 para gravar o *Led Zeppelin I*. No começo dos anos 1970, ele levou um Martin D-28 de 1971 para o estúdio e para o palco, adicionando um pickup transdutor. Page também teve uma Craviola Giannini (marca brasileira) em forma de alaúde, um Gibson "Everly Brothers" e tocou bandolins Gibson A-2 e A-4 (em "Going To California"), uma pedal steel Fender 800 ("Your Time Is Gonna Come" e "Tangerine") mais um banjo Vega ("Gallows Pole").

Page normalmente usava encordamento Ernie Ball Earthwood em seus violões.

Amplificadores e acessórios

Page experimentou vários amplificadores diferentes tanto em estúdio quanto no palco durante a carreira do Led. O disco *Led Zeppelin* foi gravado com um pequeno Supro 1690T Coronado no volume máximo, para conseguir aquele ruído marcado. Ele usou depois amplificadores Fender, Rickenbacker, Univox e um Hiwatt de 100 watts antes de se estabelecer com o clássico de 1959 SLP de 100 watts com cabeçote e caixa Marshall e alto-falantes Celestion. Como ele disse entusiasmado: "Você tem um Marshall e uma Gibson e é fantástico, uma combinação perfeita". Os Marshalls de Page foram modificados com o passar dos anos para aumentar a potência.

Page foi um expoente precoce dos acessórios externos de alteração de sinal, ajudado pelo inovador Roger Mayer. Ele sobrecarregou seu som com um pedal Vox Cry Baby wah-wah e uma distorção Sola Sound Tone Bender, ambos turbinados por Mayer. Ele também usou um simulador de reverberação Maestro Echoplex, um overdrive Univox, um modulador MXR M-101 e um Eventide Harmonizer para delay, flanging e efeitos de chorus. Uma engenhoca Gizmotron incomum foi utilizada para a assustadora introdução de "In The Evening".

Uma das ferramentas de áudio mais marcantes de Jimmy Page era seu teremim. Projetado pelo inventor russo Léon Theremin, em 1919, foi um dos primeiros instrumentos totalmente eletrônicos. Ele era diferente também por ser usado sem ser tocado: duas antenas ligadas a osciladores de áudio controlavam a frequência e o volume e transformavam as vibrações no ar criadas por gestos da mão de Page. Ele mexia suas mãos por cima de seu teremim compacto como um mágico tirando sons surreais do ar. O teremim era amplificado com um Orange de 100 watts e foi apresentado durante os recitais de estúdios e palco de "Dazed And Confused". Essa apresentação épica também contou com Page usando um arco de violino em sua guitarra para deixar seu solo ainda mais psicodélico.

♦ ♦ ♦

O quanto qualquer um desses equipamentos "fez" de Jimmy Page o guitarrista lendário em que ele se transformou é incerto. Guitarras e amplificadores feitos de madeira, metal, fios e tubos têm suas próprias características, e o mesmo instrumento pode reagir de maneira diferente em diferentes momentos a condições especiais de idade, umidade e simplesmente desgaste. Aspirantes a *guitar heroes* e membros de bandas cover de Zeppelin deveriam ser alertados de que copiar a coleção listada aqui custa em torno de seis dígitos: sozinha, uma Les Paul sunburst de 1958 ou 1959 custa em torno de US$ 100 mil hoje.

Em resumo, os três utensílios musicais mais importantes de Jimmy Page, líder do Led Zeppelin, eram: suas mãos (1944, com algumas modificações), ouvidos (idem) e alma (origem desconhecida).

Robert Knight Archive/Redferns/Getty Images

Willie Urânio e o Garoto do Heavy Metal: uma conversa quase esquecida com Jimmy Page

por William S. Burroughs

Esta entrevista foi publicada pela primeira vez em junho de 1975, na revista Crawdaddy!*, com a seguinte introdução: "Uma conversa amigável durante almoço nu. O progenitor literário do antimaterialismo verbal e da comunicação impressa concisa encontra Jimmy Page, o isometafísico inventor do grafite físico. Suas interações estão aqui para serem criticadas". O artigo foi reimpresso neste livro com a permissão do editor Peter Knobler, da* Crawdaddy!*, e do espólio de Burroughs.*

Quando fui convidado a escrever um artigo sobre o grupo Led Zeppelin, baseado em um show e uma conversa com Jimmy Page, eu não tinha certeza de que poderia fazê-lo, pois não sou suficientemente informado sobre música para tentar fazer qualquer coisa como uma crítica musical ou mesmo uma avaliação. Decidi simplesmente assistir ao show, conversar com Jimmy Page e deixar que o artigo se desenvolvesse sozinho. Se você considerar qualquer conjunto de dados sem um ponto de vista preconcebido, logo um ponto de vista surgirá a partir dos dados.

Minha primeira impressão foi do público, enquanto passávamos por filas de seguranças: um rio de jovens parecendo um único organismo – adolescente, bem comportado, limpo e de classe média. Os seguranças pareciam calmos e bem treinados, levando penetras para fora sem causar o menor tumulto. Fomos gentilmente encaminhados para nossos lugares na 13ª fila. Durante um jantar descontraído antes do show, um colega da *Crawdaddy!* me disse que tinha a sensação de que algo ruim poderia acontecer durante aquele show. Eu disse que sempre pode acontecer quando se junta tanta gente (assim como em touradas, nas quais você compra um chapéu de palha na porta para se proteger de garrafas e outros projéteis). Eu estava imaginando os mesmos perigos da cidade de fronteira mexicana onde o toureiro escapou por pouco com vida e vários espectadores foram mortos. É conhecido como "limpar o caminho".

Nós nos sentamos ali. Recusei os protetores de ouvido; estou acostumado à música marroquina com tambores e cornetas – que sempre tiveram, quando bem tocados, um efeito estimulante e energizante em mim. Conforme o show começou, passei a sentir essa mesma euforia musical, porém mais agradável ainda por ser fácil de controlar, e então soube que nada de ruim aconteceria. Aquela era uma área segura e amigável e, ao mesmo tempo, muito cara. Existia uma troca de energia palpável entre os músicos e a plateia que não era frenética ou irregular. Os efeitos especiais foram bem manejados e nada excessivos.

Contar com poucos efeitos especiais é muito melhor que abusar deles. Ainda consigo ver os feixes de laser cortando a fumaça de gelo-seco, o que deixou a plateia empolgada. A parte em que Jimmy Page tocou com algumas cordas da guitarra arrebentadas causou muito impacto, assim como o solo de bateria de John Bonham e as letras cantadas com vitalidade infalível por Robert Plant. Os músicos deram o melhor de si, e foi muito bom. A última música, "Stairway To Heaven", quando a plateia acendeu isqueiros e ficou parecendo um mar de estrelas, encontrou um público bem comportado e alegre, numa atmosfera de apresentação de peça teatral de Natal da escola. Em resumo, uma boa apresentação – nem razoável, nem sem graça. Sair do show foi como descer de um avião.

Sintetizei minhas impressões depois do show em algumas anotações que serviriam de base para minha conversa com Jimmy Page: "O ingrediente essencial para qualquer grupo de rock é a energia – a habilidade de dar energia, receber energia e devolvê-la para o público. Um show de rock é, de fato, um ritual que envolve a evocação e a transmutação de energia. Astros do rock podem ser comparados a padres, um tema tratado no filme *Privilégio*, de Peter Watkin. Nesse filme um astro do rock foi manipulado por forças reacionárias para instaurar uma religião estatal – cenário que parece improvável. Acho que uma banda de rock que cantasse *slogans* políticos não encheria uma apresentação.

"Um show do Led Zeppelin depende muito do volume, da repetição de sons e da percussão. Há algumas semelhanças com a música de transe marroquina, que é mágica por sua origem e seu propósito, isto é, no que diz respeito à evocação e ao controle das forças espirituais. No Marrocos, músicos são como mágicos. A música Gnaoua é usada para expulsar espíritos maus. A música de Joujouka evoca o deus Pã, ou o deus Pan do Pânico, que representa as verdadeiras forças mágicas que varrem o espúrio. Vale lembrar que a origem de todas as artes (pintura, música e literatura) é mágica e evocativa, e que a magia é sempre usada para obter algum resultado definitivo. No show do Led Zeppelin, o resultado desejado é o que parece ser a criação de energia nos músicos e na plateia. Para tal magia ter sucesso, é preciso sugar as fontes de energia mágica, e isso pode ser perigoso."

A entrevista

Senti que essas considerações poderiam me dar uma base para a conversa com Jimmy Page, a qual eu esperava que não tivesse formato de entrevista. Tem algo muito errado com esse formato. Alguém enfia um microfone na sua cara e fala: "Sr. Page, você se importaria de falar sobre seu interesse em práticas ocultas? Você diria que acredita nesse tipo de coisa?" Mesmo uma pergunta inteligente tende a receber uma resposta ensaiada. Tão logo Jimmy Page entrou em meu apartamento na cidade, vi que não seria desse jeito.

Começamos a conversar tomando um chá e descobrimos que tínhamos amigos em comum: o corretor de imóveis que negociou a compra da mansão de Aleister Crowley no lago Ness; John Michel, especialista em discos voadores e pirâmides; Donald Cammell, que trabalhou em *Performance*; Kenneth Anger e os Jaggers, Mike e Chris. O assunto magia surgiu ao conectar Aleister Crowley e o filme *Lucifer Rising*, de Kenneth Anger, para o qual Jimmy Page fez a trilha sonora.

Uma vez que a palavra *magia* tende a causar confusão, eu gostaria de explicar exatamente o que quero dizer por magia e interpretação mágica da dita realidade. O pressuposto subjacente da magia é a afirmação da vontade como força primária que se desloca neste universo, a profunda convicção de que nada acontece a menos que alguém ou algum ser queira que aconteça. Para mim, isso sempre foi evidente. Uma cadeira não se move, a menos que alguém a mova. Nem seu corpo físico, que é composto de muito materiais, se move a menos que você queira. Andar pela sala é uma operação mágica. Do ponto de vista da magia, nenhuma morte, doença, infortúnio, acidente, guerra ou revolta é acidental. Acidentes não acontecem no mundo da magia. E vontade é sinônimo de *energia animada*. Astros do rock manipulam material físsil que pode explodir a qualquer momento... "Placares de futebol estão chegando da capital... alguém tem de fingir interesse", falou o dândi Comandante, a salvo nas páginas de meu livro; e, como outro astro do rock me disse, "*Você* senta sua bunda na cadeira para escrever – *eu* poderia estar sendo destroçado pelos meus fãs, como Orfeu".

Encontrei Jimmy Page igualmente ciente dos riscos envolvidos no manuseio de material físsil da massa inconsciente. Levei em consideração o que aprendi anos atrás com dois repórteres da *Life-Time* – alguém continua contando essas histórias horríveis: "Agora, o velho Burns foi arrastado para fora do caminhão e esfolado vivo pela multidão, e, quando chegamos lá com as câmeras, a coisa sangrenta ainda estava se contorcendo como um verme..." enquanto a outra metade da equipe está tirando fotos CLIQUE, CLIQUE, CLIQUE para registrar suas reações – então, durante o jantar no Mexican Gardens, contei a Jimmy a história de um grande tumulto no futebol em Lima, no Peru, em 1964.

Nós somos arrastados para a arena como VIPs, no estilo que ficou famoso por *Triunfo da Vontade*. Músicas marciais – longa perspectiva –, a polícia escultural com seus cães nas coleiras, a multidão surgindo em um mormaço, ameaçando a energia palpável no ar, nuvens cinzentas sobre Lima, olhares constrangidos... A última vez que choveu em Lima foi no ano do grande terremoto, quando cidades inteiras foram engolidas por deslizamentos de terra. Um policial está chutando e batendo em alguém, enquanto o empurra em direção à saída. Sortudo. Os cães rosnam ameaçadoramente. O jogo é tenso. Amarrado até o final do segundo tempo, e, em seguida, a decisão surpreendente: um gol que daria o título ao Peru é anulado pelo árbitro uruguaio. Um uivo de raiva da multidão, e depois um negro enorme, conhecido como La Bomba, que já havia começado três confusões em jogos de futebol e tinha 23 cortes em sua bomba, salta para dentro da arena. Uma onda de torcedores segue La Bomba, o árbitro uruguaio embaralha-se com a agilidade de um rato ou um espírito maligno, a polícia lança gás lacrimogêneo e solta seus cães rosnando, histéricos de medo e raiva e enlouquecidos pelas bombas de gás lacrimogêneo. E então um som como de montanhas caindo, conforme as gotas de chuva começam a cair.

A multidão despedaça um pastor-alemão, um policial é estrangulado com a própria gravata, e outro é arremessado de 15 metros do alto do estádio... corpos empilhados por 3 metros nas saídas. Os placares do futebol estão chegando da capital... 306... 318... 352... "Eu não sabia como a situação estava crítica até começar a chover", disse um sobrevivente. Nunca chove em Lima, ou quase nunca, e, quando acontece, é pior que ver mulas parindo no meio da rua... corpos pisoteados empilhados aos montes...

"Sabe, Jimmy", disse eu, "a multidão surge à frente, um equipamento pesado cai sobre a multidão, a segurança pira e, em seguida... um som como o de montanhas desmoronando..." CLIQUE, CLIQUE, CLIQUE: Jimmy Page não piscou o olho.

"Sim, eu já havia pensado sobre isso. Todos já pensamos. A coisa mais importante é manter o equilíbrio. O jovem vem para viajar com a música. É nosso trabalho vê-los se divertir sem problemas."

E lembra-se de uma banda chamada Storm? Estavam tocando em uma boate na Suíça... incêndio... saídas trancadas... 37 mortos, incluindo toda a banda. Agora, qualquer artista que nunca pensou em incêndio e pânico simplesmente não está usando a cabeça. A melhor maneira de evitar que alguma coisa ruim aconteça é prevê-la; e você não consegue prever caso se recuse a encarar a situação. O clima naquela boate devia estar muito pesado. Se os artistas estivessem sensíveis e alertas, eles teriam ido conferir se as saídas estavam abertas.

Anteriormente, após dois dedos de uísque durante as minhas curtições na Rua Franklin, eu tinha contado a Page sobre o major Bruce MacManaway, um curandeiro e médium que vive na Escócia. O major descobriu suas habilidades como curandeiro durante a Segunda Guerra Mundial, quando seu regimento ficou sem suprimentos médicos e ele começou a fazer imposição de mãos... "Bem, o major... acho que ele pensava que era ladainha, mas resolveu tentar qualquer coisa." E acontece que o major é um maluco. Suas habilidades psíquicas foram tão altamente consideradas pelo Almirantado que foi chamado para localizar submarinos afundados – e ele nunca errou.

Fui a um seminário de meditação em grupo do major. Mas era só mais um truque. Antes da sessão, ele nos disse algo sobre o potencial do poder da meditação em grupo – e que já havia visto um grupo levantar um órgão de igreja de 300 kg. Não encontrei motivo para não acreditar naquilo, uma vez que era impossível falsear algo assim. Durante a sessão, depois de alguns exercícios preliminares, o major pediu que víssemos uma coluna de luz no centro da sala e então nos levou para dentro da luz até um platô, no qual encontramos pessoas amistosas: de fato, a escadaria para o céu. Eu quero dizer, a gente realmente estava lá.

Eu virei para Jimmy Page e disse: "Claro que estávamos lidando ali com meditação – uma indução deliberada a um estado de transe de poucas pessoas sob o poder de um mestre. Essa ideia tem pouco em comum com um show de rock, mas a força subjacente é a mesma: a energia humana e seu poder de concentração". Comentei que o momento em que a escadaria para o céu se torna algo realmente possível para o público também é o de maior perigo. Jimmy expressou-se bem consciente do poder da concentração em massa, ciente dos perigos envolvidos, da habilidade e do equilíbrio necessários para evitá-los... É como dirigir um carregamento de nitroglicerina.

"Existe uma alternativa para o público", disse ele. "Não queremos que nada de mal aconteça a esses jovens – não queremos liberar nada além do que conseguimos dar conta." Falamos sobre magia e Aleister Crowley. Jimmy disse que Crowley foi amaldiçoado e tachado de mago negro, enquanto a magia não é nem branca nem negra, nem boa nem ruim – ela simplesmente existe: é o que as pessoas realmente sentem, o que querem, o que são. Eu disse que essa camisa de força do "isso *versus* aquilo" foi imposta pelo cristianismo, quando toda magia tornou-se magia negra; quando os cientistas tomaram o lugar da Igreja; e desde então o homem ocidental tem sido sufocado em um universo não mágico, conhecido como "as coisas são assim". O rock pode ser visto como uma tentativa de reviver o universo da magia.

Jimmy me disse que a mansão de Aleister Crowley tem vibrações muito positivas para qualquer um que esteja relaxado e receptivo. Ao mesmo tempo, a casa também tinha sido palco de uma grande confusão envolvendo indiretamente George Sanders, o ator, que foi capaz de livrar-se de acusações criminais. Sanders suicidou-se em Barcelona, e nós dois nos lembramos de seu bilhete de despedida: "Deixo-vos neste esgoto doce".

Eu disse a Jimmy que ele tinha sorte de ter aquela casa com um monstro no jardim da frente. E o monstro do lago Ness? Jimmy acha que ele existe. Eu me perguntei se ele teria alimento suficiente e pensei que isso era improvável – não é a improbabilidade, mas a falta de manutenção dos monstros que me preocupa. Será que Aleister Crowley tinha alguma opinião sobre o assunto? Aparentemente ele não havia se expressado a respeito.

Falamos sobre música de transe. Ele tinha ouvido o disco de Brian Jones, de gravações feitas em Joujouka. Discutimos a possibilidade de sintetizar o rock com as antigas formas de música de transe que foram desenvolvidas por séculos para produzir efeitos poderosos, às vezes hipnóticos, nos ouvintes. Tal síntese permitiria às antigas formas escaparem dos moldes do folclore e forneceria novas técnicas para grupos de rock.

Falamos sobre os efeitos especiais usados no show. "Claro", disse ele, "luzes, lasers, gelo-seco são bons – mas é preciso manter algum equilíbrio. O show tem de se sustentar sozinho e não depender demais dos efeitos especiais, não importa quão espetaculares eles sejam."

Levantei o assunto do infrassom, som grave abaixo de 16 Hz, o limite inferior da faixa de audição humana, enquanto o ultrassom é acima do limite superior da faixa. O professor Gavreau, da França, desenvolveu o infrassom como arma militar. Uma instalação poderosa de infrassom pode, segundo ele, matar todos em um raio de 8 km, derrubar paredes e quebrar vidros. O infrassom mata por meio da criação de vibrações dentro do corpo, de modo que, como Gavreau explica: "Você consegue sentir todos os órgãos do seu corpo se esfregando". Os planos para esse dispositivo podem ser obtidos no Escritório Francês de Patentes, e geradores de infrassom podem ser construídos a partir de materiais baratos. Não é preciso dizer, ninguém está preocupado com aplicações militares, mesmo ilimitadas, mas com aplicações mais interessantes e úteis, que atinjam muito mais que 8 km.

O infrassom cria vibrações no corpo e no sistema nervoso. Essas vibrações precisam ser necessariamente nocivas e desagradáveis? Todas as músicas tocadas em qualquer volume criam vibrações no sistema nervoso do ouvinte. É por isso que as pessoas as ouvem. Caruso, como todos se lembram, conseguia quebrar uma taça de champanhe do outro lado da sala. Especialmente interessante é a possibilidade de realizar pulsos rítmicos com o infrassom, ou seja, fazer música com infrassom. Você não consegue ouvi-la, mas pode senti-la.

Jimmy ficou interessado, e eu lhe dei uma cópia de um artigo de jornal sobre infrassom. Parece que o alcance mortal é de 7 Hz, e, quando está ligado, mesmo em volume baixo, afeta qualquer um dentro do limite. As pessoas se sentem ansiosas, enjoadas, deprimidas e finalmente exclamam em uníssono: "Eu me sinto terrível!" – a última coisa que você quer em um show de rock. No entanto, em torno das fronteiras do infrassom, talvez exista uma faixa de segurança a ser encontrada. Mantras budistas agem ativando as vibrações no corpo. Será que isso poderia ser feito de forma muito mais poderosa e segura através da utilização de ritmos em infrassom, que poderiam, naturalmente, ser combinados com a música audível? Talvez o infrassom desse uma nova dimensão ao rock.

Quem sabe algo comparável à comunicação sonar dos golfinhos possa ser desenvolvida, transmitindo uma experiência imediata de sonar, mas sem exigir a tradução simbólica? Mencionei a Jimmy que eu havia conversado com o Dr. Truby, que já trabalhara com John Lilly gravando o som dos golfinhos. O Dr. Truby é especialista em comunicação entre espécies, tendo trabalhado com financiamento do governo – e, para ele, quando todas as nossas crianças nascerem venusianas, vamos entendê-las. Sugeri a ele que toda a comunicação como conhecemos é na realidade a comunicação interespécies, mantida assim pela natureza da comunicação verbal e simbólica, que deve ser indireta.

Os golfinhos têm uma língua? O que é uma língua? Defino uma língua como um sistema de comunicação em que os dados são representados por símbolos verbais ou escritos – e símbolos não são os objetos aos quais se refere. A palavra *cadeira* não é o objeto cadeira em si. Assim, qualquer sistema de comunicação é sempre de segunda mão e simbólico, ao passo que podemos conceber uma forma de comunicação que fosse imediata e direta, eliminando a necessidade de símbolos. E a música certamente se aproxima muito mais de tal comunicação que a língua.

Poderia a comunicação musical tornar-se mais precisa com o infrassom, trazendo a toda música um segundo passo radical adiante? O primeiro passo foi dado quando a música saiu de salões de dança, bares e boates e foi para o Madison Square Garden e o Shea Stadium. O rock apela para as massas, em vez de ser a província de relativamente poucos aficionados. Pode o rock dar outro passo à frente, ou é uma forma autolimitada, confirmada pelas exigências de um público massivo? Quanto do que é radicalmente novo um público massivo consegue absorver com segurança? Voltamos à questão do equilíbrio. Quanto do material novo será aceito por um público massivo? O rock consegue evoluir sem deixar seus fãs para trás?

Falamos sobre o acumulador de orgônio de Wilhelm Reich, e eu lhe mostrei as plantas para construir esse dispositivo, que foram repassadas a mim pela filha de Reich. Basicamente, o dispositivo é muito simples: consiste de lã de ferro ou de aço por dentro e material orgânico por fora. Acredito que essa foi uma descoberta muito importante. Recentemente, um cientista da NASA anunciou uma teoria da "célula elétrica" de câncer que é quase idêntica à teoria de câncer de Reich divulgada há 25 anos. Ele não reconhece nenhuma semelhança com Reich. Mostrei a Jimmy a caixa orgônica que tenho aqui, e nós concordamos que acumuladores de orgônio em forma de pirâmide e/ou utilizando ferro magnetizado poderiam ser muito mais poderosos.

Conversamos a respeito do filme *Performance* e do emprego de técnicas não lineares nele. A técnica de *cut-up* foi aplicada à escrita por Brion Gysin, em 1959; ele disse que a literatura está 50 anos atrás da pintura e aplicou o método de montagem à escrita. Na verdade, a montagem está muito mais próxima da percepção dos fatos do que as pinturas representativas. Se, por exemplo, você andasse pela Times Square e então colocasse em uma tela o que viu, o resultado seria uma montagem... metade de uma pessoa cortada em duas por um carro, reflexos das vitrines, fragmentos das placas. Antony Balch e eu colaboramos em um filme chamado *Cut-Ups*, que foi dividido em segmentos e depois reorganizado aleatoriamente. Nicholas Roeg e Donald Cammell viram uma exibição do filme não muito antes de fazerem *Performance*.

Cut-ups musicais têm sido usados por Earl Browne e outros compositores modernos. O que distingue um *cut-up* de, digamos, um medley editado é que o *cut-up* é, em algum ponto, aleatório. Por exemplo, se você faz um medley pegando 30 segundos de uma série de partituras e reúne essas unidades arbitrariamente, isso pode ser um *cut-up*. Ele normalmente resulta em significados mais sucintos, e não *nonsense*. Aqui, por exemplo, uma frase tirada de um *cut-up* deste artigo: "Eu pude ver da 13ª fileira penetras com feixes de laser invadindo a plateia empolgada". (Um penetra foi retirado pela segurança da fileira na frente da nossa, incidente que eu havia esquecido até ver esse *cut-up*.)

Durante o jantar no Mexican Gardens, fiquei surpreso ao saber que Jimmy Page nunca tinha ouvido falar de Petrillo, que iniciou o primeiro sindicato dos músicos e talvez tenha feito mais do que qualquer outro homem para melhorar a situação financeira desses profissionais, protegendo os direitos autorais. É de se questionar se o rock teria se desenvolvido sem Petrillo e o sindicato, que colocou os músicos num patamar acima, atraindo, portanto, empresários, publicidade e o público em geral.

A música, como toda arte, tem origem mágica e cerimonial. Poderia o rock voltar a essas raízes cerimoniais e levar junto seus fãs? Existe no momento um grande interesse entre jovens no ocultismo e em todas as formas de expansão da consciência. Poderia o rock apelar diretamente para esse interesse? Em resumo, há uma série de tendências díspares à espera de ser sintetizada. Poderia o rock servir como veículo para essa síntese?

As cordas da guitarra arrebentadas, o solo de bateria de John Bonham, a vitalidade de Robert Plant – quando você consegue que tantas pessoas entendam isso, é muito bom. Compre um chapéu de palha na porta – o público todo acende isqueiros. Legal, lasers bem programados envolvem suavemente o público. Uma série de foguetes. Perigo de uma cidade fronteiriça mexicana. Começamos falando durante um chá de massa inconsciente – corta para uma foto de confusão de futebol em Lima. O árbitro uruguaio como outro astro do rock. Sons como de montanhas desmoronando com os riscos envolvidos. É nosso trabalho ver os problemas e o platô no centro da sala – lembra-se da escadaria para a Suíça? Incêndio realmente há. Se você se recusar, não pode vê-lo – a mesma força subjacente. Quer dizer, nós estávamos tocando num salão de dança no céu no momento em que a escadaria realmente possível para o público foi desbloqueada.

Palavra por palavra

WB: Eu gostei muito, muito mesmo do show. Acho que tem muito a ver com a música de transe marroquina.

JP: Sim, sim.

WB: Eu me pergunto se você foi conscientemente influenciado por aquilo...

JP: Bem, sim, tem uma música em particular, "Kashmir" – o baixo que a conduz –, ainda que nenhum de nós tenha realmente ido à Caxemira. É que nós todos estivemos muito envolvidos com esse tipo de música. Eu me envolvo muito com música étnica de todas as partes do mundo.

WB: Você já esteve no Marrocos?

JP: Não, não estive, e é muito triste afirmar isso. Eu só estive na Índia, em Bangcoc e em outros lugares do Sudeste Asiático.

WB: Bem, eu nunca fui para além de Atenas.

JP: Porque durante o período em que todo mundo estava viajando para lá, ao Marrocos, descendo mais, fazendo seus próprios caminhos até Istambul, eu estava na faculdade, e de lá fui direto para a música. Então realmente perdi todo tipo de viagem. Mas conheço músicos que foram, sentaram com os árabes e tocaram com eles.

WB: Eles pensam na música totalmente em termos mágicos.

JP: Sim.

WB: E a música é definitivamente usada para propósitos mágicos. Por exemplo, a música Gnaoua serve para espantar os maus espíritos, e a música Joujoula, para evocar o deus Pã. Músicos são todos mágicos, quase conscientemente.

♦ ♦ ♦

WB: Eu estava pensando na concentração de energia em massa que você consegue em um show pop; e se ela fosse, digamos, canalizada para alguma forma mágica... uma escada para o céu... poderia tornar-se muito real.

JP: É, eu sei. Tem gente tão ciente das energias que você está procurando que poderia facilmente... quer dizer, por exemplo, outra noite nós tocamos no Philadelphia Spectrum, que é realmente um buraco negro; como casa de shows... a segurança lá é a pior dos Estados Unidos. Eu vi esse incidente acontecer e estava quase fisicamente doente. Na verdade, se não estivesse tocando a guitarra, eu a teria jogado na cabeça de alguém. Era a de dois braços, que é realmente insubstituível, ou pelo menos teria de esperar mais nove meses para que fizessem outra lá na Gibson.

O que aconteceu: uma pessoa veio para a frente do palco tirar uma foto ou qualquer coisa, e obviamente alguém gritou: "Sai da frente". E o sujeito não saía. Então um cara ultrapassou a barreira, e outro, e outro, até que eles estavam todos empilhados... dava para ver os socos... Nessa única pessoa. Ele foi arrastado de lá pelo cabelo, e eles o estavam chutando. Foi terrível. Então, o que quero dizer é que... o nosso público, as pessoas que vêm nos ver são bem certinhas. Não são do tipo que vai ver Alice Cooper, em que você realmente *tenta* fazer com que eles cheguem a um estado em que tenham de agir daquele jeito, para você ter retorno disso e daquilo. E a palavra errada dita naquele momento poderia ter incendiado a coisa toda.

WB: Tem um certo equilíbrio a ser mantido ali.

JP: É, isso mesmo.

WB: O público naquele dia estava bem comportado.

♦ ♦ ♦

WB: Você costuma usar lasers em todos os shows?

JP: Aqui sim.

WB: Muito eficaz.

JP: Acho que podíamos ter mais, não acha? Uns 30 lasers! Sabia que eles colocaram um desses na Lua e o apontaram para cá? Mas foi condensado... É exatamente o mesmo laser que eles usaram na Lua. Fiquei muito impressionado com isso.

WB: Não é o tipo de máquina que causa problema...

JP: Se você olhar diretamente para o laser, sim.

WB: Sim, mas eu quero dizer... ele não abre um buraco...

JP: Não... Ele é retirado rapidinho. Só estou esperando o dia em que a gente vai ter hologramas... tridimensionais. A outra coisa que eu queria era o gerador de Van de Graaff. A gente via em filmes de terror...

WB: Ah, sim... Frankenstein e tal.

♦ ♦ ♦

JP: Quando viemos aqui pela primeira vez... quando o clima estava muito quente e tal... se ficasse no país por mais de seis meses, você era elegível... eles o arrastariam direto para cá.

WB: Eu não tinha percebido isso.

JP: É.

WB: Eu pensei que você tinha de se tornar um cidadão americano.

JP: Não, não. Nós quase estendemos um pouco mais nossa estada. Eu estava produzindo e tendo de trabalhar em estúdios aqui, e os seis meses estavam quase acabando... já estava quase no fim. E eu ainda tinha mais alguns dias para trabalhar no LP.

WB: Eles estavam lá com os papéis?

JP: Bem, não exatamente, acredito que obviamente levaria algum tempo, mas com certeza alguém viria aqui... você sabe, eles ficam de olho nas pessoas.

♦ ♦ ♦

WB: Você já ouviu falar de uma coisa chamada infrassom?

JP: Ahn, fala mais.

WB: Bem, infrassom é um som abaixo da faixa de audição. E foi desenvolvido por alguém conhecido como professor Gavreau, na França, como uma arma militar. Ele tinha uma instalação de infrassom que ligava e matava tudo num raio de 8 km. Ele podia também derrubar paredes e quebrar janelas. Mas o infrassom mata fazendo o corpo vibrar. Bem, o que eu queria saber era se a música rítmica em uma espécie de fronteira do infrassom pode ser usada para produzir ritmos na plateia – porque, claro, qualquer música com volume vai acionar essas vibrações. Isso é parte do processo para atingir esse efeito.

JP: Hum...

WB: Aparentemente... não é difícil construir esses aparelhos de infrassom.

JP: Eu já tinha ouvido falar disso, mas não uma explicação tão detalhada. Disseram-me que algumas frequências podem deixá-lo fisicamente doente.

WB: Sim, bem, pode ser fatal. Não é o que você está procurando, mas poderia ser usado só para iniciar as vibrações.

JP: Ah, ah... uma máquina de raios assassinos! Claro, quando o rádio foi inventado, tinha gente fazendo piquete em todas as estações de rádio, dizendo: "Nós não queremos esses raios venenosos" [risos]... bem... algumas notas podem quebrar copos, digo, cantoras de ópera conseguem quebrar copos com o som, não é verdade?

WB: É um dos truques do Caruso.

JP: Mas é verdade?

WB: Claro.

JP: Eu nunca vi alguém fazer isso.

WB: Eu nunca vi, mas sei que pode ser feito.

JP: Quero notas de laser, é isso que eu quero! Corta logo tudo.

WB: Pelo jeito, dá para fazer isso com coisas que você acha no ferro-velho. Não são máquinas difíceis de serem feitas. E a patente... é patenteado na França, e, de acordo com a lei francesa, você pode pegar uma cópia da patente, é só pagar uma taxa.

JP: Bem, você vê, a coisa é que é difícil ver do palco o que está acontecendo na plateia... Você pode só... Quer dizer, eu nunca vi a gente tocar, obviamente. Porque faço parte da banda... Só vejo em gravações ou escuto. Mas sei o que vejo. E é uma coisa de ritmo dentro da plateia, eu diria que é por aí. Sim, definitivamente. E é... música que envolve riffs, como num transe, e é realmente como um mantra... e nós fomos atacados por isso.

WB: O que um mantra faz é acertar algumas vibrações com o corpo, e isso, obviamente, faz a mesma coisa. Claro, isso vai... isso pode ir longe demais. Mas eu estava pensando se, em um nível de infrassom, existem algumas coisas interessantes a serem feitas.

JP: Ah.

♦ ♦ ♦

JP: No ano passado, estávamos fazendo shows que duravam três horas, e fisicamente aquilo era muito... quer dizer, quando eu voltei da última turnê, não sabia mais quem eu era. Não sabia nem para onde estava indo. Nós acabamos em Nova York, e eu só conseguia me relacionar com o instrumento no palco. Eu simplesmente não conseguia... Eu estava totalmente aéreo.

WB: Por quanto tempo você tem tocado ultimamente? O show foi de 2h30min.

JP: Foi de 2h30min, sim. Eu estava acostumado a fazer shows de 3 horas.

WB: Eu odiaria fazer uma leitura de 3 horas...

U.S. TOUR 1975
LED·ZEPPELIN
狂熱のライブ
LED ZEPPELIN
LED ZEPPELIN
IN CONCERT
LED ZEPPELIN
10·2 /3
LED ZEPPELIN IS MY BROTHER
エレキギターはグレコ

LED ZEPPELIN
LOTTA LOVE
THE SONG REMAINS THE SAME
Led Zeppelin
JIMMY PAGE
WORLD TOUR
1980·1981
LED ZEPPELIN
LED
ZEPPELIN
WORLD TOUR
1971

os LPs:

Physical Graffiti

por Jaan Uhelszki

Após quase três meses de produção, o álbum duplo *Physical Graffiti* deu os primeiros suspiros de vida em novembro de 1973, quando o Led Zeppelin ocupou o Headley Grand, em Hampshire, um antigo abrigo transformado em estúdio que pertencera a Ronnie Lane, ex-baixista do Faces, e que havia sido adquirido pelas organizações Zeppelin. A banda começou a trabalhar nesse grande projeto ao mesmo tempo em que Jimmy Page estava terminando a trilha sonora de *Lucifer Rising*, um filme de Kenneth Anger (mais conhecido por ter escrito *Hollywood Babylon*). Durante os primeiros estágios de pré-produção, John Paul Jones ficou doente, e a gravação foi adiada para fevereiro de 1974; um mês depois a banda anunciou a fundação do selo Swan Song Records.

Sem justificativa para desculpar-se pela demora, Robert Plant disse aos repórteres: "Aparentemente, essa banda não tem uma produção frenética, mas o fato é que, quando fazemos alguma coisa juntos, é sempre algo com que todos nós estejamos completamente satisfeitos".

Uma vez finalmente instalado, o grupo se recusou a ficar no Grange, preferindo um hotel de luxo próximo. Não só porque o Grange era um lugar sem cor, úmido e cheio de mofo, mas porque era conhecido por ser assombrado – algo que, sem nenhuma surpresa, mexeu com Page. Ele acampou sozinho entre os fantasmas e os espíritos, partilhando o espaço histórico com uma senhora sinistra vestida de cinza que flutuava sobre a parte superior do patamar do segundo andar. Em vez de deixá-lo nervoso, a mulher misteriosa alimentou a imaginação de Page e, sem dúvida, teve algum impacto sobre as coisas que ele estava escrevendo, mais notavelmente o arranjo melancólico de "In My Time Of Dying", bem como "Ten Years Gone", em que suas execuções lânguidas e arrítmicas fornecem uma trilha quase perfeita e quase líquida para as reflexões de Plant sobre o amor passageiro e as mudanças indesejadas (supostamente inspiradas na primeira namorada do cantor, que exigira que ele escolhesse entre ela e a música). Essa música mostra quão bem ele escolheu – e marca uma das primeiras vezes que o Zeppelin permitiu que suas próprias fraquezas abastecessem suas letras. A voz de Plant é desprotegida, vulnerável e nem sempre afinada, uma vez que ele utiliza uma série de metáforas aviárias, culminando na frase imortal "nas asas do talvez".

Mas o lado humano da banda não se restringe a essa faixa. Mesmo enquanto eles usavam as coroas de espinho das lendas do rock, suas palhaçadas apócrifas e seu mau comportamento hercúleo foram comentados diariamente entre os conhecedores – *Graffiti* os viu descer do Olimpo para escrever músicas bagunçadas e caóticas como qualquer coisa de *Exile On Main Street*, dos Rolling Stones, e tão variadas e aparentemente incongruentes quanto as do "Álbum Branco", dos Beatles. Ainda assim, "Nunca toco aleatoriamente", insistiu Page, lembrando que a ordem de execução das faixas era muito importante.

O primeiro indício de que as músicas não eram organizadas ao acaso foi o título do álbum. Foi chamado de *Physical Graffiti*, e não *The Graffiti Of The Gods*. Não ia ser arte de primeira, isso estava claro. Em vez disso, eles queriam gravar o que os emocionava, e não o que agradaria à gravadora. Veja as improvisações soltas em "Boogie With Stu" (com "o sexto Stone" Ian Stewart), "Black Country Woman" e "Bron-Yr-Aur", a última é o folk elogioso, plácido e acústico de Page para a casa de férias da família de Robert Plant, lugar onde a banda escreveu a maior parte de seu terceiro álbum, onde a filha de Page, Scarlet, foi concebida e onde o guitarrista austero e estoico alegou ter conhecido realmente Robert Plant.

O aspecto mais humanizado de *Physical Graffiti*, entretanto, pode ser o gracioso vazamento de som durante a gravação de 11 minutos e tanto de "In My Time Of Dying". O baterista John Bonham pode ser ouvido tossindo e, em seguida, perguntando: "Essa vai ser a tal, não é?" Também deixados na mixagem estão os sons de uma aeronave e a frase "Temos de pegar esse avião" em "Black Country Woman". Até esse momento, o Zeppelin era aparentemente inacessível. O grupo raramente dava entrevistas ou inclinava-se para falar com os fãs: quatro machos-alfa com o rei na barriga, envoltos em vestes turcas vermelhas, que, no momento em que deixaram o palco, foram levados de jatinho, não a uma ilha particular ou a Idaho, mas a suas suítes no lendário Hotel Plaza de Nova York, para comer lagosta e morangos e transar com mulheres fáceis. No entanto, aqui eles enrolaram as cortinas de veludo, passaram direto pelo incenso marroquino (bem, exceto na exótica e barulhenta "Kashmir"), abriram os portões para abalar Valhalla e se permitiram ser vistos como meros mortais.

Abrangendo uma vasta extensão de território musical, o Zeppelin se deu ao luxo de realizar *Physical Graffiti* graças aos sucessos estabelecidos no passado e também porque, agora com seu próprio selo, eles podiam. "Naquele momento, tínhamos liberdade de tentar qualquer coisa, fazer qualquer coisa, e essa era a beleza da banda, além de a música ter sido feita de forma diferente das coisas de hoje", disse Jimmy Page em 1997. "As bandas de hoje têm de tentar constantemente manter a cabeça na superfície."

Depois de seis álbuns de sucesso, o Zep estava quase andando sobre a água, e ninguém os importunava para pedir que mudassem a batida. Seu cônego estava cheio de hinos como "Stairway To Heaven", "Rock And Roll" e "Whole Lotta Love". Mas, ironicamente, esse álbum, sem nenhum hit óbvio, foi o único a ir direto para o primeiro lugar das paradas, duas semanas depois do lançamento, em fevereiro de 1975; e levou todos os últimos cinco álbuns da banda com ele, colocando-os de volta na parada da *Billboard* e tornando o Led a primeira banda a ter seis álbuns no Top 200 simultaneamente. Na época de seu lançamento (que recebeu mais de um milhão de encomendas antecipadas), o disco vendia 500 e tantas cópias por hora, mesmo depois da longa e extenuante discussão em torno da arte do álbum, que originalmente traria a imagem de Aleister Crowley, Lee Harvey Oswald e duas fotos da banda.

Mas esqueça a arte – o que tem dentro é o que importa, e as 15 músicas fizeram com que a crítica o chamasse de o mais "Lédico" de todos os álbuns do Led Zeppelin, passando por diversos gêneros e tempos. E eles mais uma vez gravaram músicas sólidas e dançantes com buscas espirituais místicas, notavelmente em "Kashmir". Foi a primeira música que Page escreveu para o álbum e a que mudou mais vezes até chegar à versão final. A primeira foi intitulada "Driving To Kashmir" e narrou uma viagem que Page e Plant fizeram ao Marrocos, mas não à Caxemira, em 1973. Até a época do lançamento, em 1975, nenhum dos membros da banda tinha posto os pés na região. A atmosférica, atonal, quebrada e perturbadora "Kashmir", juntamente com "The Rover" e "The Wanton Song", marcou a gigante e intocável reputação da banda de rock e facilmente poderia ter saído no *Led Zeppelin II* ou no *IV*.

Page ficou contemplando o lançamento de um disco duplo por algum tempo e explorou os cofres da banda, desenterrando gravações dos álbuns anteriores, misturando-as a composições mais recentes e criando uma visão extensa do que a banda era capaz de fazer: a inocência de "Ten Years Gone"; a espiritualidade triste e misteriosa de "In The Light"; o naturalismo nervoso e cantante de "Down By The Seaside"; a aparente simplicidade de "Custard Pie"; e as metáforas e mensagens confusas de "Night Flight". Juntas, elas são, no mínimo, um cartão de visita das realizações da banda. Na melhor das hipóteses, *Physical Graffiti* é um documento histórico que registra a época em que os dinossauros caminharam sobre a Terra. E caminharam orgulhosamente.

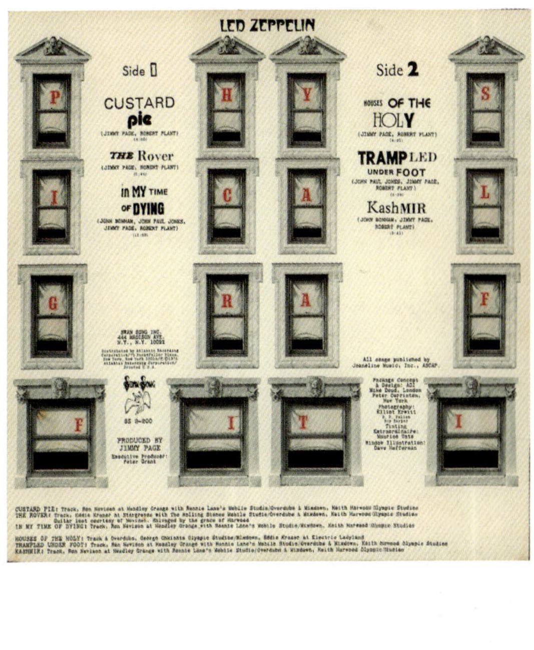

DATAS DA TURNÊ

"'Kashmir' é a minha preferida – tem um riff imbatível. Eu sempre respeitei Robert Plant como cantor. Ele é único."

—*Ian Hunter, Mott the Hoople*

DATAS DA TURNÊ

1º.1.1975	Ahoy Hallen, Roterdã, Holanda
12.1.1975	Vorst Nationaal, Bruxelas, Bélgica
18.1.1975	Met Center, Bloomington, MN
20–22.1.1975	Chicago Stadium, Chicago, IL
24.1.1975	Richfield Coliseum, Cleveland, OH
25.1.1975	Market Square Arena, Indianápolis, IN
29.1.1975	Coliseum, Greensboro, NC
31.1.1975	Olympia Stadium, Detroit, MI
1º.2.1975	Civic Arena, Pittsburgh, PA
3.2.1975	Madison Square Garden, Nova York, NY
4.2.1975	Nassau Coliseum, Uniondale, NY
6.2.1975	Montreal Forum, Montreal, PQ
7.2.1975	Madison Square Garden, Nova York, NY
8.2.1975	The Spectrum, Filadélfia, PA
10.2.1975	Capital Centre, Landover, MD
12.2.1975	Madison Square Garden, Nova York, NY
13–14.2.1975	Nassau Coliseum, Uniondale, NY
16.2.1975	Arena, St. Louis, MO
27.2.1975	Sam Houston Coliseum, Houston, TX
28.2.1975	Assembly Center, Louisiana State University, Baton Rouge, LA
3.3.1975	Tarrant County Convention Center, Fort Worth, TX
4–5.3.1975	Memorial Auditorium, Dallas, TX
7.3.1975	Events Center, Austin, TX
10.3.1975	Sports Arena, San Diego, CA
11–12.3.1975	Long Beach Arena, Long Beach, CA
14.3.1975	Sports Arena, San Diego, CA
17.3.1975	Seattle Center Coliseum, Seattle, WA
19–20.2.1975	Pacific Coliseum, Vancouver, BC
21.3.1975	Seattle Center Coliseum, Seattle, WA
24–25, 27.3.1975	The Forum, Inglewood, CA

Olympia Stadium, Detroit, MI, 31 de janeiro de 1975. *Robert Matheu*

7

Um grito das profundezas
1975

Backstage pass, U.S. tour, 1975.

O Led Zeppelin era a banda mais importante da Inglaterra, mas eles não podiam voltar para casa quando bem entendessem. Empresário sempre perspicaz, Peter Grant fazia com que eles vivessem como exilados fiscais, assim como os Rolling Stones, Marc Bolan, da T. Rex, e alguns dos ex-Beatles. Em maio de 1975, o Led Zeppelin teve permissão para retornar ao Reino Unido para uma temporada de cinco shows diante de 85 mil fãs, no Earls Court, em Londres, o primeiro palco de apresentações do grupo a partir de janeiro de 1973. Durante um dos shows, o Zep tocou uma versão de "Woodstock", de Joni Mitchell, e, em algumas apresentações, Robert Plant soltou piadas sobre as normas fiscais do Reino Unido e sobre seu ministro da Fazenda. Porém, o cantor e sua banda logo seriam silenciados.

Em 4 de agosto, Plant, sua esposa Maureen e seus três filhos viajavam de carro pela ilha de Rodes, na Grécia, quando o veículo, guiado por Maureen, bateu numa árvore. Ela quebrou uma perna, teve fraturas na pélvis e no crânio e precisou fazer uma transfusão imediata. (Por sorte, a irmã dela estava no banco de trás do carro, ao lado de Charlotte Martin, a namorada de Page, e Scarlet, a filha deles.) Plant, que estava no banco de passageiros, teve diversas fraturas, sendo a mais grave na perna direita. (Sentados no banco de trás, os filhos sofreram ferimentos leves, nada de grave.) Após terem recebido atendimento de emergência na Grécia, foram levados em um jato particular de volta para Londres, onde Page trabalhava em um documentário; Grant cancelou toda a turnê pelos EUA, prevista para começar dali a três semanas.

Diante do problema no dedo de Page e, agora, das fraturas de Plant, era de se perguntar: será que o diabo estava ridicularizando cada passo que eles davam? Enquanto Maureen se recuperava, Plant, o exilado fiscal, teve de deixar o Reino Unido. Passou, então, o período de recuperação nas ilhas do Canal, na França, longe da família e da banda. No início de setembro, Plant foi levado a Malibu, na Califórnia, onde se encontrou com Page. Começaram os ensaios para um sétimo álbum, praticamente a única coisa que a banda poderia fazer, tendo em vista a situação de Plant. Mas os encontros não ocorreram de modo tranquilo. Page reclamou do fato de John Paul Jones não estar no estúdio, e Jones,

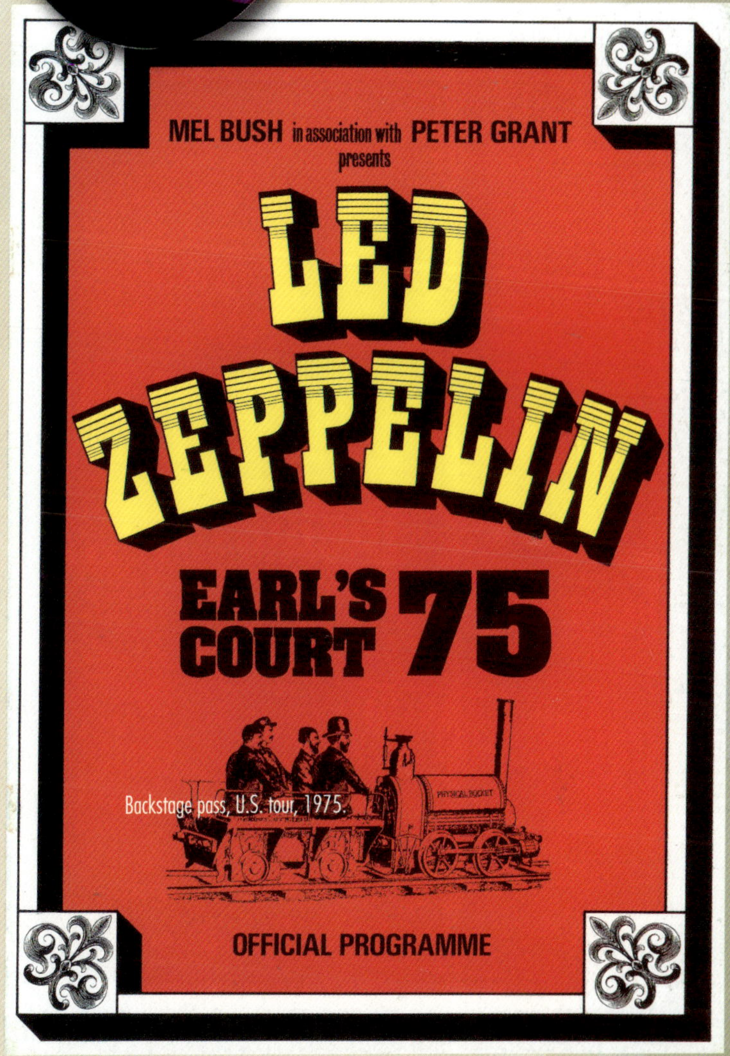

Programa do show no Earls Court, maio de 1975. Nele, o autor anônimo observa que Plant "ainda usa a mesma bota que usava nos primeiros shows da banda – na época de suas primeiras gravações, ele já usava fones de ouvido". Sobre Page: "Fica demasiadamente perturbado com cartas obscenas enviadas por fãs e outras pessoas. Ameaças de morte são frequentes". Sobre Jones: "Jones Junior prefere os Prelúdios de Debussy, Livro II e Ravel… 'Eu tinha um Rolls[-Royce],', continua ele, 'mas eu o vendi. Era ostentação demais'". Afirma-se que Bonham "é proprietário de 12 dúzias de vacas de alto *pedigree*... sua esposa as chama de 'tripas de amianto'".

Voltando para casa. *John Barnett/4 Eyes Design*

que quase abandonara o grupo em 1973, estava farto de ter de esperar por Page, que às vezes só aparecia às 2h da manhã. E, para Bonzo, não havia hora de ir para cama. Com saudades da Inglaterra, Bonham afogava as mágoas em Sunset Strip. Plant declarou à revista *Circus*:

> "Foi mesmo uma espécie de grito por sobrevivência. Eu não sabia se teria condições de voltar a trabalhar com a banda; não sabia se minha perna ficaria boa. Tínhamos planejado uma turnê mundial, mas, obviamente, esse plano foi por água abaixo. Fiquei preso em Malibu por um bom tempo e disse: 'Por favor, me deixem fazer música, me deixem fazer algo, senão eu vou pirar'. Já tínhamos acumulado certa munição em nossa viagem ao Marrocos; Jimmy e eu havíamos juntado um material grandioso, mas, cada vez que ouvíamos aquilo e começávamos a pensar sobre as ideias que tínhamos tido, nossa tendência era recuar. Fazia nove ou dez meses que estávamos fora da Inglaterra, e, por isso, acho que, do ponto de vista psicológico, o período que atravessávamos não era dos mais estáveis; éramos incapazes de enfrentar aquilo que, para nós, seria uma grande realização. Então, fomos ao S.I.R. [Studio Instrument Rentals, complexo de instalações para ensaios] e começamos a trabalhar em algumas coisas. No começo, foi difícil. Eu tinha de sentar numa cadeira com uma perna levantada, enquanto os outros tocavam no palco. Às vezes, eu ia para o outro estúdio, onde o Detective ensaiava; Michael des Barres cantava imitando meus gestos enquanto se olhava no espelho."

As leis fiscais americanas também limitavam o tempo de permanência do Led Zeppelin nos EUA. O grupo se reinstalou, portanto, em Munique, Alemanha, para trabalhar no Estúdio Musicland, no subsolo de um hotel. Já habituado a um ritmo mais tranquilo de gravações, o Led Zeppelin reviveu seus primeiros anos de banda, produzindo seu álbum seguinte em meros 18 dias – período em que Plant se deslocava numa cadeira de rodas.

"Contrariando todas as expectativas, sentado numa porra de cadeira de rodas, empurrado para cima e para baixo durante meses, ainda assim fomos capazes de olhar nos olhos do demônio e dizer: 'Nós somos tão fortes quanto você, ou até mais, e vamos não apenas compor, mas gravar', declarou o cantor à revista *CREEM*, em 1977.

Depois de 18 dias de gravação, a banda saiu de férias; Page permaneceu em Munique, fazendo os overdubs, a

Earls Court, Londres, 23 a 25 de maio de 1975.

H in association with PETER GRANT
ZEPPELIN
PHYSICAL ROCKET
EARL'S COURT
FRI 23rd SAT 24th SUN 25th
MAY at 8p.m.
Doors open 6 p.m.
BIRMINGHAM
GLASGOW
MANCHESTER
NEWCASTLE
LIVERPOOL
EUSTON
KINGS CROSS
LONDON TUBE TO EARL'S COURT
PADDINGTON
WATERLOO
BOURNEMOUTH
BRIGHTON
TICKETS
£2·50, £2·00
£1·50 & £1·00
AGENTS
Glasgow - Apollo Centre 041/332 6055
N'castle - Virgin Records 0632/24883
Liverpool - Cosmopolitan 051/709 3703
M'chester - Hime & Addison 061/834 8019
B'gham - Virgin Records 021/236 9196
Swansea - Virgin Records 0792/51499
Cardiff - Buffalo Records 0222/27034
Bristol - Virgin Records 0272/297431
Brighton - Virgin Records 0273/28167
Bournem'th - Setchfields 0202/26925
London Theatre Bookings 01/439 3371
& all branches Virgin Records 01/727 8070
ALL BOX OFFICES OPEN SAT. MARCH 15th, 10.00 a.m.
Designed by Peter Grainey Graphics Bournemouth

Caminhos loucos são evidentes

Ann & Nancy Wilson falam sobre música e Jimmy Page

por Gene Stout

"Ao tocar uma música do Led Zeppelin, há mesmo muita coisa a ser levada em conta, no que se refere à métrica", explica Ann Wilson. "Às vezes, eles invertem o ritmo, omitem dois ou três compassos aqui ou ali e, então, retomam a música no meio, deixando as pessoas perdidas no ritmo. Mas não é tão fácil assim tocar esse som direito e fazê-lo fluir. Por exemplo, na música 'The Crunge'. Esse é o exemplo perfeito de uma canção que caminha sobre si própria, mas que, de algum jeito, acaba funcionando."

Para Nancy Wilson, a descoberta de Jimmy Page, durante sua adolescência, foi transformadora.

"Com o surgimento do Led Zeppelin, os guitarristas se viam diante de uma situação completamente nova ao tentar assimilar o jeito de tocar do Jimmy. É um estilo blues, com certeza, mas traduzido numa linguagem própria", explica ela. "Quando se é um guitarrista jovem e impressionável em busca de uma referência, como era meu caso, é como o Santo Graal. Pois eu tinha toda a bagagem do folk, certa habilidade técnica para tocar os clássicos e muito rock'n'roll no currículo. Mas Page fazia uma mistura de blues com mágica. O modo como ele tocava era repleto de magia. Eu o considero um mágico, um Merlin com sua guitarra. A dissonância e o tom obscuro das coisas que ele escolheu para tocar certamente contrariam a natureza do blues e do rock'n'roll."

Nancy continua: "Não sou uma pessoa que tem um lado sombrio, mas a obscuridade da música de Page é muito atraente. Ele morou com Aleister Crowley, e dizem que praticava magia negra e tudo o mais. Bem, é assim que a música deles soa, para mim!"

O Led Zeppelin rompeu com uma série de regras. "É por isso que eles parecem tão perigosos, tão sexy e tão exacerbados", diz Nancy. "Eles tiveram a ousadia de mostrar uma marca pessoal. Ousaram desnudar a alma com sua música. E acho que isso é parte da grandeza deles."

edição e as mixagens – sua tarefa de sempre. *Presence* foi lançado em 31 de março de 1976 e teve mais resenhas positivas do que a banda estava habituada a receber. Até mesmo a *Rolling Stone* publicou uma crítica auspiciosa.

As sessões de gravação parecem ter sido marcadas pela incerteza. "Vamos colocar as coisas dessa maneira: não haverá outro disco como este", disse Plant à revista *Circus*, na época. "Foi um álbum de circunstância, um grito vindo das profundezas, a única coisa que éramos capazes de fazer. Sinceramente, nem eu, nem ninguém sabia o que iria acontecer. Se ele tivesse sido gravado seis, sete, oito anos antes, provavelmente o resultado teria sido muito mais rudimentar. Foi feito com os colhões, sabe? Foi assim que ele surgiu."

Extasiado, Plant declarou à *Rolling Stone*, tomando emprestada uma letra de "Immigrant Song": "Toda a energia que queimava dentro de nós e vinha sendo preparada para os shows brotou na composição das músicas e, mais tarde, no estúdio. O resultado é um álbum que é totalmente Zeppelin. Ele soa como o martelo dos deuses".

Anos depois, ainda era grande o entusiasmo de Plant pelo álbum *Presence*. Ele afirmou a Nigel Williamson: "*Presence* contém alguns dos melhores momentos do Led Zeppelin – perturbadores, incômodos, influenciados pelas drogas, aflitivos". Em parte, este sentimento de dor tinha motivos claros: em seu livro, Richard Cole afirmou que ele, Page e Bonham estavam envolvidos com heroína na época. O assunto não veio à tona nas declarações dadas por Page à *Guitar World* sobre o álbum *Presence*:

GW: *Presence* é um de seus discos prediletos. Por quê?

JP: Acho que é pelo fato de ter sido gravado em condições praticamente impossíveis. Robert estava com a perna engessada, e ninguém sabia se ele poderia voltar a caminhar. Foi assustador!

GW: Então, você lembra com carinho desse trabalho por ter sido uma vitória contra as adversidades?

JP: É exatamente isso. Ele reflete o auge de nossas emoções daquela época. Não tem nenhuma canção acústica, nenhum teclado, nenhuma suavidade no som. Havia também uma pressão incrível para que terminássemos o álbum no prazo. Fizemos a coisa toda em 18 dias. Eu trabalhava, em média, de 18 a 20 horas por dia. Também foi exaustivo porque ninguém mais, de fato, contribuía com ideias para as canções.

Earls Court, Londres, 17 de maio de 1975. *Chris Walter/Getty Images*

"O Led Zeppelin, de fato, era o Jimmy. Meu papel era, sobretudo, dar relevo a ele. Ele era muito... há uma palavra para isso, não é exatamente 'transgressor', mas ele definitivamente tinha uma visão premeditada do processo como um todo. Ainda que, com algumas de minhas letras e melodias, o álbum tenha tomado uma direção para a qual ele não estava preparado... Posteriormente, em duas situações, quando eu percebi uma maior autoconfiança, eu podia fazer com que ele mudasse de opinião em alguns aspectos... Mas era dele o papel principal. Os riscos foram dele. Os riscos fizeram do álbum algo memorável. Sem Jimmy não teria ficado bom. Quando as pessoas falam sobre a qualidade de outros guitarristas, estão falando de como eles tocam dentro dos limites das estruturas aceitas segundo o modo contemporâneo de tocar guitarra, do qual Page está a quilômetros de distância. Ele toca de outro lugar. Gosto de imaginar esse lugar como... um pouco à esquerda do Paraíso."

—*Robert Plant, em* Led Zeppelin: Light And Shade, *de Cameron Crowe*

Earls Court, Londres, 17 de maio de 1975. *Ian Dickson/Redferns*

Cabia, de fato, a mim compor todos os riffs, provável razão pela qual *Presence* é tão carregado com o som de guitarras. Mas eu não culpo ninguém. O astral de todos andava meio baixo. Tínhamos acabado de encerrar uma turnê, não tínhamos endereço fixo, Robert ainda estava engessado, e acho que todos estavam com um pouco de saudade de casa. Nosso astral acabou sendo sintetizado na letra de "Tea For One".

GW: Qual é a sua lembrança mais presente daquela época?

JP: A corrida contra o prazo. Tínhamos apenas três semanas, pois os Rolling Stones já haviam reservado o estúdio no período seguinte. Então, assim que a banda terminava de gravar, eu e o engenheiro de som, Keith Harwood, começávamos a fazer as mixagens, até cairmos de sono. Quem despertasse primeiro acordava o outro, e assim continuávamos a trabalhar, até cairmos no sono de novo.

GW: Na época, vocês não tinham autoridade para exigir mais tempo junto à gravadora para concluir o disco?

JP: Claro que sim, mas eu não queria fazer isso. Eu não queria que o disco se arrastasse. Naquele contexto, senti que, se isso acontecesse, um componente negativo e destrutivo seria acrescentado à situação. A urgência nos ajudou a produzir um álbum interessante.

O disco trazia na capa a foto de um casal com seus dois filhos pequenos, todos bem-vestidos, sentados à mesa de um restaurante com vista para uma marina com veleiros. (Teria sido uma referência ao Edgewater Inn, de Seattle?) Sobre a mesa, uma pequena estátua de um obelisco retorcido, cuja imagem também é reproduzida na face interna da capa. Page explicou o simbolismo desse objeto num chat publicado no portal AOL, em 1999: "Bem, a ideia, aqui, era ter a presença de algo que talvez pudesse ser visualizado por alguém do futuro. É como se, digamos, fosse o ano 2050, e as pessoas olhassem e vissem naquilo o equivalente a um rádio de válvulas dentro da casa, mas não soubessem o que era, a menos que alguém lhes explicasse o sentido daquilo... No futuro, alguém que olhasse para aquilo veria o objeto sobre a mesa, seria parecido com as válvulas de rádio dos anos 1950. Mas era uma presença dentro da casa. Era algo tão importante que eles gostavam daquilo... O rádio era o veículo das músicas da época. O título do disco não era apenas um jogo de palavras, mas um jogo de imagens".

Neil Young interview PAGE 14

J.J. Cale in the flesh PAGE 20

Amplification survey PAGE 34

LED ZEPPELIN STORM BACK

LED ZEPPELIN hit new, astronomical heights this week. The band are set to break sales records with the release of their seventh album, "Presence", tomorrow (Friday). Already, "Presence" is assured of gold disc status. It has become the fastest selling album — on advance sales to the record dealers — in the history of the WEA group, to which Zeppelin's own label, Swan Song, is affiliated.

Said Dave Dee, general manager of Atlantic Records: "This Zeppelin album is going to be a monster. It will be the biggest Zeppelin album in this country ever. We were prepared for this one. We'd heard the tapes of the album some time ago and knew demand would be enormous. Everyone here is very enthusiastic about it."

"Presence" was recorded over a three-week period before Christmas at the Musicland Studios in Munich.

Three weeks ago, Page enthused to the MM about "Presence":

"There's a lot of urgency about it. There's a lot of attack to the music." And reviewing the album in this week's MM, Chris Welch writes:—

"The excitement Zeppelin generated with their relentless performances of 'Trampled Underfoot' at their last concerts was among the more memorable rock events of the last couple of years . . . now, a whole album of dynamic compositions, delivered with a fervour that shows how anxious the band were to get down their new ideas.

"This single album has certainly caught Zeppelin with their atomic particles flying."

"One track in particular, "Achilles Last Stand," captures the electric feeling prevalent on the entire album.

"'Achilles Last Stand' is Zeppelin at their most propulsive and its speed and pace, related by the locomotive drumming of John Bonham, have the knack of finding a fresh basis to work out on and provide the basis for the duelling role of Jimmy's guitar and Robert's vocals."

● Album review in depth: page 9.

A *Melody Maker* anuncia o lançamento iminente de *Presence*.

MIKE WATT, SOBRE A MÚSICA E JONESY

POR DENNIS PERNU

"NEM INIBIDO, NEM ALUCINADO"

Desde 1980, quando, em parceria com D. Boon, fundou The Minutemen, influente banda punk da Carolina do Sul (EUA), Mike Watt tornou-se um dos mais respeitados baixistas do mundo. Passe um tempo com ele e, segundo a revista *Bass Player*, "você aprenderá lições além da compreensão da maioria dos acadêmicos".

Embora isso possa parecer um anátema para a associação estreita e histórica entre Watt e o indie rock, e mesmo com o jazz de vanguarda, seu vocabulário musical está repleto de referências ao "rock clássico". Ele se recorda de ter visto um show do Led Zeppelin em Long Beach em 1975, pouco depois de ter começado a tocar baixo. Se sua expectativa era aprender alguma coisa com o instrumento de quatro cordas naqueles shows, a acústica de então, típica de uma arena de hóquei, o decepcionou.

"Você tem de entender como eram os shows daquela época", diz Watt. "O sistema de amplificação priorizava o vocal. Veja aquelas fotos antigas, há todo tipo de amplificadores ali. O baixo consistia mais em uma nota contínua do que em uma melodia. Plant, considerando aquela acústica em particular, era capaz de driblar os obstáculos. Esse era um grande diferencial do Led Zeppelin em relação aos demais, com exceção, talvez, do Humble Pie, com Steve Marriott. Não havia nada que limitasse aquela frequência. E o Page, então... cara, que eloquência musical..."

Olympia Stadium, Detroit, MI, 31 de janeiro de 1975. *Robert Matheu*

De volta ao quarto, Watt e Boon, assim como inúmeros outros adolescentes antes e depois deles, acampavam ao lado de seus toca-discos e se punham a analisar os riffs de grandes bandas, entre elas o Zeppelin. "*Led Zeppelin III* era meio esquisito", lembra-se Watt. "Quase todo acústico, mas Boon gostava daquilo. Ele aprendeu todos os acordes e tudo o mais, mas eu ainda não conseguia escutar as linhas do baixo. Ouvíamos o disco numa vitrola pequena, com aqueles pequenos alto-falantes de plástico, sabe? Não dava para ouvir."

"Pouco tempo depois", prossegue Watt, "assistimos a *The Song Remains The Same* e ouvimos 'Black Dog', e eu só imitava a guitarra. E, de fato, em algumas das músicas, o baixo segue a melodia da guitarra, então ficava tudo certo."

No fim, Watt, Boon e George Hurley, baterista do Minutemen, começaram a perceber as limitações criativas de simplesmente tocar covers. "A ideia da música como forma de expressão se perdeu completamente", explica Watt. "Imitar os riffs e coisas do gênero era como construir maquetes. 'Pode até parecer a coisa real, mas é só um pedaço de plástico'. Ninguém achava que talvez houvesse algo dentro de você que pudesse ser expresso por meio da música. Eu mesmo não descobri nada disso até conhecer o punk – pessoas que mal sabiam tocar, mas tentavam compor canções. Você nunca vai compor uma 'Black Dog', entende?"

À medida que o Minutemen se estabelecia na emergente cena punk de Los Angeles, eles começaram a sentir pressão dos colegas para rejeitar o Led Zeppelin e outras influências. "Com o Zeppelin, foi estranho", explica Watt. "Era meio que como os Beatles – são músicos incríveis, uma banda excelente... Mas simplesmente incomodava que todos gostassem deles. Acho que tínhamos a mente menos aberta naquela época do que os jovens de hoje."

Após a morte precoce de Boon em 1985, Watt entrou numa fase musical de crescente insegurança, mas desde 1987 sua prolífica produção inclui sete lançamentos com a banda fIREHOSE, heróis do indie rock dos anos 1990, além de conjuntos experimentais e discos solo. Em 2003, foi chamado para ser o baixista da nova formação do Stooges e, em 2006, recrutado para sessões de gravação com Kelly Clarkson, vencedora do *American Idol*.

Mais de 25 anos de atuação como músico em incansáveis turnês permitiram a Watt avaliar melhor seus antecessores e, particularmente, John Paul Jones.

"Bem... meu Deus, ele é um tremendo baixista", diz Watt. "Acho que ele assimilou seu papel no Led Zeppelin. Parecia disposto a se ocultar para estar a serviço da canção, para servir ao bem comum, à banda. Ele se mostrava seguro e tinha um jeito muito tranquilo de tocar... nem inibido, nem alucinado. De todas as grandes bandas dos anos 1970, o som do baixo do Zeppelin parecia o mais sólido."

Ainda Watt: "Li uma declaração incrível de Jones, sobre o fato de ter tocado em jam sessions antes de entrar no Zeppelin: como ninguém compunha para o baixo, ele tocava o que queria. Fui então ouvir 'The Hurdy Gurdy Man', de Donovan, que me lembrava de escutar quando era jovem. Você pode ouvi-lo tocando nessa viagem incrível com baixo distorcido. É minha performance predileta de Jones. Além disso, muito do que ele fazia era misterioso. O fato de sair do baixo para tocar teclado ou violão no meio do show, isso na época era estranho".

Watt equipara a produção de Jones à dos Butthole Surfers, punk rockers psicodélicos do Texas, e ao compositor vanguardista Diamanda Galas, como prova da credibilidade pós-Zep que Jones tinha entre os jovens. Mesmo assim, as contribuições de Jones à obra do Led Zeppelin, sofisticadas e sempre apropriadas, são o aspecto que Watt mais admira – aquilo a que ele se refere como um jogador que dá assistências mais do que mantém o domínio da bola.

"Ouço os trechos tocados por Jones hoje, e – uau! – o Led Zeppelin faz muito mais sentido, especialmente nas passagens em que ele combinava o baixo com a bateria. John Bonham não usava todos os recursos do instrumento, como Keith Moon, e tinha uma maneira estranha de marcar as síncopes, sobretudo com o bumbo, que tem o som mais próximo ao do baixo. Mas ele marcava o ritmo muito bem, e acho que John Paul Jones só conseguia preencher com o baixo os espaços vazios da música porque Bonham já estava ali, marcando o tempo. Era meio que como um baixista be-bop – um cara assombroso, com uma batida muito forte. De certo modo, ele de fato conduz o ritmo, realmente forte, mas sem intimidar, sabe como é: nada de 'Olhem pra mim! Olhem pra mim!'"

"SE EU TOCASSE GUITARRA, SERIA JIMMY PAGE..."

POR TAD KUBLER, THE HOLD STEADY

Para mim, tudo começou na manhã de 25 de dezembro de 1980, quando ganhei meu primeiro toca-discos aos 7 anos. O presente vinha acompanhado de dois álbuns. O primeiro deles, aprovado por meus pais: *Free To Be... You And Me*, de Marlo Thomas and Friends; foi lançado em 1972 e imediatamente se transformou na sensação pop do momento... para os pais. A mensagem do disco era simples: crescer é difícil, e, como já diz o título, você é livre para ser o que desejar. O segundo disco não foi bem recebido por meus pais, mas, depois de eu ter ouvido atentamente o dos meus vizinhos mais velhos e passado semanas negociando e até implorando ao meu pai, o disco me chegou às mãos, embrulhado num papel de seda verde com um laço vermelho: *Led Zeppelin* foi lançado em 1969 e possuía uma mensagem um pouco diferente daquela que Marlo e seus amigos tentavam comunicar. E, ainda que, em 1980, aos 7 anos de idade, eu fosse incapaz de compreendê-la, eu passaria os sete anos seguintes tentando decifrá-la.

Aos 14 anos, eu finalmente era capaz de refletir sobre tudo aquilo, e então passei os 20 anos seguintes tentando reproduzir aquela mensagem. No momento em que pus as mãos na minha primeira guitarra, eu sabia que o verso "Se eu tocasse guitarra, seria Jimmy Page..." era sobre mais do que garotas jovens. E, embora isso soe melhor quando é dito por Mike D., ele não toca guitarra.

Cresci na região do Midwest. Em parte. Comecei a participar de corridas de BMX com meu irmão menor, quando tinha 7 anos. Quando fiz 9, meu irmão e eu nos destacamos dos iniciantes em pistas locais, transformando-nos em pirralhos especialistas que competiam em nível nacional. Meu pai também foi contagiado, e isso nos levou a fazer viagens em fins de semana – que se transformaram, apesar da objeção de minha mãe, em viagens semanais. Isso fez também com que tivéssemos de crescer em quartos de hotel pelo país afora, tendo – como se pôde constatar – pouca ou nenhuma supervisão dos adultos.

Havia um grupo de pais e filhos envolvidos com as corridas de BMX, de Secaucus a San Diego, que deu origem a uma espécie de evento social. Depois das corridas, pais e mães se encontravam no bar e no restaurante do hotel, enquanto os filhos eram deixados sob a supervisão de crianças um pouco maiores. Basicamente, fui criado por um bando de colegas entre 16 e 18 anos, de várias regiões do Midwest – que, tecnicamente, eram adultos, mas também adolescentes. Essa é a transição à qual minha mãe se refere hoje como "adolescência acelerada".

Qualquer que fosse a noite ou a cidade, a cena se repetia: quartos de um mesmo andar eram invadidos por *hooligans* de corridas de BMX de todas as idades. Não era muito diferente de *Riot House*, que me foi explicada em detalhes pouco depois de eu começar a me aperfeiçoar como vândalo. Largávamos por toda parte as bandejas do serviço de quarto, derrubávamos máquinas de venda de bebidas, saqueávamos máquinas de fliperama, andávamos de bicicleta pelos corredores e sobre os colchões, atirávamos no corredor ou da varanda qualquer coisa que não estivesse pregada ou fixa no chão, acionávamos os extintores de incêndio dentro dos elevadores e, de modo geral, aterrorizávamos os funcionários do hotel. (Anos depois, fiquei sabendo o que "Fast" Eddie Semo queria dizer ao me chamar de "Lil Bonham" quando me via ateando fogo a um banheiro do Holiday Inn. Muito antes disso, porém, eu soube que o apelido dele foi dado por uma ex-namorada e não era tão elogioso como o que ele usava para me chamar.)

Fazendo outra referência aos Beastie Boys, nós destruíamos hotéis como se eles estivessem saindo de moda – tudo isso ao som de aparelhos portáteis que tocavam rock clássico em alto volume. Tocávamos de tudo, de AC/DC a ZZ Top, de Boston a Yes. Os garotos mais velhos nos explicavam como conquistar as garotas, limpar a erva, enrolar baseados e entornar Heinekens (a cerveja popularizada entre os adolescentes por Eddie Van Halen). Enquanto me bombardeavam com seus discos num ritmo alucinante, me explicavam a importância e a influência de cada banda de rock dos anos 1960 e 1970. Mas o som de uma banda era sempre tocado, e eu jamais precisei perguntar quem eram eles ou por que estavam ouvindo aquela música: foi um dos meus primeiros discos. Os berros do cantor eram inconfundíveis; o baixo, profundamente alinhado com a bateria, que parecia ser tocada num enorme estacionamento. E finalmente... Houve tantas tentativas de descrever este som. Afirmações categóricas e pedantismo. Debates e deliberações. Milhares de metáforas e comparações que não cabe repetir aqui. Descrever o som da guitarra é muito simples. Era Jimmy Page.

Algo de que jamais vou me esquecer da época em que passei naqueles quartos de hotel era o desejo de ser como um daqueles garotos, que compreendiam o significado do rock'n'roll. Mais importante ainda: o significado do Led Zeppelin. Eu ouvia a conversa deles entre uma faixa do Zeppelin e outra; queria muito ter a sabedoria que eles tinham acumulado ao longo de seus 18 anos para poder articular o conhecimento e a admiração que tinha por esta banda, à qual, ainda hoje, as demais são comparadas. Eu os observava de perto. Percebia que, à medida que uma música do Zeppelin mudava para outra, mudavam também o estado de espírito e a linguagem corporal, assim como a fala e o modo de conversar. O som parecia exercer controle não apenas sobre a mente, mas sobre o espírito e a alma. Olhando em retrospectiva, hoje percebo que é isso mesmo o que Led Zeppelin é capaz de fazer.

Nenhum daqueles rapazes jamais contestaria o fato de que Plant transava com todas as garotas. Que Jonesy era um gênio da música. Que Bonham era (e é) o maior baterista de rock que já existiu. Mas uma coisa que jamais vou esquecer é que, durante as audições à noite, de tantos em tantos segundos, alguém interrompia:

"Espera! Escuta! Saca só o que Jimmy fez nesse trecho, cara!"

"Não, não! Espera! Ouve isso aqui! Olha só isso!"

"Ah, cara! Jimmy! Você ouviu isso?!"

"Espera! Escuta como o Jimmy toca essa parte! Escuta só!"

Dois anos se passaram, e as corridas de BMX se tornaram absurdamente populares. A essa altura, garotas circulavam perto das pistas. Isso tinha se transformado num esporte com espectadores, e os caras que corriam bem e tinham boa aparência colhiam os benefícios. Os rapazes com quem eu gostava de andar passaram a carregar violões. Eu ficava impressionado: como eles tocavam mal comparado àquilo que eu estava acostumado a ouvir em casa. Mas acho que o que mais me surpreendeu foi que aquelas garotas não davam a mínima para o fato de eles tocarem daquele jeito tosco. Aparentemente, elas simplesmente gostavam de caras que tocavam violão. (Embora eu achasse isso absurdo, na época minha mente registrou a informação. Anos depois, já no colegial, estava numa festa com fogueira e bebedeira quando vi um violão jogado no chão. Fui até ele e o apanhei. Assim que percebi Becky C. prestando atenção em mim, e antes que ela tivesse chance de ir embora ao lado de Ryan R., eu usei o último trunfo que tinha naquela noite. Ela não foi embora com Ryan.)

Por mais ciúme que eu sentisse de as garotas estarem passando mais tempo com os rapazes mais velhos, em seus quartos, depois das corridas, tirei proveito da situação. Tinha prestado atenção suficiente para saber que aqueles caras não tinham planos de tocar para as garotas sua versão horrível de "More Than A Feeling" em seus violões abomináveis. Eu sabia que eles tinham sacado: deixar um de seus violões comigo durante algumas horas faria com que eu parasse de perturbá-los.

Nem mesmo a própria hilaridade da cena – eu com 11 anos de idade, sofrendo de amores com um violão em um hotel destruído – está perdida. Na verdade, aposto que é algo bastante parecido com muitas das atuais bandas indie resolvendo problemas de relacionamento. Mas, em meu caso, tudo o que bastava era tentar tocar com um disco de rock clássico durante algumas horas, de vez em quando.

Jimmy Page, 1975.

Meus anos de adolescente progrediam, e as corridas de BMX iam e vinham. A combinação entre viagens e o tempo passado longe da escola me deixava um tanto distante dos meus colegas. O que, por sua vez, provavelmente levou à substituição dos discos do Van Halen e do Led Zeppelin, que giravam em minha vitrola, por outros do Clash e do Black Flag. A cena do punk rock da década de 1980 veio acompanhada da percepção de que não era necessário tocar bem para formar uma banda. Essa afirmação é contestada com veemência por alguns. Mas, como eu disse, era apenas uma percepção. Às vezes, revelava-se verdadeira. Para o bem ou para o mal, o efeito mais bacana disso foi permitir a inúmeros adolescentes que encontrassem amigos que também tocassem, mal ou bem. E, no fim, eu me senti confiante para tocar diante das pessoas. Para mim, a regra tem sido a tentativa de mostrar meu potencial para as pessoas, em vez de ficar falando. Daquele momento em diante, tive dezenas de bandas, com dezenas de nomes diferentes, que percorreram dezenas de sons e gêneros diferentes. Muitas delas não passavam de lixo, em níveis variados. Histórias passadas em subsolos e ensaios em lugares destruídos. Problemas com vans e clubes pequenos. Cerveja barata e fitas demo de quatro faixas. Histórias de guerras e xingamentos. Mas uma coisa que nunca mudou foi minha paixão pelo rock'n'roll e as lembranças de meus primeiros contatos com ele. E a banda que sempre me deu a melhor definição disso foi o Led Zeppelin.

Aos 11 anos, acho que eu nunca tinha ouvido a expressão "através do espelho", nem tampouco seria capaz de compreendê-la. Porém, ao pensar naquela época, posso dizer com segurança que sempre soube o que eu gostaria de fazer. Devo ter precisado de nada mais que os 4 minutos e 14 segundos de "Heartbreaker" para me decidir. Mas, ainda hoje, meus sentimentos são os mesmos que os daquele garotinho no quarto de hotel.

Se um dia quisesse que alguém me ouvisse, eu tocaria guitarra. E eu tentaria tocar como Jimmy.

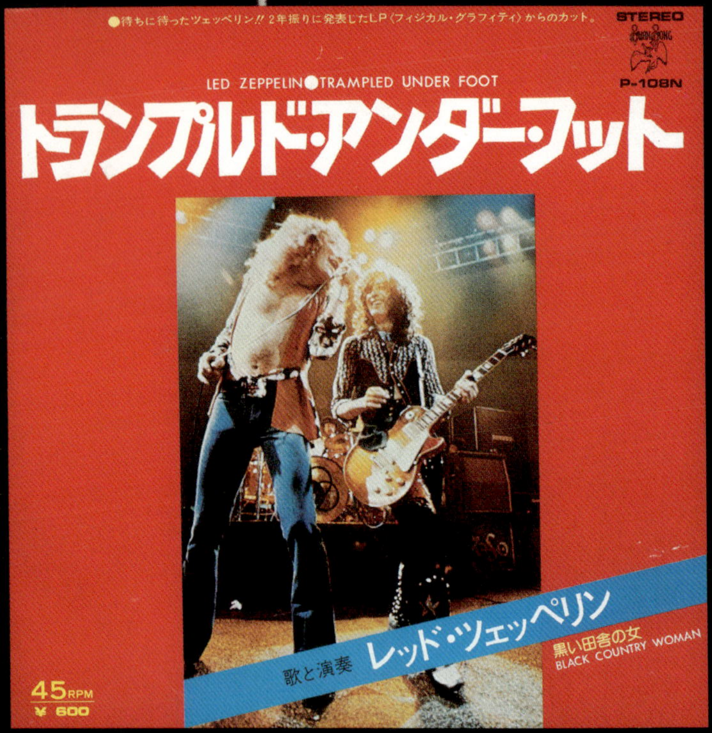
●待ちに待ったツェッペリン!! 2年振りに発表したLP〈フィジカル・グラフィティ〉からのカット。
STEREO
P-108N
LED ZEPPELIN●TRAMPLED UNDER FOOT
トランプルド・アンダー・フット
歌と演奏 レッド・ツェッペリン
黒い田舎の女
BLACK COUNTRY WOMAN
45RPM
¥ 600

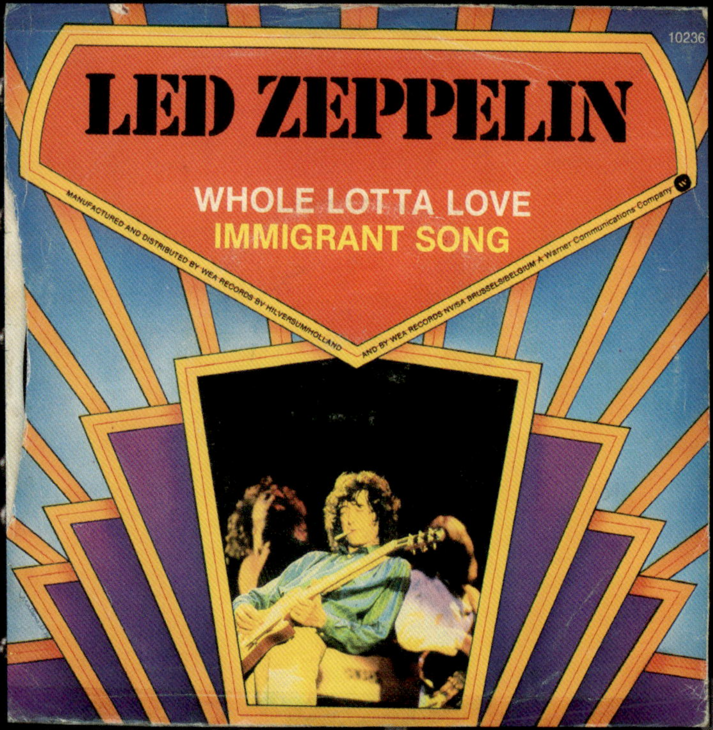
10236
LED ZEPPELIN
WHOLE LOTTA LOVE
IMMIGRANT SONG

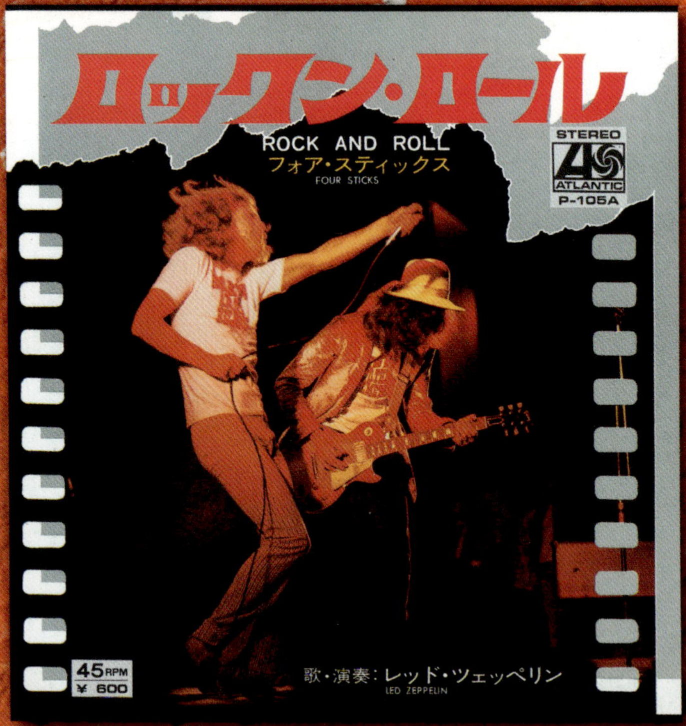
ロックン・ロール
ROCK AND ROLL
フォア・スティックス
FOUR STICKS
STEREO
ATLANTIC
P-105A
45RPM
¥ 600
歌・演奏：レッド・ツェッペリン
LED ZEPPELIN

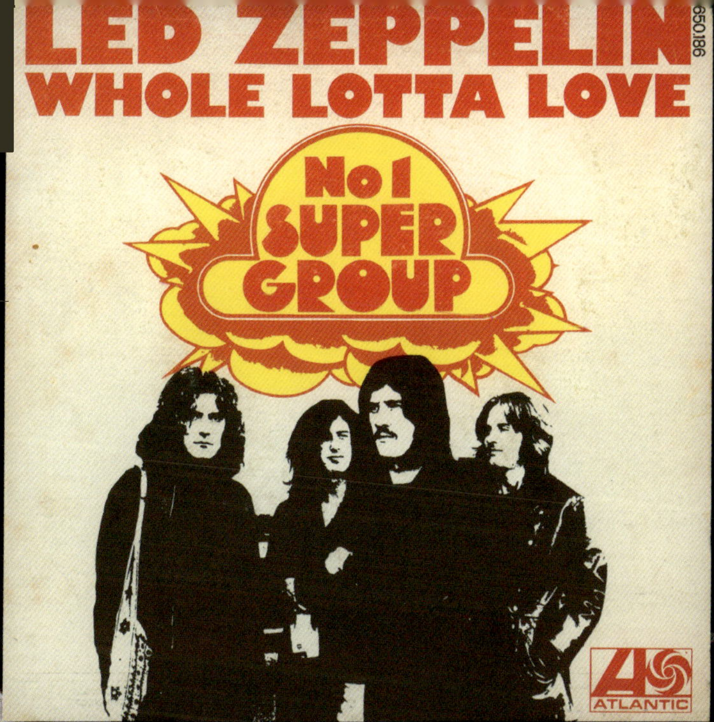
LED ZEPPELIN
WHOLE LOTTA LOVE
650186
No 1
SUPER
GROUP
ATLANTIC

●ロック史上に残こるツェッペリン不朽の名作「移民の歌」！
移民の歌
ホワット・キャン・アイ・ドゥ
歌／レッド・ツェッペリン
STEREO
ATLANTIC
P-115A
45 RPM
¥ 600

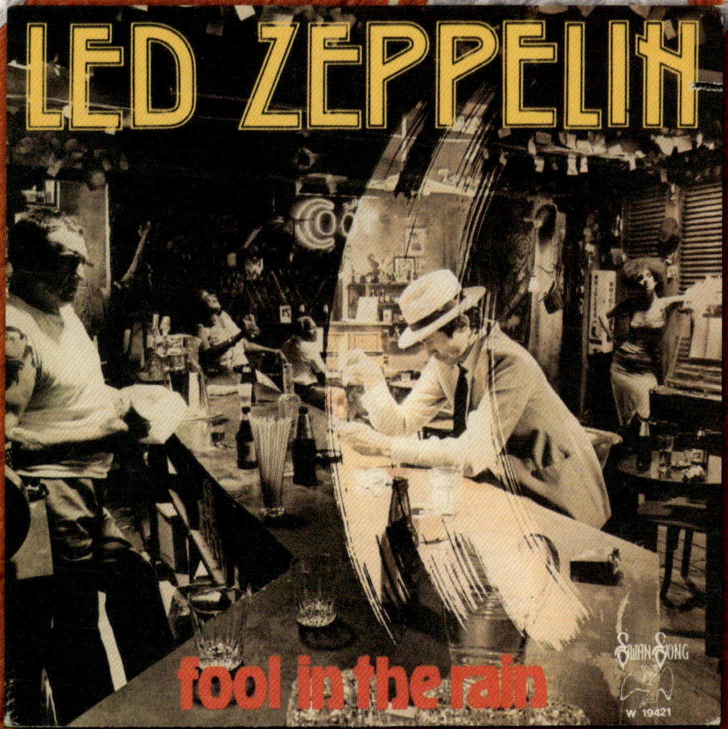
LED ZEPPELIN
fool in the rain
Swan Song
W 19421

6
АРХИВ ПОПУЛЯРНОЙ МУЗЫКИ
лед зеппелин
лестница на небеса
led zeppelin
stairway to heaven

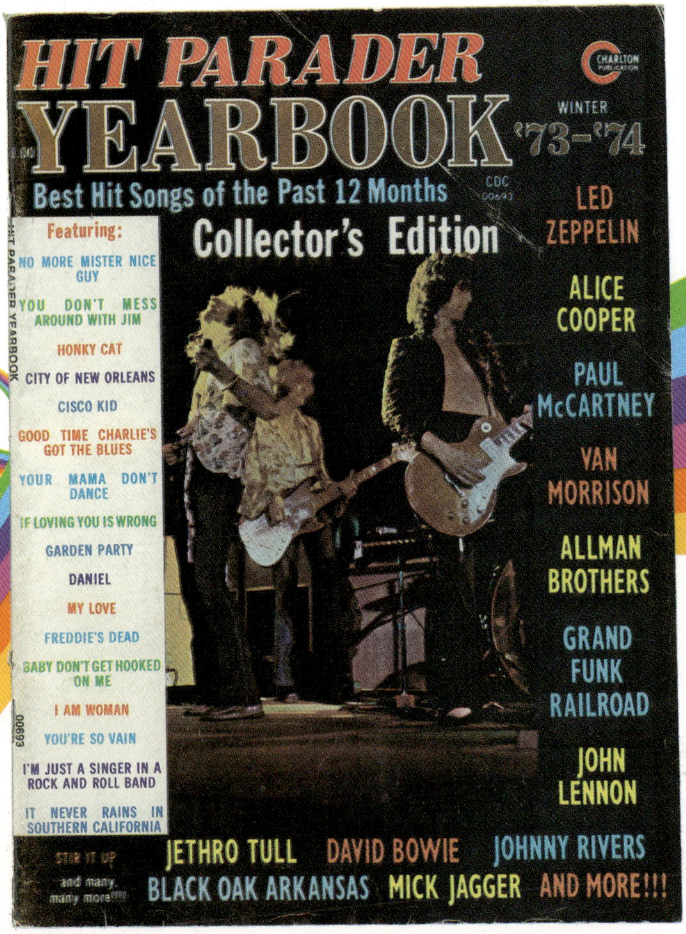
HIT PARADER
YEARBOOK
WINTER '73–'74
Best Hit Songs of the Past 12 Months
Collector's Edition
Featuring:
NO MORE MISTER NICE GUY
YOU DON'T MESS AROUND WITH JIM
HONKY CAT
CITY OF NEW ORLEANS
CISCO KID
GOOD TIME CHARLIE'S GOT THE BLUES
YOUR MAMA DON'T DANCE
IF LOVING YOU IS WRONG
GARDEN PARTY
DANIEL
MY LOVE
FREDDIE'S DEAD
BABY DON'T GET HOOKED ON ME
I AM WOMAN
YOU'RE SO VAIN
I'M JUST A SINGER IN A ROCK AND ROLL BAND
IT NEVER RAINS IN SOUTHERN CALIFORNIA
STIR IT UP
and many, many more!!!
LED ZEPPELIN
ALICE COOPER
PAUL McCARTNEY
VAN MORRISON
ALLMAN BROTHERS
GRAND FUNK RAILROAD
JOHN LENNON
JETHRO TULL
DAVID BOWIE
JOHNNY RIVERS
BLACK OAK ARKANSAS
MICK JAGGER
AND MORE!!!

BOWIE • ZZ TOP • BEATLES • LYNYRD SKYNYRD • RUNAWAYS
America's Only Rock 'n' Roll Magazine
$1.00
APRIL 1977
50p
creem
LED ZEPPELIN
Page Gets The Led Out
BRUCE SPRINGSTEEN
Blinded By The Hype?
KINKS Interview
Ray Davies In Disgrace!
PARLIAMENT FUNKADELIC
Comin' To Getcha!
LEO SAYER
Dancing Fool
KISS
Dreem Date
Whips, Chains And Twinkies
SEX PISTOLS Last Shot?
MITCH RYDER Retread
ROLLERmania
• Marshall Tucker
• John Oates
• Blondie
• Abba
A PRE-TOUR TALK WITH JIMMY PAGE

Sonido
la revista musical
300 pesos
Presenta su
NUMERO ESPECIAL
LED ZEPPELIN
CON 13 FOTOCARTELES A TODO COLOR

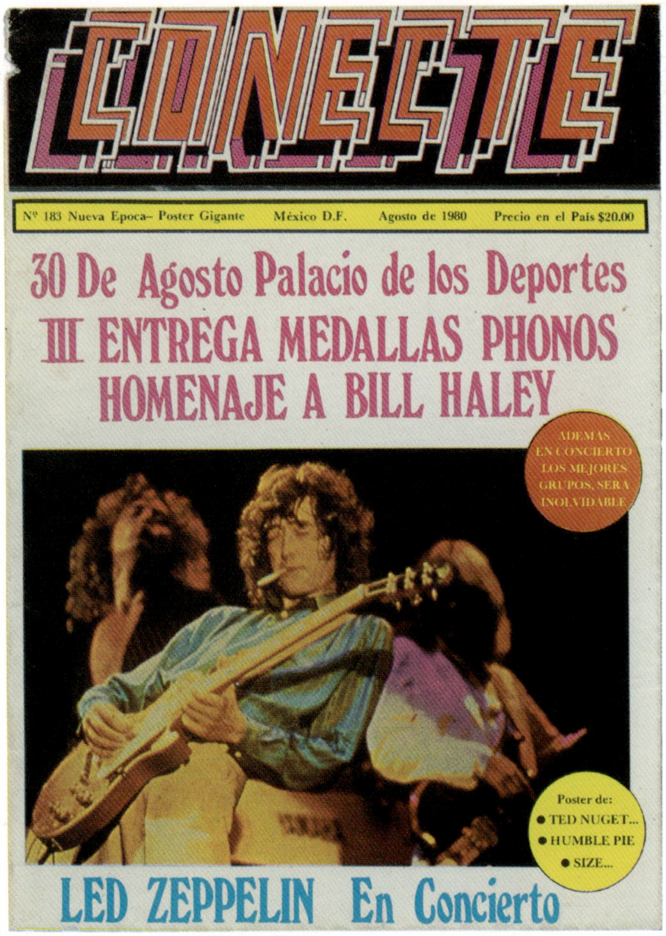
CONECTE
Nº 183 Nueva Epoca– Poster Gigante
México D.F.
Agosto de 1980
Precio en el Pais $20.00
30 De Agosto Palacio de los Deportes
III ENTREGA MEDALLAS PHONOS
HOMENAJE A BILL HALEY
ADEMAS EN CONCIERTO LOS MEJORES GRUPOS, SERA INOLVIDABLE
Poster de:
• TED NUGET...
• HUMBLE PIE
• SIZE...
LED ZEPPELIN En Concierto

"Eles eram deuses. Jimmy Page era meu guitarrista predileto. Eu queria ter a aparência dele e tocar como ele. E, ao ouvir nosso primeiro disco, dá para perceber a influência dele. Encontrei Robert e Jimmy em 1998, quando eles foram tocar em Toronto. Eram rapazes normais, prosaicos, pessoas a fim de conversar sobre família, viagens, carros e coisas do gênero. Sentamos no palco, ao lado da mesa de som, e ficamos assistindo a eles. Jimmy olhava para os lados, piscava, sorria... Era como se... 'Sim! Meu herói é um herói!'"

—Alex Lifeson, Rush

os LPs:

Presence

por Andrew Earles

Presence é o mais perfeito azarão de toda a discografia de estúdio do Led Zeppelin. Lançado em março de 1976, o sétimo álbum da banda causava certo incômodo aos ouvintes que esperavam encontrar uma dose saudável de um pop mais suave, de elementos folk e psicodélicos, e das inquietações do rock progressivo presentes nos álbuns anteriores. *Presence*, no entanto, é uma obra-prima visceral e menor que efetivamente trazia novos ares para a banda. Ainda assim, o único álbum do grupo que atraiu críticas mais cáusticas do que *Presence* é o (involuntário) canto de adeus de 1979, *In Through The Out Door*, um azarão por conta própria, produto de uma banda que havia saído completamente dos trilhos.

Em 1975, o Led Zeppelin era a maior banda em atividade. Eles tinham apresentado ao mundo aquele que, para muitos, é o maior álbum duplo de rock clássico de todos os tempos, *Physical Graffiti*, um *tour de force* eclético que foi o primeiro título do Led Zeppelin a sair por seu próprio selo, o Swan Song Records. Quando foi lançado, em fevereiro, a banda estava no início de uma longa turnê pelos EUA, que estabeleceu o grupo como o mais rentável do showbiz. Algumas semanas de férias, e, então, uma turnê mundial – essa seria a programação do segundo semestre de 1975 para Plant, Page, Jones, Bonham e a notória equipe de empresários que os acompanhava, com Peter Grant e Richard Cole.

Mas não foi desse modo que as coisas transcorreram. O flerte infame e outonal do Zeppelin com as más circunstâncias teve início naquele mês de agosto. Um acidente de carro quase matou Plant, sua família (a esposa Maureen e seus dois filhos) e Scarlet, filha de Jimmy Page, enquanto eles passavam as férias em Rodes, na Grécia. Por sorte, as crianças saíram relativamente ilesas, mas Maureen ficou gravemente ferida, tendo sido salva somente depois de uma transfusão de sangue; Plant fraturou a perna direita e o cotovelo. Durante vários meses, a vida de Robert Plant se resumiu a sessões de fisioterapia com dor intensa, ao gesso que ia dos quadris aos pés e à cadeira de rodas – além de sedativos e de álcool, segundo relatos. Os médicos lhe disseram que talvez ele não voltasse mais a caminhar normalmente, muito menos a pular de um lado a outro no palco. Na ilha Bailiwick, em Jersey, metido num retiro de convalescência, Plant meditava. Além da impossibilidade de fazer uma turnê mundial, a decisão sobre o futuro da banda, de modo geral, estava em suspenso. Como se o Led Zeppelin e sua comitiva não tivessem motivos suficientes para o estresse, eles ainda eram exilados fiscais de seu próprio país. Também foi amplamente veiculado – e não apenas na biografia *Stairway To Heaven: Led Zeppelin Uncensored* (ridicularizada pela banda)

– o fato de 1975 ter sido o ano em que a heroína passou de simples diversão a um ritual problemático.

Com o estado de ânimo geral em baixa, Page e Plant buscaram refúgio na única forma possível de extravasar: era o momento de canalizar as frustrações pessoais na produção de um novo disco. Plant ainda estava na cadeira de rodas quando a banda entrou nos Estúdios Musicland, em Munique, Alemanha, nos meses de novembro e dezembro. Eles tiveram um intervalo de três semanas, antes que os Rolling Stones entrassem no mesmo estúdio para continuar seu trabalho, que resultaria em seu LP *Black And Blue*. Se a heroína estava de fato sendo usada regularmente pelos membros e pelos empresários da banda (Cole alega que, a essa altura, ele, Page e Bonham estavam se transformando em verdadeiros drogados), isso não causou impacto negativo na capacidade de Page de manter o foco. Eles precisaram de 17 dias para gravar e mixar *Presence*, com Page tendo de aguentar duas noites em claro. Com exceção do período de aproximadamente uma semana, usada na produção do primeiro álbum da banda, homônimo ao grupo, o Led Zeppelin jamais mostrara tamanha eficiência no estúdio.

Se contasse apenas com o impacto da faixa "Achilles Last Stand", *Presence* já seria um clássico, mesmo que o restante do álbum fosse preenchido com gravações de um John Bonham embriagado, conversando com seus carros de época. De fato, a canção é a faixa predileta de Page entre todas do Zeppelin – uma investida galopante e implacável, embora estimulante, de um heavy metal genuíno. Enquanto outras bandas de rock pesado ostentam, num mesmo trecho de música, uma miríade de mudanças de andamento e uma atitude estilística, o Led Zeppelin se atém a poucas mudanças de andamento. A faixa é pesada o suficiente para se contrapor àquilo que Judas Priest vinha criando na época. Nesse sentido, "Achilles Last Stand" pode ser considerada a precursora da nova onda de heavy metal britânico que logo explodiria por toda a Europa.

As demais faixas de *Presence* merecem o rótulo de medíocres, atribuído por tantos críticos? Nem de longe. A segunda faixa, "For Your Life", tranquila e concisa, dá ao ouvinte a chance de respirar após ter passado pela extenuante (no melhor sentido do termo) viagem de abertura de "Achilles".

A estrela indiscutível em *Presence* é Bonham, que desfere golpes particularmente duros em "Nobody's Fault But Mine". Uma expressão lírica e levemente disfarçada dos segredos associados ao abuso de drogas, a canção é a agressão do rock clássico em sua melhor forma. Em última instância, "Nobody's Fault But Mine" é o mais próximo de um hit respeitável que *Presence* poderia apresentar. Num ataque fatal à utilização geralmente equivocada deste instrumento no rock pesado, é uma alegria ouvir a catártica gaita de Plant rasgando os alto-falantes, num momento em que o ouvinte esperaria um solo de guitarra.

Os inesquecíveis ganchos de "Hots On For Nowhere" e "Royal Orleans" deveriam também ter catapultado esses excelentes roqueiros para o topo das paradas; no entanto, elas definham na seção reservada aos estúdios de transmissão controlados por computadores, nas estações de rádio.

Isso faz com que somente duas canções sejam, de fato, dignas das acusações feitas. Mesmo assim, em "Tea For One", o rótulo só se aplica parcialmente. A faixa se arrasta pesadamente, em um riff sinistro e hipnótico de alguns segundos, antes de se transformar na famosa carta sob a manga de "tentativa e erro" do Led Zeppelin: uma interpretação de blues. Sinuosa e chorosa, "Tea For One" é salva, porém, pelo solo incendiário de Page.

Já "Candy Store Rock" é insuportável. O boogie anódino da faixa se encontra com o *nonsense* do rockabilly, numa canção piedosamente curta, de pouco menos de 3 minutos.

Uma vez que se trata de Led Zeppelin, uma banda que se encontra em um nível que nega o termo *contemporâneo*, até mesmo os deslizes (presentes em todos os álbuns do grupo) estão entre o melhor que o rock pesado dos anos 1970 tem para mostrar. As canções do álbum foram compostas e gravadas num momento em que o futuro da banda estava ameaçado. Excessos grosseiros, um deboche generalizado e adversidades extremas avançavam sobre eles de modo desenfreado, como um rolo compressor. (Os infortúnios da banda continuariam com a morte de Karac, filho mais velho de Plant, em 1977, vítima de uma infecção estomacal, e terminariam em setembro de 1980 com a morte de John Bonham, por complicações relacionadas ao álcool.) O fato de o Led Zeppelin produzir rápida e facilmente faixas com o mesmo vigor dos primeiros anos é um milagre de importância menor. Para um álbum que nasceu de uma necessidade – a gravação do disco sequer estava prevista –, *Presence* é uma conquista importante, que deve ser lembrada como tal.

DATAS DA TURNÊ

Material publicitário para o álbum *Presence*, lançado nos EUA em 31 de março de 1976.

DATAS DA TURNÊ

17-18.5.1975 **Earls Court Arena, Londres, Inglaterra**
23-25.5.1975 **Earts Court Arena, Londres, Inglaterra**

"Na condição de viciado incurável nos Motown Funk Brothers, eu naturalmente levitei com a música soul primal de meus heróis negros desde o início de tudo, em meados dos anos 1950. Como eu era um brigão da guitarra saído da Joe Pedorsik Capitol School of Music, em Grand River, Detroit, a música do Led Zeppelin me tocou de uma maneira mais profunda, na medida em que eu imediatamente identificava o estilo de Howlin' Wolf, Muddy Waters, Robert Johnson, Mose Allison, entre outros, nos licks e na execução. Embora seja um tanto constrangedor que, em vez de um grupo americano, tenha sido necessária uma pequena banda de britânicos brancos para compreender, apreciar e interpretar com precisão a música mutável desses mestres negros, mesmo assim eu tinha verdadeira adoração pelos ritmos produzidos por Bonham e Jones, pois eles serviam de impulso aos timbres densos e extremamente sensuais da [guitarra] Les Paul de Page e dos gemidos de gato negro emitidos por Plant. Essa reintrodução do soul negro americano e do blues foi o elemento detonador da explosão das bandas de rock americanas. Deus os abençoe."

—*Ted Nugent*

"Muitas pessoas me consideram apenas um guitarrista de riffs, mas avalio a mim mesmo em termos mais amplos. Como músico, penso que minha principal conquista tem sido criar melodias e harmonias inesperadas dentro de uma estrutura de rock'n'roll. Como produtor, gostaria de ser lembrado como alguém que foi capaz de manter uma banda de inquestionáveis talentos individuais e colocá-la em evidência durante sua carreira. Acho que realmente consegui registrar o melhor de nossa produção, crescimento, mudança e maturidade em disco – a multifacetada gen que é o Led Zeppelin."

—*Jimmy Page, revista* Guitar World, *1993*

レッド・ツェッペリン
狂熱のライブ
IN CONCERT AND BEYOND
LED-ZEPPELIN
THE-SONG-REMAINS-THE-SAME

8

Deixe-me levá-la ao cinema

1976

Lembra-se de *The Song Remains The Same*, o projeto de filme? Bem, nem o primeiro, nem o segundo diretor acabaram sendo os mesmos. Peter Grant descartou o segundo deles, Peter Clifton, ao ser influenciado por ideias paranoicas de que o cineasta de Aussie realizava projetos paralelos ao da banda (como ele ousava usar uma limusine do Zep para fazer um trabalho extra?) e de que roubara os negativos do filme que estava realizando (Clifton alegou que estava fazendo um curta-metragem "como presente" para os rapazes, a partir das sequências gravadas). Depois que o diretor entregou o filme pronto, Grant supostamente mandou fazer buscas na casa de Clifton (atrás de cenas extras) quando ele não estava lá e então alterou os créditos finais no filme. (Clifton acabou sendo incluído na lista como diretor, mas teve o nome omitido nos cartazes e na campanha publicitária.) Enquanto isso, Jimmy Page terminava o álbum com a trilha sonora do filme.

A viagem do Led Zeppelin passou por outra turbulência. Sem fazer turnês e com pouca visibilidade em sua terra natal, a banda mais pesada da história deixara de encabeçar a lista das prediletas dos leitores da *Melody Maker*, em setembro de 1976. Como melhor banda, aparecia o (oh, não!) Yes; o Led Zeppelin vinha em segundo. Jon Anderson, do Yes, superou Robert Plant na escolha de melhor cantor britânico; e Steve Howe derrotou Page na eleição de melhor guitarrista. Na escolha de melhor baterista, John Bonham aparecia em segundo, perdendo para outro nome poderoso do rock progressivo: Carl Palmer, do Emerson, Lake and Palmer. Além disso, Page foi atingido por um golpe baixo da imprensa quando o cineasta Kenneth Anger o extorquiu com *Lucifer Rising*, um curta que estava sendo rodado desde 1967, e em cuja trilha sonora Page vinha trabalhando havia mais de três anos. O diretor, amante do demônio, declarou: "Estou pronto para lançar uma maldição 'Kenneth Anger' [sobre Page]". Acrescentando uma dose de insulto à ofensa, Anger acabou contratando Bobby Beausoleil – condenado por assassinato sob as ordens de Charles Manson – para compor a música de sua cela.

Em 20 de outubro de 1976, *The Song Remains The Same* fez sua estreia mundial em Nova York (o álbum foi lançado nos Estados Unidos em 28 de setembro), com Clifton encarregado de supervisionar a

Ingresso para a estreia mundial de *The Song Remains The Same*, 19 de outubro de 1976.

Programa da turnê japonesa de *The Song Remains The Same*, 1976.

Pôster anunciando o filme *The Song Remains The Same*, 1976.

Cenas de *The Song Remains The Same.*

Páginas 202–209: capas de gravações não autorizadas.

mixagem de som quadrafônica (imagine o protótipo de um som surround). A filmagem foi selecionada a partir de três apresentações no Madison Square Garden, além de alguns ensaios "de fachada", feitos em 1974. Como se esperava, a *Rolling Stone*, eterna nêmesis da banda, publicou uma resenha cáustica, escrita por Dave Marsh. O filme "não é um marco cinematográfico sobre o rock, como o Zeppelin gostaria que fosse", escreveu Marsh. "Não chega sequer a ser um filme, mas apenas algumas cenas de shows intercaladas com truques fotográficos (numa sequência fantasiosa dedicada a cada membro da banda)... É difícil pensar em outro filme tão sincero e revelador produzido por uma banda de rock. Longe de ser um monumento ao estrelato do Zep, *The Song Remains The Same* é um tributo à rapacidade e à imprudência de seus membros. Embora a música do grupo continue digna de respeito (ainda que suas melhores canções já estejam no passado), a percepção que eles têm de si mesmos merece apenas desprezo."

Destilando bem menos bile do que Marsh, o próprio Plant confessou à revista *Circus* que não gostou de ter trabalhado no filme. "As pessoas do cinema me intrigam", disse ele. "Para mim, a música é a mestra; ela pode lhe proporcionar um estado de exaltação, tristeza e satisfação, ao passo que o aspecto visual do filme é apenas uma diversão. As atitudes e as excentricidades das pessoas do cinema, a maneira como elas seguem suas próprias viagens esquisitas, tudo isso está além da minha compreensão. Eu jamais poderia me imaginar envolvido com filmes. Se tivesse de repetir o que fiz no filme, me recusaria a fazê-lo."

O que *The Song Remains The Same* buscava afirmar é que o Led Zeppelin era, acima de tudo, uma grande banda ao vivo. Os músicos sentiam prazer em tocar juntos, em fazer apresentações diferentes a cada noite. É verdade que os set lists eram parecidos, mas, diferentemente de outras bandas de sucesso que davam shows em arenas e estádios, as músicas nunca eram as mesmas de uma noite para a outra. Pagey, Percy, Jonesy e Bonzo adoravam estar no palco juntos, imersos na química que permitia ao Led Zeppelin tornar-se mais do que a soma de suas partes.

"A verdadeira química – ou alquimia? – do grupo é que tudo sempre se encaixa", declarou Page à revista *People*, em 1975. "Posso urrar em um solo e, de repente, tocar em *staccato*. Olho para Robert e, de algum modo, estamos todos juntos, como se tivéssemos uma percepção extrassensorial."

"Trouxemos essas influências para dentro do grupo, e o Led Zeppelin era este lugar que unia a nós todos", disse Jones ao *San Diego Union Tribune* em 2003. "E era tão singular que você poderia reproduzir a performance

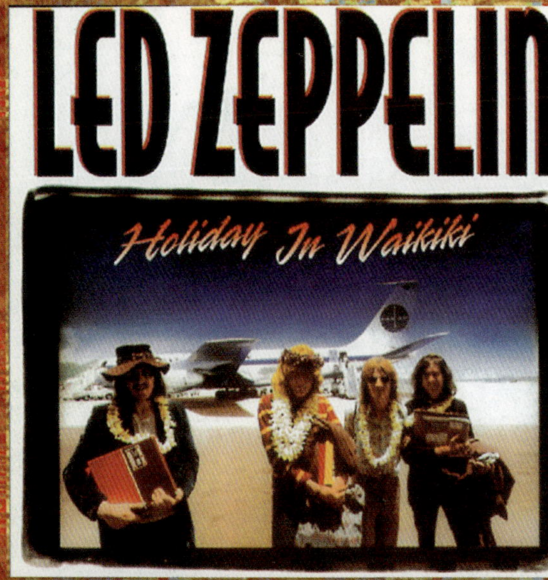

CONFIDENTIAL
THE
LED ZEPPELIN
FILES

BBC ZEP
LED ZEPPELIN
ROYAL ALBERT HALL'71
SIDE 1:
Communication Breakdown
Dazed And Con Fused
SIDE 2:
Going To California
Stairway To Heaven
What Is And What Should Never Be
Whole Lotta Love
STEREO
PQ 202
SLEEVE BY TNT

LED ZEPPELIN
FIRST ATTACK OF THE RISING OF THE SUN

de um show ou de um disco, mas jamais recriaria aquilo da mesma maneira. Para ser como o Zeppelin, você precisaria ter aquela diversidade de influências, que dava à nossa música uma característica atemporal."

Em 1973, Plant deu declarações entusiasmadas sobre os shows à jornalista Lisa Robinson: "Enquanto houver um rosto olhando para mim, enquanto houver alguém que saiba o que estou fazendo, nunca será entediante. Trata-se de fazer as pessoas sorrirem, ou simplesmente excitá-las de um modo ou de outro durante aquele momento. E fazer com que aquilo continue provocando algum efeito depois... Gosto quando eles vão para casa se sentindo como no fim de uma boa transa, satisfeitos e exaustos".

De volta a Jones, em 2003: "Para mim, os shows eram a essência do Led Zeppelin. Os discos eram meio que o ponto de partida para as apresentações. O que eu aguardava com mais ansiedade eram os shows – as turnês e poder tocar com Robert, John e Jimmy".

Jones, a respeito de Bonham: "Bonzo era conhecido como o mais pesado dos bateristas pesados, mas, ao assistir ao DVD [de 2003], você pode perceber todas as outras coisas que conferem textura ao seu modo de tocar. O mesmo acontece com todos da banda".

O filho de Bonzo, Jason Bonham, opinou sobre o estilo de seu pai numa entrevista de 1989 ao *San Diego Union Tribune*: "Meu pai me disse: 'Controle as suas expressões, pois, no momento em que você fizer algo, isso vai realmente soar estimulante. Espere pelo momento certo, em vez de manter-se ocupado o tempo todo'. Meu pai tinha o pé direito mais rápido que já existiu – seu toque de bumbo é o mais sampleado. Ele conseguia produzir um som tremendo sem qualquer acolchoamento, apenas com as peles do bumbo. Era incrível como ele fazia aquilo".

Com Jonesy, a palavra final: "Acho que nunca pensamos no fato de que estávamos deixando um legado. Tudo o que fazíamos era combinar as influências de quatro bons músicos, criando algo mais – o Led Zeppelin – e nos divertindo, mantendo-nos interessados, vivos e alertas e, de modo geral, curtindo a vida e talvez o palco. Havia o lado bom e o mau nisso. Bom porque cada vez mais gente vinha nos assistir. Bom porque deixamos de viajar de ônibus, deslocando-nos num avião particular, ainda hoje a única maneira de viajar em turnês. Não tão bom, porque estávamos tocando em lugares cada vez maiores, o que para mim não é tão divertido. Depois de certo tempo, aparecíamos apenas em grandes eventos, e eles não eram tão legais. Mas não havia muito que fosse ruim – o domínio do mundo é algo que se pode recomendar!"

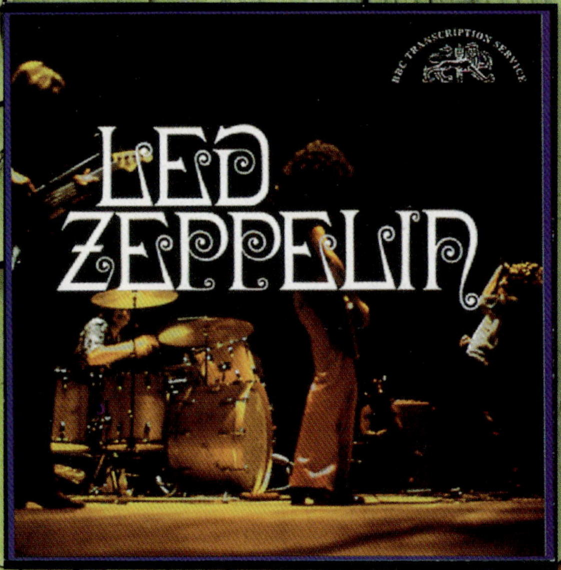

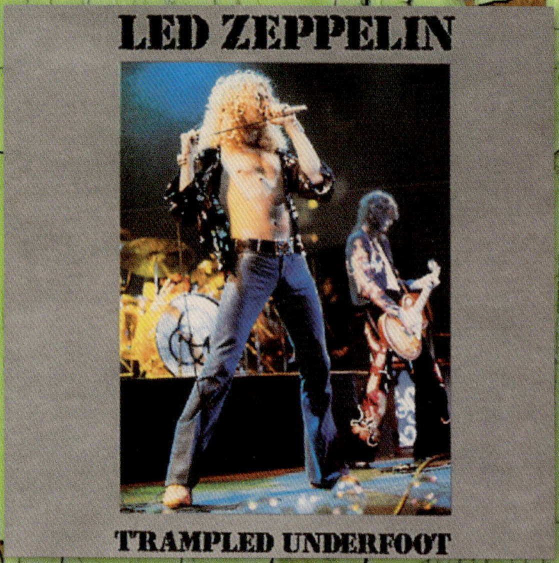

Led Zeppelin
Another White summer

LED ZEPPELIN
KNEBWORTH
PART 1

LED ZEPPELIN
OXFORD BLUES

LED-ZEPPELIN
V 1/2
Vol.1

LED
ZEPPELIN
LIVE AT
L.A.FORUM
6/23/77
FOR BADGE
HOLDERS
ONLY (PART 2)
Side 1: No Quarter
Side 2: No Quarter (continued)
Black Country Woman
Side 3: Out On The Tiles*
Moby Dick*
Side 4: Star Spangled Banner (Page)
Achilles Last Stand
*Featuring Keith Moon assisting on drums
stereo LZ 7

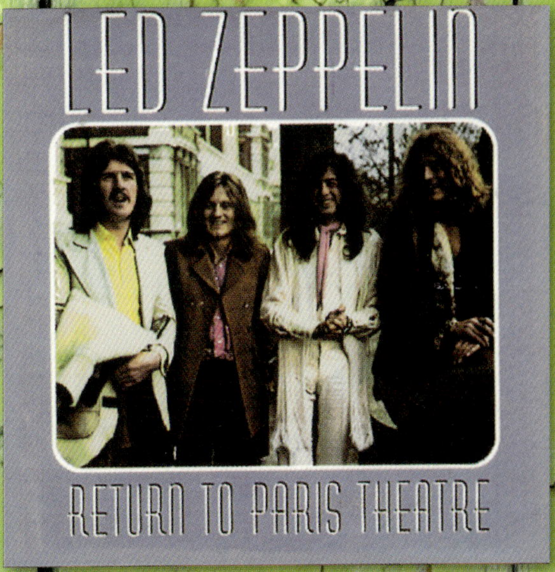
LED ZEPPELIN
RETURN TO PARIS THEATRE

LED ZEPPELIN
LONG BEACH ARENA COMPLETE

LED ZEPPELIN
Jennings Farm
Blues

STROLL
ON!
LED ZEPPELIN

A SECRET HISTORY OF
LED ZEPPELIN

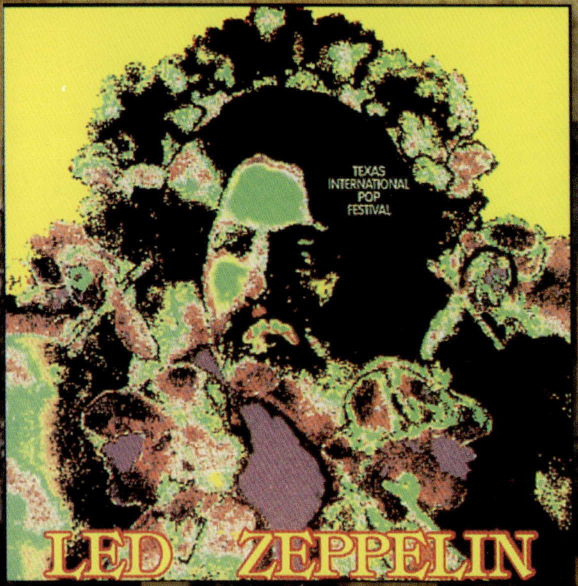
TEXAS
INTERNATIONAL
POP
FESTIVAL
LED ZEPPELIN

LED-ZEPPELIN
Olympic Gold

LED ZEPPELIN
ROYAL ALBERT HALL
LED ZEPPELIN
DESTROYER
FINAL EDITION
On Blueberry Hill
LED ZEPPELIN
MOBILE DICK
LED ZEPPELIN
UPWARDLY MOBILE
LED ZEPPELIN
WHO'S COUNTRY JOE?
LED·ZEPPELIN
TOUR OVER EUROPE 1980

LED ZEPPELIN
hampton
kicks

Studio Daze

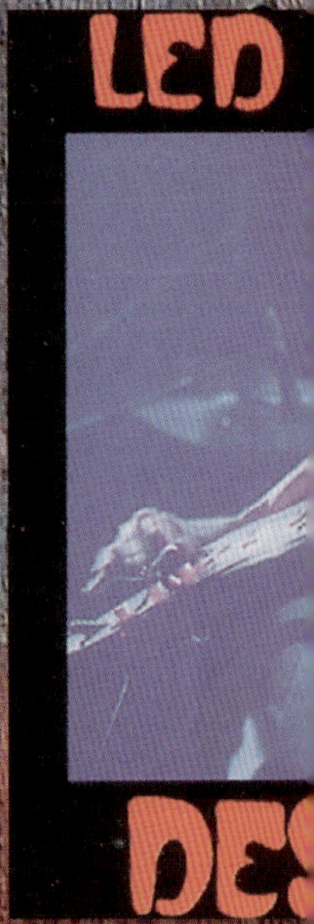

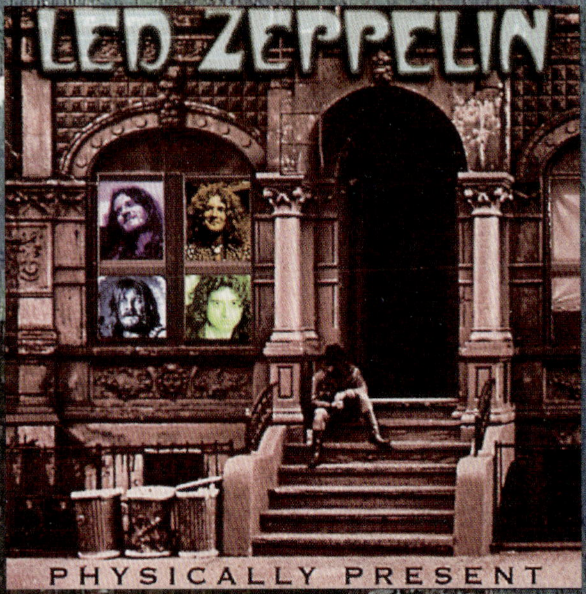
LED ZEPPELIN
PHYSICALLY PRESENT

LED ZEPPELIN
MUDSLIDE

LED ZEPPELIN
RIVERSIDE BLUES

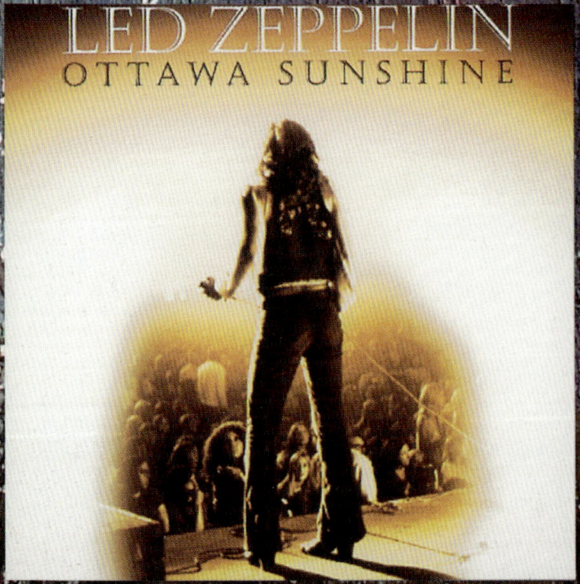
LED ZEPPELIN
OTTAWA SUNSHINE

Led Zeppelin
Hot August Night
LED ZEPPELIN · BRUSSELS AFFAIR
LED ZEPPELIN
SOMETHING ELSE
PSYCHEDELIC EXPLOSION
LIVE IN WINTERLAND 1969
LED-ZEPPELIN
MASTER
Silver
Rarities
SERIES
LED ZEPPELIN
LISTEN TO THIS EDDIE

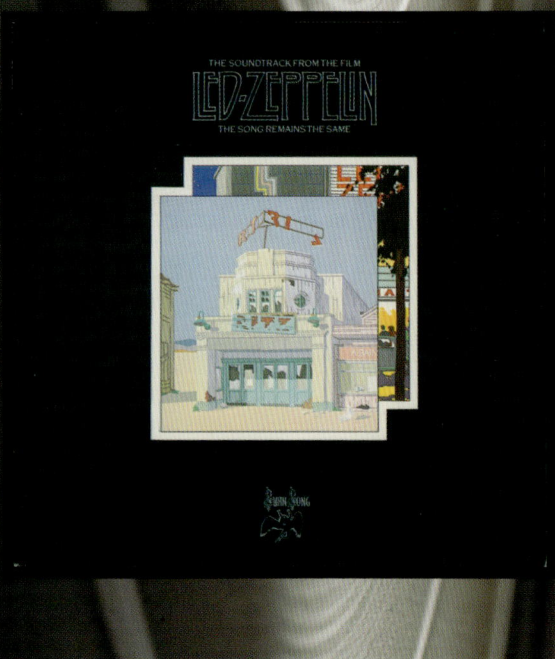

os LPs:

The Song Remains The Same

por Chris Riemenschneider

Até que ponto você precisa estar chapado – duas idas ao Taco Bell [rede de *fast-food*] chapado, ou ir às profundezas de Mordor chapado? – para se deslumbrar com a cena em que Jimmy Page desfere um golpe de espada de Excalibur numa miragem de arco-íris sentimentaloide, durante o filme *The Song Remains The Same*?

O momento que sintetiza a pompa e a psicodelia sofisticada e altiva do Led Zeppelin aparece em meio à filmagem dos shows da banda em 1976, enquanto Page protagoniza uma das mais longas cenas de masturbação com a guitarra de todos os tempos, uma versão de 27 minutos de "Dazed And Confused". Se você quiser saber por que tantos críticos de rock tentaram minimizar a importância do Zeppelin durante o apogeu da banda, vá direto a essa parte do filme. Enquanto estiver assistindo, observe os trechos em que Peter Grant, empresário do Zep, faz sua própria magia negra nos bastidores. Isso lhe dará uma ideia de como a banda lidava com toda essa tolice.

Graças ao filme homônimo, irremediavelmente exagerado, a trilha sonora, em álbum duplo, de *The Song Remains The Same* nunca teve qualquer chance. Na época, isso também ocorreu em razão da mera inconveniência de se ter um vinil com dois lados. Você passava para os lados 3 e 4 e lá encontraria apenas duas músicas. O lado 2 ("Dazed") normalmente não era tocado. Particularmente para os ouvintes habitualmente chapados, essa proporção entre obra e música era simplesmente inaceitável.

Mas reparem bem: a canção não permaneceu a mesma. A primeira impressão em CD deu maior visibilidade ao disco. A reedição de 2007 escancarou tal visibilidade, acrescentando seis faixas-bônus, dentre as melhores do conjunto, além de um trabalho notório de remasterização de Kevin Shirley, o mesmo que limpou as gravações ao vivo para a excelente coleção de três CDs *How The West Was Won*. Pelo menos agora você poderá sentir o solo de bateria de John Bonham em "Moby Dick" com força suficiente para sacudi-lo e mantê-lo acordado, mesmo sendo longo demais.

Muitos fãs do Zep avaliam que *How The West Was Won* fez com que o álbum ao vivo anterior se tornasse obsoleto. É verdade, *The West* traz performances melhores e, em geral, uma seleção melhor de músicas, mas *The Song* é a versão definitiva. Gravado durante três noites no Madison Square Garden, em Nova York (o local perfeito!), no meio da turnê *Houses Of The Holy*, de 1973, trata-se de um instantâneo – um pouco fora de foco e não muito bem enquadrado, porém mais verdadeiro e mais desvairado –, e não de um retrato posado.

O disco começa um tanto torto, com uma versão atrapalhada de "Rock And Roll" que soa como uma passagem de som apressada (ou a prova de que ela não aconteceu). Mas, ei! Isso é rock na veia.

De imediato, "Rock And Roll" prenuncia o principal defeito de *The Song Remains The Same*: versões inadequadas de algumas das canções mais apreciadas do Zeppelin, que nem mesmo a edição de 2007 é capaz de esconder. "Black Dog" – presente no filme e na reedição, mas não no álbum original – não passa do caminhar de um poodle. Aquela que seria o clímax, "Stairway To Heaven", resulta forçada e sem inspiração, a tal ponto que o próprio Robert Plant passa a impressão de que está tentando despertar a plateia, ao perguntar: "Alguém aqui se lembra do que significa o riso?" Mas, então, ele mesmo parece semiadormecido ao gorgolejar: *"And she's buy-uy-uy-ing..."*.

O pior de tudo: "Whole Lotta Love", de 14 minutos, encerra o álbum em um tom tragicômico; aqui, Page e Plant fazem um flerte musical, como numa versão arena-rock do número estrelado por Bill Murray e Paul Shaffer no programa de TV *Saturday Night Live*.

Portanto, onde estão, exatamente, as boas partes do álbum? Logo depois do aperitivo de "Rock And Roll", quando Page se anima com os incríveis licks de "Celebration Song", e Bonham e John Paul Jones entram em uma sessão rítmica afiada, mais precisa e "apertada" do que os jeans de cintura perigosamente baixa de Plant. O disco 1, na edição de 2007, prossegue com duas pérolas-bônus igualmente diretas, "Over The Hills And Far Away" e "Misty Mountain Hop", e termina em estilo grandioso com "The Ocean". Aqui, finalmente encontramos um pouco da energia e da diversão tão ausentes no filme e nos LPs originais. Há uma alegria fervilhante em "Misty Mountain" (que, a propósito, você não encontrará em nenhuma outra das grandes coleções do Led Zeppelin). Ouve-se Bonzo berrando uma tola – porém expressiva – contagem regressiva para o início de "The Ocean", em que ele e seus companheiros de banda se entregam a uma explosão emocional.

Mas o que predomina em *The Song Remains The Same* são os épicos grandiosos e demasiadamente sérios, e alguns deles não são ruins. Não há como escapar da má poesia trovejante de "No Quarter", mas a gélida versão aqui apresentada é definitivamente mais ácida e eletrizante do que a de *Houses Of The Holy*. Chegar até o final de "The Rain Song" requer certo esforço, mas Plant acaba se entregando à interpretação como não se vê em nenhuma outra faixa da trilha sonora. E o acréscimo de "Since I've Been Loving You", na reedição, traz parte dos mais autênticos solos de Page.

E o que dizer de "Dazed And Confused", a faixa de 27 minutos? Analisada isoladamente, desconsiderando a sequência fantasiosa, débil e aguada, com aquele clima de Montanha da Perdição [cenário de *O senhor dos anéis*], ou a necessidade de se caminhar até o toca-discos, ela tem algo de fascinante. Até mesmo a parte em que Page saca um arco de violino e o usa como objeto de masturbação por entre as cordas é digna de audição, mesmo que essa seja acompanhada de um olhar apalermado. Com exceção, talvez, de Yanni e Steve Vai, ninguém no mundo da música de nossos dias tem tamanha certeza ou está tão seguro de si mesmo enquanto toca seu instrumento; ninguém tem a disposição de ver até onde pode ser conduzido pelo próprio ego. No mínimo, vale a pena levar esses resultados numa visita ao Taco Bell.

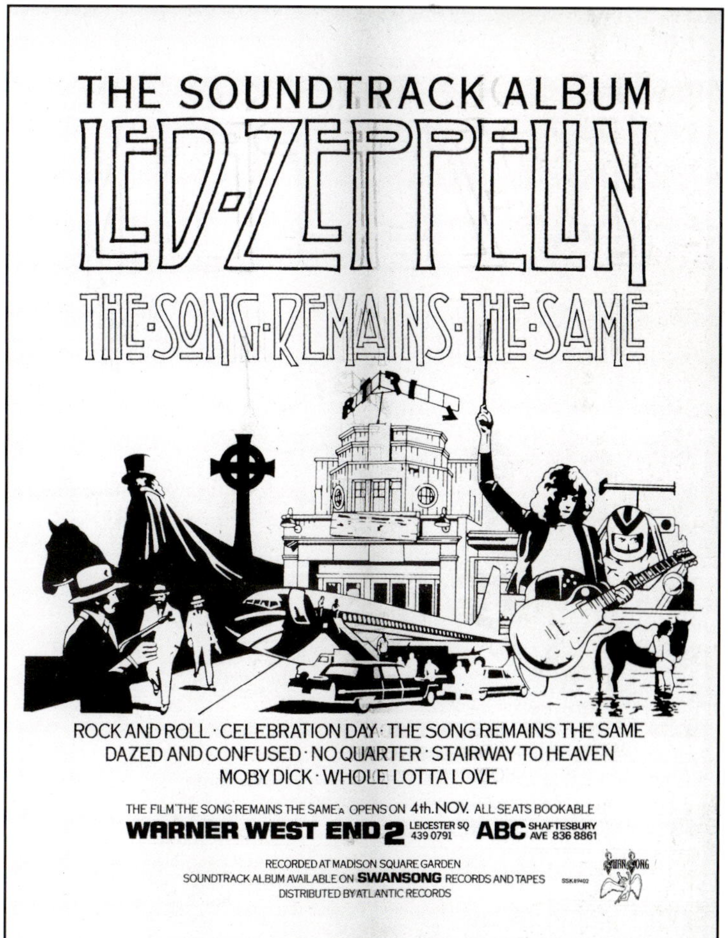

Alameda County Coliseum, Oakland, CA, 23 de julho de 1977.
Ed Perlstein

9

Saída pela porta dos fundos

1977–1980

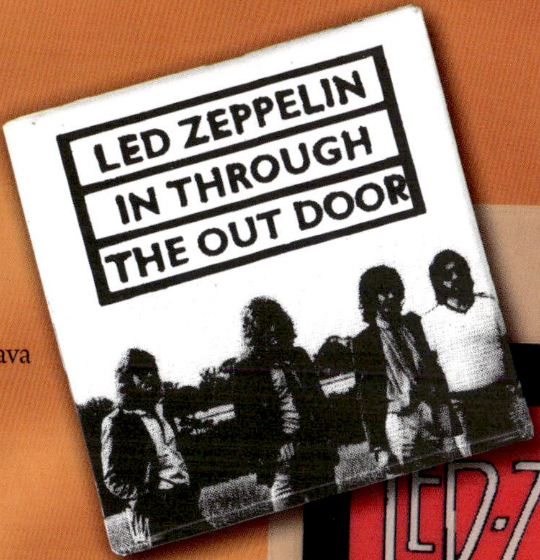

O Led Zeppelin não decolaria mais? Robert Plant tratava de sua perna direita, e John Paul Jones cuidava de sua fazenda, enquanto Jimmy Page e John Bonham gravavam em Montreux (ouça "Bonzo's Montreux" na compilação *Coda*). Circulavam boatos sobre o fim da banda quando se anunciou uma turnê de 49 concertos pelos EUA, no inverno de 1977. Dizia-se que o grupo atrairia mais de 1,25 milhão de fãs e arrecadaria incríveis US$ 10 milhões, mais que o dobro do faturamento de 1975.

Mas nem tudo o que reluz é ouro. Depois de várias semanas de ensaios, a velha garganta encouraçada de Plant pegou amigdalite, adiando o início da turnê, de fevereiro para abril. Foi quando a Lei de Murphy se impôs. O *Starship*, avião em que o Zeppelin frequentemente viajava, estava em reparos, e o jato substituto, um Boeing 707 de propriedade do Caesar's Palace de Las Vegas, não era capaz de acomodar a comitiva da banda, sempre maior (cada um dos músicos tinha, pelo menos, um assistente pessoal). Page se sentia tenso em relação à turnê.

"Tivemos de adiar uma porção de datas. Acabei não pegando na guitarra por cerca de cinco semanas", disse ele à *Guitar Player*, em 1977. "Comecei a entrar em pânico por causa disso – depois de dois anos na estrada, isso vira motivo de preocupação." Além disso, o pé direito de Plant, que não desinchava, ainda causava uma dor considerável. Ele chegou a pensar na possibilidade de não poder voltar à banda. "Eu não podia ceder. Não poderia voltar ao palco e passar a noite toda sentado num banquinho. Precisava me movimentar", declarou ao *Los Angeles Times* ao final do show de abertura da turnê. "Tentei manter o astral positivo nos meses seguintes ao acidente, mas, mesmo depois que voltei a caminhar, não sabia como o pé reagiria no palco. Nem mesmo os ensaios podiam me mostrar isso. Estava tão nervoso antes de entrar no palco, ontem à noite, que quase vomitei. Dava para sentir a tensão na garganta nas duas primeiras músicas. Eu dizia a mim mesmo: relaxe."

Durante o quinto show da turnê, em Chicago, Page passou mal no palco – a explicação oficial foi intoxicação alimentar, mas

Passe de acesso aos bastidores, turnê americana de 1977.

Do programa da turnê americana de 1977.

especulou-se que o motivo fosse abuso de drogas –, e o show durou apenas uma hora e cinco minutos. Mas os fãs continuaram comparecendo, a tal ponto que o show no Pontiac Silverdome, nos arredores de Detroit, teve público de 76.229 pessoas – recorde do Zeppelin nos EUA.

Num dos intervalos da turnê, a banda voltou para casa, mas Page, um viajante do tempo e do espaço, foi para o Egito. O contato com outras culturas era sua maneira de recarregar as baterias e de se desenvolver, disse ele a Cameron Crowe: "Meu Deus, você tem ideia do que pode aprender com os marroquinos? Como pessoa e como músico. É assim que você cresce. Não é vivendo dessa maneira [em turnê], fazendo pedidos ao serviço de quarto nos hotéis. A balança deve oscilar exatamente para o outro extremo. Até o ponto em que eu tenha em mãos um instrumento musical, e nada mais... Gosto das mudanças e gosto dos contrastes. Não gosto de ficar preso a uma situação, dia após dia. Vida familiar e coisas do gênero não são mesmo para mim. Ficar neste hotel durante uma semana não é nenhum piquenique. É nesse momento que a paixão pela estrada reacende e as rupturas têm início".

As nuvens carregadas de desgraça ficaram ainda mais escuras quando o Zeppelin iniciou o 11º trecho de sua turnê nos EUA. Um temporal caiu durante o show de 30 de junho, num estádio lotado (70 mil fãs), em Tampa, Flórida. No fim da terceira música, o som foi desligado. Furiosa, a multidão se revoltou. O saldo foi de 60 espectadores e vários policiais hospitalizados. O carma continuou ruim em Oakland, Califórnia, em 23 e 24 de julho. Na primeira noite, Warren, filho de Peter Grant, foi pego em flagrante por um segurança quanto tentava retirar da porta do camarim da banda uma tabuleta com o escrito LED ZEPPELIN. Grant, John Bonham e outros membros do grupo foram ao camarim, e o tumulto começou. Sabemos quem venceu essa batalha (o segurança foi hospitalizado), mas quem venceu a guerra? No dia seguinte ao segundo show, Bill Graham, que apresentava o Zeppelin no país inteiro desde a primeira turnê da banda, fez uma acusação formal. A polícia prendeu Bonham, Grant e outros dois no hotel. Eles foram declarados culpados, pagaram multa e receberam liberdade condicional. Mais tarde, três funcionários de Graham moveram um processo cível contra os quatro, no valor de US$ 2 milhões – o assunto virou manchete mundo afora. O processo foi resolvido

(continua na página 220)

Turnê americana, 1977. *Adrian Boot/urbanimage.tv*

Turnê americana, 1977. *Richard E. Aaron/Rockpix.com*

Turnê americana, 1977. *Richard E. Aaron/Rockpix.com*

"O Led Zeppelin é uma despedida de solteiro que nunca termina... Não existe essa coisa de última turnê. Estamos aqui e sempre voltaremos. Seria um ato criminoso dissolver esta banda."

—Jimmy Page durante a turnê de 1977, citado em Hammer Of The Gods, *de Stephen Davis*

ESTA DUPLA: Market Square Arena, Indianápolis, Indiana, 17 de abril de 1977. *Robert Alford*

(continuação da página 214)

fora dos tribunais, e Graham, o mais poderoso produtor de shows dos EUA, prometeu nunca mais trabalhar com o Led Zeppelin. E a banda nunca mais tocou no país.

Em New Orleans, o conjunto tocaria para 80 mil pessoas, no Superdome. Mas, no hotel, Plant recebeu por telefone uma notícia alarmante da esposa Maureen: Karac, o filho de 5 anos do casal, estava muito doente e não reagira aos remédios prescritos para uma doença respiratória repentina. Duas horas mais tarde, ela ligou dizendo que Karac morrera. Plant, Bonham e Richard Cole, empresário da turnê, foram para o Reino Unido, enquanto Grant permaneceu nos EUA, para cancelar o restante da turnê.

Arrasado, Plant afundou-se ainda mais por Page, Jones e Grant não chegarem a tempo para o funeral. O cantor entrou em período de luto. A vida – e o Led Zeppelin – jamais seria a mesma para Plant. "Naquele dia, parei de usar drogas", disse o cantor à revista *Uncut*, em 2005. Quase 30 anos após a morte de Karac, Plant ainda se sentia paralisado por tudo aquilo, como contou ao jornalista britânico Nigel Williamson. "A perspectiva de perder um filho é o remédio mais amargo que uma pessoa pode tomar. Hoje, tenho mais dois garotos, duas joias raras – tipos diferentes de garotos, mas grandes amigos. Naquela época, porém, nada estava a meu favor."

A dor ficou ainda mais profunda com as acusações sensacionalistas de que tudo ocorreu por culpa exclusiva de Jimmy Page, cujo interesse pelo ocultismo teria atraído uma maldição para a banda. "Na época, todos os comentários sobre o assunto estavam relacionados aos flertes e às curiosidades de Jimmy em relação ao lado obscuro, e coisas desse gênero. Eu nunca partilhei essas coisas com ele e realmente não sei nada sobre isso", disse Plant a Williamson. "O destino já está escrito. Eu tentei me recompor e, enquanto fazia isso, lentamente, percebi que a minha família era mais importante do que a vida luxuosa que eu vinha levando com o Zeppelin."

A má sorte prosseguia: num acidente de carro em setembro, Bonham fraturou duas costelas. Enquanto isso, Page fazia o que sempre fez – entregar-se plenamente à composição. Mais tarde, ele passou a usar Bonzo como uma espécie de intermediário, para verificar se – e quando – Plant voltaria ao Zeppelin. A hesitação do cantor era constante. Por fim, numa reunião da banda em que conversavam sobre o Bad Company, Maggie Bell e outros artistas do Swan Song Records, Plant concordou em tentar uma pequena jam com os companheiros.

Em outubro de 1978, 15 meses depois da morte de Karac, Plant estava pronto para gravar dez músicas novas com a banda. As sessões aconteceram no estúdio do Abba, que assinara contrato com a Atlantic Records, em Estocolmo (o exílio fiscal do Led Zeppelin os impedia de gravar

ESTA PÁGINA: Richfield Coliseum, Cleveland, Ohio, 27 de abril de 1977. *Robert Alford*

Alameda County Stadium, Oakland, Califórnia, 23 e 24 de julho de 1977. O primeiro show foi seguido de um bate-boca infame entre funcionários do produtor Bill Graham e membros da comitiva do Zeppelin. Em consequência do tumulto, John Bonham, Richard Cole e Peter Grant foram multados e condenados a um período de liberdade condicional.

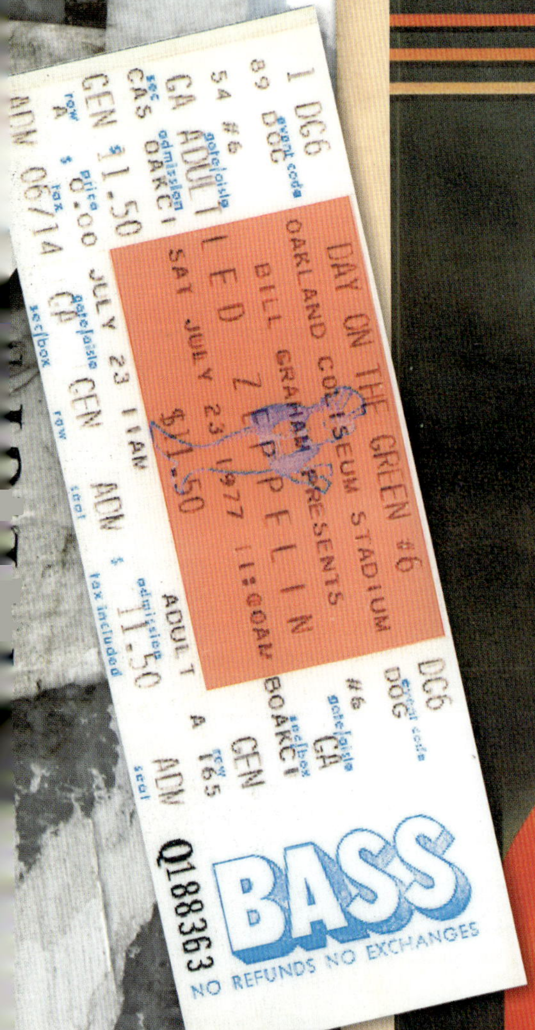

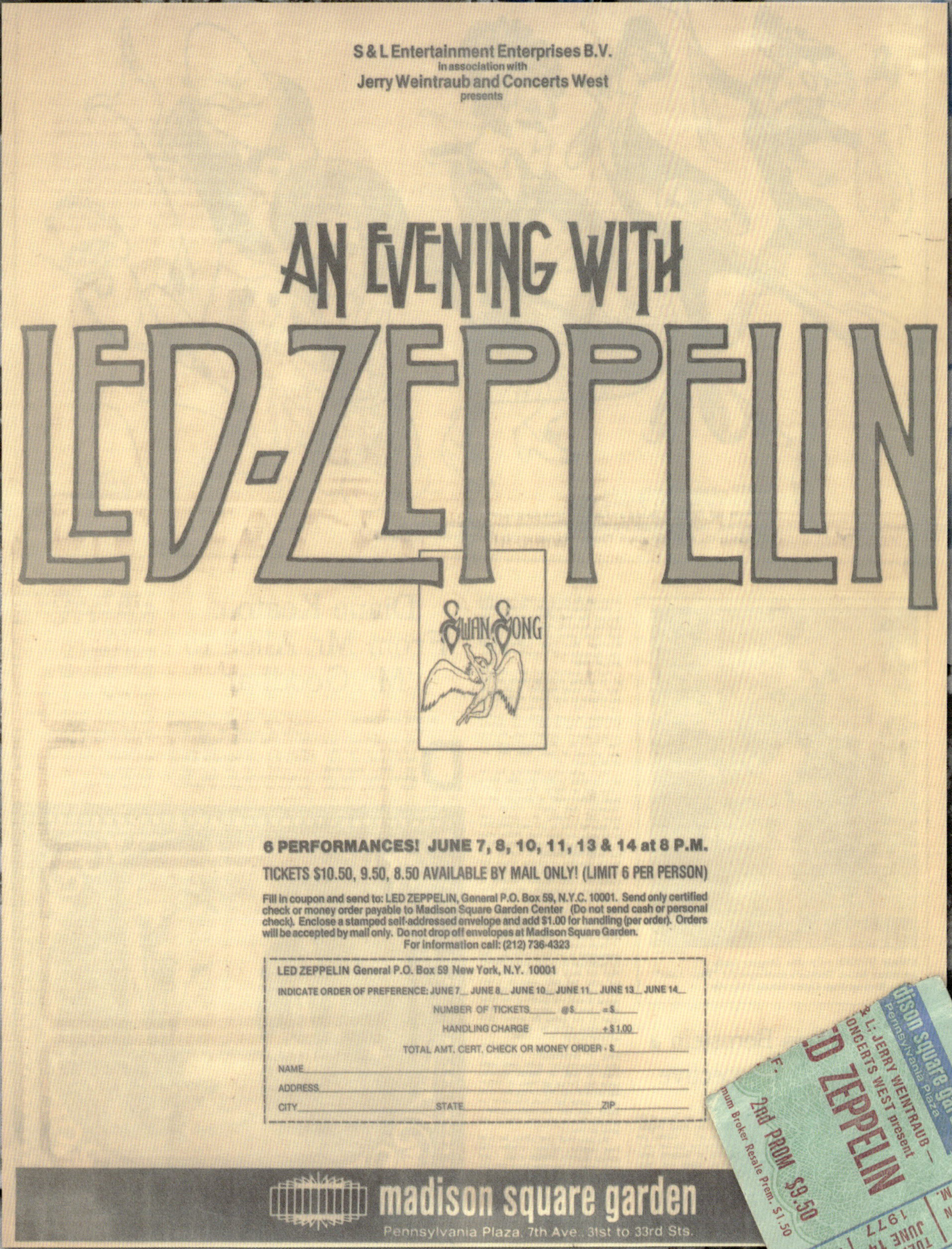

Anúncio no *New York Times* da temporada no Madison Square Garden, em junho de 1977.

no Reino Unido). Pela primeira vez, Jones mostrou um espírito de liderança, impondo as faixas em que tocava o teclado com os vocais de Plant. Parecia haver uma espécie de ruptura na comunicação entre os músicos sóbrios (Jones e Plant) e os – segundo consta – não tão sóbrios (Page e Bonham). Ainda assim, as gravações foram concluídas em três semanas. (Três canções só vieram à luz em *Coda*, de 1982.)

No início de 1979, Maureen Plant deu à luz outro filho, e o pai decidiu trocar o papel de músico de estrada pelo de homem de família. Peter Grant aventava a possibilidade de o Zeppelin fazer duas apresentações em fins de semana consecutivos, num festival de verão em Knebworth, área rural a cerca de 70 km ao norte de Londres. Depois de um show de aquecimento, em Copenhague, o Zeppelin pisou no palco diante de 100 mil fãs – o primeiro show no Reino Unido em quase quatro anos. O segundo show foi assistido por uma multidão bem menor. Uma semana mais tarde, em 15 de agosto de 1979, foi lançado o álbum *In Through The Out Door*, embalado num papel marrom, com uma das seis capas dentro. O disco chegou rapidamente ao topo das paradas nos EUA, onde se manteve por sete semanas; no Reino Unido, foram apenas duas semanas.

Posteriormente, Page falou sobre o álbum à *Guitar World*:

GW: Este disco parece ter sido feito sob o comando de John Paul Jones; pelo menos, a contribuição dele parece mais significativa do que nos álbuns anteriores. Você teve a sensação de que poderia ser mais interessante acompanhar, em vez de ter o papel central?

JP: Veja, no disco *Presence* tínhamos passado por uma situação em que Jonesy não contribuía com nada, o que foi estressante. Quero dizer que teria sido melhor, naquele momento, se eu tivesse tido alguma colaboração. Até que ele comprou um novo sintetizador [Yamaha GX-1] e teve uma série de ideias para *In Through The Out Door*. Também começou uma parceria mais estreita com Robert, o que não acontecia antes.

GW: Achei que você talvez estivesse perdendo o entusiasmo pela banda.

JP: Jamais. Jamais. Na verdade, Bonzo e eu já tínhamos começado a discutir planos para a produção de um álbum de rock mais pesado depois daquilo. Sentimos, ambos, que *In Through The Out Door* era um pouco suave demais. Eu realmente não gostava muito de "All My Love". O refrão me preocupou um pouco. Eu simplesmente ficava imaginando as pessoas fazendo ondas com os braços, coisas desse tipo. Então pensei: "Isso não tem a ver com a gente." No contexto em que a música estava, o.k., mas eu não queria seguir naquela direção, dali em diante.

Alameda County Coliseum, Oakland, CA, 23 de julho de 1977. *Ed Perlstein*

"Gosto de pensar que as pessoas deixam o show sabendo que somos bastante sensuais e que, de fato, fazemos muitas das coisas que, segundo elas, nós fazemos... é isso o que queremos superar: a *bondade*. Não é o poder, a revolução, dar socos no ar. Gosto de vê-los partir se sentindo da maneira como se sentem depois de uma boa transa – satisfeitos e exaustos... Há noites em que eu simplesmente olho para baixo e tenho vontade de foder a primeira fileira toda."

—*Robert Plant, em* Hammer Of The Gods, de *Stephen Davis*

As tragédias se sucediam no mundo do Zeppelin. Em outubro de 1979, um rapaz de 19 anos foi encontrado morto na casa de Page, vítima de overdose de drogas.

Grant queria retomar a turnê da banda nos EUA, mas Plant resistia à ideia. Por fim, concordou em fazer um breve giro pela Europa: "Over Europe 1980" era uma série de 14 concertos, em locais de tamanho modesto, com público médio de 4 mil por show. Segundo todos os relatos, Plant estava em boa forma, mas o desempenho de Page era irregular e, às vezes, desleixado. No último show em Berlim Ocidental, em 7 de julho, de acordo com *The Rough Guide To Led Zeppelin*, Plant despediu-se da multidão com um *Auf Wiedersehen ("adeus em alemão")*: "Muito obrigado a todos os que trabalharam conosco, nos aguentaram e tudo o mais. Boa noite".

Grant planejava um um retorno da banda à América do Norte, com estreia em Montreal em 17 de outubro e término com quatro noites em Chicago, encerrando a turnê em 15 de novembro. Em 24 de setembro, a banda se reuniu na nova casa de campo de Page (que ele acabara de adquirir do ator Michael Caine), antes de ensaiar num estúdio nos arredores. O estado de espírito de Bonham era sombrio. Em depoimento à revista *Uncut*, em 2005, Plant lembra que andou de carro com o baterista naquela manhã. "Ele dizia: 'Não estou a fim de fazer isso. Você toca bateria e eu canto'. Chegamos ao estúdio e foi isso o que aconteceu. Toquei bateria e ele cantou um pouco." Bonzo bebia, e o ensaio ficou muito aquém de um nível satisfatório. À noite, continuou bebendo, o que não surpreendeu. Um assistente carregou o baterista até a cama. Aparentemente, dois outros assistentes verificaram o estado de Bonzo pela manhã. À tarde, notando que ele não viera para os ensaios, Jones foi tirá-lo da cama. Encontrou Bonham morto, sufocado no próprio vômito. Posteriormente, um médico-legista concluiu que John Henry Bonham, aos 32 anos de idade, havia ingerido o equivalente a 40 doses de vodca, nas 24 horas que antecederam sua morte.

Os três membros remanescentes reuniram-se com Grant diversas vezes, para discutir o futuro do Zeppelin. Em 4 de dezembro, Grant fez uma declaração que terminava assim: "Não poderíamos continuar do jeito que estávamos".

Anos mais tarde, os músicos ponderaram sobre a decisão. "Bem, Bonzo não era apenas o nosso baterista – era 25% do Led Zeppelin, e simplesmente não víamos sentido em continuar sem ele", disse Jones ao *San Diego Union Tribune*, em 2004. "Para ser justo com algumas outras bandas, se uma banda tem as canções como alicerce, então não importa muito quem as executa. Porém, o alicerce do Led Zeppelin eram as performances, as quais, sem Bonzo, resultariam numa banda completamente diferente. A química mostrava um entrelaçamento tão grande e tão dependente dos quatro membros que, se você substituísse alguém, isso geraria outra banda. E nós não queríamos isso."

Plant declarou à revista *Details*: "Eu não disse que a banda deveria acabar. Simplesmente acabou".

Page, fundador, mentor e líder do grupo, disse a Cameron Crowe, para a *Complete Studio Recordings* em 1993: "Era de fato impossível continuar. Especialmente levando em conta o que tínhamos feito ao vivo, estendendo e modificando as músicas de maneiras variadas. Àquela altura, particularmente, no início da década de 1980, ninguém queria, de maneira nenhuma, sequer considerar o convite a outro baterista. Alguém que aprendesse as coisas que Bonham fez – isso não seria honesto. Tínhamos um enorme respeito uns pelos outros, e isso tinha de se manter – em vida ou na morte".

Em 4 de agosto de 1979, a *Melody Maker* dá uma prévia do Festival de Knebworth e entrevista Page sobre o álbum prestes a ser lançado, *In Through The Out Door*, o tumulto ocorrido em Oakland um mês antes e o punk rock. Sobre o LP, Page afirmou a Steve Gett: "John Paul usa muito mais teclados e sintetizadores. Ele tem uma dessas máquinas eletrônicas monstruosas da Yamaha, que praticamente soam como a orquestra de um homem só".

A BATERIA IRÁ ABALAR OS MUROS DO CASTELO

SOBRE JOHN BONHAM

POR DON BREWER, GRAND FUNK RAILROAD

"Bonham é o maior dos bateristas de rock – simplesmente é. Quando as pessoas dizem que, tecnicamente, Buddy Rich é o maior baterista que já existiu, John Bonham é, em definitivo, o maior baterista da história do rock. Basicamente, tudo o que ele fez é bom. É simplesmente incrível."

—Chad Smith, Red Hot Chili Peppers

"Nunca tentei conscientemente ser um dos melhores bateristas – nem pretendo ser. Muitos garotos vêm a mim e dizem: 'Há muitos bateristas melhores que você', ou algo do gênero. Mas gosto de tocar no limite de minha habilidade, e é por isso que estou aqui. Minha intenção não é ser mais empolgante que Buddy Rich. Mas não toco o que não gosto. Sou um baterista simples e direto e não tento fingir ser nem um pouco melhor do que sou."

—John Bonham, em Hammer Of The Gods, *de Stephen Davis*

"Bonzo produzia aquele som pois tocava com mais força na bateria do que qualquer um que já encontrei. Ele tinha essa capacidade, típica de um pedreiro, de bater com uma força descomunal. No entanto, seu toque era muito leve. Sob muitos aspectos, ele era a chave para entender o Led Zeppelin. Era fácil e rápido trabalhar com ele. A única razão pela qual o Led Zeppelin tinha de regravar determinados trechos eram as sequências de tempo intricadas de grande parte das músicas. Uma vez que Bonzo tivesse o domínio sobre a parte que lhe cabia, todo o restante se encaixava."

—Eddie Kramer, em Hammer Of The Gods, *de Stephen Davis*

"Durante anos, as pessoas colocaram o Led Zeppelin na mesma categoria de inúmeros outros grupos – o heavy metal. Para mim, eles foram uma banda de blues barulhenta, aventureira e modernista. Bonham tinha um jeito de tocar que fazia o bumbo chegar até você com um impacto único, que ninguém mais seria capaz de fazer – jamais."

—T-Bone Burnett, em entrevista à CMT Crossroads

Aquela foi uma época bastante criativa. Lembro-me de ter ido ao Grande Ballroom em Detroit, para assistir ao Soft Machine e a Terry Reid, ambos da Inglaterra, todos aqueles bateristas que apareciam fazendo coisas que eu nunca tinha visto um baterista americano fazer. Na época, era muito comum tocar com o pé pesado, e o pedal era muito usado. Foi quando surgiu Bonham; ele estava ouvindo outros bateristas que faziam coisas com o pé e achava que podia executá-las – de um modo mais legal que eles.

Passamos, todos nós, a ouvir os bateristas de jazz das *big bands* e os de rock que acompanhavam Jerry Lee Lewis e Chuck Berry, aprendendo com todos eles. Acabamos captando aquele tipo de coisa, o rock'n'roll básico. Então, à medida que você entra nos anos 1960, chegam a música pop, o som da Motown e, então, o R&B. Em grande parte, acho que é essa a origem do jeito sincopado de tocar com os pés. O som de Otis Redding e Wilson Pickett, especialmente a bateria. Isso foi uma enorme influência para músicos de rock que tocavam coisas mais pesadas.

Bonham tinha um jeito muito livre de tocar. Seus golpes eram cortantes, mas ele também conseguia fazer tudo aquilo que fazia os outros bateristas se perguntarem: "Que diabos ele está fazendo?" Sentávamos à bateria e tentávamos compreender. Ele aparecia com riffs e licks incríveis. Tudo se resume ao estilo: Bonham simplesmente tinha um estilo próprio de alternância entre o pé, a mão esquerda e a direita, além de todos os fills de bateria que conseguia fazer.

Produzia um som incrível também. Não sei dizer quanto desse som característico era dele e quanto vinha da produção de Page. Pelo que pude entender, ele tocava numa sala de concreto onde simplesmente se captava o som da sala e da bateria com os microfones. É essa combinação que fazia a bateria soar tão alta.

Acho que ele era o complemento perfeito ao som da guitarra de Jimmy Page. Page tocava inúmeros tipos de ritmos e tinha toques de guitarra incomuns – que eram, na verdade, grooves de guitarra. Eles eram o que fazia do Led Zeppelin uma banda tão especial, do mesmo modo que Keith Richards faz os Rolling Stones soarem únicos. Page apresentava a Bonham aqueles grooves de guitarra, e o baterista vinha com aqueles incríveis licks de bateria para completá-los. Não sei se algum outro baterista – e me incluo aí – teria ouvido aquelas linhas melódicas da guitarra de Page e produzido grooves como aqueles. Bonham não se limitava, simplesmente, a tocar o compasso 4/4 para os demais: o fenomenal era todo o trabalho de síncope que ele fazia para acompanhar aqueles licks de guitarra. Em "Rock And Roll", por exemplo, ele toca o chimbal aberto com a mão esquerda [no rock, ele normalmente é tocado com a direita], numa levada que geralmente é usada no boogie, mas que, adaptada ao rock, soa simplesmente maravilhosa.

Música após música, para ele é tudo questão de atitude. Tudo combina com o som do Led Zeppelin – o som produzido pelo timbre da sua bateria e pelos ritmos sincopados. Bonham simplesmente toca coisas incríveis. Era único no gênero. Sem ele, o som do Led Zeppelin teria sido completamente diferente.

—Depoimento a Gary Graff

Programa do Festival de Knebworth, 4 de agosto de 1979.

Pôster anuncia datas da turnê pela Europa em 1980, a última da banda.

Ingresso para o Festival de Knebworth, 4 de agosto de 1979.

Festival de Knebworth, 11 de agosto de 1979.

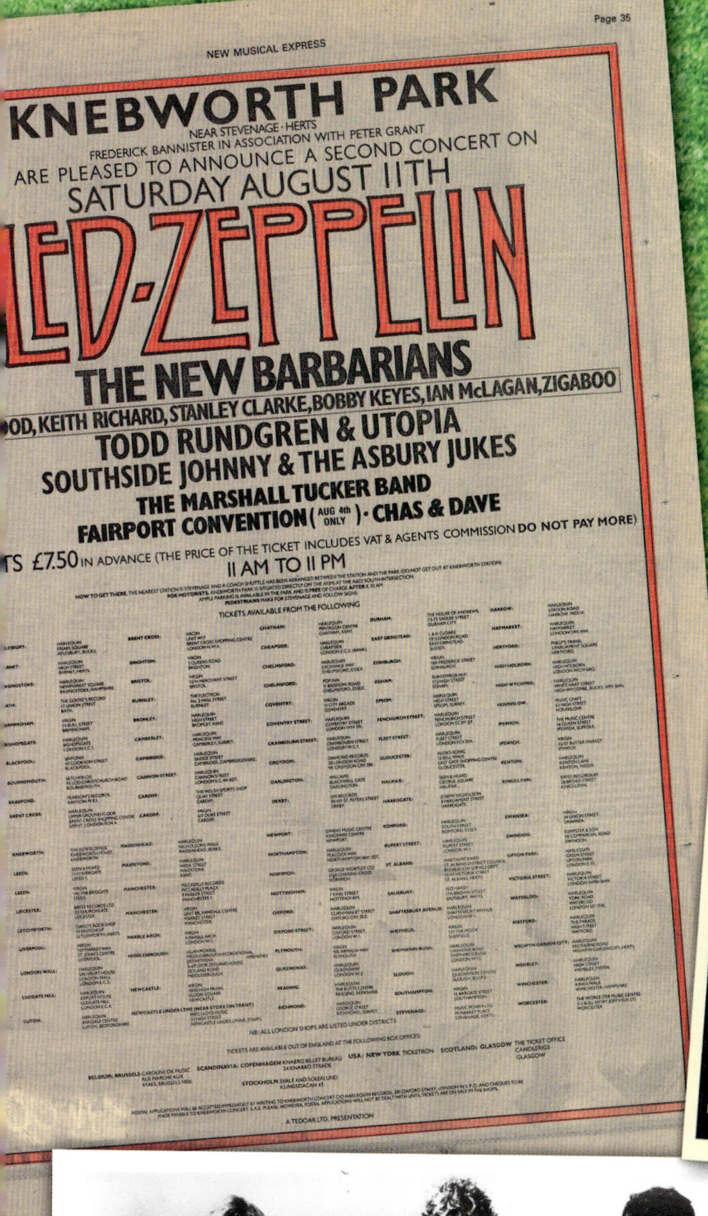

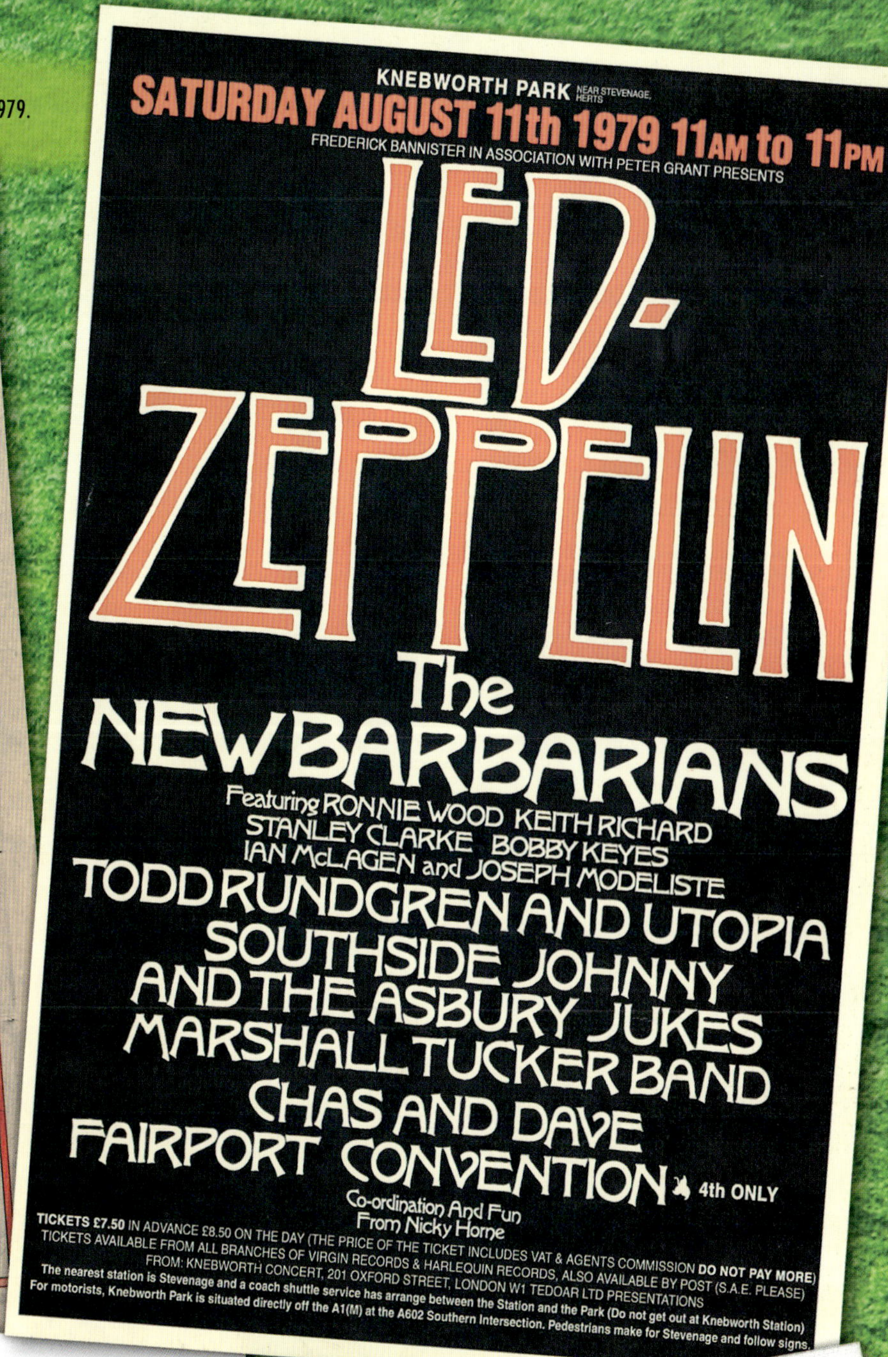

Ingresso que permitia o acesso aos bastidores de Knebworth, 4 de agosto de 1979.

O icônico pôster de divulgação de Knebworth.

Pôsteres anunciando as datas da turnê europeia de 1980, a última da banda.

LED ZEPPELIN
TOUR OVER EUROPE 1980
ROTTERDAM
AHOY
JUNE 21ST
BREMEN
STADTHALLE
JUNE 23RD
BERLIN
EISSPORTHALLE
JULY 7TH & 8TH
HANNOVER
MESSEHALLE
JUNE 24TH
BRUSSELS
FOREST NATIONAL
JUNE 20TH
DORTMUND
WESTFALENHALLE
JUNE 17TH
KÖLN
SPORTSHALLE
JUNE 18TH
FRANKFURT
FESTHALLE
JUNE 30TH
MANNHEIM
EISSTADIUM
JULY 2ND & 3RD
NÜRNBERG
MESSEZENTRUM HALLE
JUNE 27TH
SWAN SONG
MÜNCHEN
OLYMPICHALLE
JULY 5TH
VIENNA
STADTHALLE
JUNE 26TH
ZURICH
HALLENSTADION
JUNE 29TH

Ingressos que permitiam acesso aos bastidores, turnê europeia de 1980.

Ingresso, Vorst Nationaal, Bruxelas, Bélgica, 20 de junho de 1980.

Alemanha, julho de 1980. *Fotex Agentur GmbH/Redferns*

os LPs:
In Through The Out Door
por George Case

O último disco de carreira do Led Zeppelin foi *In Through The Out Door*, lançado no começo de 1979. Com um público ávido por material novo do grupo – o último álbum de estúdio havia sido o LP *Presence*, de 1976 – e indiferente às bandas de punk e new wave bem recebidas pela crítica, o disco teve sucesso imediato e serviu de estímulo para uma mais que necessária revitalização de toda a indústria da música pop. No entanto, passados mais de dez anos do momento em que o Zeppelin chegou ao mundo, *In Through The Out Door* foi considerado a despedida do grupo, um álbum sem as melodias de guitarra rápidas, pesadas e blueseiras que projetaram a banda e pródigo em um ecletismo vertiginoso, muito mais audaz do que os experimentos de *Houses Of The Holy* ou *Physical Graffiti*. Esse não era mais o Led Zeppelin que o seu irmão mais velho conhecera.

O próprio quarteto vivia um momento de transição. Dizia-se que Jimmy Page e John Bonham estavam viciados em heroína – ainda capazes de tocar, decerto, mas profissionalmente indignos de confiança. Bonham escapou por pouco de ser preso, em razão de atos violentos cometidos nos bastidores de um show em Oakland, na última turnê da banda nos EUA, em 1977. Logo depois, Karac, o filho pequeno de Robert Plant, morreu de repente, vítima de uma infecção viral, e o cantor precisou de mais de um ano para viver o luto do filho e repensar o futuro. Em *In Through The Out Door*, coube a John Paul Jones, sempre o membro mais pragmático e estável do Led Zeppelin, o trabalho duro, instrumental e de composição. O álbum, gravado em três semanas de novembro e dezembro de 1978, nos Estúdios Polar Music, em Estocolmo, Suécia, trazia duas faixas, de sete, sem o nome de Page nos créditos e seis em que Jones era coautor. À noite, Jones e Plant, a sós no estúdio, começaram a trabalhar juntos sobre as canções. "Robert e eu passamos boa parte do tempo bebendo litros de [licor] Pimms e esperando aquilo acontecer", disse Jones posteriormente. "Então, fizemos acontecer." A dinâmica da banda havia mudado.

In Through The Out Door ainda traz a marca de Page como produtor, auxiliado pelos engenheiros de som Leif Mases e Lennart Östlund. Dez faixas foram gravadas em Estocolmo (três saíram no póstumo *Coda*) e mixadas na casa de Page, em Plumton Place, Sussex. O estúdio Polar tinha um eco natural quase metálico, que ressoava em todas as novas canções. Uma das virtudes mais notórias do disco é o clima revigorante de gravação ao vivo. A faixa de abertura, "In The Evening", começa com um prelúdio sombrio e abstrato de Page, que toca a sua Fender Stratocaster com um arco e uma novidade mecânica chamada Gizmotron

("Gosto de sons monocórdios e coisas desse tipo", disse o guitarrista), e passa a uma progressão de acordes repletos de detalhes. A introdução lembrava outros ruídos "fantasmagóricos" que abriam os álbuns *Led Zeppelin II, III* e *IV*.

"South Bound Suarez" era um pequeno e angustiado groove de piano composto por Jones e Plant, em que Bonham encaixou a bateria à força e Page fez um solo muito condensado. A seguir, em "Fool in the Rain", com enredo lírico derivado de "Silhouettes", hit de estilo doo-wop dos Diamonds, de 1957, e ritmo latino inspirado no samba, destaca-se o novo sintetizador Yamaha GX-1 de Jones – saliente em todas as canções do LP. Música "assobiável" e inovadora, "Fool in the Rain" saiu em compacto simples e chegou à 21ª posição nas paradas dos EUA. Outra surpresa em termos de gênero é a faixa "Hot Dog", um pastiche divertido, porém plausível, de música country (embora com guitarra distorcida) em acordes simples (G, C e D7), o que faz dela a única música do disco apta a ser tocada em rodas de violão.

O lado 2 apresentava a densa e perturbadora "Carouselambra", com o teclado de Jones em primeiro plano e a presença da icônica Gibson EDS-1275, de braço duplo, raramente usada por Page fora do palco. "All My Love", de Jones e Plant, sem dúvida a mais refinada do disco, distanciou-se ao máximo do rock virulento de "Immigrant Song" ou "Black Dog". Uma bela e sentida balada de declaração e devoção, cujo clima de *easy-listening* provocou certo desconforto em Page: "Fiquei um pouco preocupado com o refrão", comentou. "Eu ficava imaginando as pessoas fazendo ondas com os braços, coisas desse tipo." Por fim, a sinuosa e lenta "I'm Gonna Crawl", um blues em tom menor comparável a músicas anteriores, como "Since I've Been Loving You", do álbum *III*, e "Tea For One", de *Presence*. Apresentava uma adocicada fanfarra de sintetizadores que poderia ter sido regida por Nelson Riddle, um angustiante vocal de Plant e um dos solos mais comoventes de Page.

In Through The Out Door trazia uma capa tipicamente enigmática – criada pelos artistas prediletos do Zeppelin, do grupo Hipgnosis –, marrom sem estampas no lado externo – fazendo lembrar a capa sem palavras do álbum *IV* – e duas entre seis possíveis cenas de desolação crepuscular, dependendo da edição que se comprava. (No meu exemplar, uma das fotos é diferente de todas as outras reproduções que já vi – o rapaz no bar está prestes a pôr fogo na nota, ou seja, ela ainda não começou a queimar.) Dentro, em primeiro plano, há imagens em sépia de tequila, cigarros, cinzeiro e a carta "Dear John", o que dava um clima de blues à embalagem – que, nas primeiras edições, poderia ser umedecida, revelando as tintas ocultas da impressão, uma ideia que ocorreu a Jimmy Page a partir de um livro de colorir da filha Scarlet.

Devido às inovações formais e às melodias em sintetizador, *In Through The Out Door* raramente é mencionado pelos fãs do Zep como álbum predileto. Page disse que tanto ele quanto Bonham acharam o disco "um pouco suave demais"; os dois planejavam fazer "um álbum de rock pesado depois desse". No entanto, o disco é um arremate intrigante no catálogo do Led Zeppelin, sugerindo uma evolução constante no som e no estilo da banda, que já havia transcendido a expectativa de qualquer ouvinte dez anos antes.

O último disco do Led Zeppelin foi o primeiro que comprei. Eu já tivera contato com o grupo por meio de fitas e discos de amigos, mas, por volta de 1985, aos 18 anos, *In Through The Out Door* se tornou a minha primeira aquisição do repertório deles. Uma escolha esquisita? O que causava o ceticismo dos fãs de longa data do Zep era justamente o que me agradava no disco: o modo como ele desvirtuava a reputação que o grupo tinha na época – a de fornecedores unidimensionais de um estilo de heavy metal bombástico ou a da suposta adoção de uma atitude associada ao ocultismo. Tocar "Hot Dog", "All My Love" ou "I'm Gonna Crawl" para estranhos sempre provocava uma reação de espanto: são estes os caras que compuseram "Whole Lotta Love", aquele hino de balançar a cabeça? O pretensioso épico "Stairway To Heaven"? Lamentos prolongados típicos de drogados, como "Dazed And Confused"? São as mesmas quatro pessoas? Certamente eram. Justamente no momento em que o Led Zeppelin ameaçava transformar-se em rock ultrapassado, da era dos dinossauros, antes que alguém fosse capaz de imaginar um rock clássico, surgia *In Through The Out Door*. Não vou dizer que esse é o melhor dos trabalhos da banda, mas é o melhor indicador da amplitude e da maturidade criativa do Led Zeppelin. O fato de esse álbum ser também o desfecho de sua carreira de 12 anos o torna ainda mais pungente.

DATAS DA TURNÊ

1º.4.1977	Memorial Auditorium, Dallas, TX
3.4.1977	The Myriad, Oklahoma City, OK
6-7.4.1977	Chicago Stadium, Chicago, IL
9-10.4.1977	Chicago Stadium, Chicago, IL
12.4.1977	Met Center, Bloomington, MN
13.4.1977	Civic Center, St. Paul, MN
15.4.1977	Blues Arena, St. Louis, MO
17.4.1977	Market Square Arena, Indianápolis, IN
19-20.4.1977	Riverfront Coliseum, Cincinnati, OH
23.4.1977	The Omni, Atlanta, GA
25.4.1977	Freedom Hall, Kentucky Fair & Expo Center, Louisville, KY
27-28.4.1977	Richfield Coliseum, Cleveland, OH
30.4.1977	Pontiac Silverdome, Pontiac, MI
18.5.1977	Jefferson Memorial Coliseum, Birmingham, AL
19.5.1977	Assembly Center, Louisiana State University, Baton Rouge, LA
21.5.1977	The Summit, Houston, TX
22.5.1977	Tarrant County Convention Center, Fort Worth, TX
25-26.5.1977	Capital Centre, Landover, MD
28, 30.5.1977	Capital Centre, Landover, MD
5.31.1977	Coliseum, Greensboro, NC
3.6.1977	Tampa Stadium, Tampa, FL
7-8.6.1977	Madison Square Garden, Nova York, NY
10-11.6.1977	Madison Square Garden, Nova York, NY
13-14.6.1977	Madison Square Garden, Nova York, NY
19.6.1977	Sports Arena, San Diego, CA
21-22.6.1977	The Forum, Inglewood, CA
23.6.1977	The Forum, Inglewood, CA
25-27.6.1977	The Forum, Inglewood, CA
17.7.1977	Kingdome, Seattle, WA
20.7.1977	Activities Center Arena, Arizona State University, Tempe, AZ
23-24.7.1977	Alameda County Coliseum, Oakland, CA

Mais ingressos para shows que jamais aconteceram. Com a morte de John Bonham, a turnê pelos EUA, em 1980, foi cancelada.

DATAS DA TURNÊ

23-24.7.1979	Falkoner Theatre, Copenhague, Dinamarca
4.8.1979	Knebworth Festival, Stevenage, Inglaterra
11.8.1979	Knebworth Festival, Stevenage, Inglaterra
17.6.1980	Westfalenhalle, Dortmund, Alemanha
18.6.1980	Sporthalle, Colônia, Alemanha
20.6.1980	Vorst Nationaal, Bruxelas, Bélgica
21.6.1980	Ahoy, Roterdã, Holanda
23.6.1980	Stadthalle, Bremen, Alemanha
24.6.1980	Messehalle, Hanôver, Alemanha
26.6.1980	Stadthalle, Viena, Áustria
27.6.1980	Messenhalle, Nuremberg, Alemanha
29.6.1980	Hallenstadion, Zurique, Suíça
30.6.1980	Festhalle, Frankfurt, Alemanha
2-3.7.1980	Eisstadion, Mannheim, Alemanha
5.7.1980	Münchner Olympiahalle, Munique, Alemanha
7.7.1980	Eissporthalle, Berlim, Alemanha

Olympiahalle, Munique, 5 de julho de 1980.

Led Zeppelin "Tour 77"

April 1	Memorial Auditorium, Dallas, Tex.
April 3	The Myriad, Oklahoma City, Okla.
April 6, 7, 9,10	Chicago Stadium, Chicago, Ill.
April 12	Metropolitan Sports Center, Minneapolis, Minn.
April 13	Civic Center, St. Paul, Minn.
April 15	Blues Arena, St. Louis, Mo.
April 17	Market Square Arena, Indianapolis, Ind.
April 19, 20	Riverfront Coliseum, Cincinnati, Ohio
April 23	The Omni, Atlanta, Ga.
April 25	Kentucky Fairgrounds & Exposition Center, Louisville, Ky.
April 27, 28	Coliseum, Richfield, Ohio
April 30	Silverdome, Pontiac, Mich.
May 18	Coliseum, Birmingham, Ala.
May 19	L.S.H. Assembly Hall, Baton Rouge, La.
May 21	The Summit, Houston, Tex.
May 22	Tarrant County, Convention Center, Ft. Worth, Tex.
May 31	Coliseum, Greensboro, N.C.
May 25, 26, 28, 30	Capital Center, Largo, Md.
June 3	Tampa Stadium, Tampa, Fla.
June 7, 8, 10, 11, 13, 14	Madison Square Garden, New York, N.Y.
June 19	Sports Arena, San Diego, Cal.
June 21, 22, 23, 25, 26, 27	Los Angeles Forum, Los Angeles, Cal.

THE SOUNDTRACK FROM THE FILM
LED ZEPPELIN
THE SONG REMAINS THE SAME

Led Zeppelin albums are available on Swan Song Records & Tapes.

SWAN SONG

Itinerário da turnê impresso no verso do ingresso do "Led Zeppelin Ticket Stakes", de 1977.

10

A eternidade

A produção pós-Led Zeppelin de Jimmy Page, Robert Plant e John Paul Jones tem sido diversificada e irregular, com reviravoltas inesperadas e geralmente intrigantes. Semelhante, em certa medida, ao trabalho pós-Beatles de John, Paul, George e Ringo. Atordoado com a morte de John Bonham, Jimmy Page ficou sem encostar numa guitarra por muito tempo. Em 1981, formou uma nova banda com Chris Squire e Alan White, do Yes, mas o disco que gravaram nunca foi lançado. O herói da guitarra então retomou as suas habilidades de músico de estúdio, compondo a trilha de *Desejo de matar 2*, filme estrelado por Charles Bronson.

Fiel às suas responsabilidades, Page concluiu *Coda*, compilação de faixas inéditas do Zeppelin, e realizou, com dois outros ex-Yardbirds, Eric Clapton e Jeff Beck, uma breve temporada de shows beneficentes em apoio à ARMS – entidade que combate a esclerose múltipla –, promovida por Ronnie Lane. Mas o que ele buscava de fato era uma banda nova. Protagonizou fiascos, no grupo The Firm (com o cantor Paul Rodgers, do Free e do Bad Company) e no duo com David Coverdale (do Whitesnake), cantor cujo estilo remetia a Plant. Em meio a esses projetos, Page fez *Outrider*, um álbum solo de guitarra pesada que, digamos, naufragou em grande estilo. Por fim, depois de um show "acústico" na MTV (intitulado *Unledded*) com músicos marroquinos, egípcios e eruditos ocidentais, ele e Plant se reuniram para gravar dois álbuns ambiciosos, *No Quarter/Unledded*, de 1994, e *Walking Into Clarksdale*, de 1997. Porém, dois CDs e uma turnê bastaram para Plant. Page acompanhou o grupo Black Crowes por quase dois anos para saciar a sua vontade de tocar mundo afora.

Tentando sempre manter distância do legado do Led Zeppelin, Robert Plant obteve grande satisfação com a carreira solo. No início de 1981, explorou as suas raízes de R&B e blues com os Honeydrippers, antes de lançar um disco solo propriamente dito, intitulado *Pictures At Eleven*, com sonoridade nova (bateria eletrônica e sintetizadores) e visual novo (cabelo aparado e roupas de grife).

Na turnê de divulgação do seu segundo álbum, *Principle Of Moments*, ele não tocou nenhuma música do Zeppelin. A seguir, convocou Page, Beck e Nile Rodgers, produtor e guitarrista de

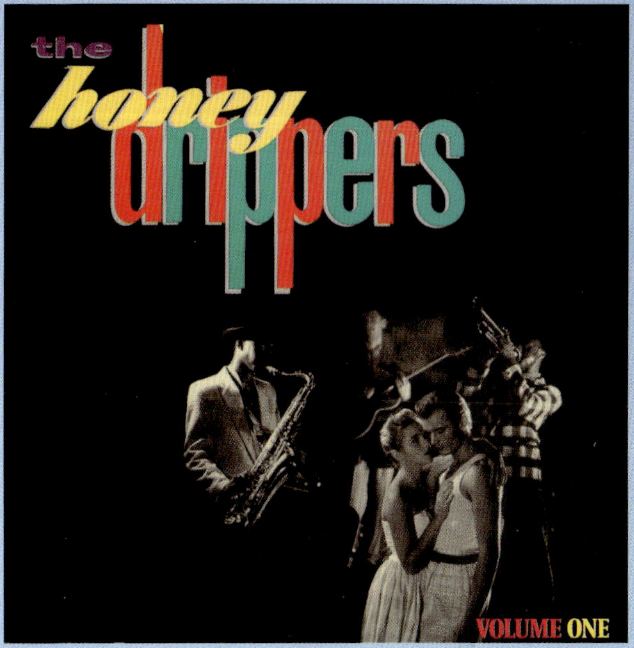

The Honeydrippers Volume I, álbum de blues, R & B e rockabilly de Robert Plant (1984), com o guitarrista Robbie Blunt e as participações especiais de Jeff Beck, Nile Rodgers e Jimmy Page.

Jimmy Page juntou-se a Paul Rodgers, vocalista do Bad Company and Free, no grupo The Firm, lançando um primeiro disco (que tem o nome da banda) em 1985, seguido de *Mean Business*, em 1986.

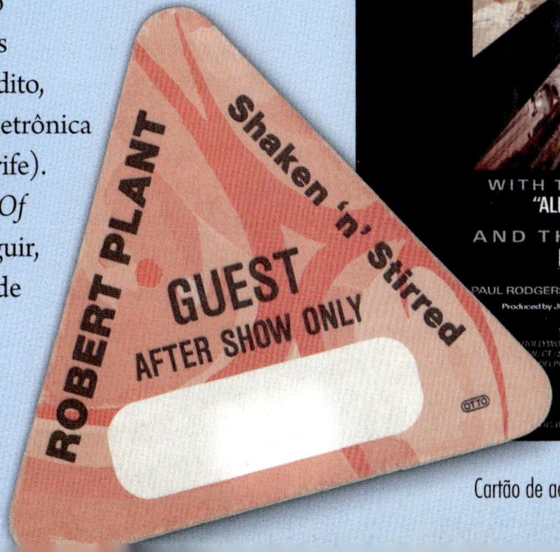

Cartão de acesso aos bastidores das turnês solo de Robert Plant.

Ensaio em 9 de dezembro de 2007 para o show em homenagem a Ahmet Ertegun, O2 Arena, Londres. Jimmy Page toca a Gibson ES-350 original de Chuck Berry. *Ross Halfin/Exclusivo de Getty Images*

O Led Zeppelin em um breve reencontro no show Live Aid, JFK Stadium, Filadélfia, 13 de julho de 1985.

R & B, para a gravação de *The Honeydrippers, Volume I*. Em 1985, em Filadélfia (EUA), o Led Zeppelin teve um breve reencontro – com os bateristas Phil Collins e Tony Thompson, do PowStation – no Live Aid, série de shows beneficente cuja renda seria destinada ao combate à fome na Etiópia.

Plant arrependeu-se do encontro, para o qual não ensaiou adequadamente. Em 1988, declarou à revista *Details*:

> "O Live Aid foi horrível – para nós. A nossa apresentação foi terrível, o Live Aid foi maravilhoso. Eu estava rouco, tinha ensaiado a tarde toda. Estava para fazer três shows consecutivos com a minha própria banda e, quando cheguei para cantar naquela noite, já não tinha mais voz. Mais nada. Imediatamente, a saga inteira do Led Zeppelin me veio à tona no palco. Tudo o que eu odiava em relação ao Led Zeppelin voltou naquele instante. Era como uma espécie de cão sem rumo, tentando morder o próprio rabo – essa era a verdadeira *vibe* no palco. O roadie entregou a Page uma guitarra desafinada, pois ele não a usava havia dez anos. Ele cambaleava. Eu tentava chegar até a frente do palco. Foi uma palhaçada.
>
> Não havia o mínimo tesão naquele projeto. De início, pareceu ser uma boa ideia, mas o evento foi além dos limites. Para mim, era uma coisa sentimental demais permanecer ali, recebendo felicitações, quando o que eu queria era seguir o meu rumo, ir a Cleveland e fazer um show meu. Foi bastante estranho e também uma espécie de derrota minha, como artista solo. Com a importância daquele dia tão especial, o fato de eu estar ali e fazer uma das piores apresentações da minha vida parecia contradizer a minha própria essência, a razão de ser como músico e profissional do entretenimento. Foi uma sensação muito peculiar. Ter que fazer aquilo todas as noites é, provavelmente, uma das coisas menos atraentes que eu podia imaginar. A perspectiva de estar em Cleveland no dia seguinte, com a minha própria banda, me dava muito mais prazer. No Live Aid, eu fazia parte do passado e do presente de todos. Hoje, sou um artista em competição com muitos fingidores e muitos músicos ótimos. E isso é bem mais realista."

No mínimo, o mérito do encontro foi o de estimular o apetite de Plant pelo Led Zeppelin, pois, na turnê de divulgação do seu quinto álbum solo, *Manic Nirvana* (1990), ele tocou um punhado de músicas do Zep. Entre 1994 e 1998, realizou parcerias com Page e, em 1999, formou uma nova banda, Priory of Brion, que tocava covers de rock psicodélico do final da década de 1960. Dois anos depois,

Passes para os bastidores da turnê de *Outrider*, 1988.

Jimmy Page lança seu primeiro – e único, até o momento – álbum solo, *Outrider*, em 19 de junho de 1988, com Jason Bonham na bateria.

Concerto Live Aid, JFK Stadium, Filadélfia, PA, 13 de julho de 1985. *Robert Matheu*

Show beneficente A.R.M.S., The Forum, Inglewood, Califórnia, 6 de dezembro de 1983. *Robert Matheu*

criou um pequeno grupo, o Strange Sensation, que satisfazia o seu interesse por "world music". Em 2007, Plant deu mais um passo surpreendente, ao gravar com a rainha da música bluegrass, Alison Krauss, um CD inesquecível de folk, country e blues, intitulado *Raising Sand*. O dueto fez uma bem-sucedida turnê em 2008.

John Paul Jones voltou para o estúdio. Em 1984, compôs a trilha do filme *Scream For Help*, com Page em duas faixas. Produziu a lenda do R & B Ben E. King, a banda de hard rock Heart e a cantora vanguardista Diamanda Galas, participou de projetos de Peter Gabriel e Brian Eno e fez arranjos para o disco *Automatic For The People*, do R.E.M. Depois de construir dois estúdios de gravação, em 1998 finalmente lançou seu primeiro disco solo, o instrumental *Zooma*. Em 2001, lançou-se pela primeira vez à composição e aos vocais. Jones ficou magoado por não ter sido convidado por Page e Plant a participar do reencontro dos dois, em meados da década de 1990. Quando o Led Zeppelin entrou para o Rock and Roll Hall of Fame em 1995, Jones comentou, sarcástico: "Obrigado, meus amigos, por finalmente terem lembrado o meu número de telefone".

Os três membros remanescentes do Led Zeppelin, acompanhados de Jason, filho de Bonham, na bateria, fizeram rápidas apresentações na cerimônia de ingresso no Hall Of Fame, no casamento de Jason em 1990 e no show do 40º aniversário da Atlantic Records, em 1988. Mas o verdadeiro reencontro se deu em 10 de dezembro de 2007, na homenagem ao falecido Ahmet Ertegun, fundador da Atlantic Records. A demanda foi impressionante – 16 milhões de espectadores disputaram os 18 mil ingressos à venda para o show na nova Arena O2, em Londres. Após curtas apresentações de Foreigner, Paul Rodgers e Paolo Nutini – e uma espera de 28 anos –, aconteceu um autêntico show do Led Zeppelin: 16 músicas em duas horas.

Fãs e críticos foram ao delírio. Uma das resenhas mais estimulantes foi a de Kitty Empire, publicada no inglês *Observer*: "Talvez o mais fascinante de tudo é o modo como Plant e Page trocam olhares de satisfação e de cumplicidade e se incentivam mutuamente durante todo o show".

Parece que eles estão prontos para vários outros shows do Zeppelin.

Pôsteres anunciando o lançamento de *Led Zeppelin Remasters*, 1990.

"A primeira lembrança que eu tenho é a de, em minha época de calouro no colegial, recém-saído de uma banda de hair metal, ter sido apresentado a eles e ter ficado absolutamente impressionado com o estilo do grupo, que era completamente diferente de tudo. Não se enquadrava em nenhum tipo de gênero. Eu ouvia o Led Zeppelin e me perguntava: 'O que é isso?!' Não sabia se era novo ou velho; era, simplesmente, um som atemporal, único."

—*Dierks Bentley*

Bilhete de acesso aos bastidores, turnê *No Quarter*, 1995.

Robert Plant e Jimmy Page reunidos no álbum *No Quarter*, lançado em 14 de outubro de 1994.

Programa da turnê *No Quarter*, 1995.

Pôster anunciando o lançamento das *BBC Sessions*, novembro de 1997.

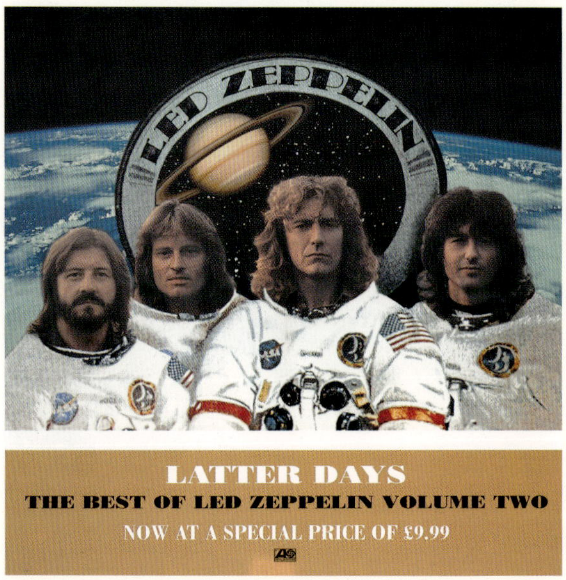

Pôsteres promocionais de *Early Days* e *Latter Days*, 1999 e 2000.

Turnê de Walking Into Clarksdale, Sportovni Hala, Praga, República Tcheca, 25 de fevereiro de 1998.

O que é e o que sempre será

Ann & Nancy Wilson, sobre o Zeppelin hoje

por
Gene Stout

A única oportunidade que Ann e Nancy Wilson tiveram de trabalhar com um membro do Led Zeppelin surgiu em 1995, quando gravaram "The Road Home" ao lado de John Paul Jones, que é descrito por Nancy como "uma verdadeira gracinha, divertido e jovial".

"O que aprendi com Jonesy, sobretudo, foi a não me comportar como uma fã descontrolada perto dele", diz Nancy. "Mas, acima de tudo, a ser uma musicista mais completa e mais dedicada. Ele me fez querer revisitar meus livros teóricos dos tempos de faculdade e simplesmente usar mais o conhecimento que eu tinha acumulado – que é, realmente, muito grande."

Hope & Glory, o álbum solo de Ann, traz mais um sinal de reconhecimento ao Zep, com o cover de "Immigrant Song". O produtor Ben Mink sugeriu a Ann que reinterpretasse a música no estilo da "exótica" cantora peruana Yma Sumac.

"Nossa intenção não era simplesmente dizer: 'ok, vamos fazer outro cover de uma música do Led Zeppelin'; queríamos que a sonoridade dela fosse realmente de dar medo", diz Ann.

Nancy – cujo marido, o jornalista especializado em rock e cineasta Cameron Crowe, já escreveu muito sobre o Led Zeppelin – perdeu o reencontro do Zeppelin no show na Arena O2, em Londres. Mas Ann lhe passou, via mensagens no celular, um relato do show, música por música.

"Ela ficava me enviando torpedos durante as primeiras quatro ou cinco músicas", lembra-se Nancy. Eu respondia: "Você não precisa fazer isso, não precisa fazer isso! Simplesmente curta o show!" E ela: "Não, não, eu quero muito compartilhar essa experiência com você". Então, a banda começou a tocar "No Quarter". Nesse momento, Ann foi engolida pelo furacão. Parou com os torpedos.

"Era como se eu tivesse 18 anos novamente", diz Ann. "Foi como um sonho. Não acreditava que tivesse assistido a eles quando tinha 18 anos e, então, ali estava eu, novamente, anos depois, vendo-os de novo – e o mesmo magnetismo animal emanava do palco."

Turnê de Walking Into Clarksdale, Sportovni Hala, Lodz, Polônia, 26 de julho de 1998.

Turnê de Jimmy Page e Black Crowes, 1999.

Pôster promocional de *Mothership*.

Folheto de promoção do lançamento de *The Song Remains The Same*, remixado e reeditado, 2007.

Mothership, a coleção dos maiores hits da banda, remasterizada e lançada em 13 de novembro de 2007.

"AMIGOS" sobre Jimmy Page

por Joe Perry

Joe Perry não é apenas o maior fã do Led Zeppelin. Também é amigo de Jimmy Page. Seus caminhos se cruzaram várias vezes ao longo dos anos, como num jantar durante turnê do Zeppelin ou num show do Aerosmith no Marquee Club de Londres que Jimmy foi conferir. Basta dizer que o mundo de Joe foi virado do avesso pelo Zeppelin, e ele adora falar da banda – especialmente de Page. Perry e Steven Tyler, vocalista do Aerosmith, também foram responsáveis pela indicação do Zep ao Rock and Roll Hall of Fame.

Músicas prediletas do Zeppelin

Todas! O que dizer? Tem tanta coisa em cada uma... Tem algo único que faz você querer ouvir as músicas de novo, o que não acontecia antes deles. Tem a ver com o modo como eles tocavam. Não estavam apenas repetindo algo decorado... Eles se apropriavam daquelas músicas. São muito talentosos e habilidosos, liderados por Jimmy. Era simplesmente incrível.

Discos prediletos

Não há um disco melhor que os demais. São tantos... Especialmente os primeiros. Você simplesmente ouvia do começo até o fim, pois é assim que se ouvia discos naquela época... E eles tocavam a música com a insinuação sexual que ela deve ter. Tocavam para o seu público, o que é positivo. Não tentavam simplesmente reproduzir as músicas. Deixavam a marca do Led Zeppelin nelas, com uma sonoridade moderna e nova. E Jimmy, com o seu talento de produtor, sabia exatamente o que queria ouvir e que tipo de proveito teria a partir daquele material. Ele transformava as coisas em mágica. Assim, os três ou quatro primeiros discos causavam uma reação do tipo: "Meu Deus, de onde veio isso tudo?"

Primeiros encontros com Jimmy

Meu primeiro encontro com ele foi por volta de 1974 ou 1975, no início de uma série de shows no Madison Square Garden e em vários outros locais. O Zeppelin reformulou a maneira como uma banda toca em estádio e o modo como ela é remunerada. Eles trouxeram muita inovação. A sua maneira de conduzir os negócios era brilhante – agiam de modo que pudessem ganhar mais dinheiro. Transformaram as turnês num negócio lucrativo – o que, até então, não acontecia. Com o passar dos anos, nos encontramos, nos aproximamos e viramos amigos próximos. Passávamos a maior parte do tempo falando sobre a família e coisas desse tipo.

Aprendendo com o som que o Zeppelin produzia no palco

Aprendemos muito quanto a tocar em grandes locais com eco... Grande parte do rock'n'roll tem a ver com sexo e ritmos tribais. Certos andamentos funcionam melhor num lugar amplo, que reverbere. Quando se ouve um disco na sala de casa, o som pode ser excelente e estimulante, mas num estádio não é a mesma coisa. O som se perde e é encoberto pelos agudos estridentes do cantor, perdendo toda a carga sexual. Eles sabiam como aquele tipo de música, quando tocada de determinada maneira, com determinados ritmos, funcionaria melhor... tocada mais lentamente. E os sons de certos instrumentos funcionam melhor em alguns lugares do que em outros. Então, você meio que manobra isso tudo, com um estilo de tocar que funciona melhor em espaços mais amplos.

Entrevistando Page para a revista *Guitar World*

Foi quando tive a oportunidade de lhe perguntar sobre sua música. Em relação a algumas canções, ele se mostrou bastante disposto a conversar. De algumas, ele não lembrava. E se mostrou reservado, uma característica tipicamente inglesa. A geração dele, anterior à nossa, iniciou uma fase em que as bandas competiam no palco. Elas apareciam com algum truque novo ou uma nova maneira de produzir determinado som com a guitarra. Page usava vários truques, como o arco do violino, os fuzz tones ou tudo junto. Às vezes pedia ao seu o roadie que mexesse nos amplificadores para obter certos sons. Usava certas cordas de guitarra e afinava-as de uma maneira específica. Mas eles faziam tudo isso em segredo, sem alarde.

Sobre os planos de Page para o Zeppelin

Ele passou tanto tempo dentro do estúdio antes do Zeppelin que é dali que isso deve ter surgido. Em algum lugar, há um material encaixotado – uma compilação de todo o seu trabalho feito em estúdio até aquele momento, algo como 1.400 músicas armazenadas ali: todos os comerciais que ele fez, todas as trilhas em que trabalhou, simplesmente tudo. Depois da escola, ele pegava o trem com a sua guitarra e entrava no estúdio. Recebia £10 por três horas de trabalho e nunca sabia o que tocaria a seguir. Podia ser qualquer coisa, de uma trilha sonora a uma propaganda de pão. Ele simplesmente não sabia. Mas foi assim que aprendeu a expandir as suas possibilidades. Já era um grande instrumentista, mas foi assim que se tornou mais versátil. Ele tinha que decifrar o que fazer ali, no calor da hora... Então, quando começou a tocar no Zeppelin, já sabia o que queria. Tinha, de fato, um plano. Isso foi o que mais me impressionou – a astúcia e a inteligência presentes no seu plano. E Page certamente colocou aquilo em prática.

A amizade com Page

Ao longo dos anos, Jimmy e eu nos tornamos bons amigos... Quando temos a oportunidade, jantamos ou simplesmente passamos algum tempo juntos. Uma vez ele veio assistir a alguns shows do Aerosmith e subiu no palco do Marquee Club. Tocou algumas músicas dos Yardbirds e do Zeppelin conosco. Ele tocou "I Ain't Got You" e "Train Kept A-Rollin'", dois clássicos dos Yardbirds. E ainda alguns clássicos do Aerosmith. Naquele dia, fizemos uma passagem de som de cerca de cinco horas – aquele era o lugar certo para se estar. Foi incrível.

—Depoimento a Steve Morse

Entrada para o Rock and Roll Hall of Fame, 12 de janeiro de 1995.

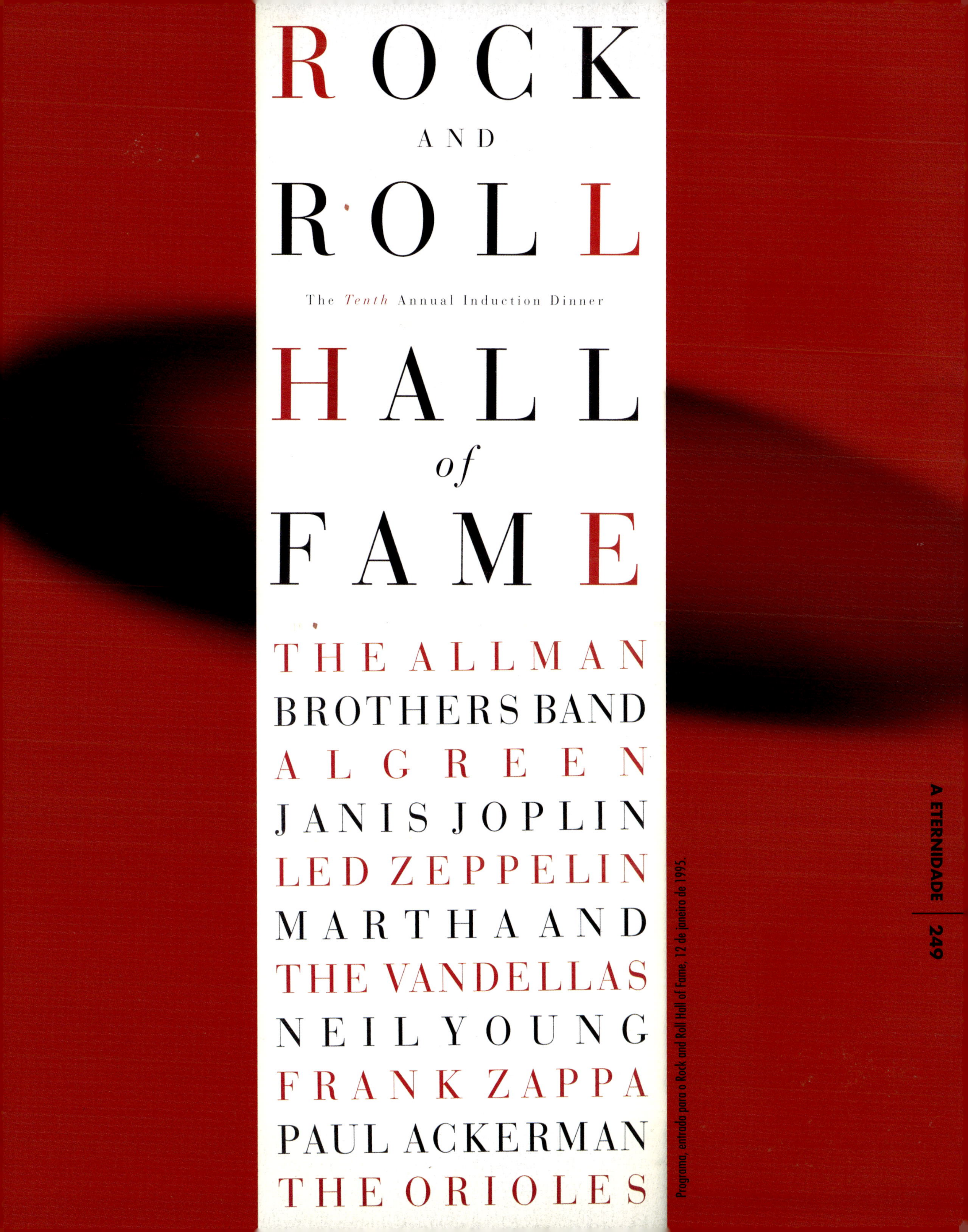

Programa, entrada para o Rock and Roll Hall of Fame, 12 de janeiro de 1995.

os LPs:
Coda
por Chuck Eddy

Se quisermos ficar no plano meramente factual, *Coda* consiste numa miscelânea de oito faixas gravadas em 1970, 1972, 1976 e 1978 (números pares, todos!), e nenhuma delas aparecera em qualquer dos álbuns anteriores do Led Zeppelin. A única exceção é "I Can't Quit You Baby", uma passagem de som de 1970, de Willie Dixon, bluesman do Mississípi que aparecera numa versão de estúdio do LP de estreia da banda. Em *Coda*, ela se torna pesada como um passo de elefante. Mas, esperem, ninguém mais dava passos pesados como o Zeppelin, não é mesmo? E a letra da canção ainda traz Robert Plant perguntando à sua princesa por que ela lhe dá esperanças e então o decepciona.

Coda foi lançado em 1982, dois anos após a morte de John Bonham, e ele arrasa no disco.

Três canções, incluindo as duas primeiras, falam de trens. Bem, mais ou menos. Na verdade, o primeiro verso da primeira música, "We're Gonna Groove", mostra a garota de Plant "vindo pelos trilhos". Enquanto o longo, negro e misterioso trem a leva para casa, Bonham e John Paul Jones fazem uma mistura de ritmos com uma levada funk quase tão delirante quanto "I'm A Man", do grupo de Spencer Davis, ou "Hush", do Deep Purple – ou seja, totalmente digna do estilo discoteca, embora este ainda não tivesse surgido (e deve ser dito aqui que alguns dos primeiros DJs de discotecas, segundo a obra *Love Saves The Day*, de Tim Lawrence, de 2003, um registro da história da música disco, ficaram famosos por incluir o Zeppelin em seu repertório). "We're Gonna Groove" (supostamente gravada pelo Zep em 1970, embora fãs mais implicantes contestem detalhes como esse) é uma composição do soul man Ben E. King – se você tem a intenção de encontrá-la numa compilação dele, eu lhe desejo boa sorte. A guitarra de Jimmy Page, sobre a qual supostamente o overdub foi posteriormente feito, cresce num ruído monstruoso. Essa banda certamente sabia condensar muita música no espaço de 2min37s.

A faixa 2, também com foco em assuntos ferroviários e também de 1970, é "Poor Tom". Aqui, a guitarra de Page arranha um material de origem celta e/ou dos Apalaches, numa vigorosa levada de Bonham, quase no estilo de uma banda marcial. Ou talvez isso seja um blues do Delta na forma de rock-arte. A letra da canção, porém, deixa claro que a balada tematiza um assassinato: Plant (que, no final, também toca uma gaita estridente) entoa um lamento sobre Tom, que trabalha nas ferrovias o dia inteiro, há décadas, enquanto sua mulher o trai. Então, como geralmente ocorre em tais situações, ele a mata

com um tiro. No final, Plant nos aconselha, repetidamente, a "manter o truckin' [movimentos de uma dança]" – uma referência a "Truckin", que o Grateful Dead gravaria posteriormente, em 1971, e ao disco protótipo *Keep On Truckin'*, de Eddie Kendricks (1973), mas também aos quadrinhos *Keep On Truckin'*, de R. Crumb (1968), e a "Truckin' My Blues Away", do bluesman piegas Blind Boy Fuller, da Carolina do Norte, a quem frequentemente se atribui a criação desse *slogan*.

Pule para a faixa 6 e você chegará à terceira música sobre trens – "Darlene", gravada em 1978, é uma canção descaradamente boogie-woogie em que o piano é tocado por Jones ao estilo de Moon Mullican, e Plant nos diz, explicitamente, que se trata de um boogie-woogie (prometo abandonar esse assunto depois desse comentário, mas os leitores devem lembrar que, em 1978, o termo boogie – assim como em "*boogie oogie oogie*" – pertencia, indiscutivelmente, ao universo das discotecas). Seja como for, a parte relacionada com o trem está em... bem... na maneira com que Plant insiste em pronunciar o nome "Darlene" como "Double E", que era, claro, o tipo de trem no qual o "conquistador" Warren Zevon repousou a cabeça na canção "Poor Poor Pitiful Me", de 1976. No final de "Darlene", à medida que a música evolui, chegando a uma espécie de festa ao som do rockabilly, Plant menciona também seus "cravos cor-de-rosa e sua picape", numa clara referência à canção "American Pie", de Don McLean, que chegou ao topo das paradas em 1971 e que, por sua vez, possivelmente fazia referência a "A White Sport Coat (And A Pink Carnation) (ou "crustáceo", como diria Jimmy Buffett)", uma fusão com o estilo country, de Marty Robbins, de 1957.

Outra clara referência country, em *Coda*, é a repetição – ainda que de maneira incompreensível – de Plant, que ele está "*walking the floor over you* [tratando você com desrespeito]" (numa citação direta ao desonroso criador deste título, Ernest Tubb, de 1941) na faixa 4, "Walter's Walk", uma faixa supostamente retirada de *Houses Of The Holy*, de 1972, que gravita em torno da ideia de que há muito tempo Walter não dava um passeio a pé. A magnífica explosão de Bonham também lembra muito, em algumas partes, o tema do desenho animado *George, o Rei da Floresta*, do fim da década de 1960. Só que em volume mais alto.

Na verdade, "Walter's Walk" é provavelmente a segunda faixa mais pesada do disco, superada apenas pela verdadeira coda de *Coda*: "Wearing And Tearing", de 1978, que bate sua primitiva cabeça metaleira em 5min28s, com variações de andamento, monstruosos riffs de Page e uma letra prototípica de Judas Priest sobre analgésicos, tudo isso cantado em guinchos desvairados. Ed Christman, minucioso colunista veterano da *Billboard*, me disse que "a intenção inicial era de que a faixa fosse lançada como um single, em 1979, e ela foi considerada uma resposta do Zeppelin ao punk rock, como se a banda que gravou 'Communication Breakdown' precisasse responder às críticas do punk". Um argumento interessante!

É interessante que "Wearing And Tearing" também tenha um verso esquálido ("*just a-foolin' after school*"), trecho em que Plant evoca Jack White, do White Stripes, duas décadas antes; da mesma forma, na faixa 5, "Ozone Baby", também gravada em 1978, ele antecipa o estilo de cantar em guinchos, próprio de Billy Squier, no verso "*tired of you doin' the things that you do*". Mas o verdadeiro destaque de "Ozone Baby" (que estranhamente não tem nada a ver com as emissões de clorofluorcarboneto) é, provavelmente, o delicioso solo exploratório de Page, de 2min30s de duração. No fim das contas, as três canções excluídas de *In Through The Out Door* e presentes em *Coda*, como foi observado por muitos, teriam dado ao excêntrico álbum de 1979 uma sonoridade muito mais pesada, com resultados mais sensatos e realistas. (Eles não teriam, necessariamente, feito um disco *melhor*, mas suas músicas não teriam se transformado em alvo de críticas.)

Então, o.k., nos resta a única faixa alheia à ordem cronológica do álbum, a de número 7, "Bonzo's Montreux", gravada num estúdio à beira do lago Genebra em 1976 e frequentemente minimizada como um simples "solo de bateria". Para meus ouvidos, as síncopes e os ritmos definitivos de Bonham e os desconcertantes efeitos eletrônicos de Page prenunciam desde a fusão robot-jazz do *Sound-System*, de Herbie Hancock, de meados dos anos 1980, ao *Decode Yourself*, de Ronald Shannon, passando pelo rock-techno "big-beat" dos Chemical Brothers e do Prodigy, no final da década de 1990.

Eis uma prova a mais – como se ainda precisássemos delas – de que o Led Zeppelin não era somente uma banda do passado, mas do futuro.

"A técnica não faz parte do processo. Eu lido com as emoções."

—*Jimmy Page, em* Hammer Of The Gods, *de Stephen Davis*

"É uma de minhas bandas prediletas. Ouvi-os a minha vida inteira. Adoro a voz de Robert Plant. Ele tem uma das melhores vozes do rock de todos os tempos. E eles bombaram. Eu diria que seus cinco primeiros discos são álbuns simplesmente perfeitos, formidáveis... Adoraria ver o Led Zeppelin tocando ao vivo, ou fazendo algo novo, para ver o tipo de coisas mágicas que aconteceria."

—*Chester Bennington, Linkin Park*

os LPs: *How The West Was Won*

por Melissa Ruggieri

Órfãos de um álbum ao vivo por anos, os fãs do Zeppelin trocavam entre si material pirata de dois shows de grandeza memorável: o de 25/6/1972, no L. A. Forum, em Los Angeles, e o de duas noites depois, na Long Beach Arena, em Long Beach.

Foi somente em 2003, sob o comando rígido de Jimmy Page na edição, que as gravações desses shows na costa oeste americana foram dissecadas para resultar em *How The West Was Won*, monstruosa compilação de músicas em três CDs.

Os puristas ficaram ligeiramente decepcionados com a decisão de Page de intercalar a ordem das faixas em vez de apresentar o show completo, do início ao fim. Mas, para grande parte dos fãs do Zep, foi um deleite ouvir a reprodução de uma das mais enérgicas performances ao vivo da banda, depois da trilha sonora mediana de *The Song Remains The Same*.

Ao escolher a dedo as melhores performances de cada show, Page fez de *West* um trabalho incomparável: o Zeppelin aqui surge com força total, ostentando uma petulância descarada e uma virtuosidade musical de cair o queixo.

Segundos depois da explosão inicial de "Immigrant Song", já se percebe o vigor muscular da banda na bateria trovejante de John Bonham. As baquetas golpeiam o chimbal e o tambor como o porrete de um homem das cavernas. Sua força é devastadora – a ponto de praticamente deixar em segundo plano os berros frenéticos de Robert Plant.

Embora os riffs acelerados de Page sejam sempre uma âncora para as músicas, assim como as sólidas linhas melódicas do baixo de John Paul Jones, o trio "Immigrant", "Heartbreaker" e "Black Dog" reforça o argumento persuasivo de que foi Bonzo, e não Page, quem imprimiu à banda os seus padrões musicais profundos e viscerais.

Ao ouvir Bonham se lançar sobre o seu instrumento no exercício de quase 20 minutos que é "Moby Dick", os disparos velocíssimos do bumbo duplo e as viagens matizadas pelos tom-tons que sugerem uma grande delicadeza sob o seu visual musculoso, é impossível não ser tomado por um sentimento de tristeza, sabendo que menos de uma década mais tarde ele partiria.

Porém, ainda que "Moby Dick" seja tecnicamente inspiradora e realce a lenda de Bonham, essa música, juntamente com o outro épico do disco 2, "Dazed And Confused", também sintetiza o lado furioso do Zeppelin.

A performance de Page em "Dazed", depois de uma introdução com gongos reverberantes e o som sinistro e estrondoso de Jones, é simplesmente assombrosa. Mesmo o famoso trecho com o arco de violino, geralmente mais bem apreciado quando visto

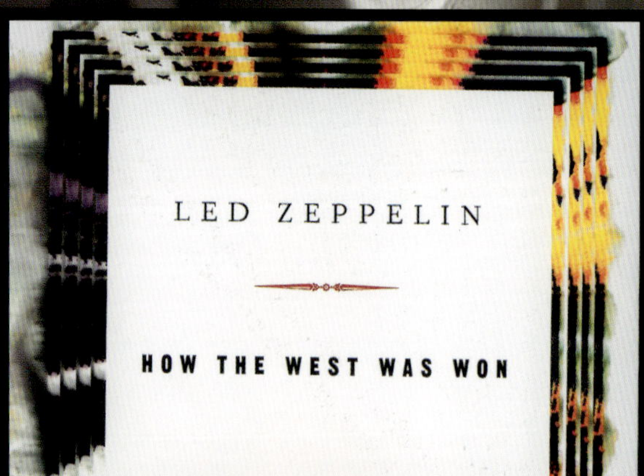

CD promocional, com quatro faixas, de *How The West Was Won.*

do que quando ouvido, tem um efeito hipnótico, conforme ele arranha as cordas de forma atordoada.

Porém, com mais de 25 minutos, "Dazed" esbarra em passagens monótonas, que não são salvas pelos acordes potentes e irritantes da guitarra de Page ou pelos uivos tensos de Plant – pois é justo neles que está o problema. A autoindulgência tende a vitimar as bandas muito boas, por elas saberem que são superiores às demais, e o Zeppelin frequentemente era acusado de exagerar na duração das músicas ao vivo. A habilidade e a vontade de improvisar são dignas de louvor, e talvez ao vivo a jam tivesse uma ressonância mais profunda. Mas o entusiasmo que se vê na apresentação não é perceptível na audição do disco.

Uma solução mais satisfatória é o tratamento dado a "Whole Lotta Love", um *opus* de 23 minutos que abre o disco 3, em que a guitarra de Page surge como um rolo compressor, numa explosão distorcida. Sua habilidade de mestre, unida aos efeitos e aos gritos reverberantes de Plant, culmina numa transição fenomenal para um medley entre um blues convencional, mas quase sem fôlego ("Boogie Chillun", de John Lee Hooker), e um fusion swing ("Hello Mary Lou", de Gene Pitney), com outros clássicos que servem apenas para dar relevo à grandiosidade arrebatadora do refrão da música.

Porém, entre as 18 faixas (alguns fãs ainda se ressentem pelo fato de outras, como "Communication Breakdown" e a pouco tocada versão de "Louie Louie", terem ficado de fora), as mais impactantes são as mais compactas. E, no caso do Zeppelin, com exceção de "Immigrant Song", compacto significa nada menos que cinco minutos.

Ainda assim, é no momento em que se vê impelida a produzir uma explosão de fúria bruta, sem espaço para devaneios, que a banda detona. A faixa "Rock And Roll", em que o chimbal aberto de Bonham dispara uma rajada com toques de boogie, e Plant urra com o corpo inteiro, tem uma pegada forte e tensa. Plant cospe as palavras finais num staccato tão eficaz quanto qualquer sinal de pontuação. Da mesma maneira, "Black Dog" exala uma energia sexual tão grande que, mesmo sem ver a banda, é muito fácil visualizar a vaidade sensual de Plant, já que ela se expressa tanto por meio de sua voz quanto por seus quadris.

Apesar das inúmeras críticas de fãs que aguardaram ansiosamente o lançamento oficial de *West*, cabe observar que a qualidade sonora do disco é impecável. O som cristalino da viagem de Bonham com o chimbal em "The Ocean", o salto de oitavas na voz de Plant após a introdução de gaita em "Bring It On Home", os agudos densos da guitarra com o deslizar dos dedos de Page e os golpes abismais do baixo de Jones, ao longo de mais de duas horas e meia de som, são claros e discerníveis. Mas não perfeitos a ponto de permitir a insinuação de que tenha havido reparos no estúdio.

O Led Zeppelin mantinha uma reputação excelente em performances ao vivo. *West* foi a oportunidade que a banda teve de iluminar a plateia que nunca teve a chance de ver um show deles ou que queria viver, talvez reviver, essa experiência. Esqueça qualquer material pirata – esta é a gravação imortal dos shows do Zeppelin.

Pôsteres promocionais de *How The West Was Won*, o álbum ao vivo com três CDs lançado em 27 de maio de 2003.

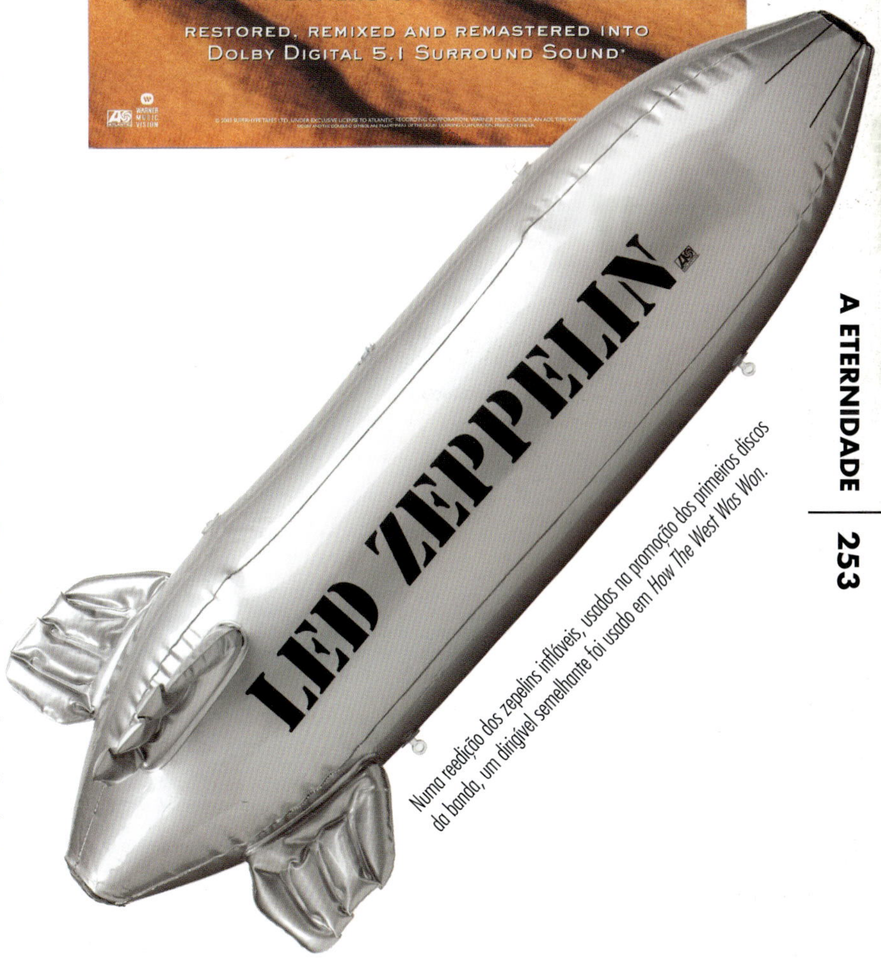

Numa reedição dos zepelins infláveis, usados na promoção dos primeiros discos da banda, um dirigível semelhante foi usado em *How The West Was Won*.

O retorno do Led Zeppelin

A história do reencontro mais aguardado do rock – e o que acontece na sequência

por David Fricke

David Fricke, editor-sênior da Rolling Stone, *escreve sobre o Led Zeppelin desde 1988, quando entrevistou Robert Plant para a edição 522 da revista. Ele redigiu o texto abaixo sobre os bastidores da reunião em 2007 como matéria de capa da edição 1.041, publicada em 13 de dezembro de 2007.*

Em 10 de junho de 2007, às 14h30, os membros remanescentes do Led Zeppelin – o guitarrista Jimmy Page, o vocalista Robert Plant e o baixista John Paul Jones – se reuniram para tocar algumas músicas. Era a primeira vez que eles se encontravam com os instrumentos desde o irregular show de quatro músicas da cerimônia de ingresso da banda no Rock and Roll Hall of Fame. Desta vez, as apostas eram mais altas: verificar se eles teriam a vitalidade, a capacidade de identificação com o público e a vontade genuína de apresentarem-se como Led Zeppelin novamente, no primeiro show integral desde a morte do baterista John Bonham, em 1980.

O local dos ensaios, em algum ponto da Inglaterra, ainda hoje é um segredo cuidadosamente guardado. Em entrevistas semanas antes do show de 10 de dezembro, na Arena O2, em Londres – evento beneficente em homenagem ao falecido Ahmet Ertegun, – cofundador da Atlantic Records –, Page, Plant e Jones dizem não lembrar a data e o repertório dos ensaios, nem como surgiu a ideia de se reunir para homenagear Ertegun, amigo próximo e mentor da banda. Mas todos relataram como foi significativo e emocionante tocar juntos depois de tanto tempo.

"Foi imediato", diz Page, com uma pequena tala no dedo mínimo da mão esquerda, fraturado numa queda em casa – o que provocou uma pausa nos ensaios e o adiamento do show, originalmente marcado para 26 de novembro. "Todos abraçaram o projeto, com vontade de trabalhar e se divertir. Foi um deleite."

Plant se lembra de "vários sorrisos largos", um deles no seu próprio rosto agora. O ensaio foi "catártico e terapêutico. Sem pressão, sem fardo". Jones diz que "não houve hesitação. Alguém escolhia uma música, a gente tocava, e ela rolava solta".

Mas Jason, filho de Bonham, é capaz de dizer o dia e a hora exatos em que o Led Zeppelin voltou a ser uma banda, porque ele estava ali, substituindo o pai. "Eles podem não saber a que hora aquilo aconteceu, mas eu sei". Para ele, foi "de dar nó na garganta".

"Eu não achava que o som surgiria de maneira instantânea", diz Jason, 41 anos, atual membro do grupo Foreigner e pai de dois filhos. "Pensei: 'Vai levar um tempo'". Estava enganado. Logo de início, a banda tocou a lenta e sombria fúria de "No Quarter", do disco *Houses Of The Holy* (1973). "Quando chegou o momento do riff, olhares recíprocos percorreram o palco. Foi brilhante." A seguir, os quatro tocaram a marcha de caravana no deserto "Kashmir", de *Physical Graffiti* (1975). "Então paramos. Jimmy disse: 'Me dá um abraço?' E Robert gritou: '*Yeah*, filhos do trovão!' "

Por fim, no final daquele dia, Jason lembra: "Eles disseram: 'Quando a gente se juntar de novo...' " Ele ri. "Pensei: 'Quer dizer que eu vou ter outra oportunidade?' ".

"O desafio maior foi realizar o encontro naquela sala, nós quatro, sem que ninguém ficasse sabendo", reflete Page entre um gole e outro de café na suíte de um hotel londrino com vista para o Hyde Park. "Poderíamos ter tropeçado e caído no primeiro obstáculo. Teria sido intimidador demais, as pessoas ao nosso redor iriam à loucura."

Esse, claro, era o plano original. Page tinha 23 anos, era um ex-Yardbird e um renomado herói da guitarra quando formou o Led Zeppelin, no verão de 1968. Não bastava ser uma banda, ela tinha de ser "eletrizante: quatro músicos virtuosos", diz Page, "que criassem um quinto elemento". Em um ano, o Led Zeppelin era a maior banda nova do mundo, prestes a dominar a década de 1970 com tudo, arrebatando plateias em estádios lotados. Seis dos oito álbuns de estúdio da banda, todos produzidos por Page, chegaram ao topo das paradas. A dissolução repentina do grupo, depois da bebedeira fatal de Bonham às vésperas de uma turnê na América do Norte, gerou uma demanda contínua e fervorosa pelo reencontro.

Tecnicamente, o show de Londres foi muito mais do que uma reunião. O dinheiro arrecadado foi para o Ahmet Ertegun Education Fund. As outras bandas e artistas do show – o vocalista Paul Rodgers (Free e Bad Company); o guitarrista Pete Townshend (The Who); o Foreigner; Bill Wyman (ex-baixista dos Rolling Stones); e o cantor/compositor Paolo Nutini – também foram contratados da Atlantic e amigos de Ertegun de longa data.

Mesmo assim, para as cerca de 20 milhões de pessoas que se inscreveram para o sorteio on-line dos 16 mil ingressos à venda, 10 de dezembro representa um sonho impossível que virou realidade: um show do Led Zeppelin. Isso gerou muita especulação quanto à possibilidade de uma turnê. "Não estou dizendo que vai acontecer – simplesmente eu não sei", diz Ron Delsener, veterano promotor de shows de Nova York. "Mas, se eles tocarem em 50 estádios, com 60 mil pessoas por show a um preço médio de US$ 100, levam US$ 300 milhões brutos, algo no patamar dos Stones e do U2."

Page, 63 anos, cabelo branco (era cor de azeviche) na altura dos ombros, reconhece o seu choque diante da histeria com a volta do Zeppelin: "A maneira como os ingressos foram vendidos foi completamente inesperada". Mas, desde o início, ele agiu como um guardião astuto e determinado da banda e do seu legado, cuidando pessoalmente de todas as questões relacionadas ao catálogo. Page produziu a nova antologia em dois CDs, *Mothership* (revelação: escrevi um ensaio para o encarte), e supervisionou as novas edições em DVD e CD de *The Song Remains The Same*, filme do Zeppelin de 1976. E, quando fala da banda, no passado ou no presente, é com brilho nos olhos e a voz penetrante e surpreendentemente macia. Nos ensaios, diz Jason, "Jimmy é bastante meticuloso, concentrado no que quer fazer e no que deseja alcançar".

"Que expectativas eu tenho em relação ao show?", Page ecoa a pergunta, pensativo. "Havia apenas uma: se estávamos dispostos a fazer, que fizéssemos muito bem, por causa das performances caóticas do passado" – referência ao malplanejado reencontro no concerto Live Aid, em 1985, e ao "pocket show" realizado com Jason, no 40º aniversário da Atlantic Records. Jones alega que, no Live Aid, "tínhamos bateristas que não conheciam as músicas" – Phil Collins e Tony Thompson, do Chic. Jason assume parte da culpa pelo evento de 1988. "Dei aquilo como algo garantido", afirma. "Fiquei esperando acontecer e não fiz a lição de casa."

Desta vez, diz Page em tom firme, "tínhamos de estar preparados e empenhados". Os organizadores do show na Arena O2 disseram que o Zeppelin só precisava tocar por uma hora. Mas, conforme Page, após os primeiros ensaios de junho e os encontros extras em julho, ficou claro que uma hora não seria o bastante. "Até o momento, o *set list* tem, no mínimo, 100 minutos e vai além das músicas de sempre – 'Whole Lotta Love', 'Dazed And Confused' e 'No Quarter'".

Segundo Plant, o Zeppelin passou o segundo e o terceiro dias trabalhando na música "For Your Life", faixa de *Presence* (1976) nunca tocada ao vivo. "Então, abandonamos o projeto – mas esse era o espírito da coisa", diz ele, recuperando-se de um resfriado, no escritório do seu empresário no norte de Londres. Aos 59 anos, com a barba grisalha aparada e a longa cabeleira num misto de grisalho com um persistente tom loiro, ele parece uma versão "chefe da tribo" do viking de 27 anos que aportou nos EUA com o Zeppelin pela primeira vez, em dezembro de 1968. Mesmo sentado no sofá, a voz tonitruante e a linguagem corporal confiante irradiam a segurança de um conquistador.

"No início, havia quase um exagero de respeito mútuo", continua ele, "mas isso logo acabou. A sobrancelha de John Paul se movia para cima e para baixo e havia aquele sorriso irônico. Eu sabia que estávamos de volta ao ponto onde tínhamos parado em *In Through The Out Door* [de 1979]". Plant logo se corrige: "Não, retrocedemos ainda mais".

"Não lembro o que eu toquei numa das músicas", diz Jones, 61 anos, durante o chá da tarde, num quase sussurro cadenciado e salpicado com doses de humor bastante seco (ele se refere aos 12 anos que passou no Zeppelin como "o mais longo emprego regular que já tive"). "Eu disse: 'Jim, lembra qual instrumento você tocou nessa música?' E ele: 'Não, por quê?' Foi quando nos demos conta de que nunca a tínhamos tocado no palco."

Felizmente, Jason tem conhecimento e memória enciclopédicos de cada gravação ao vivo e de estúdio. "Quando você se pergunta: 'Como podemos fazer a passagem de uma faixa para outra aqui?'", conta Jones, "Jason dirá: 'Em 1971, você fez assim e assado; em 1973, no auditório tal, você fez isso e aquilo'."

"Jason conhece os números dos shows", diz Page. "Mas não apenas isso. Ele sabe como fazer. Isso faz uma diferença enorme."

"Para mim, esta é a segunda razão mais importante para a reunião", explica Plant. "Quando Jason era mais jovem e imaturo, achava que tocar no Zeppelin era um cargo hereditário." Jason admite: "Tínhamos [*ele e Plant*] nossos altos e baixos – antes de eu levar a sério, quando ainda bebia e ia a festas".

"Mas hoje", argumenta Plant, "Jason sabe que, além de ser o cara certo para essa função – com o seu entusiasmo e as suas habilidades –, ele está mudando tudo."

Hoje, Jones e Plant são homens transformados, por mérito próprio. Em 2004, Jones cismou de participar de um festival de música bluegrass na Carolina do Norte. "Encontrei uma grande comunidade de músicos, todos eles fãs do Zeppelin", lembra, ainda um pouco chocado, "e acabei tocando a música dos velhos tempos". Recentemente, produziu um álbum para o Uncle Earl, quarteto feminino de bluegrass; na noite anterior a esta entrevista, tocou bandolim com elas, num clube londrino.

Desde 1982, Plant tem se dedicado à carreira solo, tocando suas próprias releituras indianas e norte-africanas de canções do Zeppelin em shows; também lançou um novo e bem-sucedido álbum, *Raising Sand* – uma sublime colaboração em estilo blues do Delta e "gótico-country" com a cantora e rabequista Alison Krauss. No ano passado, logo depois das sessões de gravação do disco em Nashville, fiz a Plant a pergunta habitual sobre o reencontro do Zeppelin. "Eu adoraria trabalhar com ele novamente", referiu-se a Page, "desde que isso não seja nada grandioso – desde que seja verdadeiro."

Ao ser lembrado dessa citação, Plant reage com indiferença à insinuação de que o reencontro tinha, de fato, grande importância. "Não", diz ele. Os primeiros ensaios "não foram grandiosos. Foram simplesmente muito bons. Às vezes, o que acontece naquele estúdio quando não há ninguém por perto é melhor do que tudo."

"Eu nunca quis fazer aquilo", confessa ele. "Hoje, não quero fazer outra coisa. O que você me diz disso?"

"Eu tinha um projeto", diz Page, relembrando o verão de 1968. "Buscava alguém que cantasse no estilo de Steve Winwood e Steve Marriott no início da carreira – alguém que não tivesse medo de projetar [a voz]. É por isso que fui atrás de Terry Reid" – o jovem e expressivo cantor britânico que ficou célebre por rejeitar o convite de Page. Para a vaga, Reid sugeriu Plant, que na época cantava em bandas de rock pesado e psicodélico nas Midlands inglesas. Plant, por sua vez, recomendaria a Page um baterista amigo seu: John Bonham.

Jones conhecia Page de sua labuta diária como músico de estúdio em Londres e estava ansioso para participar do grupo do guitarrista. Ele recorda a conversa com Page por telefone, pouco antes de o guitarrista conhecer Plant, numa faculdade em Birmingham: "Jim disse: 'Vou ver o show desse cara. Quando voltar, digo o que achei'. E, na volta: 'Ele é incrível. Tem uma voz enorme'.".

Plant era uma pessoa fluida e intuitiva. Assim como Page, interessava-se pelas possibilidades dramáticas do blues e para além dele. "A coisa toda estava em expansão", diz Page, citando "Babe I'm Gonna Leave You", de *Led Zeppelin* (1969), como uma performance determinante do início do Zeppelin. "Essa canção tem raízes no folk" – uma balada que Page conhecia de um álbum de Joan Baez de 1962 –, "mas ela tem todo um colorido, estrofes com sons de guitarra hipnóticos e melodiosos, os intervalos de flamenco no meio. Havia guitarra pedal steel, violão... coisas difíceis e de extrema sensibilidade."

"É a primeira vez em muitos anos", diz Plant, "que ouço essas músicas de uma perspectiva analítica, para saber a quantidade de compassos existentes em alguns trechos. Havia um elemento de sagacidade e uma química que levavam as músicas para direções diferentes, em andamentos diversos. 'Nobody's Fault But Mine' [de *Presence*] era bastante agressiva, tinha uma dose considerável de raiva. Mas 'In My Time Of Dying' [de *Physical Graffiti*] era espetacular e monstruosa. Ela acelerava, desacelerava, se movia para os lados e para a frente e andava em espiral – e eu no meio daquilo tudo."

"De início, a minha sugestão", diz Plant sobre o show de reunião, "era tocar todo o repertório apresentado no Royal Albert Hall [de 9/1/1970], começando com 'We're Gonna Grove'." Ele canta, a plenos pulmões, a primeira estrofe da canção de Ben E. King, número de abertura do Zeppelin em grande parte dos shows de 1970, originalmente escolhida por King para o show da Atlantic Records no Appolo Theater de Nova York, em 1963. "Apenas faça! Ali estava eu, no Albert Hall, mas não sei que porra acontecia", alega ele, com um sorriso largo. "Eu voava, no meio daquela grande tempestade."

A aura de invencibilidade que envolvia o Zeppelin na década de 1970 – imortalizada em fotos clássicas da banda no avião de turnê, o *Starship*, e de Plant em postura majestosa na sacada de um hotel em Los Angeles – sofreu o primeiro golpe em agosto de 1975, quando Plant foi gravemente ferido num acidente de carro na Grécia. No verão de 1977, o Zeppelin cancelou as semanas finais de uma turnê nos EUA com os ingressos esgotados quando Karac, filho de Plant, morreu em decorrência de um vírus repentino, no Reino Unido. O grupo nunca mais tocou nos EUA. Fizeram em 1979 dois shows grandiosos ao ar livre em Knebworth, Inglaterra, para divulgar *In Through The Out Door* – um álbum extraordinariamente refinado –, e um breve giro pela Europa no verão de 1980. Depois disso, mais nada.

Page alega que não havia como continuar depois da morte de Bonham. "Tínhamos conversado sobre o álbum seguinte", diz. "Eu falava com John a esse respeito, sobre fazer algo mais baseado nos riffs, mais pesado. Isso não era propriamente um credo, mas cada álbum tinha de ser um passo à frente do que havia sido feito antes." O som da banda na década de 1980, afirma Page, "não ficaria menos pesado". Ironicamente, o reencontro de 10 de dezembro acontece quase exatos 27 anos após o comunicado à imprensa, de 4/12/1980, no qual Page, Plant e Jones anunciaram o fim do grupo.

Desde então, eles tocaram, individualmente, músicas do Zeppelin em ocasiões variadas. Page e Plant se reuniram em 1994 para o especial *Unledded*, da MTV, e fizeram turnês juntos até quase o final da década. "Aquilo não era o Led Zeppelin", Page insiste. "Eram dois membros do Led Zeppelin". Jones não foi convidado a participar de *Unledded* e só soube do programa ao vê-lo na TV, durante uma turnê na Alemanha. Ele diz que a mágoa faz parte de um passado distante: "Já faz muito tempo. No ano que vem, fará 40 anos que nós começamos. É incrível".

"Não me surpreende que a gente consiga se encontrar desse jeito, hoje", diz Page. "Conosco, foi sempre assim. Num minuto, você não tem nada. No seguinte, *boom*, você tem tudo. Para mim, a grande tragédia seria se eu não tivesse mais essa habilidade dentro de mim. Poder vir aqui e trabalhar com os outros é um dom, que eu respeito e alimento."

Há uma perspectiva importante, segundo a qual este não é um verdadeiro reencontro do Led Zeppelin: Bonzo não está presente.

Jason fala com franqueza sobre a dificuldade emocional de suceder o pai, cujos apelidos – Bonzo; a Fera – remetiam ao estilo como baterista, aos excessos alcoólicos e ao lendário comportamento selvagem fora do palco. Jason diz que, depois do primeiro ensaio com Page, Plant e Jones, em junho, sua mãe, Pat, lhe perguntou como tinha sido. "Eu não queria dizer que estava bom demais. Não queria herdar nada do papai. 'Está ótimo', eu disse, 'mas não tão bom quanto o som do papai'. Tentei ser politicamente correto."

"John tinha uma técnica impressionante", diz Page, "mas isso era acompanhado da sua criatividade. Ouça a levada que ele criou em 'Good Times Bad Times', do primeiro disco – golpes de baqueta estrondosos, cortes, notas destacadas e viradas em cascata. Ainda hoje, isso deixa os bateristas perplexos. Ninguém mais consegue fazê-lo. Ninguém mais tem tanta imaginação."

"Reconheci imediatamente esses traços em Bonzo", afirma Jones. Logo no primeiro ensaio do Led Zeppelin, em 1968, eles começaram a tocar "Train Kept A-Rollin", antigo cover dos Yardbirds. "Como baixista, a minha primeira preocupação era: 'Como será o som do baterista?' Se não houver liga entre nós, será inútil. E, na mesma hora, a sensação era a de estarmos em nossa 20ª turnê. Sentíamos e nos movimentávamos dentro do mesmo espaço."

O DVD *The Song Remains The Same*, que combina cenas do Zeppelin no auge, extraídas de shows no Madison Square Garden em 1973, com vinhetas sérias filmadas mais tarde, traz um John Bonham diferente do baterista do solo de 15 minutos de "Moby Dick". Nas vinhetas, Jones galopa pela noite como um ladrão de estradas do século XVIII, Plant encarna um rei Artur do heavy metal, e Page vive um misterioso guru que empunha um sabre de luz. Bonham dirige um trator na sua fazenda, joga sinuca e dá um beijo em Pat, enquanto eles caminham pelo campo. Uma cena profética mostra Jason, ainda pré-adolescente, tocando bateria, enquanto John assiste orgulhoso e acompanha no bongô.

"Essa era a sua verdadeira personalidade", diz Jones. "Um cara muito caseiro. A imagem que alguns livros projetaram dele foi bastante negativa. Mas, para ele, estar longe de casa era uma das coisas mais difíceis."

"Ele não planejou o seu final", diz Plant, de modo sóbrio. "A interferência, a atitude de confrontar as pessoas, dizendo 'Você tem de parar com isso', é um traço da sociedade moderna, pós-*baby-boom*. Mas naquela época não era assim. Todos diziam: 'Ah, ele vai ficar bem'."

"Sempre houve momentos negativos", Plant cita os excessos de Bonham, "mas não foram nem metade do que as pessoas imaginaram. Foi John quem cuidou de mim quando eu perdi o Karac. Ele vinha à nossa casa de carro com Pat. Era muito gentil, com uma humildade e uma capacidade de compreensão fantásticas. Foi graças a ele que voltei para compor 'Carouselambra' e todas aquelas músicas com os rapazes."

"Ele talvez tenha sido Bonzo, um deus em sua trajetória musical, mas em casa era papai", diz Jason com orgulho, sorvendo calmamente um café *espresso*, tarde da noite, num hotel de Londres. "Eu participava de corridas de moto nos fins de semana. Mas, se eu não fosse bem na escola, ele me diria: 'Você estragou o combinado. Nada de moto'."

Jason assistiu ao pai em três únicas apresentações. Mas Jason é o único baterista, além de John, a ter tocado com o Zeppelin na década de 1970 – na passagem de som do Festival de Knebworth, enquanto o pai acompanhava a mixagem do P. A. (som da plateia). "Tocamos 'Trampled Underfoot'", recorda Jason, que tinha 13 anos na época. "Papai me fez ensaiar a semana inteira. Perguntei: 'Vai ser igual ao disco?' 'Não, o solo vai ser mais longo. Espere Jimmy lhe dar um sinal quando ele tiver terminado – a mão levantada'."

De certa forma, Jason conhece e adora a obra do pai de maneira um pouco excessiva. É capaz de apontar os raros erros de John nas gravações: "No final de 'Trampled Underfoot', é por acidente que ele toca o prato de condução". Num dos ensaios, Jason sugeriu fazer uma espécie de homenagem a John durante o show de Londres. "Eles disseram: 'É você quem está fazendo o trabalho. Não acha que ele gostaria de vê-lo no mesmo patamar que ele, em vez de dizer 'Aqui está, tome o posto de volta'?"

"Isso foi difícil de aceitar", confessa Jason. "Quero respeitar as origens. Ele não poderia me transmitir os seus últimos 27 anos de vida. Deixem-me retribuir o seu legado, nesta única noite."

Mas Jason estará preparado para que seja apenas uma noite?

"Para responder com sinceridade, provavelmente não. Sair no final dizendo: 'Obrigado, vamos manter contato...' – tento não pensar sobre isso. Se eu fosse pensar na continuidade da reunião, isso roubaria as energias do que nos propusemos a fazer. Minha mãe se preocupa comigo nesse aspecto. Ela diz: 'Encare essa oportunidade pelo que ela representa'."

Page, Plant e Jones, todos eles reagem às expectativas e aos boatos de shows extras com evasivas cordiais: "Preciso refletir a respeito, ver como me sinto", diz Jones com um toque adicional de hesitação. "Não estou seguro sobre como me sinto. Mas isso não me preocupa. Passei a vida toda assim. Algo aparece e, se for interessante, eu faço".

"É um projeto coletivo, não é mesmo?", diz Page, reconhecendo que a banda fundada por ele nunca foi um instrumento da sua própria vontade. "O que posso dizer é que realmente nos divertimos juntos. É bom, ainda hoje, ser capaz de fazer este show que estamos prestes a fazer. Nosso objetivo é o [show na] O2. É isso." E se a coisa parecer boa demais para acabar? "Um dia por vez."

Plant já começa a preencher a agenda de 2008: uma turnê com Alison Krauss e um disco com T. Bone Burnett, o produtor de *Raising Sand*. "É uma tolice essa expectativa em massa", diz ele, impaciente. "Se as pessoas não falarem sobre uma turnê, qualquer coisa poderá acontecer. Quanto mais elas falam, maior é a pressão sobre todos."

E se não houver outros shows do Zeppelin depois de 10 de dezembro, "tudo bem", diz Plant, "porque nós faremos isso de coração. Ahmet vai olhar para baixo e dizer: 'Ei, rapazes!' Bonzo vai dar um sorriso. Pat se sentirá muito bem. Jason vai se levantar e dizer: 'Yeah!' Jimmy vai tocar com um arco. Jonesy vai reagir com indiferença. E eu..." – conciso, Plant retoma o velho lamento de deus do rock – "... vou cantar: 'Baby, baby, baby!' "

"Eu nunca quis fazer isso [um reencontro do Led Zeppelin]. Agora, não quero fazer outra coisa? O que você me diz disso?"

—Jimmy Page

"Jimmy irá tocar com um arco. Jonesy vai reagir com indiferença. E eu sairei dizendo 'Baby, baby, baby!'"

—Robert Plant

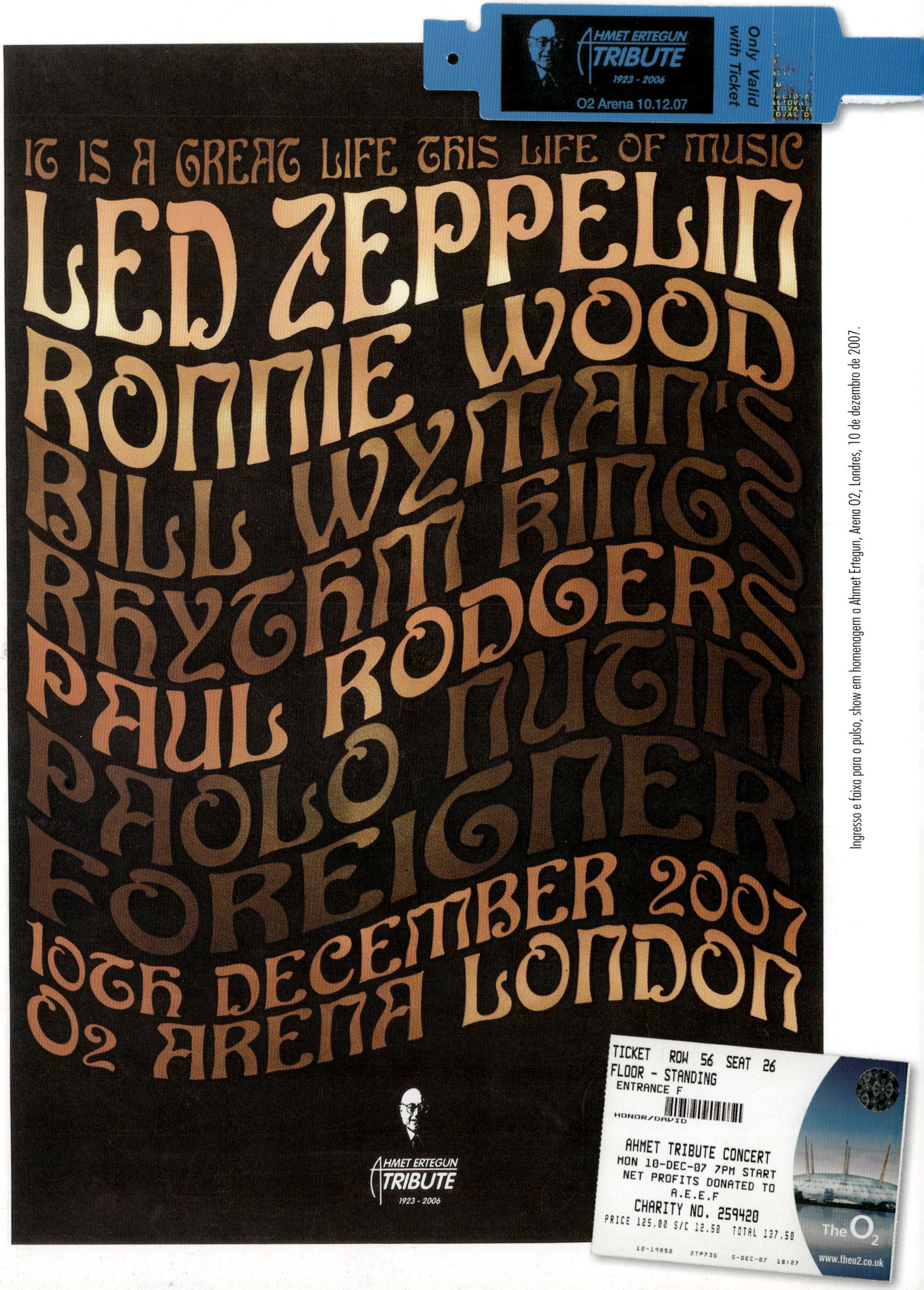

Pôster, show em homenagem a Ahmet Ertegun, Arena O2 , Londres, 10 de dezembro de 2007.

Ingresso e faixa para o pulso, show em homenagem a Ahmet Ertegun, Arena O2, Londres, 10 de dezembro de 2007.

Ensaio em 9 de dezembro de 2007, para o show em homenagem a Ahmet Ertegun, Arena O2, Londres.
Ross Halfin/ Exclusivo de Getty Images

Ensaio em 9 de dezembro de 2007, para o show em homenagem a Ahmet Ertegun, Arena 02, Londres. *Ross Halfin/ Exclusivo de Getty Images*

Zildjian
Ludwig

Cenas do Led Zeppelin

por Charles Shaar Murray

Led Zeppelin – a última banda da década de 1960 e a primeira da década de 1970.

Quando eles formaram o grupo em 1968, os Beatles ainda trabalhavam naquele que ficaria conhecido como o "Álbum Branco", Brian Jones ainda era – em tese, pelo menos – um membro funcional dos Rolling Stones, Jimi Hendrix estava no auge de sua potência e prestes a lançar o disco *Electric Ladyland*, o Who estava a um ano do lançamento de *Tommy*, Rod Stewart e Ron Wood ainda integravam o Jeff Beck Group, e o Festival de Woodstock ainda estava por acontecer. Jimmy Page tinha 25 anos.

Quando a banda se desfez em 1980, após a horrível e estúpida morte de John Bonham, o personagem Ziggy Stardust, de David Bowie, o surfe dos Bee Gees na onda da discoteca, o breve momento de Peter Frampton sob os holofotes e a carnificina e caos dos Sex Pistols, tudo isso surgira e desaparecera. O Clash fazia a turnê de seu triunfante *London Calling*, os novos objetos do desejo americano eram o Van Halen e o Police. Jimmy Page tinha 37 anos.

Ao longo de seus 12 anos de existência, o Led Zeppelin foi, de fato, a maior das bandas de rock, com uma venda de discos confortavelmente maior do que a dos Rolling Stones, numa proporção de 5 para 1, segundo relatos. Porém, o mais importante é que a banda deu ao rock uma verdadeira definição, sendo capaz tanto de condensar grande parte do que havia sido feito até então quanto prenunciar boa parte do que aconteceria no futuro. No mínimo, o período pós-Zeppelin – a medida da influência deles sobre a estética do rock pesado e, mais tarde, do heavy metal – foi tão extraordinário quanto o de qualquer grupo que se dissolvera, com exceção dos Beatles.

Ao mesmo tempo, o Led Zeppelin condensou grande parte da música que o precedeu – a dinâmica musical das grandes bandas de três instrumentos, como o Who, o Cream, o Jimi Hendrix Experience e o Jeff Beck Group; a rica e acidentada trajetória do Yardbirds, de cujas cinzas eles ressurgiram, como fênix; a dinâmica visual e criativa de grandes duplas de voz e guitarra, como Mick Jagger e Keith Richards, Roger Daltrey e Pete Townshend e Rod Stewart e Jeff Beck. O Led Zeppelin também estabeleceu as bases para grande parte do que surgiria com o Aerosmith, o Van Halen e os Guns N' Roses. Basicamente, eles se transformaram num dos grandes arquétipos do rock, tanto quanto os Beatles e os Rolling Stones. A dificuldade deles de emergir da própria sombra foi tão grande quanto a de qualquer um dos seus imitadores – esse era, em grande medida, o aspecto essencial. Eles parecem me acompanhar desde muito pequeno.

Na verdade, me acompanham mesmo.

CENA: O ANO É 1969. Tenho 17 anos. Fascinado, não desgrudo o olhar fixo do meu novo exemplar do primeiríssimo álbum do Led Zeppelin, que acabei de comprar, mas ainda não pus para tocar. Embora o disco contenha pouco mais de 42 minutos, a última faixa praticamente encosta no selo central. Tenho outros discos em que isso ocorre, mas eles tendem a ser compilações de jazz ou de blues, com cerca de 50 minutos. A maioria dos vinis com a extensão dos discos iniciais do Led Zeppelin deixa um espaço considerável entre a última faixa e o selo central. Olhando o disco mais de perto, percebo que, em determinadas áreas, os sulcos parecem ser muito mais profundos e largos do que estou acostumado a ver em discos de outros artistas.

Quando ponho o disco para tocar, descubro o porquê. Cada som parece mais alto, amplo e profundo e com mais pegada do que qualquer outra gravação. Na época, eu não tinha a menor ideia do significado de "masterizar" um disco, mas com o tempo me dei conta do extremo cuidado e atenção dedicados a gerar um resultado sonoro tão poderoso. O Zeppelin começou da maneira como pretendia continuar.

Até o selo é significativo. O Led Zeppelin grava pela Atlantic Records, assim como grandes nomes do soul, como Aretha Franklin, Wilson Pickett e Ray

Charles, sem falar de gigantes do jazz do calibre de John Coltrane, Ornette Coleman e Roland Kirk. O rol de artistas pop e do rock da Atlantic – nomes como Cream, Buffalo Springfield, Vanilla Fudge e mesmo o orgulho encarnado de Memphis, Otis Redding – é relegado à subsidiária da gravadora, a Atco. Mas o Led Zeppelin não. Ali estão eles, ao lado dos grandes.

CENA: O ANO É 1970. Completei 19 anos na véspera. Entre as atrações do Festival de Blues e Música Progressiva de Bath (na verdade, realizado perto de Shepton Mallet), no Reino Unido, estão Pink Floyd, Frank Zappa, Jefferson Airplane, The Byrds, Johnny Winter e... Led Zeppelin. No momento em que o sol começa a se pôr, o grupo Flock termina uma música de modo um tanto abrupto (anos depois, o motivo vem à tona: Peter Grant, empresário do Zeppelin, subiu no palco com os roadies da banda e, sem cerimônia, expulsou o Flock no meio da música). Logo na sequência, o Led Zeppelin entra em cena arrebentando, com "Immigrant Song", carro-chefe do seu terceiro álbum ainda não lançado, o que ocorreria dali a três meses. Hippies cansados e enlameados, espalhados pelo terreno, vão à loucura. Entre os milhares de histéricos, uma única exceção: eu.

Apesar de ter adotado precocemente a causa do Zep, ao comprar o primeiro álbum deles, deixei passar o *Led Zeppelin II*. Em parte porque era um disco onipresente, e isso tornava a compra supérflua (semelhante ao que ocorreu com *The Dark Side Of The Moon*, alguns anos mais tarde); em parte porque, apesar dos seus vários méritos e da extraordinária potência musical e sonora, havia algo de desanimador nele. *Led Zeppelin II* era poderoso demais. Até mesmo nos momentos mais sentimentais, pastoris e exóticos, ele parecia blindado, invulnerável. Era um disco-aríete, o Led Zeppelin tinha se transformado numa banda-aríete.

É bem verdade que as outras bandas que eu adorava – como o Cream, o Who, o Jimi Hendrix Experience e o grupo original de Jeff Beck, com Rod Stewart – já tinham demonstrado energia de sobra. Mas em cada um desses casos havia, em compensação, certa fragilidade, uma dose de vulnerabilidade que contrabalançava a força bruta e as habilidades deles. Fosse no canto tímido e autodepreciativo de Hendrix, fosse na peculiar excentricidade do Who e nas visíveis inseguranças de Pete Townshend, fosse ainda nos vocais suaves e hesitantes do Cream, havia uma humanidade tridimensional em sua música que me agradava tanto quanto o trovão do rock pesado e a grandiosidade alimentada pelos amplificadores Marshall. Era isso que eu não via na performance do Led Zeppelin.

Será que mais alguém, naquela plateia, estava sentindo falta disso? Eram pervertidos? Estavam sendo espancados com maestria e adoravam cada segundo daquela experiência. Enquanto isso, eu passava por uma ampla série de experiências emocionais como nunca tivera num show de rock. Sentia excitação e repulsa. Ficava entusiasmado e deprimido. Arrebatado e – particularmente durante algumas incursões instrumentais mais longas de Page e de Bonham – entediado. O mais intrigante disso tudo é que, sempre que eu me dava conta de estar curtindo o som, instintivamente desconfiava de qualquer parte dentro de mim que estivesse aproveitando o momento. Foi a primeira vez – e está longe de ser a última – que me peguei seriamente questionando a relação entre o rock e o poder, os seus abusos e a capacidade das plateias de rock de colaborar com o abuso de poder.

Enquanto eu, imóvel, assistia àquelas figuras sacolejando pelo palco – Jimmy Page não propriamente caracterizado como um deus pré-rafaelita do rock, mas uma figura de barba cerrada, usando um chapéu de tweed de fazendeiro absurdamente maior que a cabeça –, minha relação com o Led Zeppelin se transformou em minha primeira mistura no rock'n'roll, um emaranhado inextricável de amor e ódio.

CENA: O ANO É 1973. Estou a poucas semanas do meu 22º aniversário e sou um profissional da música. Como renomado articulista da revista *New*

"O Led Zeppelin foi a banda que deu ao rock uma verdadeira definição, sendo capaz tanto de condensar grande parte do que havia sido feito até então quanto prenunciar boa parte do que aconteceria no futuro."

—Charles Shaar Murray

Musical Express, sediada em Londres, sou enviado à Califórnia para cobrir duas apresentações do Led Zeppelin: uma no Forum, em Los Angeles, cidade que a banda incontestavelmente conquistou, e outra no Kezar Stadium, em San Francisco. A equipe da turnê se "esconde" no lendário "Riot House", apelido do Hotel Continental Hyatt House, que foi palco do famoso episódio em que uma motocicleta percorreu todo o corredor de um dos andares reservados para a banda. Num quarto, Iggy Pop está sentado com as pernas cruzadas e sorri como um Buda estático em pose de serafim enquanto enrola um baseado atrás do outro. Numa casa luxuosa nas colinas de Hollywood, o Led Zeppelin e a sua comitiva, na qual temporariamente me incluo, participam da festa de aniversário de George Harrison. Vejo pela primeira vez um videocassete, onde um filme é exibido em *looping*: *Garganta Profunda*. Aparentemente, todos – inclusive o convidado de honra – serão atirados na piscina, sob a supervisão de John Bonham e Peter Grant. Embora eu tenha "apagado", vencido pelos efeitos do *jet lag*, de alguma maneira escapo desse destino.

De tangível, tenho uma foto que documenta essa ocasião, hoje emoldurada acima da minha escrivaninha. Tirada no dia seguinte pelo fotógrafo Ross Halfin, mostra Robert Plant e John Paul Jones refugiados na coxia do palco do Estádio Kezar, enquanto John Bonham faz um solo frenético e trovejante na bateria. Estou sentado no meio dos dois, mas um pouco atrás, com uma cara redonda, meio escondido e com um cabelo afro que poderia ser de um roadie do Sly & The Family Stone.

CENA: O ANO É 1975. Tenho 24 anos. O álbum do Zep do momento é *Physical Graffiti* e, numa noite de segunda-feira, a banda faz o primeiro show de uma temporada na grandiosa arena Earls Court, em Londres. Tenho que resenhar o show, que alterna alguns momentos emocionantes com passagens definitivamente longas, numa situação adequada para um acréscimo químico. No meio de "Trampled Under Foot", um número desvairadamente *funky*, tenho a nítida sensação de que o palco virá abaixo, como um enorme tanque de guerra, esmagando a plateia e transformando-a numa massa pastosa – e ela irá gostar disso. É a era pré-*e-mail*, e a urgência das manchetes do *New Musical Express* me obriga a passar a noite em claro escrevendo a resenha, a fim de enviá-la para impressão no início da manhã seguinte. Ainda meio grogue, à tarde tenho de entrevistar Paul e Linda McCartney, que estão lançando o álbum *Venus And Mars* – "Rock Show", uma das canções do disco, faz menção a Jimmy Page. Não sendo esse álbum um dos pontos altos da carreira de McCartney, a entrevista não transcorre muito bem, e o artigo resultante cria em McCartney e nos seus amigos uma antipatia eterna em relação a mim.

CENA: O ANO É 1978. Tenho 27 anos. Estou em pé ao lado de Robert Plant, num show no Dingwall's Dancehall, em Camden Town. Para grande surpresa minha, ele me paga uma cerveja.

CENA: O ANO É 1979. Tenho 28 anos. O Led Zeppelin toca num enorme show ao ar livre em Knebworth. Após ter escrito a resenha do álbum *Presence* e elogiado especialmente "Nobody's Fault But Mine", fico surpreso quando me dizem que Plant – talvez no intuito de agradar aos punk rockers que por acaso estivessem presentes na plateia – apresentou a música dizendo: "Esta é uma música de que Charles Shaar Murray gosta".

CENA: O ANO É 1980. Tenho 29 anos. John Bonham morre durante o sono. Desde o declínio e morte de Keith Moon, Bonham era o maior baterista vivo de hard rock. Os membros do Led Zeppelin, numa demonstração de sensibilidade e dignidade coletiva que até hoje me impressiona, se recusam a substituí--lo e encerram formalmente as atividades da banda.

Não deve surpreender o fato de que, mesmo sendo uma banda extinta, eles pareçam tornar-se cada vez maiores. E, diante de um bando de imitadores baratos do Zep, que copiam um estilo e um som inegavelmente únicos, eles parecem – olhando em retrospecto – cada vez melhores, mais ricos e grandiosos. Quanto mais imitados, mais eles se agigantam.

CENA: O ANO É 2004. Tenho 53 anos. Estou sentado num jardim inglês, esperando o sol surgir (o que não acontece) por detrás da casa do mesmo fotógrafo que captou aquela mesma imagem três décadas antes. É uma entrevista conjunta de Jimmy Page e Jeff Beck para a revista *MOJO*, na qual tratamos da sua história compartilhada e das suas trajetórias profissionais, que ocasionalmente se cruzavam. A certa altura da entrevista, o assunto do reencontro do Zeppelin vem à tona.

"O fato é que, no Led Zeppelin", diz Page, "cada show era único. Você nunca sabia ao certo o que aconteceria. A cada vez que pisávamos no palco, poderíamos seguir uma grande variedade de rumos. Havia um elemento telepático ali. Quando perdemos John, o que fazer? Arranjar alguém e fazê-lo ouvir uma fita de nós tocando? Em qual show? Como estávamos mudando o tempo todo, não teria sido honesto, sob nenhuma circunstância, convidar outro baterista. A verdade é que sabíamos o que havia dentro daquela estrutura. E se aquilo tivesse acontecido com Jonesy, comigo ou com Robert? Não importa quem tivesse sobrado, o grupo teria acabado."

"Metendo aqui o meu bedelho", interrompeu Beck, "vocês provavelmente teriam sido uma das poucas bandas da história a ter uma continuação bem--sucedida se tivessem chamado outro baterista. Teria sido incrível, porque as pessoas querem ver vocês. Elas querem assistir ao Led Zeppelin. Se vocês encontrassem um baterista adequado – não necessariamente alguém que trilhasse o caminho de John Bonham, mas algum baterista de funk absurdamente habilidoso que lhes permitiria permanecer juntos e criar as músicas que vocês querem tocar –, venderiam 20 milhões de ingressos, pois as pessoas poderiam dizer: 'EU VOU VER O LED ZEPPELIN HOJE À NOITE!'"

O principal enigma daquela entrevista gravitou em torno da pergunta sobre como seria a música que Jimmy Page iria compor no século XXI. Ele mesmo não contribuiu muito para solucionar a questão: "Eu me mudei de casa e, no processo de mudança, encontrei todas as fitas cassete antigas e materiais de ensaio com vários músicos e guardei tudo aquilo numa caixa. O passo seguinte será peneirar tudo aquilo para ver o que sobra... Tudo o que tenho é uma simples curiosidade, para ser sincero com você. Esse vai ser um bom ponto de partida para começar a compor e a reformular, aprender com alguns dos riffs em que eu nunca trabalhei de verdade. Riffs, ritmo e melodia, isso é o que importa. As síncopes e a percussão têm mudado ao longo dos anos, mas os riffs ainda podem ser os mesmos. Não sei o que eu vou criar na sequência. Num dia, você tem a guitarra na mão e está tocando, no minuto seguinte, cria um riff do nada. Tenho aproximadamente quatro caminhos diferentes que eu poderia explorar para criar em cima de uma ideia que me ocorre, mas até que eu sinta verdadeira confiança no material que tenho em mãos, não sei qual das direções tomar. É hora de fazer algo inteiramente novo e radical. Para Jimmy Page, é o momento de fazer algo novo e inesperado".

Uma vez mais, existe uma fotografia real e tangível associada a essa ocasião. Tirada na rua após a entrevista, em frente à casa do fotógrafo, comigo entre Page e Beck. O meu cabelo, em corte rente, é branco. Os deles são longos e pretos.

CENA FINAL: O ANO É 2007. Tenho 56 anos. Jimmy Page tem 63 anos. Com Jason, filho de John Bonham, sentado no banquinho da bateria, eles finalmente se reúnem para um show beneficente, depois de décadas de "aperitivos" – como a atrapalhada apresentação no Live Aid, em que dois bateristas preencheram a vaga do gigante que deixara o grupo, e as duas colaborações, de menor peso mas intrigantes, entre Page e Plant. Segundo a descrição geral, trata-se de uma vitória. Paradoxalmente, Page parece muito mais rejuvenescido com o seu cabelo finalmente voltando ao seu grisalho natural. Da "música de Jimmy Page no século XXI", ainda não há, infelizmente, qualquer sinal.

> "O período pós-Zeppelin dos integrantes da banda – na medida em que a influência exercida por eles continuou a dominar a estética do rock pesado e, posteriormente, do heavy metal – foi tão extraordinário quanto o de qualquer grupo que se dissolveu, além dos Beatles."
>
> —*Charles Shaar Murray*

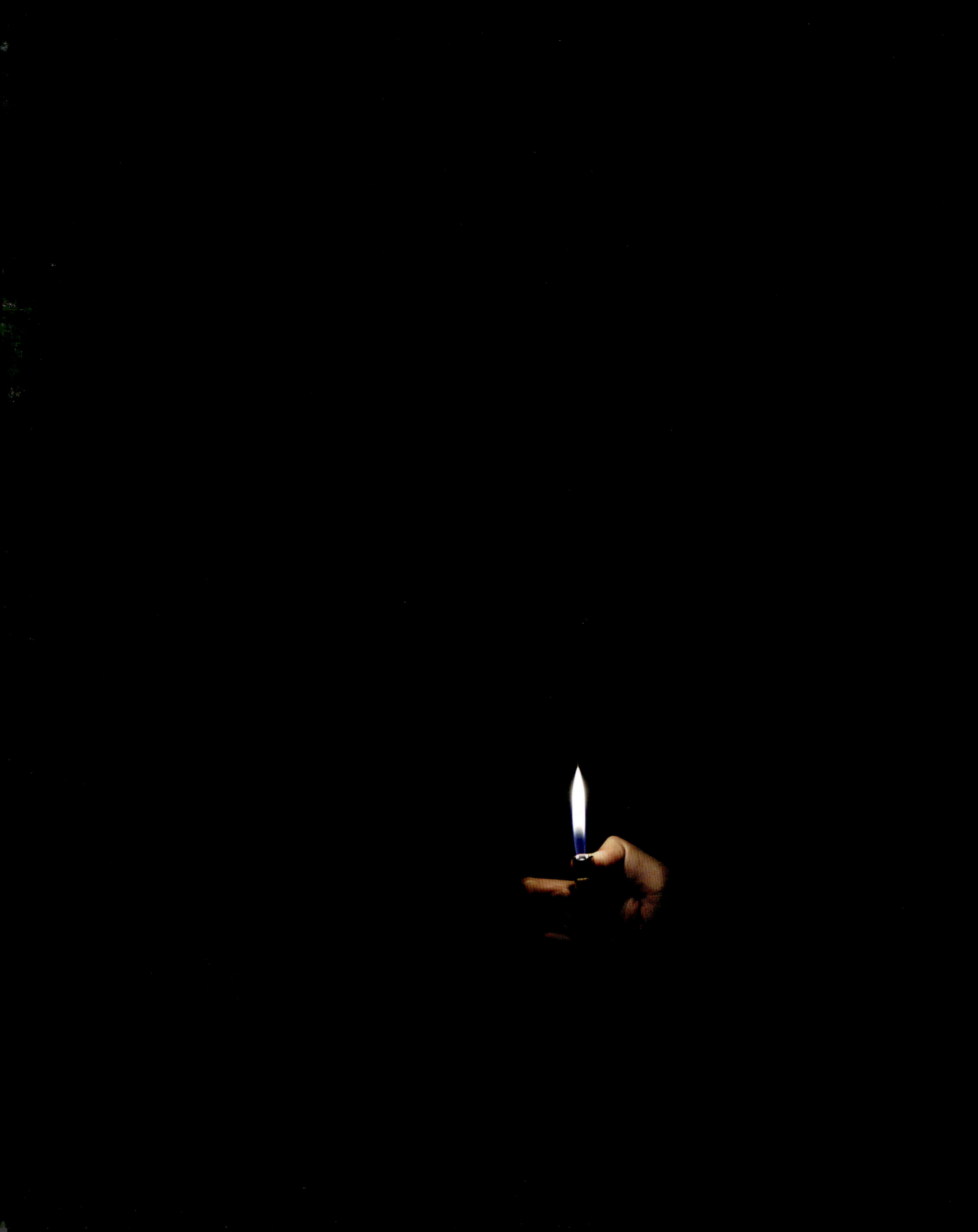

Agradecimentos

A Dennis Pernu e Michael Dregni, por sua visão, entusiasmo e desenvoltura; a Gary (Mr. Phoner) Graff, Steve Morse e Gene Stout, por assumirem a responsabilidade; a Robert Alford, Charlie Auringer, Robert Matheu, Ed Perlstein, Paul Quigley e Tom Sweeney, por preservarem o passado em fotos; a George Case, Barry Cleveland, Jim DeRogatis, Andrew Earles, Chuck Eddy, Barney Hoskyns, Greg Kot, William McKeen, Chris Riemenschneider, Melissa Ruggieri e Jaan Uhelszki (que me deu meu primeiro crédito nacional na *CREED*, em 1974), por reexaminarem a música; a Charles Shaar Murray, por revisitar o seu passado; a Garth Cartwright, pelas biografias dos membros da banda; a Scott Pearson, pela discografia; a Don Brewer, Peter Frampton, Joe Perry, Mike Watt, Ann e Nancy Wilson, James Burton e todas as outras estrelas, por falarem do Zeppelin; a Terry Manning e Danny Goldberg, pelas entrevistas; a Howard Wuelf, da Howlin' Wuelf Media; a David Fricke e Richard Boehmke, da *Rolling Stone*; a Peter Knobler e Jocelyn Hoppa, da *Crawdaddy!*, na época e agora; a Vaughn Shinall, da Agência Wylie, Inc., que representa o espólio de William S. Burroughs; a Danny Goldberg e Brady Brock, da Gold Village Entertainment; a James Bailey, da Yep Roc Records; à Ashley King, da Getty Images; a Jon Wilton, da Redferns; a Larry Andrew, da Scope Features; aos artistas gráficos Kenvin Lyman e Bob Driscoll, por permitirem a reprodução de suas obras; aos colecionadores The Wyzyrd, Commander Chi, Joe Rockwell, Perry Pfeffer e Peter Maxfield; à diretora de arte da Voyageur Press, Becky Pagel, e ao gerente de projeto Katie Sonmor; ao designer John Barnett/4 Eyes Design; aos meus colegas do *Star Tribune* – especialmente Tim Campbell, Sandy Date, Peter Koeleman, Chris Ledbetter, Chris Riemenschneider, Bob Schaefer e Tom Sweeney, pelo apoio; a Ken Abdo, pelo conselho; a Geoff Boucher, pelos clipes; a Bill Crum, pelo cartaz; a Q, pelas letras; a B3, pelas piadas; a M, pelo marketing; a GV, pelo esforço; a Andrew e Jan por seu amor, compreensão, tolerância; e, acima de tudo, a Jimmy, Robert, Jonesy e Bonzo, pela música.

—Jon Bream

Discografia

por Scott Pearson

A seguinte lista de gravações não pretende ser exaustiva. Ela se restringe ao trabalho da banda, deixando de lado os projetos individuais de que os artistas participaram, antes e depois do Led Zeppelin. É composta principalmente dos discos originais e da transição para o mundo dos CDs e DVDs, sem catalogar os vários formatos de fita (rolo, oito canais e cassetes) que fizeram parte da confusa transição do vinil para o CD. Inclui apenas as versões oficiais comercialmente disponíveis (hoje ou na época do lançamento), e não versões promocionais. Além disso, traz apenas lançamentos americanos e britânicos. A lista ignora totalmente o espectro dos infinitos *bootlegs* (gravações piratas) que encheriam um livro por si só.

LPs

Para uma banda tão influente e lendária como o Led Zeppelin, é fácil esquecer, e talvez difícil de acreditar, que seus lançamentos em vinil se limitaram a oito discos de estúdio e um ao vivo, gravados entre 1969 e 1979. A morte de John Bonham, em 1980, pôs fim à banda, e gravações piratas ao vivo eram as únicas fontes dos fãs para "novas" músicas do Led Zeppelin. Em resposta a esse interesse contínuo, e porque a banda tinha uma obrigação contratual pendente com a Atlantic Records para um álbum, uma coleção de gravações inéditas foi lançada em 1982, sob o nome de *Coda*. Durante 15 anos após o lançamento de *Coda*, os dez álbuns a seguir constituíram o catálogo completo do Led Zeppelin.

Led Zeppelin

Atlantic SD 8216 (EUA); 588 171 (RU)
Gravado em outubro de 1968, no Olympic Studios, em Londres
Lançado em 12 de janeiro de 1969 (EUA); 28 de março de 1969 (RU)

LADO 1
"Good Times Bad Times"
"Babe I'm Gonna Leave You"*
"You Shook Me"
"Dazed And Confused"

LADO 2
"Your Time Is Gonna Come"
"Black Mountain Side"
"Communication Breakdown"
"I Can't Quit You Baby"
"How Many More Times"

* *"Babe I'm Gonna Leave You" foi originalmente atribuída a Page. Na década de 1980, Anne Bredon reivindicou a autoria da letra da música. Os créditos foram corrigidos em lançamentos posteriores.*

Led Zeppelin II

Atlantic SD 8236 (EUA); 588 198 (RU)
Lançado em 22 de outubro de 1969 (EUA); 31 de outubro de 1969 (RU)

LADO 1
"Whole Lotta Love"*
"What Is And Should Never Be"
Gravadas em 1969, no Olympic Studios, em Londres
"The Lemon Song"**
Gravada em 1969, no Mirror Sound, em Los Angeles
"Thank You"
Gravada em 1969, no Morgan Studios, em Londres

LADO 2
"Heartbreaker"
Gravada em 1969, no A & R Studios, em Nova York
"Living Loving Maid (She's Just A Woman)"
Gravada em 1969, no Morgan Studios, em Londres
"Ramble On"
Gravada em 1969, no Juggy Sound Studio, em Nova York
"Moby Dick"
Gravada em 1969, no Mirror Sound, em Los Angeles
"Bring It On Home"***
Gravada em 1969, no Atlantic Studios, em Nova York

* *"Whole Lotta Love", creditada aos quatro membros da banda, traz letra semelhante à de Willie Dixon em "You Need Love". Dixon processou o grupo em 1985, mas eles chegaram a um acordo fora dos tribunais. Edições posteriores trouxeram o nome de Dixon nos créditos.*

** *"The Lemon Song", atribuída nos créditos à banda, empresta generosamente de "Killing Floor", de Howlin' Wolf, e também, mas um pouco menos, de "Traveling Riverside Blues", de Robert Johnson. A ARC Music, selo da Chess Records, processou a banda em 1972, chegando a um acordo fora dos tribunais. Chester "Howlin' Wolf" Burnett foi incluído nos créditos das edições posteriores.*

*** *"Bring It On Home", creditada a Page e Plant, tem letra de Willie Dixon – que escreveu uma música de mesmo nome, embora a parte instrumental no meio da música seja uma criação original do Led Zeppelin. A ARC Music processou* *a banda em 1972, e, mais uma vez, um acordo fora dos tribunais foi feito entre as partes. Ironicamente, Dixon não recebeu nenhum dos royalties e teve de processar seu próprio selo. Em* How The West Was Won, *há um medley com a música. Agora chamada de "Bring It On Back", os créditos pela música foram dados a Dixon, e, pela parte instrumental, a todos os membros da banda.*

Led Zeppelin III

Atlantic SD 7201 (EUA); 2401 002 (RU)
Lançado em 5 de outubro de 1970 (EUA); 23 de outubro (RU)

LADO 1

"Immigrant Song"
"Friends"
"Celebration Day"
Gravadas em 1970, no Headley Grange, em Hampshire
"Since I've Been Loving You"
Gravada em 1970, no Island Studios, em Londres
"Out On The Tiles"
Gravada em 1970, no Olympic Studios, em Londres

LADO 2

"Gallows Pole"
"Tangerine"
Gravadas em 1970, no Headley Grange, em Hampshire
"That's The Way"
Gravada em 1970, no Island Studios, em Londres
"Bron-Y-Aur Stomp"*
Gravada em 1970, no Headley Grange, em Hampshire
"Hats Off To (Roy) Harper"**
Gravada em 1970, no Olympic Studios, em Londres

* *"Bron-Y-Aur Stomp" é o mesmo nome da casa de campo galesa de "Bron-Yr--Aur", do* Physical Grafitti; *neste álbum a ortografia do nome foi corrigida. Em algumas republicações da primeira versão, a ortografia também foi corrigida.*

** *O lendário cantor de folk Roy Harper era amigo da banda e até abriu alguns shows. Ele fez uma ponta não creditada na sequência fantástica do filme* The Song Remains The Same, *de Peter Grant. Page participou de uma música em um dos primeiros álbuns de Harper e também gravou um álbum inteiro com ele,* Whatever Happened To Jugula?, *de 1985. A performance de Harper mais conhecida nos Estados Unidos é, sem dúvida, o vocal de "Have A Cigar", do Pink Floyd, no álbum* Wish You Were Here.

Quarto álbum (sem título)

(conhecido como Led Zeppelin IV, Runas, Quatro Símbolos, Zoso **)*
Atlantic SD 7208 (EUA); 2401 012 (RU)
Lançado em 8 de novembro de 1971 (EUA); 12 de novembro de 1971 (RU)

LADO 1

"Black Dog"
"Rock And Roll"
"The Battle Of Evermore"
Gravadas em 1971, no Headley Grange, em Hampshire
"Stairway To Heaven"
Gravada em 1971, no Island Studios, em Londres

LADO 2

"Misty Mountain Hop"
Gravada em 1971, no Headley Grange, em Hampshire
"Four Sticks"
Gravada em 1971, no Island Studios, em Londres
"Going To California"
"When The Levee Breaks"
Gravadas em 1971, no Headley Grange, em Hampshire

* *Na capa do álbum não tinha nada escrito, nem mesmo o nome da banda. Na parte dobrável havia uma pintura do Ermitão, figura inspirada no tarô que parece um homem velho de vestido carregando uma lanterna (o mesmo personagem apareceria na cena fantasiosa de Jimmy Page em* The Song Remains The Same*). O encarte apresentava a letra de "Stairway To Heaven" de um lado e a lista de músicas e os créditos do outro; acima da lista de músicas, havia o desenho de quatro símbolos, um para cada membro da banda. O símbolo de Page, que é o primeiro dos quatro, parece a palavra Zoso.*

Houses Of The Holy

Atlantic SD 7255 (EUA); K 50014 (RU)
Lançado em 18 de março de 1973 (EUA); 26 de março de 1973 (RU)

LADO 1

"The Song Remains The Same"
"The Rain Song"
"Over The Hills And Far Away"
Gravadas em 1972, no Stargroves, na Inglaterra
"The Crunge"
Gravada em 1972, no Headley Grange, em Hampshire

LADO 2

"Dancing Days"
"D'Yer Mak'er"
Gravadas em 1972, no Stargroves, na Inglaterra
"No Quarter"
Gravada em 1972, no Island Studios, em Londres
"The Ocean"
Gravadas em 1972, no Stargroves, na Inglaterra

Physical Graffiti

Swan Song SS-2-200 (EUA); SSK 89400 (RU)
Lançado em 24 de fevereiro de 1975 (EUA e RU)

LADO 1

"Custard Pie"
Gravada em 1974, no Headley Grange, em Hampshire
"The Rover"
Gravada em 1974, no Stargroves, na Inglaterra
"In My Time Of Dying"
Gravada em 1974, no Headley Grange, em Hampshire

LADO 2

"Houses of The Holy"*

Gravada em 1972, no Olympic Studios, em Londres

"Trampled Under Foot"

"Kashmir"

Gravadas em 1974, no Headley Grange, em Hampshire, e no Olympic Studios, em Londres

LADO 3

"In The Light"

Gravada em 1974, no Headley Grange, em Hampshire, e no Olympic Studios, em Londres

"Bron-Yr-Aur"

"Down By The Seaside"

Gravadas em 1974, no Island Studios, em Londres

"Ten Years Gone"

Gravada em 1974, no Headley Grange, em Hampshire, e no Olympic Studios, em Londres

LADO 4

"Night Flight"

Gravada em 1974, no Headley Grange, em Hampshire, e no Olympic Studios, em Londres

"The Wanton Song"

Gravada em 1974, no Headley Grange, em Hampshire, e no Olympic Studios, em Londres

"Boogie With Stu"

Gravada em 1974, no Headley Grange, em Hampshire

"Black Country Woman"

Gravada em 1974, no Stargroves, em Londres

"Sick Again"

Gravada em 1974, no Headley Grange, em Hampshire, e no Olympic Studios, em Londres

* *"Houses of the Holy" foi concebida como a faixa-título do álbum anterior de mesmo nome, mas a banda sentiu que ela não se encaixava com as outras faixas e deixou-a de fora. Ela reapareceu em* Physical Graffiti, *sem qualquer mixagem ou gravação adicional.*

Presence

Swan Song SS-8416 (EUA); SSK 59402 (RU)

Gravado em novembro e dezembro de 1975, no Musicland Studios, em Munique, na Alemanha

Lançado em 31 de março de 1976 (EUA); 5 de abril (RU)

LADO 1

"Achille's Last Stand"

"For Your Life"

"Royal Orleans"

LADO 2

"Nobody's Fault But Mine"

"Candy Store Rock"

"Hots On For Nowhere"

"Tea For One"

*The Song Remains The Same**

Swan Song SS-2-201 (EUA); SSK 89402 (RU)

Gravado ao vivo de 27 a 29 de julho de 1973, no Madison Square Garden, em Nova York

Lançado em 28 de setembro de 1976 (EUA e RU)

LADO 1

"Rock And Roll"

"Celebration Day"

"The Song Remains The Same"

"Rain Song"

LADO 2

"Dazed And Confused"

LADO 3

"No Quarter"

"Stairway To Heaven"

LADO 4

"Moby Dick"

"Whole Lotta Love"

* *As melhores faixas de áudio não coincidem necessariamente com as melhores imagens do filme, por isso, em alguns momentos, o álbum duplo ao vivo não coincide com o filme. O lançamento do filme conturbado só foi feito três anos depois.*

In Through The Out Door

Swan Song SS-16002 (EUA); SSK 59410 (RU)

Gravado em novembro e dezembro de 1978, no Polar Studios, em Estocolmo, na Suécia

Lançado em 15 de agosto de 1979 (EUA); 20 de agosto de 1979 (RU)

LADO 1

"In The Evening"

"South Bound Saurez"

"Fool In The Rain"

"Hot Dog"

LADO 2

"Carouselambra"

"All My Love"

"I'm Gonna Crawl"

Coda

Swan Song SS-90051-1 (EUA); A 0051 (RU)

Lançado em 19 de novembro de 1982 (EUA); 22 de novembro de 1982 (RU)

LADO 1

"We're Gonna Groove"

*Gravada ao vivo em 9 de janeiro de 1970, no Royal Albert Hall, em Londres**

"Poor Tom"

Gravada em 6 de maio de 1970, no Olympic Studios, em Londres

"I Can't Quit You Baby"

*Gravada ao vivo em 9 de janeiro de 1970, no Royal Albert Hall, em Londres**

"Walter's Walk"

Gravada em 15 de maio de 1972, no Stargroves, na Inglaterra

LADO 2

"Ozone Baby"

Gravada em 14 de novembro de 1978, no Polar Studios, em Estocolmo, na Suécia

"Darlene"

Gravada em 16 de novembro de 1978, no Polar Studios, em Estocolmo, na Suécia

"Bonzo's Montreux"

Gravada em 9 de dezembro de 1976, no Mountain Studios, em Montreux, na Suíça

"Wearing And Tearing"

Gravada em 21 de novembro de 1978, no Polar Studios, em Estocolmo, na Suécia

* *O show no Royal Albert Hall foi filmado e posteriormente lançado no DVD* Led Zeppelin, *de 2003. Essas são as duas primeiras músicas daquele DVD.*

45 rotações

A banda estava comprometida com shows e álbuns como a sua forma de expressão artística e resistiu a compromissos comerciais ditados pelo lançamento de singles, que, geralmente, tinham de rodar por pelo menos três minutos na rádio AM. Menos de uma dúzia de singles do Led Zeppelin em vinil foi lançada nos Estados Unidos, e nenhum no Reino Unido.

"Good Times Bad Times"/"Communication Breakdown"

Atlantic 45-2613

Lançado em 10 de março de 1969

"Whole Lotta Love"/"Living Loving Maid (She's Just A Woman)"

Atlantic 45-2690

Lançado em 7 de novembro de 1969

"Immigrant Song"/"Hey Hey What Can I Do"*

Atlantic 45-2777

Lançado em 5 de novembro de 1970

"Black Dog"/"Misty Mountain Hop"

Atlantic 45-2849

Lançado em 2 de dezembro de 1971

"Rock And Roll"/"Four Sticks"

Atlantic 45-2865

Lançado em 2 de fevereiro de 1972

"Over The Hills And Far Away"/"Dancing Days"

Atlantic 45-2790

Lançado em 24 de maio de 1973

"D'Yer Mak'er"/"The Crunge"

Atlantic 45-2986

Lançado em 17 de setembro de 1973

"Trampled Under Foot"/"Black Country Woman"

Atlantic SS 70102

Lançado em 2 de abril de 1975

"Candy Store Rock"/"Royal Orleans"

Atlantic SS 70110

Lançado em 18 de junho de 1976

"Fool In The Rain"/"Hot Dog"

Atlantic SS 71003

Lançado em 7 de dezembro 1979

* *Gravada em 1970, "Hey Hey What Can I Do" foi originalmente lançada somente nesse B side e nunca em um LP do Led Zeppelin (no entanto, foi incluída na coletânea com gravações de vários artistas da Atlantic:* The New Age Of Atlantic, *de 1972). Para uma música oficialmente lançada, ela foi muito difícil de ser encontrada por quase 20 anos, até ser incluída no box do Led Zeppelin de 1990.*

CDs

Todos os dez álbuns do Led Zeppelin foram lançados em meados dos anos 1980 em CD, na ordem original; por isso, não estão repetidos aqui. As coisas ficaram interessantes quando Jimmy Page começou a remasterizar as gravações de estúdio e depois foi para o cofre das gravações ao vivo que a banda havia armazenado durante anos de turnê. A tecnologia digital permitiu que Page chegasse perto da perfeição que ele sempre buscou e da qual as gravações ao vivo sequer haviam se aproximado. Por causa disso, os lançamentos oficiais do Led Zeppelin são parte ao vivo, parte gravações em estúdio. De *The Song Remains The Same* em diante, boa parte do Led ao vivo foi severamente consertado por Page, incluindo a mistura de diferentes performances de algumas músicas e a adição de overdubs. Começando em 1994, depois do lançamento do box *The Complete Studio Recordings*, os álbuns remasterizados foram lançados separadamente com a sequência original das músicas; esses também não estão repetidos aqui. Somente discos inteiros estão listados, mas nenhum dos singles, dos promocionais ou dos samplers.

Led Zeppelin (Box Set, Vol. 1)

Box com 4 CDs, remasterizados; coleção reorganizada de dois terços do catálogo do Zeppelin com algumas músicas inéditas.

Atlantic 7567-8214-4

Lançado em 7 de setembro de 1990 (EUA)

DISCO 1

"Whole Lotta Love", "Heartbreaker", "Communication Breakdown", "Babe I'm Gonna Leave You", "What Is And What Should Never Be", "Thank You", "I Can't Quit You Baby", "Dazed And Confused", "Your Time Is Gonna Come", "Ramble On", "Travelling Riverside Blues",* "Friends", "Celebration Day", Hey Hey What Can I Do",** "White Summer"/"Black Mountain Side"***

DISCO 2

"Black Dog", "Over The Hills And Far Away", "Immigrant Song", "The Battle Of Evermore", "Bron-Y-Aur Stomp", "Tangerine", "Going To California", "Since I've Been Loving You", "D'yer Maker", "Gallows Pole", "Custard Pie", "Misty Mountain Hop", "Rock And Roll", "The Rain Song", "Stairway To Heaven"

DISCO 3

"Kashmir", "Trampled Under Foot", "For Your Life", "No Quarter", "Dancing Days", "When The Levee Breaks", "Achilles Last Stand", "The Song Remains The Same", "Ten Years Gone", "In My Time Of Dying"

DISCO 4

"In The Evening", "Candy Store Rock", "The Ocean", "Ozone Baby", "Houses Of The Holy", "Wearing And Tearing", "Poor Tom", "Nobody's Fault But Mine", "Fool In The Rain", "In The Light", "The Wanton Song", "Moby Dick"/"Bonzo's Montreux",**** "I'm Gonna Crawl", "All My Love"

* *Inédita; gravada ao vivo em 23 de junho de 1969, no programa de rádio* Top Gear, *de John Peel.*

** *Primeira vez em CD.*

*** *Inédita; gravada ao vivo em 27 de junho de 1969, no Playhouse Theatre, para um programa da Radio One.*

**** *Combina as duas músicas lançadas anteriormente em uma nova versão.*

Led Zeppelin Remasters

Box com dois CDs; versão menor do Box Vol. 1

Atlantic 7567-80415-2

Lançado em 9 de setembro de 1990 (EUA); 15 de outrubro de 1990 (RU e Japão); edição especial lançada em 2 de janeiro de 1992, com um terceiro CD, o Profiled, *contendo entrevistas com Page, Plant e Jones (lançado previamente como disco promocional na época do Box Vol. 1)*

DISCO 1

"Communication Breakdown", "Babe", "I'm Gonna Leave You", "Good Times Bad Times", "Dazed And Confused", "Whole Lotta Love", "Heartbreaker", "Ramble On", "Immigrant Song", "Celebration Day", "Since I've Been Loving You", "Black Dog", "Rock And Roll", "The Battle Of Evermore", "Misty Mountain Hop", "Stairway To Heaven"

DISCO 2

"The Song Remains The Same", "The Rain Song", "D'yer Mak'er", "No Quarter", "Houses Of The Holy", "Kashmir", "Trampled Under Foot", "Nobody's Fault But Mine", "Achilles Last Stand", "All My Love", "In The Evening"

Led Zeppelin (Box Set, Vol. 2)

Box com 2 CDs, remasterizado; um terço do catálogo de estúdio do Zeppelin mais uma música inédita.

Atlantic 7567-82477-2

Lançado em 21 de setembro de 1993 (EUA)

DISCO 1

"Good Times Bad Times", "We're Gonna Groove", "Night Flight", "That's The Way", "Baby Come On Home",* "The Lemon Song", "You Shook Me", "Boogie With Stu", "Bron-Yr-Aur", "Down By The Seaside", "Out On The Tiles", "Black Mountain Side", "Moby Dick", "Sick Again", "Hot Dog", "Carouselambra"

DISCO 2

"South Bound Suarez", "Walter's Walk", "Darlene", "Black Country Woman", "How Many More Times", "The Rover", "Four Sticks", "Hats Off To (Roy) Harper", "I Can't Quit You Baby", "Hots On For Nowhere", "Living Loving Maid (She's Just a Woman)", "Royal Orleans", "Bonzo's Montreux", "The Crunge", "Bring It On Home", "Tea For One"

* *Inédita; gravada em 10 de outubro de 1968, no Olympic Studios, em Londres*

The Complete Studio Recordings

Box com 10 CDs; as faixas remasterizadas previamente lançadas nos Boxes Vol. 1 e Vol. 2 são finalmente apresentadas como nos álbuns originais, com "Baby Come On Home", "Travelling Riverside Blues", "White Summer"/"Black Mountain Side" e "Hey Hey What Can I Do", adicionadas como faixas bônus em Coda; *a versão combinada de "Moby Dick" e "Bonzo's Montreux" do Vol. 1 não está inclusa.*

Atlantic 7 82526-2

Lançado em 24 de setembro de 1993 (RU); 28 de setembro de 1993 (EUA)

Disco 1: *Led Zeppelin;* Disco 2: *Led Zeppelin II;* Disco 3: *Led Zeppelin III;* Disco 4: *Untitled Fourth Album;* Disco

5: *Houses Of The Holy;* Disco 6: *Presence;** Disco 7: *Physical Graffiti,* Disco 1; Disco 8: *Physical Graffiti,* Disco 2; Disco 9: *In Through The Out Door;* Disco 10: *Coda*

* Presence *e* Physical Graffiti *foram mudados de sua ordem original de forma que o álbum duplo pudesse ser reunido em um dos cinco livretos de dois discos.*

BBC Sessions

Dois CDs ao vivo.

Atlantic 7567-83061-2

Lançado em 17 de novembro de 1997 (RU); 18 de novembro de 1997 (EUA)

DISCO 1

"You Shook Me"
"I Can't Quit You Baby"
Gravadas em 3 março de 1969, no programa Top Gear
"Communication Breakdown"
Gravada em 16 de junho de 1969, no programa Tasty Pop Sundae, *de Chris Grant*
"Dazed And Confused"
Gravada em 3 de março de 1969, no programa Top Gear
"The Girl I Love (She Got Long Black Wavy Hair)"
Gravada em 16 de junho de 1969, no programa Tasty Pop Sundae, *de Chris Grant*
"What Is And What Should Never Be"
"Communication Breakdown"
"Travelling Riverside Blues"
"Whole Lotta Love"
Gravadas em 24 de junho de 1969, no programa Top Gear
"Somethin' Else"
Gravada em 16 de junho de 1969, no programa Tasty Pop Sundae, *de Chris Grant*
"Communication Breakdown"
"I Can't Quit You Baby"
"You Shook Me"
"How Many More Times"
Gravadas em 27 de junho de 1969, programa One Night Stand, *no Playhouse Theatre, em Londres*

DISCO 2

"Immigrant Song"
"Heartbreaker"
"Since I've Been Loving You"
"Black Dog"
"Dazed And Confused"
"Stairway To Heaven"
"Going To California"
"That's The Way"
"Whole Lotta Love" (medley com "Boogie Chillun'"/"Fixin' To Die"/"That's Alright Mama"/"A Mess Of Blues")
"Thank You"
Gravadas em 1º de abril de 1971, no programa In Concert, *no Paris Theatre, em Londres*

Early Days: The Best of Led Zeppelin Volume One

CD Extra; coletânea contendo 13 faixas dos quatro primeiros álbuns de estúdio mais um vídeo promocional de 1969 com uma performance dublada de "Communication Breakdown".

Atlantic 7567-83268-20

Lançado em 23 de novembro de 1999

"Good Times Bad Times"
"Babe I'm Gonna Leave You"
"Dazed And Confused"
"Communication Breakdown"
"Whole Lotta Love"
"What Is And What Should Never Be"
"Immigrant Song"
"Since I've Been Loving You"
"Black Dog"
"Rock And Roll"
"The Battle Of Evermore"
"When The Levee Breaks"
"Stairway To Heaven"

Latter Days: The Best of Led Zeppelin Volume Two

CD Extra; coletânea contendo dez faixas dos quatro últimos álbuns mais uma filmagem de uma performance de "Kashmir" no Earls Court, de 1975.

Atlantic 7567-83278-27

Lançado em 21 de março de 2001

"The Song Remains The Same"
"No Quarter"
"Houses Of The Holy"
"Trampled Under Foot"
"Kashmir"
"Ten Years Gone"
"Achilles Last Stand"
"Nobody's Fault But Mine"
"All My Love"
"In The Evening"

How The West Was Won

Três CDs, ao vivo.

Atlantic 7567-83587-2

Lançado em 27 de maio de 2003

DISCO 1

"LA Drone"
"Immigrant Song"
"Heartbreaker"
Gravadas em 27 de junho de 1972, no Long Beach Arena
"Black Dog"
"Over The Hills And Far Away"
Gravadas em 25 de junho de 1972, no Los Angeles Forum

"Since I've Been Loving You"
"Stairway To Heaven"
"Going To California"
Gravadas em 27 de junho de 1972, no Long Beach Arena
"That's The Way"
Gravadas em 25 junho de 1972, no Los Angeles Forum
"Bron-Yr-Aur Stomp"
Gravada em 27 de junho de 1972, no Long Beach Arena

DISCO 2
"Dazed And Confused" (medley com "Walter's Walk"/"The Crunge")
Gravada em 25 de junho de 1972, no Los Angeles Forum
"What Is And What Should Never Be"
"Dancing Days"
Gravadas em 27 de junho 1972, no Long Beach Arena
"Moby Dick"
Gravada em 25 de junho de 1972, no Los Angeles Forum

DISCO 3
"Whole Lotta Love" (medley com "Boogie Chillun'"/"Let's Have A Party"/"Hello Mary Lou"/"Going Down Slow")
Gravada em 25 de junho de 1972, no Los Angeles Forum
"Rock And Roll"
Gravada em 27 de junho 1972, no Long Beach Arena
"The Ocean"
"Bring It On Home" (medley com "Bring It On Back"*)
Gravadas em 25 de junho de 1972, no Los Angeles Forum

* *"Bring It On Back" foi o novo nome dado ao trecho de autoria do Led Zeppelin executado no meio da música original de Willie Dixon.*

Mothership

Dois CDs, remasterizados; uma retrospectiva de 24 faixas com músicas de todos os oito álbuns de estúdio, selecionadas por Jimmy Page, Robert Plant e John Paul Jones e, claro, remasterizadas com a supervisão da banda; a edição de luxo inclui um DVD com uma seleção de faixas (veja a lista de vídeos a seguir).
Atlantic 8122-79961-5 (Standard); 8122-79961-3 (Deluxe)
Lançado em 13 de novembro de 2007

DISCO 1
"Good Times Bad Times"
"Communication Breakdown"
"Dazed And Confused"
"Babe I'm Gonna Leave You"
"Whole Lotta Love"
"Ramble On"
"Heartbreaker"
"Immigrant Song"
"Since I've Been Loving You"
"Rock And Roll"
"Black Dog"
"When The Levee Breaks"
"Stairway To Heaven"

DISCO 2
"Song Remains The Same"
"Over The Hills And Far Away"
"D'Yer Mak'er"
"No Quarter"
"Trampled Under Foot"
"Houses Of The Holy"
"Kashmir"
"Nobody's Fault But Mine"
"Achilles Last Stand"
"In The Evening"
"All My Love"

The Song Remains The Same

Edição ampliada com dois CDs ao vivo, remixados e remasterizados. Antes desmentidas pela banda, todas essas performances ao vivo foram finalmente resgatadas de seu terrível som original, com a ajuda da moderna tecnologia digital, mas com algumas opções de edição discutíveis, devido à decisão de tornar a trilha sonora o mais próxima possível das filmagens. Questões contratuais mantiveram a filmagem sem ser reeditada de forma alguma.
Rhino Records 328252
Gravado ao vivo de 27 a 29 de julho de 1973, no Madison Square Garden, em Nova York
Lançado em 11 de dezembro de 2007

DISCO 1
"Rock And Roll"
"Celebration Day"
"Black Dog"*
"Over The Hills And Far Away"*
"Misty Mountain Hop"*
"Since I've Been Loving You"*
"No Quarter"
"The Song Remains The Same"
"The Rain Song"
"The Ocean"*

DISCO 2
"Dazed And Confused"
"Stairway To Heaven"
"Moby Dick"
"Heartbreaker"*
"Whole Lotta Love"

* *Não incluída no lançamento original*

DVDs

Serão citadas apenas as músicas, e não a lista completa de cenas dos DVDs.

The Song Remains The Same

Performances ao vivo mais sequências adicionais; gravado em 1973, questões técnicas, artísticas e legais evitaram que o filme fosse lançado até 20 de outubro de 1976; lançado em VHS pela Warner Home Video em 1º de julho de 1991; também lançado em laser disc, mídia anterior ao DVD, nos anos 1990.

Warner Home Video 7321900 113892
Performances gravadas ao vivo de 27 a 29 de julho de 1973, no Madison Square Garden, em Nova York
Lançado em 21 de dezembro de 1999 (EUA); 5 de junho de 2000 (RU)

"Rock And Roll"
"Black Dog"
"Since I've Been Loving You"
"No Quarter"
"The Song Remains The Same"
"The Rain Song"
"Dazed And Confused"
"Stairway To Heaven"
"Moby Dick"
"Heartbreaker"
"Whole Lotta Love"

Led Zeppelin

Dois DVDs, ao vivo.

Warner 0349 70198-2
Lançado em 26 de maio de 2003 (RU); 27 de maio (EUA)

DISCO 1

"We're Gonna Groove"
"I Can't Quit You Baby"
"Dazed And Confused"
"White Summer"
"What Is And What Should Never Be"
"How Many More Times"
"Moby Dick"
"Whole Lotta Love"
"Communication Breakdown"
"C'mon Everybody"
"Something Else"
"Bring It On Home"
Filmadas em 9 de janeiro de 1970, no Royal Albert Hall, em Londres
"Communication Breakdown"
Filmada em fevereiro de 1969, clipe promocional da Atlantic Records
"Communication Breakdown"
"Dazed And Confused"
"Babe I'm Gonna Leave You"
"How Many More Times"
Filmadas em 17 de março de 1969, na Danmarks Radio, na Dinamarca
"Dazed And Confused"
Filmado em 25 de março de 1969, no Supershow, *no Staines Studio, em Londres*
"Communication Breakdown"
"Dazed And Confused"
Filmadas em 19 de junho de 1969, no Tous En Scène, *no Theatre Olympia, em Paris*

DISCO 2

"Immigrant Song"
Filmada em 27 de fevereiro de 1972, no Sydney Showground, na Austrália; faixa de áudio de estúdio
"Black Dog"
"Misty Mountain Hop"*
"Since I've Been Loving You"
"The Ocean"*
Filmadas de 27 a 29 de julho de 1973, no Madison Square Garden, em Nova York
"Going To California"
"That's The Way"
"Bron-Yr-Aur Stomp"
"In My Time Of Dying"
"Trampled Under Foot"
"Stairway To Heaven"
Filmadas em 24 e 25 de maio de 1975, no Earls Court, em Londres
"Rock And Roll"
"Nobody's Fault But Mine"
"Sick Again"
"Achilles Last Stand"
"In The Evening"
"Kashmir"
"Whole Lotta Love"
Filmadas em 4 de agosto de 1979, em Knebworth, em Hertfordshire, na Inglaterra
"Rock And Roll"
Filmada em 27 de fevereiro de 1972, no Sydney Showground, na Austrália
"Over The Hills And Far Away"
"Travelling Riverside Blues"
Vários clipes de vídeo ao vivo com faixas áudio de estúdio, vídeo promocional de Remasters, *outubro de 1990*

* *Filmagem inédita, parte do filme* The Song Remains The Same.

Mothership

DVD da edição de luxo do CD Mothership*; músicas selecionadas do DVD* Led Zeppelin.

Atlantic 8122-79961-3
Lançado em 13 de novembro de 2007

"We're Gonna Groove"
"I Can't Quit You Babe"
"Dazed And Confused"
"White Summer"
"What Is And What Should Never Be"
"Moby Dick"
"Whole Lotta Love"
"Communication Breakdown"
"Bring It On Home"
Filmadas em 9 de janeiro de 1970, no Royal Albert Hall, em Londres
"Immigrant Song"
Filmada em 27 de fevereiro de 1972, no Sydney Showground, na Austrália; áudio da faixa original gravada em estúdio
"Black Dog"
"Misty Mountain Hop"
Filmadas de 27 a 29 de julho de 1973, no Madison Square Garden, em Nova York
"Going To California"
"In My Time Of Dying"
"Stairway To Heaven "
Filmadas em 24 e 25 de maio de 1975, no Earls Court, em Londres
"Rock And Roll"
"Nobody's Fault But Mine"
"Kashmir"
"Whole Lotta Love"
Filmadas em 4 de agosto de 1979, em Knebworth, em Hertfordshire, na Inglaterra

The Song Remains The Same

Edição especial de 2 DVDs.
Warner Home Video D072654
Performances gravadas ao vivo de 27 a 29 de julho de 1973, no Madison Square Garden, em Nova York
Lançado em 19 de novembro de 2007 (RU); 20 de novembro de 2007 (EUA)
HD-DVD (HDY15712) e Blu-Ray (BDY15711) lançados em 26 de novembro de 2007

DISCO 1
"Rock And Roll"
"Black Dog"
"Since I've Been Loving You"
"No Quarter"
"The Song Remains The Same"
"The Rain Song"
"Dazed And Confused"
"Stairway To Heaven"
"Moby Dick"
"Heartbreaker"
"Whole Lotta Love"

DISCO 2
"Over The Hills And Far Away"*
"Celebration Day"*
"Misty Mountain Hop"
"The Ocean"

* *Gravação inédita.*

Miscelânea

Embora esta discografia devesse incluir apenas gravações do Led Zeppelin, existem alguns lançamentos que, sem dúvida, merecem ser considerados exceções à regra.

No Quarter: Jimmy Page & Robert Plant Unledded

CD quase todo composto de material do Led Zeppelin, de performances ao vivo para a série MTV Unplugged. *John Paul Jones não foi convidado para essa reunião.*
Atlantic 82706-2
Gravado ao vivo em 25 e 26 de agosto de 1994, em Londres, no Marrocos e no País de Gales
Lançado em 14 de outubro de 1994

"Nobody's Fault But Mine"
Gravada no País de Gales
"Thank You"
Gravada em Londres
"No Quarter"
Gravada no País de Gales
"Friends"
"Yallah"
"City Don't Cry"
Gravadas no Marrocos
"Since I've Been Loving You"
"The Battle Of Evermore"
"Wonderful One"
"That's The Way"
"Gallows Pole"
"Four Sticks"
"Kashmir"
Gravadas em Londres

"Down By The Seaside": Robert Plant and Tori Amos

Faixa destaque no CD de tributo ao Led Zeppelin, Encomium. *Tori Amos disse em entrevistas que a música foi gravada em um único take.*
Atlantic 82731-2
Gravada em 1995, no RAK Studios, em Londres
Lançada em 14 de março de 1995

Live at the Greek: Jimmy Page & The Black Crowes

Dois CDs de performances ao vivo de material quase todo do Led Zeppelin. Uma versão japonesa, que vem reforçada com vídeos ao vivo e fotografias, inclui duas faixas-bônus, "In The Light" e "Misty Mountain Hop", gravadas em 2000.

TVT Records 2140
Gravado em 18 de outubro de 1999, no Greek Theatre, em Los Angeles
Lançado em 29 de junho de 2000

DISCO 1

"Celebration Day"
"Custard Pie"
"Sick Again"
"What Is And What Should Never Be"
"Woke Up This Morning"
"Shape Of Things To Come"
"Sloppy Drunk"
"Ten Years Gone"
"In My Time Of Dying"
"Your Time Is Gonna Come"

DISCO 2

"The Lemon Song"
"Nobody's Fault But Mine"
"Heartbreaker"
"Hey Hey What Can I Do"
"Mellow Down Easy"
"Oh Well"
"Shake Your Moneymaker"
"You Shook Me"
"Out On The Tiles"
"Whole Lotta Love"

No Quarter: Jimmy Page & Robert Plant Unledded

Edição remasterizada em comemoração ao 10º aniversário do CD, com a lista de faixas alterada.
Atlantic 75695
Gravado em agosto de 1994
Lançado em 26 de outubro de 2004

"Nobody's Fault But Mine"
"No Quarter"
Gravadas no País de Gales
"Friends"
Gravada em Londres
"The Truth Explodes" (originalmente "Yallah")
Gravada no Marrocos
"The Rain Song"
Gravada em Londres
"City Don't Cry"
Gravada no Marrocos
"Since I've Been Loving You"
"The Battle Of Evermore"
"Wonderful One"
"That's The Way"
Gravadas em Londres
"Wah Wah"
Gravada no Marrocos
"Gallows Pole"
"Four Sticks"
"Kashmir"
Gravadas em Londres

No Quarter: Jimmy Page & Robert Plant Unledded

DVD contendo todas as músicas das sessões acústicas mais uma faixa-bônus de "Black Dog" gravada ao vivo por Page e Plant no American Music Awards, em 1995.
Warner 970324
Gravado em agosto de 1994
Lançado em 26 de outubro de 2004

"No Quarter"
Gravada no País de Gales
"Thank You"
"What Is And What Should Never Be"
"The Battle Of Evermore"
"Gallows Pole"
Gravadas em Londres
"Nobody's Fault But Mine"
Gravada no País de Gales
"City Don't Cry"
"The Truth Explodes" (originalmente "Yallah")
"Wah Wah"
Gravadas no Marrocos
"When The Levee Breaks"
Gravada no País de Gales
"Wonderful One"
"Since I've Been Loving You"
"The Rain Song"
"That's The Way"
"Four Sticks"
"Friends"
"Kashmir"
Gravadas em Londres

Bibliografia

Livros

Buell, Bebe. *Rebel Heart: An American Rock'n'Roll Journey.* New York: St. Martin's Griffin, 2001.

Cole, Richard. *Stairway To Heaven: Led Zeppelin Uncensored.* New York: Harper Collins, 1992.

Davis, Stephen. *Hammer Of The Gods: The Led Zeppelin Saga.* New York: William Morrow & Company, 1985.

Des Barres, Pamela. *Confissões de uma groupie – I'm With The Band.* Trad. Alyne Azuma. São Paulo: Barracuda, 2004.

Graham, Bill. *Bill Graham apresenta: minha vida dentro e fora do rock.* Trad. Juliana Lemos. São Paulo: Barracuda, 2008.

Lewis, Dave; Pallett, Simon. *Led Zeppelin: The Concert File.* London: Omnibus, 2005.

Matheu, Robert. *CREEM: America's Only Rock'n'Roll Magazine.* New York: Collins, 2007.

Sander, Ellen. *Trips: Rock Life In The Sixties.* New York: Scribner, 1973.

Shadwick, Keith. *Led Zeppelin: The Story Of A Band And Their Music 1968–1980.* San Francisco: Backbeat Books, 2005.

Welch, Chris. *Led Zeppelin: Dazed And Confused: The Stories Behind Every Song.* New York: Thunder's Mouth Press,1998.

Welch, Chris. *Peter Grant: The Man Who Led Zeppelin.* London: Omnibus, 2002.

Williamson, Nigel. *The Rough Guide To Led Zeppelin.* London: Rough Guides, 2007.

York, Ritchie. *Led Zeppelin: From Early Days To Page And Plant,* 2nd ed. London: Virgin Books, 1999.

Revistas

Circus

CREEM, 1974

Details

Disc & Music Echo

Guitar World, 1995 e 1999

Melody Maker

New Musical Express

Rolling Stone

Uncut

Sites

www.led-zeppelin.org

www.ledzeppelin.com

www.jimmypage.co.uk

www.johnpauljones.com

www.robertplant.com

www.trublukris.tripod.com/cristopolo/lz.html

www.turnmeondeadman.net/Zep/Originals.php

Textos de encartes

Crowe, Cameron. "Led Zeppelin: Light And Shade", em *The Complete Studio Recordings.* New York: Atlantic Recording Corporation, 1993.

Palmer, Robert. "Led Zeppelin: The Music", em *Box Set, Vol 1.* New York: Atlantic Recording Corporation, 1990.

Biografias dos colaboradores

JON BREAM é crítico de música pop do *Minneapolis Star Tribune* desde 1975. Seus artigos e resenhas também foram publicados nos jornais *Los Angeles Times, The Boston Globe* e em inúmeros outros, bem como nas revistas *Rolling Stone,* CREEM, *Billboard, Entertainment Weekly* e *TV Guide,* entre outras. É o autor da biografia best-seller *Prince: Inside the Purple Reign.*

Como escrito no volume de junho de 1975 da *Crawdaddy!*: "Autor de *Almoço nu* e de mais uma dúzia de outros romances, WILLIAM S. BURROUGHS é conhecido como um dos escritores americanos mais significativos do século XX. Quando perguntaram a Samuel Beckett quem era Burroughs, ele respondeu: 'Bem, ele é um escritor'. O Sr. Burroughs considera isso um grande elogio".

Nascido na Nova Zelândia, mas morador do sul de Londres e por aí afora, GARTH CARTWRIGHT é jornalista e crítico premiado. Escreve regularmente para *The Guardian, The Sunday Times, fRoots* e para o site BBC. É o autor de *Princes Amongst Men: Journeys With Gypsy Musicians* e de *More Miles Than Money: Journeys In Wild America.*

GEORGE CASE é escritor de cultura popular, guitarrista há muito tempo e fã de Led Zeppelin. Entre seus livros, estão *Magus, Musician, Man,* biografia de Jimmy Page; *Silence Descends: The End Of The Information Age 2000–2500,* sobre o futuro; e *Arcadia Borealis: Childhood And Youth In Northern Ontario,* suas memórias. Case mora em Sault Ste. Marie, Ontário, Canadá, e nunca viu o Led Zeppelin ao vivo, mas já assistiu a shows de tantas bandas cover de Led que perdeu a conta.

BARRY CLEVELAND é editor-adjunto da revista *Guitar Player* e já trabalhou nas revistas *Mix* e *Electronic Musician.* Também é guitarrista, músico de estúdio e autor do livro *Creative Music Production: Joe Meek's Bold Techniques.*

JIM DEROGATIS (www.jimdero.com) é crítico de música pop no *Chicago Sun-Times,* autor de livros sobre música (entre eles, *Let It Blurt: The Life And Times Of Lester Bangs, America's Greatest Rock Critic*) e coapresentador do *Sound Opinions* (www.soundopinions.org), "o único talk show de rock'n'roll do mundo", transmitido na rádio pública em rede nacional.

ANDREW EARLES (www.failedpilot.com) é escritor e humorista em Memphis, Tennessee. Seu trabalho aparece em vários meios de comunicação, incluindo *SPIN, The Onion, Pitchfork, McSweeney's, Harp, Paste, Magnet, Alternative Press, The Washington City Paper* e *The Memphis Flyer*. Em 2008, lançou *Earles And Jensen Present Just Farr A Laugh Vol. 1 & 2*, coleção de CDs com esquetes cômicos, pela Matador Records.

CHUCK EDDY é autor dos livros *Stairway To Hell: The 500 Best Heavy Metal Albums In The Universe* e *The Accidental Evolution Of Rock'n'Roll: A Misguided Tour Through Popular Music*, além de ter atuado como editor de música da revista *The Village Voice* e como editor sênior na *Billboard*. Já escreveu diversos artigos ao longo dos anos para publicações como *CREEM, Rolling Stone* e *SPIN*, entre outras, e mora no Queens, em Nova York.

DAVID FRICKE é editor sênior da *Rolling Stone*.

GARY GRAFF é um premiado jornalista de música de Detroit que já escreveu extensivamente sobre o Led Zeppelin desde o final dos anos 1970. Colaborador regular de publicações como *New York Times Features Syndicate, Billboard, UPI, The Cleveland Plain Dealer, The Oakland Press, Journal Register Company Newswire, Revolver* e *Red Flag Media*, entre outras, bem como da United Stations Radio Networks e de estações de rádio em Detroit e Milwaukee, editou o livro *The Ties That Bind: Bruce Springsteen A To E To Z* e a série *Music Hound Essential Album Guide*.

BARNEY HOSKYNS é diretor editorial da biblioteca virtual Rock's Backpages (www.rocksbackpages.com) e autor de vários livros, como *Hotel California: The True-Life Adventures Of Crosby, Stills, Nash, Young, Mitchell, Taylor, Browne, Ronstadt, Geffen, The Eagles, And Their Many Friends* e *Across The Great Divide: The Band And America*. Seu estudo sobre o quarto disco do Led Zeppelin está na série *Rock of Ages*, de Rodale. Ex-correspondente americano para a *MOJO*, Hoskyns escreve para *Uncut, The Observer Music Monthly*, entre outras publicações do Reino Unido; e já contribuiu com *Rolling Stone, GQ, SPIN* e *Harper's Bazaar*. A biografia *Take It With Me*, sobre Tom Waits, publicada em 2009 pela Doubleday, foi escrita por ele.

GREG KOT é crítico de rock do *Chicago Tribune* desde 1990. Coapresenta o talk show de rock'n'roll *Sound Opinions* (www.soundopinions.org), transmitido nacionalmente na rádio pública, e é autor de *Wilco: Learning How To Die* e *Ripped: The Digital Music Revolution*.

WILLIAM MCKEEN (www.williammckeen.com) é autor de oito livros, incluindo *Outlaw Journalist: The Life And Times Of Hunter S. Thompson; Highway 61: A Father-And-Son Journey Through The Middle Of America*; e a antologia *Rock And Roll Is Here To Stay*. Na Universidade da Flórida, ele leciona a disciplina Rock'n'Roll e a Sociedade Americana, além de presidir o departamento de Jornalismo. Seus textos apareceram nas publicações *American History, Maxim, Gourmet, Holiday, The Saturday Evening Post*, entre outras. É casado, tem sete filhos e mora em uma fazenda perto de Wacahoota, na Flórida.

STEVE MORSE foi crítico de rock da equipe do *Boston Globe* por quase 30 anos. Durante esse período, entrevistou nomes como Aerosmith, Bob Marley, Jerry Garcia, Stevie Nicks, Muddy Waters e Bruce Springsteen. Morse ainda faz trabalhos para o *Globe* e já contribuiu para as revistas *Billboard, Rolling Stone* e *Musician*. Durante sete anos, esteve na comissão de indicação para o Rock and Roll Hall of Fame e é crítico da estação de rádio Boston WBOS-FM. Entre suas lembranças favoritas, estão as duas vezes em que viu o Led Zeppelin na Inglaterra, em 1969.

CHARLES SHAAR MURRAY foi um dos primeiros colaboradores das revistas *Q* e *MOJO*, bem como escritor de rock por muito tempo para a *New Musical Express*. Seu trabalho também apareceu nas publicações *CREEM, Vogue, Guitarist, The Guardian, The Observer, The Daily Telegraph* e *The Independent* e nas rádios Radio 3, BBC World Service Radio, Channel 4 News e Newsnight. Entre seus vários livros estão *Crosstown Traffic: Jimi Hendrix & The Post-War Rock'N'Roll Revolution* e *Boogie Man: The Adventures Of John Lee Hooker In The American Twentieth Century*.

SCOTT PEARSON é escritor e editor da *Zenith Press*, um editorial de história militar. Como escritor, ele publicou obras de ficção literária, humor, contos Star Trek, poesia, uma história de mistério e um livro de não ficção sobre mosquitos. Scott comprou LPs, versões em CD e CDs remasterizados e foi assistir ao *Firm In Concert* só para ver Jimmy Page. A única coisa que ele lembra é quando Jimmy tirou um arco de violino para fazer um solo de guitarra, que era tudo o que ele realmente queria ver. Scott vive em St. Paul, Minnesota, com sua esposa Sandra e sua filha Ella.

CHRIS RIEMENSCHNEIDER é crítico de música no *Minneapolis Star Tribune* desde 2001. Ele cobriu a cena musical de Austin, no Texas, no Austin American-Statesman por cinco anos e escreveu para *Los Angeles Times, Dallas Morning News, Billboard* e *Rolling Stone.com*. Nativo de St. Paul, Minnesota, aos 13 anos, ele pegou todo o dinheiro que ganhou entregando jornais e gastou na Cheapo Records com toda a coleção do Led, a maioria em promoção. Ele ainda prefere o *Physical Graffiti* com os chiados. Nunca foi a um show do Led Zeppelin, mas viu o Nirvana (foi o seu primeiro encontro com a esposa).

GENE STOUT começou sua jornada na música quando Little Richard "o nocauteou para fora do berço", em suas próprias palavras. Desde então, ele tem uma queda por murros. Nativo de Seattle, Stout é crítico de música pop do Seattle *Post-Intelligencer* há mais de duas décadas. Nesse tempo, entrevistou centenas de músicos e celebridades, de Eddie Vedder a Bob Hope.

JAAN UHELSZKI foi uma das primeiras editoras da lendária revista *CREEM*, de Detroit. Desde então, seu trabalho aparece em publicações de renome como *USA Today, MOJO, Uncut, Rolling Stone, Colar, Relix, SPIN, NME, Guitar World* e *The Village Voice*. Ela acompanhou o Led Zeppelin em duas turnês nos Estados Unidos e conseguiu sair sem tomar um gole de cerveja sequer.

Índice

ABBA (banda), 220
AC/DC (banda), 188
Aerosmith (banda), 146, 247, 264
Ahmet Ertegun Education Fund (Fundo Educacional Ahmet Ertegun), 254
Air Force One (avião Força Aérea 1), 135
Albini, Steve, 37
Álbuns do Led Zeppelin
  BBC Sessions, The, 59, 244
  Coda, 213, 224, 234, 239, 250, 251
  Houses Of The Holy, 42, 78, 84, 89, 121, 126, 127, 130, 132, 136, 137, 144, 211, 234, 251, 254
  How The West Was Won, 78, 118, 210, 252, 253
  In Through The Out Door, 121, 164, 194, 224, 234, 235, 251, 255, 256
  Led Zeppelin, 35, 45–47, 76, 92, 162, 164, 188, 256
  Led Zeppelin II, 59, 61, 63, 64, 76–79, 82, 83, 110, 111, 162, 175, 235, 265
  Led Zeppelin III, 84, 87, 88, 92, 93, 97, 98, 110, 111, 136, 164, 187, 235
  Led Zeppelin: The Complete Studio Recordings, 64, 90, 146, 226
  Mothership, 255
  MTV Unplugged, Unledded, 239, 256
  Physical Graffiti, 65, 78, 110, 111, 126, 144, 174, 175, 194, 234, 254, 256, 266
  Presence, 121, 164, 182, 186, 194–196, 224, 234, 235, 255, 256, 266
  Sem título, 102, 110, 111, 175, 235
Allison, Mose, 197
  "Amazing Grace", 40
Anderson, Jon, 199
Andrew Sisters, The (banda), 99
Anger, Kenneth, 37, 122, 167, 174, 199
  Hollywood Babylon (livro), 174
  Lucifer Rising (filme), 37, 122, 167, 174
Animals, The (banda), 44
  "House Of The Rising Sun", 44
Apple Records, 118
Arden, Don, 44
Ardent Studios, 87, 88
A.R.M.S. (Ação para Pesquisa de Esclerose Múltipla – concerto beneficente), 239, 241
Armstrong, Neil, 76
Atco, 30, 265
Atlantic Records, 30, 34–36, 37, 44, 47, 48, 83, 86, 88, 122, 141, 220, 242, 254–256, 264
Audioslave (banda), 124
A Way of Life (banda), 42
Bad Company (banda), 44, 141, 220, 239, 254
Baez, Joan, 26, 122, 256
  "Babe I'm Going to Leave You", 26, 122
Baker, Ginger, 42
Balch, Antony, 169
Baldwin, Joe, 40, 87, 88
Band of Joy (banda), 26, 27, 38, 42
Bangs, Lester, 97
Barselona, Frank, 68
Bass Player (revista), 187
BBC, 59, 98
Beastie Boys, The (banda), 188
Beatles, The (banda), 25, 44, 61, 69, 78, 98, 118, 126, 131, 174, 179, 239
  Abbey Road, 61
  "Álbum Branco", 98, 110, 174, 264
Beausoleil, Bobby, 199
Beck, Jeff, 25, 30, 36, 40, 44, 77, 131, 162, 239, 240, 267
  "Beck's Bolero", 36, 40, 47
Bee Gees (banda), 264
Bell, Maggie, 141, 220
Bends, The (Radiohead), 63
Bennington, Chester, 251
Benny Hill Show, The (TV), 44
Bentley, Dierks, 242
Berry, Chuck, 26, 110, 227, 239
Bettencourt, Frank, 67
Billboard (revista), 61, 97, 175, 251
Black Crowes, The (banda), 10, 37, 239
Black Flag (banda), 47, 189
  "TV Party", 47
Blue Cheer (banda), 78
Bolan, Marc, 179
Bon Jovi (banda), 10, 102
Bon Jovi, Jon, 102
Bonham, Jason, 39, 42, 61, 204, 242, 254–257, 267
Bonham, John (Bonzo), 11, 26, 37, 38, 40, 42, 43, 45–47, 54, 69, 72–75, 84, 87, 88, 93, 97, 98, 100, 103, 105, 110–112, 115, 118, 122, 126, 132, 133, 135–137, 146, 169, 175, 179, 180, 187, 188, 194, 195, 197, 199, 202, 210, 211, 214, 220, 222, 224, 226, 227, 234–236, 239, 250–257, 264–267
Bonham, Zoe, 42, 115
Boon, D., 187
Boston (banda), 189
  "More Than A Feeling", 189
Bowie, David, 146, 264
Bread, D., 35
Bream, Jon, 23, 64–65, 69, 106, 118, 122, 146
Brewer, Don, 68, 227
Bronson, Charles, 239
"Bron-Yr-Aur", 83, 84, 93, 97
Broonzy, Big Bill, 40
Brown, James, 126, 137
Bruce, Jack, 42
Bryan, David, 102
Buell, Bebe, 146
  Rebel Heart: An American Rock 'n' Roll Journey (livro), 146
Buffalo Springfield (banda), 265
Buffett, Jimmy, 23, 251
Burnett, T-Bone, 227, 257
Burroughs, William, 146, 166–171
Burton, James, 70
Butthole Surfers, The (banda), 41, 187
Byrds, The (banda), 87, 265
  (Sem título), 110
Caine, Michael, 226
Cammell, Donald, 167, 169
  Performance (filme), 167, 169
Canhões de Navarone, Os (filme), 44
Carpenter, Karen, 89
  "Superstar", 89
Cartwright, Garth, 36–45
Case, George, 162–164, 234–235
Caster, Cynthia, 74
CBS Records, 38
Charles, Ray, 30, 265
Chateau Marmont, 73, 74
Chemical Brothers, The (banda), 63, 251
Christman, Ed, 251
Circus (revista), 141, 180, 182, 202
Clapton, Eric, 30, 36, 42, 131, 162, 239
Clark, Dick, 25, 88
Clarke, Arthur C., 136
  Fim da infância, O (livro), 136
Clash, The (banda), 189, 264
  London Calling, 264
Cleópatra (filme), 44, 142
Cleveland, Barry, 76–79
Clifton, Peter, 142, 199, 202
CMT Crossroads (TV), 227
Cochran, Eddie, 47, 118
  "Nervous Breakdown", 47
  "Weekend", 118
Cocker, Joe, 36, 42, 118
Colby, Barrington, 100
Cole, Richard, 64, 72–76, 87, 100, 103, 122, 132, 134, 135, 146, 182, 194, 220, 222
  Stairway To Heaven: Led Zeppelin Uncensored (livro), 72–75, 87, 122, 134, 135, 194
Coleman, Ornette, 265
Collins, Phil, 240, 255
Coltrane, John, 265
Commander Chi, 161
Connelly, Billy, 43
Cooper, Alice, 23, 170
Costello, Elvis, 146
Count Basie, 11
Coverdale, David, 37, 239
Coverdale-Page, 239
Cowboy Junkies (banda), 63
Crawdaddy! (revista), 146, 166–171
Crawling King Snakes (banda), 38, 42
Cream (banda), 30, 42, 131, 264, 265
CREEM (revista), 25, 30, 36, 52, 126, 130, 180
Crosby, Stills & Nash (banda), 84
Crowe, Cameron, 26, 27, 35, 39, 50, 63, 64, 69, 83, 85, 103, 105, 108, 112, 131, 132, 144, 146, 183, 214, 226, 245
  Led Zeppelin: Light And Shade (livro), 26, 27, 39, 50, 63, 85, 105, 108, 112, 183
Crowley, Aleister, 37, 87, 106, 167, 168, 175, 182
Crumb, R., 250
Crusaders, The (banda), 36
Cut-Ups (filme), 169
Daily Mail, The (jornal), 137
Daltrey, Roger, 264
Danelectro 3021 (1960), 164
Datsuns, The (banda), 41
Davies, Ray, 11
da Vinci, Leonardo, 142
Davis, Cyril, 36
Davis, Miles, 40
  Sketches Of Spain, 40
Davis, Stephen, 43, 75, 91, 121–123, 137, 151, 154, 219, 225, 227, 251
  O Martelo dos Deuses, 43, 75, 91, 121–123, 132, 137, 151, 154, 219, 225, 227, 251
Deep Purple (banda), 250
  "Hush", 250
Def Jam, 38
Delsener, Ron, 254
Deltas, The (banda), 40
Denny, Sandy, 95, 111
Depp, Johnny, 112
DeRogatis, Jim, 136–137
Des Barres, Michael, 91, 106, 180
Des Barres, Pamela, 64, 106, 146
  Confissões de uma groupie – I'm with the band (livro), 64
Desejo de matar (filme), 2, 37, 239
DeShannon, Jackie, 36
Details (revista), 226, 240
Detective (banda), 106, 180
Diamonds, The (banda), 235
  "Silhouettes", 235
Diaz, Cameron, 23
Discos do Led Zeppelin *ver* Álbuns do Led Zeppelin
Disc (revista), 26
Disc & Music Echo (revista), 98, 106
Dixon, Willie, 47, 64, 65, 77, 118, 250
  "Bring It On Home", 118
  "I Can't Quit You Baby", 250
  "You Need Love", 64, 65, 77

"You Shook Me", 47
Donovan, 25, 36, 40, 87, 187
The Hurdy Gurdy Man, 40
"The Hurdy Gurdy Man", 187
"Sunshine Superman", 36, 40
Doors, The (banda), 93, 98
Dreja, Chris, 26, 36, 37, 40
Drifters, The (banda), 111
Driscoll, Bob, 49
Dunbar, Aynsley, 42
DVD *Led Zeppelin*, 61
Dylan, Bob, 45, 69, 75, 92, 93, 111
"All Along The Watchtower", 111
"Lay Lady Lay", 75
Eagles, The (banda), 23
Earle, Steve, 11, 95
Earles, Andrew, 194–195
Eddy, Chuck, 250–251
Edmunds, Dave, 141
Elizabeth II, rainha, 142
ELO (banda), 44
Emerson, Lake, and Palmer (banda), 199
Empire, Kitty, 242
Eno, Brian, 242
Entwistle, John, 30, 37, 46
E o vento levou (filme), 131
Epstein, Brian, 44
Ertegun, Ahmet, 39, 141, 239, 242, 253, 258–263
Eventide Harmonizer, 164
Everly Brothers, The (banda), 99
Fairport Convention (banda), 42, 111
Faithful, Marianne, 36
"As Tears Go By", 36
Fallon, B. P., 118
Farlowe, Chris, 42
Farrell, Perry, 111
Fender
800 (pedal steel), 164
Stratocaster, 235
Stratocaster (1957), 164
Stratocaster (1964), 164
Telecaster (1958), 77, 162
XII (1965), 164
Festival de Bath, 62, 83–85, 87, 265
Festival de Knebworth, 164, 226, 228, 229, 256, 257, 266
Festival de Woodstock, 61, 264
Festival Strawberry Fields, 87
Filme do Led Zeppelin
Song Remains The Same, The, 44, 78, 126, 199, 200, 202, 210, 211, 252, 255, 256
Firm, The (banda), 37, 239
Mean Business, 239
Outrider, 37, 240
Fleetwood Mac (banda), 110
"Oh Well", 110
Flock, The (banda), 87, 265
Fontana, Wayne, and the Mindbenders (banda), 40
"Groovy Kind Of Love", 40
Foo Fighters (banda), 41
Foreigner (banda), 242, 254
Foxton, Bruce, 124
Frampton, Peter, 78, 99, 264
"Magic Moon", 99
Something's Happening, 99
Franklin, Aretha, 30, 265
Free (banda), 141, 239, 245
Frehley, Ace, 31
Frey, Glenn, 23
Fricke, David, 254–257
Fuller, Blind Boy, 250
"Truckin' My Blues Away", 250
Gabriel, Peter, 242
Galas, Diamanda, 41, 187, 242
Garcia, Jerry, 23
Garganta profunda (filme), 266
Gates, Stefan, 137
Gautier, Benoit, 122
Gett, Steve, 226
Giannini Craviola, 164
Gibson
A-2, 164
A-4, 164
EDS-1275 (1971), 98, 162, 235
EDS-1275 (Jimmy Page Signature Model), 164
ES-350, 239
"Everly Brothers", 164
J-200, 164
Les Paul Custom, 1960, 162
Les Paul Standard, 1959, 77
RD Artist, 164
SG (1957), 164
Gillespie, Dizzy, 11
Gizmotron, 164, 235
Godzilla (filme), 37
Goldberg, Danny, 121, 126, 130–134
Goodman, Jerry, 87
Graff, Gary, 26, 59, 99, 227
Graham, Bill, 214, 222
Grand Funk Railroad (banda), 68, 227
"Inside Looking Out", 68
Grant, Peter, 25, 37, 40, 42, 44, 45, 61, 68, 73–76, 87, 88, 98, 103, 115, 118, 126, 130, 132, 133, 134, 141, 146, 179, 194, 199, 210, 214, 220, 222, 224, 226, 265, 266
Grant, Warren, 214
Greatful Dead, The (banda), 93, 250
"Truckin'", 250
Grohl, Dave, 43
GTOs (banda), 35
Guitar Player (revista), 213
Guitar World (revista), 30, 36, 54, 65, 84, 88, 98, 103, 122, 126, 136, 144, 182, 197, 224, 247
Guns N' Roses (banda), 264
Guy, Buddy, 26
Gysin, Brion, 169
Haggard, Merle, 70
Halfin, Ross, 266
Hancock, Herbie, 251
Sound-System, 251
Harlow, Jean, 142
Harmony Sovereign H-1260, 164
Harper, Ben, 41
Harris, Jet, 36, 40
"Diamonds", 36, 40
Harrison, George, 84, 137, 266
Harwood, Keith, 186
Hayes, Isaac, 88
Headley Grange, 93, 97, 103, 141, 174
Heart (banda), 48, 89, 242
"Crazy On You", 89
"Road Home, The", 245
Hefner, Hugh, 134
Hendrix, Jimi, 61, 78, 264, 265
Electric Ladyland, 264
Herman's Hermits (banda), 25
High Times (revista), 32
Hilburn, Robert, 132
Hindenburg, 47, 76
Hipgnosis, 136, 235
Hitchcock, Robyn, 41
Hobbstweedle, 38
Honeydrippers, The (banda), 239, 240
Honeydrippers, The, Volume One, 240
Hooker, John Lee, 118, 253
"Boogie Chillun", 118, 253
Hopkins, Nicky, 30
Hornby, Nick, 63
31 Canções, 63
Hoskyns, Barney, 110–111
Hot Tuna (banda), 87
Howe, Steve, 199
Howlin' Wolf, 26, 64, 77, 197
"Killing Floor", 77
Humble Pie (banda), 78, 187
Hunter, Ian, 176
Hurley, George, 187
Hyatt House, 69
Immediate Records, 36
Incredible String Band (banda), 95
Iron Butterfly, 26, 31, 83
In-A-Gadda-Da-Vida, 83
Island Records, 118
Jackson, Ronald Shannon, 251
Decode Yourself, 251
Jagger, Chris, 167
Jagger, Mick, 38, 115, 146, 167, 264
Jam, The (banda), 124
James Gang (banda), 162
Jane's Addiction (banda), 111
Jansch, Bert, 47
Jeff Beck Group (banda), 264
Jefferson Airplane (banda), 61, 87, 265
Jethro Tull (banda), 122
Jett Blacks (banda), 40
Joel, Billy, 23
Johns, Andy, 88
Johns, Glyn, 76
Johnson, Blind Willie, 76
Johnson, Robert, 59, 77, 118, 197
"Traveling Riverside Blues", 59, 77
Jones, Brian, 115, 168, 264
Jones, John Paul, 11, 26, 36–39, 43, 44, 46, 47, 59, 69, 72, 74, 75, 84, 87, 93, 97, 99, 100, 103, 111, 115, 122, 133, 136, 137, 146, 174, 179, 180, 187, 188, 194, 197, 202, 204, 211, 213, 220, 224, 226, 234, 235, 239, 242, 245, 250–257, 266
Thunderchief, The, 242
Zooma, 242
Jones, Tom, 36, 38, 40
"Delilah", 40
"It's Not Unusual", 36
Juniper, David, 76
k. d. lang, 23
Kendricks, Eddie, 250
"Keep On Truckin'", 250
Kenner, Chris, 38
"I Like It Like That", 38
Kent, Nick, 122
Kid Rock, 10
King, Albert, 47
"Hunter, The", 47
King, Ben E., 242, 250, 256
King, Carole, 103
Tapestry, 103
King Crimson (banda), 141
Kinks, The (banda), 11, 36, 99
"You Really Got Me", 36
Kirk, Roland, 265
KISS (banda), 31, 78
Knight, Terry, 68
Knobler, Peter, 166
Koch, Rudolph, 100
Book Of Signs, The, 100
Korner, Alexis, 36, 38
Kot, Greg, 46–47
Kramer, Eddie, 78, 79, 137
Krauss, Alison, 39, 242, 255, 257
e Robert Plant, *Raising Sand*, 39, 242, 255
Kravitz, Lenny, 11, 88
Krupa, Gene, 42
Kubler, Tad, 188–189
"Lady Is A Tramp, The", 100
Lane, Ronnie, 174, 239
L.A. Times (jornal), 132, 213
Lawrence, Tim, 250
Love Saves The Day, 250
Leadbelly, 39
Lee, Brenda, 36
"Is It True", 36
Lewis, Jerry Lee, 37, 227
Last Man Standing, 37
Lifeson, Alex, 193
Linkin Park (banda), 251
Listen, 38
Little Richard, 65, 110
"Keep-A Knockin'", 110
"Ooh My Soul", 65
Life (revista), 69
Live Aid, 240, 241, 255, 267
Lovett, Lyle, 23
Lulu, 25, 40
Lyman, Kenvin, 69, 70

MacMannaway, Major Bruce, 168
Maddox, Lori, 37, 146
Maestro Echoplex (reverb), 164
Mágico de Oz, O (filme), 142
Mahavishnu Orchestra, 87
Mahler, Gustav, 37
Mailer, Norman, 118
Manning, Terry, 87, 88
Manson, Charles, 199
Marriott, Steve, 187, 255
Marsh, Dave, 202
Marshall SLP-1969 Super Lead amp, 77
Martin D-28 (1971), 164
Martin, Charlotte, 83, 179
Martyn, John, 41
Mases, Leif, 234
Massot, Joe, 126, 141, 142
  Wonderwall, 141
  Zachariah, 141
Matar ou morrer (filme), 75
Mayall, John, 78
Mayer, Roger, 77, 164
Mayfield, Curtis, 78
McCartney, Paul e Linda, 266
  "Rock Show", 266
  Venus And Mars, 266
McCarty, Jim, 25, 37
McCoy, Kansas Joe, 111
McKeen, William, 92–93
McLaughlin, John, 40
McLean, Don, 251
  "American Pie", 251
Meehan, Tony, 36, 40
  "Diamonds", 36, 40
Melody Maker (revista), 83, 98, 103, 118, 122, 186, 199, 226
Memphis Minnie, 111
Michel, John, 167
Mike D., 188
Miller, Pamela, 35
Mingus, Charlie, 40
Minneapolis Star (jornal), 23
Minutemen, The (banda), 187
Mission, The (banda), 41
Mitchell, Joni, 73, 95, 103, 111, 179
  "Woodstock", 179
MOJO (revista), 267
Monkees, The (banda), 134
Monroe, Bill, 11
Montones, The (banda), 111
Moon, Keith, 30, 36, 37, 42, 187
Moore, Scotty, 36
Morello, Tom, 124
Morrison, Jim, 98
Morse, Steve, 247
Most, Mickie, 25, 36, 44
Mötley Crüe (banda), 69
Motown, 36, 197, 227
Mott the Hoople (banda), 141, 176
Mullican, Moon, 251
Murray, Charles Shaar, 264–267
Músicas do Led Zeppelin (escritas e/ou tocadas)
  "Achilles Last Stand", 195
  "All Of My Love", 224, 235
  "Baby I'm Gonna Leave You", 47, 156
  "Battle Of Evermore, The", 103, 110, 111
  "Black Country Woman", 175
  "Black Dog", 98, 103, 105, 110, 111, 115, 124, 142, 187, 211, 235, 252, 253
  "Black Mountain Side", 47, 75, 146, 164
  "Bonzo's Montreux", 213, 251
  "Boogie Chillun", 118
  "Boogie With Stu", 65, 175
  "Bring It On Home", 77, 79, 118
  "Bron-Y-Aur Stomp", 93
  "Bron-Yr-Aur", 175
  "Candy Store Rock", 121, 195
  "Carouselambra", 235
  "Celebration Song", 211
  "Communication Breakdown", 47, 48, 89, 251, 253
  "Crunge, The", 118, 121, 123, 126, 137, 182
  "Custard Pie", 175
  "D'yer Mak'er", 126, 137
  "Dancing Days", 137
  "Darlene", 251
  "Dazed And Confused", 23, 47, 54, 144, 164, 210, 211, 235, 252, 253, 255
  "Down By The Seaside", 175
  "Fool In The Rain", 235
  "For Your Life", 195, 255
  "Four Sticks", 111, 115
  "Friends", 93, 111, 115
  "Gallows Pole", 93, 164
  "Going To California", 98, 110, 111, 164
  "Good Times Bad Times", 41, 46, 48, 256
  "Heartbreaker", 63, 77, 79, 189, 252
  "Hello Mary Lou", 118
  "Hey Hey, What Can I Do?", 90, 97
  "Hot Dog", 121, 235
  "Hots On For Nowhere", 195
  "How Many More Times", 47, 54, 144
  "I Can't Quite You Baby", 75
  "I'm Gonna Crawl", 235
  "Immigrant Song", 90, 93, 97, 136, 182, 235, 245, 252, 253, 265
  "In My Time Of Dying", 110, 144, 164, 174, 175, 256
  "In The Evening", 164, 235
  "In The Light", 144, 175
  "Kashmir", 37, 110, 111, 144, 146, 164, 170, 175, 176
  "Lemon Song, The", 48, 59, 77
  "Louie Louie", 118, 253
  "Misty Mountain Hop", 111, 211
  "Moby Dick", 42, 77, 79, 98, 100, 210, 252, 256
  "Night Flight", 175
  "Nobody's Fault But Mine", 195, 256, 266
  "No Quarter", 40, 89, 137, 211, 255
  "Ocean, The", 84, 124, 137, 211, 253
  "Out On The Tiles", 84, 93, 124
  "Over The Hills And Far Away", 118, 137, 211
  "Ozone Baby", 251
  "Poor Tom", 250
  "Rain Song, The", 89, 121, 126, 137, 164, 211
  "Ramble On", 77, 79, 111
  "Rock And Roll", 37, 89, 103, 110, 115, 123, 175, 211, 227, 253
  "Rover, The", 175
  "Royal Orleans", 195
  "Since I've Been Loving You", 84, 88, 93, 211, 235
  "Song Remains The Same", 126, 137, 164, 187
  "South Bound Suarez", 235
  "Stairway To Heaven", 23, 37, 47, 98, 101–103, 108, 110–112, 118, 122, 136, 164, 175, 211, 235
  "Tangerine", 93, 164
  "Tea For One", 186, 195, 235
  "Ten Years Gone", 110, 144, 174, 175
  "Thank You", 77, 164
  "That's The Way", 93, 97
  "Trampled Under Foot", 146, 257, 266
  "Walter's Walk", 251
  "Wanton Song, The", 175
  "Wearing And Tearing", 251
  "Weekend", 118
  "We're Gonna Groove", 250, 256
  "What Is And What Should Never Be", 77, 79
  "When The Levee Breaks", 110, 111, 136
  "White Summer", 141
  "Whole Lotta Love", 42, 59, 64, 65, 76–79, 89, 118, 126, 175, 211, 235, 253, 255
  "Your Time Is Gonna Come", 164

MXR M-101 phaser, 164
Nashville Teens, The (banda), 36
  "Tobacco Road", 36
Nelson, Ricky, 70
New Musical Express (revista), 98, 115, 118, 122, 142, 144, 266
New Yardbirds, The, (banda) 26, 28, 37, 38, 44, 111
  "Train Kept A-Rollin', The", 26, 27, 247, 256
Nicholson, Jack, 118
Nico, 36
Nirvana (banda), 63
Nugent, Ted, 197
Nutini, Paolo, 242, 254
Observer, The (jornal), 242
Oldham, Andrew Loog, 36, 40
Osbourne, Ozzy, 44
Osbourne, Sharon, 44
Östlund, Lennart, 234
Oswald, Lee Harvey, 142, 175
Page, Jimena, 37
Page, Jimmy, 11, 23, 25–27, 36, 37, 39–42, 44–47, 50, 52, 54, 55, 59, 61, 64, 65, 69, 70, 72–74, 76–79, 83–85, 87, 91, 93, 94, 97–99, 103, 106, 108, 110–112, 115, 118, 122–124, 131, 132, 136, 141–143, 146, 154, 162–164, 166–171, 174, 175, 179, 180, 182, 183, 186–189, 193–195, 197, 199, 202, 204, 210, 211, 214, 219, 220, 224, 226, 227, 234, 235, 239, 240, 242, 247, 250–257, 264–267
  "Keep Moving", 37
  "She Just Satisfies", 36, 37
Page e Plant, 37, 38, 239, 245
  No Quarter, 37, 239
  Walking Into Clarksdale, 37, 38, 239, 245
Page, Scarlet, 83, 179, 194, 235
Palmer, Carl, 199
Palmer, Earl, 110
Parker, Bobby, 77
  "Watch Your Step", 77
Parker, Colonel Tom, 44
Parton, Dolly, 101
  Halos & Horns, 101
Peel, John, 98
  In Concert, 98
Pegg, Dave, 42
People (revista), 202
Phillips, Pat, 42, 256, 257
Pickett, Wilson, 227, 264
Pink Floyd (banda), 265
  Dark Side Of The Moon, 265
Pitney, Gene, 253
  "Hello Mary Lou", 253
Plant, Carmen, 83
Plant, Karac, 38, 115, 195, 220, 234, 256, 257
Plant, Maureen, 38, 83, 179, 194, 220, 224
Plant, Robert, 11, 23, 25, 26, 32, 35, 37–42, 45–47, 50, 52, 53, 61, 64, 65, 69, 72, 74, 75, 77, 83, 84, 88, 89, 93, 95, 97, 98, 100, 103, 108, 110–112, 115, 118, 122, 123, 126, 132, 133, 136, 137, 142, 146, 151, 169, 174–176, 179, 182, 183, 186–188, 193–195, 197, 199, 202, 204, 211, 213, 220, 224, 225, 226, 234, 235, 239, 240, 242, 250–257, 266, 267
  e Alison Krauss, *Raising Sand*, 39, 242, 255
  Manic Nirvana, 240
  Now And Zen, 38
  Pictures At Eleven, 38, 239
  Principle Of Moments, 240

Plaster-Casters, 35, 74
Police, The (banda), 264
Pop, Iggy, 266
Power Station (banda), 240
Prêmio Grammy pelo conjunto da obra, 39
Presley, Elvis, 26, 36, 38, 64, 121
"Baby Let's Play House", 36
Pretty Things (banda), 142
Silk Torpedo, 142
Priest, Judas (banda), 195, 251
Prince, 23
Priory of Brion (banda), 240
Procol Harum (banda), 42
Prodigy (banda), 251
Puff Daddy, 37
Pynchon, Peter, 35, 49
Q (revista), 118, 146
R.E.M. (banda), 41, 242
Automatic For The People, 242
Rachmaninoff, Sergei, 40
Radiohead (banda), 63
Rage Against the Machine (banda), 124
RAK Records, 44
Rao, Vijay Ragav, 115
Rascals, The (banda), 30, 38, 97
"You Better Run", 38
Record Mirror (jornal), 87
Red Hot Chili Peppers (banda), 94, 227
Redding, Otis, 227, 265
Reich, Wilhelm, 169
Reid, Terry, 25, 37, 38, 227, 255
Relf, Keith, 25, 37
Rich, Buddy, 42, 227
Richard, Cliff, 40
Richards, Keith, 227, 264
Riddle, Nelson, 235
Riemenschneider, Chris, 210–211
Rimbaud, Arthur, 106
Riot House (Hyatt House), 134, 188, 266
Robbins, Marty, 251
"A White Sport Coat (And A Pink Carnation)", 251
Robinson, Chris, 10
Robinson, Lisa, 204
Rock and Roll Hall of Fame, 39, 242, 247, 248, 249, 254
Rodgers, Nile, 239
Rodgers, Paul, 37, 141, 239, 242, 254
Roeg, Nicholas, 169
Performance (filme), 167, 169
Rolling Stone (revista), 35, 41, 83, 97, 103, 126, 130, 132, 133, 144, 182, 200, 202, 254
Rolling Stones, The (banda), 25, 36, 40, 42, 78, 84, 92, 100, 115, 118, 131, 142, 146, 174, 179, 186, 195, 227, 254, 255, 264
Black And Blue, 195
Exile On Main Street, 174
"Heart Of Stone", 36
"Honky Tonk Women", 100
"She's A Rainbow", 40
Rose, Tim, 26, 42
Rubin, Rick, 38
Ruggieri, Melissa, 252–253
Rundgren, Todd, 146
Rush (banda), 193
Sambora, Richie, 10
San Diego Union Tribune (jornal), 26, 202, 204, 226
Sander, Ellen, 69
Trips: Rock Life In The Sixties, 69
Santana, 87, 103
Santana III, 103
Saturday Night Live (TV), 211
Scream For Help, 242
Screaming Lord Sutch, 36
Segul, Linda, 50
Sex Pistols (banda), 264
Shadwick, Keith, 142
Led Zeppelin: The Story Of A Band And Their Music 1968–1980, 142
Shakira, 88
Sherman, Bobby, 134
Shirley, Kevin, 210
Simmons, Gene, 23
Simon & Garfunkel, 65, 100
"59th Street Bridge Song", 100
"Bridge Over Troubled Water", 65
Simon, Paul, 65
Sinatra, Frank, 130
Sly & The Family Stone (banda), 61, 103, 266
There's A Riot Goin' On, 103
Small Faces (banda), 44, 77, 78
"You Need Loving", 77
Smith, Chad, 94, 227
"Smoke Gets In Your Eyes", 100
Soft Machine (banda), 227
Sola Sound Tone Bender fuzzbox, 77, 164
Solters, Lee, 130
Somente Deus por testemunha (filme), 44
Sonny & Cher, 30
Spare, Austin Osman, 100
Spencer Davis Group (banda), 250
"I'm A Man", 250
Spenser, Edmund, 111
A rainha das fadas (livro), 111
Springfield, Dusty, 40
Squire, Chris, 239
St. Peters, Crispian, 36
"Pied Piper", 36
Staples Singers, The (banda), 88
Starship, 126, 134, 135, 213, 256
Stax Records, 88
Stewart, Ian, 65, 175
Stewart, Rod, 40, 146, 264, 265
Stout, Gene, 48, 89, 182, 245
Strange Sensation (banda), 242
Streisand, Barbra, 130
Sumac, Yma, 245
Superhype Music, 44
Supremes, The (banda), 40
Supro 1690T Coronado, 164
Sutton Art College, 36
Swan Song, 44, 45, 106, 130, 141, 142, 144, 174, 220
Taj Mahal, 35
Talmy, Shel, 36
Taylor, Elizabeth, 142
Templar, Simon, 118
Them (banda), 36
"Here Comes The Night", 36
Theremin, Léon, 164
Thomas, Marlo, 188
Free To Be... You And Me, 188
Thompson, Richard, 95
Thompson, Tony, 240, 255
Thorogood, George, 88
Three Dog Night (banda), 48
Timmins, Michael, 63
Tolkien, J. R. R., 38, 111, 137
Hobbit, O (livro), 111
Senhor dos Anéis, O (livro), 38
Retorno do Rei, O (livro), 111
Tonight Show, The (TV), 65
Townshend, Peter, 36, 103, 254, 264
Traffic (banda), 78, 118
T. Rex (banda), 179
Trubo, Richard, 72–75, 134, 135
Tubb, Ernest, 251
turnês, datas das
setembro de 1968 a maio de 1969, 56–57
junho de 1969 a abril de 1970, 80–81
junho de 1970 a setembro de 1970, 95
março de 1971 a dezembro de 1971, 112–113
fevereiro de 1972 a julho de 1973, 138–139
janeiro de 1975 a março de 1975, 177
maio de 1975, 197
abril de 1977 a julho de 1980, 236–237
Tuten, Randy, 35, 49
Tyler, Liv, 146
Tyler, Steve, 146, 247
U2 (banda), 255
Uncle Earl (banda), 41, 255
Uncut (revista), 220, 226
Univox overdrive, 164
Vai, Steve, 211
Valens, Ritchie, 65
"Ooh My Head", 65
Van Halen (banda), 189, 264
Vanilla Fudge (banda), 30, 35, 69, 265
Vega (banjo), 84, 164
von Zeppelin, conde Ferdinand, 30, 64
von Zeppelin, condessa Eva, 27, 64
Vox Cry Baby, 77, 164
Wagner, Richard, 37
Walsh, Joe, 162
Warhol, Andy, 76, 118
Waters, Muddy, 64, 77, 103, 197
"Electric Mud", 103
Watkin, Peter, 166
Privilégio (filme), 166
Watt, Mike, 187
Watts, Charlie, 42
Web, Terry, and the Spiders (banda), 42
Weinstock, Lou, 134
Welch, Chris, 142
Peter Grant: The Man Who Led Zeppelin (livro), 142
Wexler, Jerry, 45
White, Alan, 239
White, Jack, 251
Whitesnake (banda), 239
White Stripes (banda), 251
Who, The (banda), 25, 36, 37, 42, 46, 61, 94, 264, 265
"Can't Explain", 36
Tommy, 264
Williamson, Nigel, 61, 84, 98, 106, 122, 182, 220
Rough Guide To Led Zeppelin, The, 106, 122, 226
Williamson, Sonny Boy, 77
"Bring It On Home", 77
Wills, Bob, 11
Wilson, Ann, 48, 89, 182, 245
Hope & Glory, 245
"Immigrant Song", 245
Wilson, B. J., 42
Wilson, Nancy, 48, 89, 182, 245
Winter, Johnny, 265
Winwood, Steve, 255
Wood, Ron, 264
Wyman, Bill, 254
Yamaha GX-1 synthesizer, 224, 235
Yanni, 211
Yardbirds, The (banda), 25–27, 30, 37, 40, 44, 72, 84, 87, 88, 131, 141, 162, 239, 247, 254, 256, 264
"For Your Love", 25
Little Games, 25, 36, 40
"Little Games", 26
Yes (banda), 188, 199, 239
Yorke, Ritchie, 41, 106, 136
Led Zeppelin Biography, The (livro), 41
Led Zeppelin: From Early Days To Page & Plant (livro), 106
Zappa, Frank, 69, 87, 265
"Mud Shark, The", 69
Zevon, Warren, 251
"Poor Poor Pitiful Me", 251
ZZ Top, 88, 188

"Acho que o Led Zeppelin foi ousado, corajoso, caótico e honesto – de um jeito muito solto, foi honesto – e arriscou coisas que não são mais possíveis para quem começa uma banda do nada hoje. Musicalmente, o Led capturou todos os elementos do tipo de música maravilhosa que conhecíamos. Fomos capazes de traduzir aquilo tudo e recriar do nosso jeito. Era como se fôssemos um filtro de todas as coisas boas – nós separamos o joio do trigo e fizemos o que foi necessário, fizemos algo particularmente original, em que várias outras músicas foram levadas em consideração."

—Robert Plant, sobre como ele quer que o Led Zeppelin seja lembrado,
High Times, *1991*